D1663861

Lingala Parallel Texts

David R. Woods

with the cooperation of
Fulbert Akouala

Publications of the African Language Project

Chester Hedgepeth, Project Director
University of Maryland Eastern Shore
Princess Anne, Maryland 21853-1299

Hausa Newspaper Reader (1996)
Philip J. Jaggar

Yoruba Newspaper Reader (1998)
Antonia Schleicher

Lingala Parallel Texts (2002)
David R. Woods

Lingala Parallel Texts

David R. Woods

with the cooperation of
Fulbert Akouala

2002
Dunwoody Press

Lingala Parallel Texts

All inquiries should be directed to:
Dunwoody Press
6564 Loisdale Ct., Suite 800
Springfield, VA 22150, USA

ISBN: 1-881265-84-6
Library of Congress Catalog Card Number: 2002106146
Printed and bound in the United States of America

Table of Contents

Acknowledgments..i

Introduction...iii

    I. Demographics..iii

    II. Origins of Lingala...iv

    III. The Importance of Lingala..v

    IV. Variation in Lingala..vii

    V. Selected Grammatical Characteristics of Lingala..........................x

    VI. The Reading Selections...xvii

    VII. The Cassette Tapes..xxii

References xxiii

Selection One: Nabálákí Bási Míbalé 1

Selection Two: Mákalámbá..65

Selection Three: Ekozala Boye Te 221

Acknowledgments

The Lingala project got started after Chester Hedgepeth, Principal Investigator of the African Language Project at the University of Maryland (Eastern Shore) heard a conference paper I presented on sociolinguistic aspects of the languages of the Congo Republic, including the two national languages, Lingala and Munukutuba. Dr. Hedgepeth invited me to develop a Lingala reader. Initially, I worked with Paul Emoungu, a former Howard University colleague, who was born in the Democratic Republic of Congo (ex-Zaire), and Eyamba Bokamba, Professor of Linguistics at the University of Illinois (Urbana-Champlain), also born in the Democratic Republic of Congo. Professor Bokamba gave substance to the proposal, much of which survives in sections I – IV of the Introduction below. He also went to Kinshasa, where he worked with the late Dr. Kahombo Mateene to locate selections for the reader. Professor Bokamba returned with *Mákalámbá* and *Nabálákí Bási Míbalé*, which are the major selections in the reader and are in Standard Lingala. Later, contact with Matthew Goshko of the American embassy in Kinshasa resulted in the acquisition of a short play, *Ekozala Boye Te,* in Kinshasa Lingala.

An indispensable collaborator in the project was Fulbert Akouala, who retyped most of the first two selections using the Afro-Roman font, which provides symbols for the two open mid-vowels of Standard Lingala as well as four tone symbols. He rewrote the *Nabálákí Bási Míbalé* text, which was published originally without the two open mid-vowels and the four tone symbols. Mr. Akouala worked with me on the translations and his is the recorded voice for the two Standard Lingala texts. I am grateful to John Ellington not only for the use of his *Basic Lingala* but also for his many helpful suggestions on the Lingala text and translation of *Makalamba*. Dr. Umaru Bah is acknowledged for his re-typing of a section of the *Mákalámbá* text.

Mesmine Ollando and Leny Ilondo provided translations of the short play *Ekozala Boye Te*, which served as the basis for my final translation. Lionel Gahima's is the voice in the reading of the play.

Finally, I wish to acknowledge Dr. David Zorc of McNeil Technologies, a linguist and experienced expert in the preparation of language readers, who offered cogent advice throughout the project, and Aquilina M. Mawadza, a faculty member at the University of Zimbabwe, who proofread the introduction and made useful suggestions for improvement.

To all of the above, I am very grateful. Their contributions represent many hours of painstaking work. To them I say, *matɔ́ndɔ míngi!*

David R. Woods
Howard University
May, 2002

Introduction

I. Demographics

A. Population:

(1) *Democratic Republic of Congo* (formerly *Zaire*: capital: Kinshasa) 53.6 million (2001) (http://www.GeoHive.com).

(2) *Congo Republic* (capital: Brazzaville) 2.8 million (2001) (http://www.GeoHive.com)

B. Number and Location of Lingala Speakers

(1) The Democratic Republic of Congo (DRC):

a. In the DRC itself, Lingala is one of the four recognized national and inter-regional languages; the other three are CiLuba, KiKongo, and KiSwahili. Kinshasa, the capital of the DRC, is predominantly a Lingala-speaking metropolis with an estimated population of 4.6 million people (http://www.GeoHive.com). The prevailing communication reality (see also Section III below) is that the vast majority (at least 85%) of this population speaks one form or another of Lingala (Bokamba, 1996).

b. In the Northwestern and Northeastern parts of the country along the Congo and Ubangi Rivers, Lingala is estimated to be spoken as a lingua franca by an estimated 12 million people (Bokamba, 1996).

c. Elsewhere in the DRC, that is, in the remaining Regions and Provinces, Lingala has been spreading steadily as a second or third language since it became the official medium of communication for the Colonial Army (i.e., *la Force Publique*) in 1930 in what was then known as the Belgian Congo (Polomé 1968, Knappert 1979).

(2) Congo Republic (Brazzaville):

a. Northern "Quartiers" of Brazzaville (capital of Congo with a total population of 937,600 [http://www.GeoHive.com]): 250,000 Lingala speakers (Bokamba, 1996).

b. Northern Regions of Congo Republic (i.e., north of Brazzaville): 300,000 speakers (estimate from INRAP 1976).

(3) Angola, Gabon, Central African Republic, and Sudan:

In addition to its focal areas mentioned in (1) and (2), Lingala is also spoken in parts of Northwestern Angola (including the cities of Luanda and Cabinda), Eastern Gabon, Southern Central African Republic, and Southwestern Sudan (Dzokanga 1979). The number of speakers of this language in these countries remains undocumented, but its expansion there seems to coincide with a number of socio-historical developments that occurred in the late 1950s and especially in the 1960s, as discussed in Section III below.

(4) The above estimates from various sources, mostly recent, suggest a total population of Lingala speakers of about 16 million. An on-line source (http://goto.worldlanguage.com/Languages/Lingala.htm) summarizes: "Lingala is the main lingua franca of northern Zaire [DRC], spoken (usually as a second language) by as many as 15 million people. There are also about one milliion speakers in neighboring Congo [Republic]."

II. Origins of Lingala

The origins of Lingala and the date on which it emerged remain a matter of continuing debate among scholars of Congolese languages. Whitehead, a former Baptist missionary who lived and worked with the Bobangi people on the Ubangi River (which flows into the Congo River about 300 miles upstream from Kinshasa), hypothesizes in his *Grammar and Dictionary of the Bobangi Language* (1899) that Lingala arose as a trade language from Bobangi due to the large number of cognates found in the two languages. He states that Lingala served this role among Congolese traders along the Ubangi River before expanding to the Congo River up to Kisangani (ex-Stanleyville, about 900 miles upriver from Kinshasa). It is unclear from Whitehead (1899) when Lingala evolved as a trade language.

A number of other researchers (e.g., Guthrie, the standardizer of Spoken ["Protestant"] Lingala [cf. Guthrie1935], and Bwantsa-Kafungu [1970, 1972]), have accepted Whitehead's monogenesis hypothesis at face value, evidently unaware of the fact that Bobangi is only one of a dozen riverine and closely related Bantu languages (Baloi, Bolobo, Dzamba, Libinza, Likoka, Ngele, etc.) spoken at the confluence of the Ubangi and Congo Rivers and their tributaries (e.g., the Ngiri and Mongala) in the Equator Region. Mumbanza (1971) corrects this hypothesis and suggests a probable date for the emergence of Lingala. He maintains that Lingala evolved as a trade language in Mankandza (on the Mongala River, about 500 miles upriver from Kinshasa) before the arrival of the Belgian colonialists who occupied the community in 1884, established it as a colonial post (which they renamed "Nouvelle Anvers"), and settled there for at least ten years (1884-1894) to explore that part of the country. Dzokanga (1979: 5-6) supports this hypothesis when he states that the ethnic groups which formed the "Great Bobangi family" consisted of fishermen who spoke several languages (including those mentioned above), and proceeds to name the different groupings. Bwantsa-Kafungu (1970: 6), while accepting the monogenesis hypothesis about Lingala's parent language, does acknowledge the existence of Lingala prior to the arrival of the Belgian colonialists. It is further generally acknowledged that "Lingala littéraire" or **Standard Lingala**, also known as **Mankandza Lingala**, was standardized by Catholic missionaries in Mankandza on the basis of the Mankandza Lingala variety (Hulstaert 1946, Knappert 1979).

Samarin (1982, 1985, 1990/1991), in contrast to the above hypotheses, contends that Lingala is a lingua franca that arose from Bobangi in a pidginized form at the time of the colonization of Central Africa in the late nineteenth century. He further states, presumably in support of Whitehead (1899), that Bobangi had been used as the trade language before colonization all the way from the confluence of the Kasai and Congo Rivers, about 100 miles north of Kinshasa and Brazzaville, upriver for about 500 miles along both the Ubangi and Congo Rivers. His research findings indicate that colonization brought "thousands of African employees who were not indigenous to Central Africa.... These are the ones ... who had an important role in the creation of Bangala [another name used by some missionary linguists for early Lingala].... It was these foreign workers who had the greatest amount of contact with central Africans" (Samarin, 1990/91: 67). These conclusions sound reasonable given the sources that Samarin consulted at the Tervuren Museum for Central Africa in Belgium and at other archival facilities in France, especially in Paris. His findings, however, will have to be reconciled with those of Mumbanza (1971), among others, and the very existence of a Mankandza variety of Lingala upon which Catholic missionaries based what became Standard Lingala.

III. The Importance of Lingala

Whatever its genesis may be, Lingala has been recognized by researchers of Congolese languages to be not only the most important of the four national languages of the DRC and Congo Republic, but also arguably the most important lingua franca of Central Africa both in terms of its known demographics and its prestige (see, e.g., Bwantsa-Kafungu 1970, Bokamba 1976b, Dzokanga 1979, Kazadi and Nyembwe-Ntita, eds. 1987). Its importance grew in response to several socio-historical facts:

(1) When Kinshasa (ex-Léopoldville) became the Belgian Congo's capital in 1929, Lingala was adopted as the city's language of wider

communication (LWC) due to its predominance as the city's trade language;

(2) In 1930 the dominance of Lingala-speaking militia men in what became the colonial army (i.e., *la Force Publique*) led the colonial administration to adopt it as the official language of the army for the entire country (Polomé 1968, Bokamba 1976b). This policy was extended to the rest of the security forces, viz., the National Police Force and *Gendarmerie* 'Military Police' which were established after the country won its political independence on June 30, 1960. Military broadcast on the radio is done in Lingala;

(3) A large number of the government ministers in the first post-independence administration headed by Prime Minister Patrice Lumumba and President Joseph Kasa-Vubu, came from the Lingala-speaking Provinces of the DRC (viz., Kinshasa, the Equator, and the then Oriental. These ministers, including President Kasa-Vubu (who came from downriver, a KiKongo-speaking Region), often addressed the population in Lingala both in mass rallies in Kinshasa and on the national radio, hence increasing the popularity of the language (Bokamba 1976b, Sesep 1978). Prime Minister Lumumba's famous speech to the nation in 1961 in response to his dismissal by President Kasa-Vubu, for example, was given in Lingala (personal witness, but see also Van Lierde, 1963, and Heinz and Donnay, 1966);

(4) The exodus of rural inhabitants into Kinshasa and other predominantly Lingala-speaking cities in the DRC and Congo Republic after independence greatly increased the number of Lingala speakers as those individuals had to learn the language in order to function in these urban centers;

(5) The DRC is viewed as the cradle of what is known as "Congolese music" and Lingala is its dominant language. Specifically, the enduring expansion of Congolese music in the 1950s and then its explosive development from the 1960s onward to become the music of choice among Africans, as well as Africanist Europeans and North Americans, combined with other entertainment and educational programs on the national radio and television in Lingala, have favored its expansion not only within the central African countries mentioned in Section I above, but also beyond them in Africa itself and to the rest of the world. Congolese pop music, which is viewed as the most popular African music, has had the greatest impact in this expansion. It is a matter of common knowledge among Congolese intellectuals of the late 1950s and early 1960s that Congolese musicians such as Wendo, Kabasele, Franco (also known under his authentic name as Luambo Makiadi), and

Rochereau (Tabu Ley), among others, trained other African musicians from various countries in greater central Africa: Angola, Congo Republic, Gabon, Cameroon, Central African Republic, Rwanda, and Burundi. Since it is estimated that at least 70% of Congolese music is sung in Lingala (Bokamba 1976b), this training has in effect greatly contributed to the expansion of Lingala, hence the common saying that "Lingala is the most-sung African language" (Dzokanga 1979: 7). The emigration of some Congolese musical groups to East Africa (esp. Rwanda, Burundi, Tanzania, and Kenya) during the civil wars in the 1960s, combined with the recent migration (1980s -1990s) of prominent singers (such as the late Franco, Rochereau, Kanda Bongo Man, Mbilia Bel) to West Africa, Europe, and America for politico-economic reasons, has implanted Congolese music and its main language (Lingala) in an unparalled fashion in these regions;

(6) The Catholic diocese of Kinshasa, the largest in the country, adopted Lingala on June 20, 1966, under the leadership of the archibshop, as the language of the clergy and thereby of worship (Bwantsa-Kafungu 1970, 1972, Bokamba 1976b);

(7) The (former) Zairean government's policy (since President Mobutu took power in a coup d'état in November 1965) of rotating functionaries throughout the country further carried Lingala to all its regions. In fact, this policy replicates that of stationing soldiers in all provinces during the colonial era and after independence;

(8) The late President Mobutu often addressed the people, both in mass rallies and on the Voice of Zaire, in Lingala;

(9) Lingala, like the other three national languages, has been introduced as a subject into the curriculum at all levels of education, while serving as the medium of instruction in K - 3rd grade in Lingala-dominant regions (Bwantsa-Kafungu 1970, 1972, Dzokanga 1979, Kazadi and Nyembwe-Ntita, eds. 1987); and

(10) Lingala is one of a handful of African languages taught as a foreign language at African, American, and European universities.

This expansion and reputation will undoubtedly continue in the future, especially when the DRC's economic and political situations are stabilized and its immense resources are developed.

IV. Variation in Lingala

Lingala, like any other lingua franca or language of wider communication (LWC), has several dialects or varieties. These include (1) Standard Lingala ("lingala littéraire), (2) Spoken Lingala ("lingala parlé"), (3) Kinshasa Lingala ("lingala de Kinshasa"), (4) Brazzaville Lingala ("Lingala de Brazzaville"), (5) Mangala (reportedly a somewhat mutually unintelligible variety spoken in parts of the upriver region), and (6) "Indoubill" (a highly code-mixed Lingala spoken by youths in Kinshasa).

Standard Lingala (SL) is the variety that is commonly used in various educational and news broadcastings on the radio and television both nationally and regionally in the relevant Regions; it is the variety that is commonly used in correspondance, worship services in the Catholic church, and taught as a subject at all educational levels. As stated in Section II, SL is historically associated with the work of the Catholic church, including its translation of the Bible and effort to establish a common variety for educational purposes. This dialect,which Kukanda (1983) refers to as "lingala commun" (common Lingala), has been amply documented in a number of different short grammars since the 1950s (cf., De Boeck 1956, Van Everbroeck, 1958, 1969, Bwantsa-Kafungu 1970, Dzokanga 1979, Bokamba 1981), in some elementary school readers (Masamba, 1978), and in a number of recent theoretical studies (Bokamba, 1976a, 1977, 1988, 1993). SL is distinguished from other varieties/dialects by having a seven-vowel system in which a tense-lax vowel harmony rule applies obligatorily, and in having a full range of noun prefixes (viz., 13) with an obligatory grammatical agreement system (involving subject-verb, nouns and any of their modifiers) in all these classes (Bokamba 1976a, 1981, 1993).

Spoken Lingala (SpL), in contrast, has a full noun prefix system but a somewhat shorter range of grammatical agreement system. Specifically, while subject-verb agreement is largely maintained but reduced to ten, adjectival agreement (including demonstratives, possessives, and quantifiers) with their head nouns is drastically reduced to two noun classes (Bokamba, 1977). There are seven vowels, but no tense-lax vowel harmony rule (Bokamba 1977). SpL is used in many parts of the DRC and in Congo Republic. In the the DRC its development is historically associated with the Protestant missionaries' work, including the translation of the Bible. Published grammars/textbooks of this variety include Van Everbroeck (1969) and Bwantsa-Kafungu (1972). It is to be pointed out here that SpL or something very close to it is truly the variety that most speakers, even KL and Brazzaville Lingala (BL) speakers, use when they want to be neutral, in fact, it is the default variety. Armed forces (including the national police) located throughout the DRC use SL in their formal meetings and radio services, but they speak mainly SpL in their daily interactions among themselves and the population. There exists a diglossic situation here between SL and SpL: the former is used largely in formal functions as mentioned above, whereas SpL is used mainly in informal functions. A cursory examination of the Congolese popular music texts in Lingala indicates that between 60-65% of the songs are sung in SpL, while the rest are in SL and KL/BL.

Kinshasa Lingala (KL) is the everyday language of the capital city of the DRC. It is used in some comedy and soap opera shows produced locally on television. KL has been the subject of a few theoretical studies involving code-mixing, namely, the mixing of two or more languages in the same sentence in a speech event (Sesep 1978, Bokamba 1988). It is characterized by several features including: (1) the occurrence of double noun prefixes in the plural of all classes except for the human class (e.g., *ba-mi-kanda* 'books,' *ba-bi-loko* 'things/objects,' *ba-n-dako* 'houses,' etc.); (2) the reduction of the subject-verb agreement to three noun classes: human singular, human plural, and non-human or everything else (Bokamba 1977, 1993); (3) the complete eradication of the adjectival agreement and prepositional agreement system; (4) the reduction of the vowels from seven to five; (5) an abundance of French loanwords, with most of them code-mixed (e.g., **ba**-*livres* 'books,' consisting of the Lingala and general Bantu plural noun prefix **ba**- and the French pluralized noun *livre* 'book'; **a**-*compren*-**ákí** '(s)he understood,' containing the subject-verb agreement prefix for the third person singular/human, the French root -*compren[d]*- 'understand', and the Lingala imperfect tense suffix -**aki**); (6) an abundance of KiTuba or "KiKongo ya Leta" (i.e., State KiKongo) vocabulary; and (7), denasalization of word-initial prenasalized voiceless consonants (e.g., *mpasi* 'pain/suffering' in SL/SpL is realized as *pasi* in KL; *nsango* 'news' as sango; *nkómbo* 'name' as *kómbo*; *nsóso* 'chicken' as *sóso*; and *mpoko* 'rat/mouse' as *poko*. Similar features are found in Brazzaville Lingala which is closely associated with KL, but there are some important differences between the two varieties. These include pronunciation, vocabulary drawn from Monokutuba (the Brazzaville's variety of KiKongo), and the use of certain tense-aspects.

There is practically no documentation of Mangala, except for passing mentions in a few grammars and in historical linguistic studies. Indoubill, or the Lingala slang spoken by adolescents and secondary school students mainly in Kinshasa, has also not been studied, but it is frequently heard in the school playgrounds, streets, and shops, and serves as a defining characteristic of Kinshasa adolescents and youths. Structurally, Indoubill contains a large number of loanwords from various foreign languages (including French, Spanish, and, more recently, English). Indoubill also exhibits a drastic reduction of the grammatical agreement just like in KL; and tense/aspects as well as nouns are frequently found in suppletive forms (e.g., *na-z-olia* instead of *na-zal-i ko-lia* 'I am eating,' and *zele wana* instead of *mademoiselle wana* 'that miss/girl').

V. Selected Grammatical Characteristics of Lingala

A. Phonology

(1) Standard Lingala (SL) and Spoken Lingala (SpL) have seven vowels:

i *bísó* 'we' (like *ea* in English *beat*)

e *-meka* 'try' (like *ai* in English *bait*)

ɛ *-mɛla* 'drink' (like *e* in English *bet*)

a *-bála* 'marry' (like *a* in English *psalm* or *o* in Am. Eng. *Tom*)

ɔ *kitɔ́kɔ́* 'beautiful' (like *ou* in English *bought*)

o *-bóta* 'give birth to' (like *oa* in English *boat*)

u *butú* 'night' (like *oo* in English *boot*)

(2) Kinshasa Lingala (KL) reduces the above seven-vowel system to five vowels by collapsing the mid-front vowels *e* and *ɛ* to *e* and the mid-back vowels *o* and *ɔ* to *o*.

(3) Lingala has two tones. The low tone is unmarked and the high tone is marked with an acute accent (see examples above). In addition, a vowel may be marked with a circumflex to mark what was originally a sequence of a high tone followed by a low tone, e.g., *bóongó* becomes *bôngó* 'thus' or it may be marked with an inverted circumflex to mark what was originally a sequence of a low tone followed by a high tone, e.g., *loóso* becomes *lǒso* 'rice.'

(4) The Lingala consonants are as following:

• the stops p, t, k, b, d (all as in English), g (as in 'game')

• the fricatives f (or rarely v), s, z (sometimes written and pronounced j as in 'joke')

• the nasals m, n, ny (a palatal nasal, cf. French 'gn' as in *bagnole* 'old car')

• the lateral l (sometimes alternating with d, e.g., *lilɔ́tɔ* 'dream', *ndɔ́tɔ* 'dreams')

• the semi-vowels w, y

• prenasalized consonants mp, mb, nt, nd, nk, ng, ns, nz (the nasals in nk and ng are dorso-velar like 'ng' in English 'long'.) Note that in Kinshasa Lingala , mp, nt, nk, and ns become p, t, k, and s, respectively.

x

(5) Standard Lingala maintains a vowel harmony within words (arguably only within word roots), such that a given word (root) has only either open mid vowels ɛ, ɔ or it has closed mid vowels e, o. Spoken Lingala and Kinshasa Lingala do not maintain this rule.

B. Morphology

(1) Like other Bantu languages, Lingala nouns fall into a number of classes marked by distinctive prefixes, which, in most cases, indicate either singular or plural and some generalized class meaning. For example, class 1 nouns refer to persons in the singular, class 2 to persons in the plural. There is a tendency for related words to be in the same class, even if the class as a whole does not have a well-defined sense. For example, class 3 includes many names of large trees as well as body parts not in pairs (cf. Guthrie and Carrington [1988]).

(2) Standard Lingala requires that verbs carry prefixes that agree with their subject noun's class (e.g., *Bato bazalí*, where the *ba-* of the verb agrees with the *ba-* of *Bato*.) In addition, nouns, pronouns, and adjectives following head nouns are usually linked to the head noun with a form of the preposition *na* which is also made to agree with the head noun. A few adjectives, demonstratives, and quantifiers also have variable prefixes reflecting agreement with the head noun of a phrase.

(3) Spoken Lingala maintains the subject-verb agreements (slightly reduced) but abandons the elaborate agreements within noun phrases.

(4) Kinshasa Lingala reduces the subject-verb agreement to human singular (class 1), human plural (class 2), and everything else (classes 3-13).

(5) The full agreement system of Standard Lingala follows: (NOTE: the dashes (—) in the chart indicate that a form was not observed corresponding to this noun class in the present readings.)

Noun		Verb	Prepo-sition	'that / those'	'all'
Prefix	Example	Prefix	*na*	*yangó*	*(n)yónsɔ*
1. *mo-*	*moto*	*a-*	*wa*	—	—
2. *ba-*	*bato*	*ba-*	*ba*	*bangó*	*bánsɔ*
3. *mo-*	*mokandá*	*mo-*	*mwa*	*mangó*	—
4. *mi-*	*mikandá*	*mi-*	*mya*	—	
5. *li-*	*lilála*	*li-*	*lya*	*lyangó*	—
6. *ma-*	*malála*	*ma-*	*ma*	*mangó*	*mánsɔ*
7. *e*	*esíká*	*e*	*ya*	—	—

Noun		Verb	Prepo-sition	'that / those'	'all'
8. *bi-*	*bisíká*	*bi-*	*bya*	*byangó*	*bínsɔ*
9. *n-* or zero	*nzɔku* (sg)	*e-*	*ya*	—	*nyɔ́nsɔ*
10. *n-* or zero	*nzɔku* (pl)	*i-*	—	—	*ínsɔ*
11. *lo-*	*lopango*	*lo-*	*la*	*langó*	—
12. *bo-*	*bolingo*	*bo-*	*bwa*	—	—
13. *ko-*	*kolíya*	*ko-*	—	—	—

(6) Singular and plural forms will also be observed for classes 3/10 (e.g., *mosuki, nsuki* 'hair'), 7/10 (*elaká, ndaká* 'promise[s]'), 11/10 (e.g., *lokásá, nkásá* 'leaf, leaves'), and 11/6 (e.g., *lokolo, makolo* 'leg[s]'). Note that in Kinshasa Lingala the *ba-* plural may replace the zero plural of Class 10 (e.g., *bandáko* instead of *ndáko* 'houses'), reduplicate the plural prefix (e.g., *bamilangi* (class 4) 'bottles'), or form the plural of French loan words (e.g., *balivres* 'books' < French *livres* 'books').

(7) Kinshasa Lingala uses *e-* as the verb prefix in agreement with noun classes 3-13.

(8) Pronominal prefixes (*na-, o-, a-, to- bo-, ba-,* meaning 'I', 'you' (sg.), 'he/she', 'we', 'you' (pl.), 'they', respectively) are sometimes written as separate words, especially in the Lingala of the short play, *Ekozala Boye Te*, included here.

(9) Verb extensions in Lingala are suffixed to verb roots to derive various related meanings. The extensions are a very productive method for deriving sets of related words in Lingala (as well as in Bantu languages in general). The extensions are also seen in nouns which themselves are derived from verbs. In some cases, two extensions are added to derive a new meaning. The reader should note that, as with word derivation in other languages, the meanings resulting from the addition of an extension are not strictly predictable. (Hyphens separate words into the smallest meaningful units [morphemes].)

Extension	Meaning	Verb Example	Noun Example
None	Root	*ko-sál-a* 'to work'	*mo-sál-i* 'worker' *mo-sál-á* 'work,' 'job' *li-sál-á* 'field'
–el-	Applicative	*ko-sál-el-a* 'to work for,' 'to serve'	*mo-sál-el-i* 'servant' *e-sál-el-i* 'tool' *e-sál-el-o* 'workshop'
–is	Causative	*ko-sál-is-a* 'to employ, to help'	*mo-sál-is-i* 'helper' *li-sál-is-i* 'help,' 'aid'
–an-	Reciprocal or Stative	*ko-sál-is-an-a* 'to help each other' *ko-búk-an-a* 'to be broken'	*li-sál-is-an-i* 'cooperation'
–ol-	Reversive	*ko-fung-ol-a* 'to unlock' < *ko-fung-a* 'to lock'	*li-fung-ól-a* 'key'
–am-	Passive	*ko-sál-am-a* 'to be done/made'	—

(10) Inflections for tense and aspect are suffixed to the root and its extensions (if any), with the exception of the future marker, which is a prefix. The most common Lingala tense/aspect markers are the following.

Tense/Aspect Marker	Meaning	Example
–ko–	Future	*na-ko-sála* 'I will work'
–í	Near past with present effect Present state	*Na-sál-í mo-sálá* 'I have worked.' *E-zal-í awa* 'It is here.'
–ákí	Past definite	*Na-bim-ákí* 'I went out.'
–á	Remote past (unalterable)	*Ba-kúfá kala* 'They died long ago.'
–á	Imperative (added to root)	*Sálá makási!* 'Work hard!'
–aka -ko-...-aka	Habitual or repeated	*O-fánd-aka wápi?* 'Where do you live?' *Na-ko-yók-aka motó mpási na mói* 'I always get a headache in the sun.'
ko-zal-a + infinitve	Progressive present, past, or future	*Na-zal-í ko-fánda áwa* 'I am sitting here.' *Na-zal-ákí ko-fánda áwa* 'I was sitting here.' *Na-koz-ala ko-fánda áwa* 'I will be sitting here.'
ko-síl-a + infinitive	completed action 'have already ...'	*Na-síl-í ko-koma mi-kandá* 'I have already written the letters.'
High tone on pronomnal prefix	subjunctive (wishing, polite imperative, permission, etc.)	*To-ling-í te a-fand-a na bísó.* 'We want him/her to stay with us.' *Na-món-a yé sika.* 'Let me see him/her now.' *Na-zip-ol-a li-ninísa?* 'May I open the window?'

C. Syntax

(1) Equational sentences frequently do not express 'to be.'

Ngáí moto. 'I am a person.'

Elɔ́kɔ níni óyo? 'What is this thing?'

Nkómbó na yô náni? 'What (lit. who) is your name?'

(2) The basic word order is Subject-Verb-Object(s).

Mwána akomí mokandá. 'The child wrote a letter.'

Mwána akomelí bísó mokandá. 'The child wrote us a letter.' (Note applicative extension *–el-.*)

(3) "When" clauses may be expressed with *ntángo* 'when' or by inverting subject and verb. The inverted verb carries the *e-* prefix. Inversion may also occur with *ntángo.*

Ntángo nakokóma na zándo, nakosómba nyama.

Ntángo ekokóma na zándo, ...

Ekokóma ngáí na zándo, ...

'When I arrive at the market, I will buy meat.'

(4) Relative clauses may be marked by juxtaposition (cf. English 'I know the man you hurt.') or introduced by a demonstrative pronoun *(ba)óyo* 'this/these.' Like (3) above, subject and verb (with neutral *e-* prefix or agreement with class of preceding object) may be inverted. Finally, a pronominal copy of the object may be added in the subordinate clause.

Yé mwásí alobî. 'She's the woman who spoke.'

Azalí moto óyo amɔ́ní ngáí. 'He is the person who saw me.'

Tálá makémba óyo tosómbi (yangó). [optional pronominal copy]

Tálá makémba (óyo) esómbí bísó. [inversion with *e-* prefix]

Tálá makémba masómbí bísó. [verb agrees with noun class of object]

'See the plantain (which) we bought.'

(5) Questions may be formed from statements by not lowering the pitch at the end or by interrogative words placed at the beginning or end.

Mwásí ayéí? 'Has the woman come?'

Náni óyo? Oyo náni? 'Who is this?'

Nkómbó na y̌ɔ náni? 'What is your name? (lit. Name of you who?)'

Olingí níni? 'What do you want?'

Mokandá na ngáí wápi? 'Where is my book?'

Tosómbí makémba motúya bóni? 'How much did we pay for the plantain?'

Mpɔ̌ (na) níni okeí? Okeí mpɔ̌ (na) níni? 'Why did you go?'

Akeí ntángo níni? 'When (lit. what time) did he/she go?

Akeí mokɔlɔ níni? 'When (lit. what day) did he/she go?

(6) The negative particle *tɛ́* or *tɛ̂* occurs at the end of a clause or sentence.

Nayébí yangó tɛ́. 'I don't know that.'

Nayébí esíká ezalákí yɔ̌ tɛ́. 'I don't know the place where you were.'

The separation of the negative from the verb it negates may lead to ambiguity.

Nakokí koyébisa yɔ̌ esɛngɔ ngáí nazalí na yangó tɛ̂.

'I cannot tell you the joy that I feel (lit. I have it.)'

(7) The particle *sé* 'only' often introduces an infinitive or noun, which echoes the preceding finite verb and may reinforce its meaning.

Maposo mpé alóyambi sé kolóyamba, mpé atóndí elengɛ́ mobáli Mákalámbá sé botóndí.

'Maposo takes it and thanks the young man Makalamba very much.'

[Note also the Swahili-like prefixed pronominal object *–ló-* 'it' agreeing with the class eleven noun *lokásá* 'leaf, (paper money) bill,' which is seen in Makalamba, but not elsewhere.

(8) A mixed direct-indirect quotation may be observed in which a direct quote is introduced by *te* 'that.'

Mákalámbá alobí sé na Lusengo te kɛndé o mbóka.

'Makalamba tells Lusengo to go home.'

(9) Plural pronouns may be used in places where English speakers expect a singular pronoun

… Kekele, mwâsí óyo bafándí lopángo mɔ̌kɔ́ na Mákalámbá…

'… Kekele, a woman who lives (lit. they live) on the same property with Makalamba… [the *ba-* prefix 'they' includes Makalamba.]'

bísó na yɔ̌ 'you and I (lit. we and you)'

D. Other notes

(1) Personal references: Women (and men) are often referred to as 'mother of X' and 'father of X', respectively, where X is the name of the oldest child. For example, *Mamá wa Didye.*

(2) *Mamá* and *tatá* are often used as titles before women's and men's names, respectively. We have retained these Lingala words in the translation.

(3) Eliptical sentences. The Lingala text has frequent phrases which may appear grammatically incomplete or stylistically informal. We have chosen to translate literally in such cases, as long as the English translation reflects the Lingala meaning faithfully.

• A special note should be made of the use of *mpámba té* meaning 'because' which often introduces an independent sentence in the Lingala text, where English 'because' would normally introduce a subordinate clause. As noted, we have often let the 'because' clause stand as an independent sentence in the translation.

• Lingala can express a predicate nominative without the verb *kozala* ('to be'). Example: *Ngáí moto wa nsúka.* 'I am the last one' (lit. I person of end.) We add 'to be' in the translation.

(4) Use of square brackets [...]: Square brackets are used in the English translation for three purposes. (1) to add meaning, which is implicit in the Lingala original; (2) to give a literal translation of an idiomatic Lingala word or phrase, preceded by [lit.: ...]; (3) to give a brief explanatory note of a culturally embedded meaning.

D. In the *Makalamba* text, the expression *yĕ yĕ te* often introduces a quotation. The English translation expresses this with 'say' or 'says.'

E. Spelling variations

• The sequence vowel plus *i* (*mai* 'water' or *moi* 'sun') may be spelled with an intervening *y (mayi, moyi).*

• The conjunction *te* is sometimes spelled *éte* or *'te*. In *Ekozala Boye Te*, it is indistinguishable from *te* 'not', spelled *té* or *tê* in the seven-vowel system.

• Some variation will be noted in the spelling and pronunciation of final *o* and *u,* e.g., the word for "head" may be spelled *motó* or *motú.*

• There is some variation in the assignment of high tones, even within the same text, e.g., *Nzámbé* 'God' may also be spelled *Nzámbe* or *Nzambé.*

F. The above grammatical notes (section V) rely heavily on Ellington (1984), Guthrie and Carrington (1988), and Kukanda (1983).

VI. The Reading Selections

A. Summary of the *Nabálákí Bási Míbalé* story

The story takes place toward the end of the 1960s, less than ten years after independence and a little more than ten years after the time of *Mákalámbá.* The story is essentially a series of vignettes of the everyday life of Eme Azanga. Six vignettes have been selected for this reader. Some of them have several scenes.

The opening section "Beginning" describes the protagonist Eme Azanga's memories of his childhood in Kinshasa. He recalls the impoverishment of a neighbor's family: – the leaky house, the hunger, the dirty children, the problems of the parents due to an ethnically mixed marriage, and the problem of the disposition of children and property when the father dies. Upon recalling the tensions resulting from mixed ethnic marriages, Azanga resolves to marry within his own ethnic group.

The section entitled "A Modern Marriage" describes the protagonist's transition into marriage by relating his friends' manner of teasing him when he took first his wife and later his wife and first child behind him on the moped. The birth of the second child and the demise of the moped put an end to his friends' hilarity. The story shifts to a second scene in which the protagonist is at home taking care of his children, while his wife has gone to a hospital to visit a neighbor's wife, who had two children followed by four miscarriages. The importance of the wife's role as a baby-producer is emphasized. The neighbor's wife finally gets pregnant again but is having difficulty and hence is in the hospital. The story reveals the ordinary responses of concern, incomprehension, and anger that Eme has when his wife, delayed by a bus breakdown, doesn't return on time. His relief when his wife returns leads to an attribution of his unfounded anger to the devil.

The section entitled "The Old Association" picks up the story after Eme has taken a second wife, who has born him a son. The first scene describes a meeting of the African Cultural Association, in which pride in the Congo nation and the Lingala language is promoted through a commentary ironically juxtaposed with the use of a white child as an example of what he is talking about. As Eme leaves the meeting, he encounters an old girl friend, Ema. He had fallen in love with her and had considered marriage with her. But he had forgotten his pledge not to marry a woman of a different ethnic group. The scene relates their conversation about the interference of her family and her subsequent unhappy life.

The section entitled "The River" presents the consequences of having two wives when one is invited to a celebration with one's wife. His conflict is over the obligation to bring his senior wife pitted against his desire to bring his more attractive second wife. The domestic conflict arises in the context of the country's celebration of the name change from Congo to Zaire (1968). The author exploits the ironies of both the domestic and national situations in his presentation.

The section entitled "The Termite Heap" presents Eme's visit to a utopian town where everyone works for the benefit of all like termites in a termite heap. Details of the workers' commitments and the educational and housing benefits they receive are described. Eme's positive view of the Termite Heap community is mitigated somewhat when he learns that it doesn't tolerate a man having two wives and that a married woman can't continue to work.

The section entitled "A Trivet Has to Have Three Legs" relates Eme's reluctant attendance with his Uncle Lowi at a church meeting led by a priest. The priest tries to persuade the men to be better husbands in the three-sided relation of father-mother-child on the analogy of the three-legged trivet which topples when one leg is missing.

B. Summary of the *Mákalámbá* story, translated from French (author not specified)

Mákalámbá is one of those rare novels written in Lingala. Published ten years ago by its author Yoka-Mampunga with the title *Mákalámbá mwana nsɔmí ya Kongo (Makalamba, free child of Congo)*, it was distributed in about 20 copies to some of the author's friends. With the author's agreement, we believed it would be good to republish it with the title shortened to *Makalamba*. It is not only the literary value which we targeted for this edition, which pushed us to distribute this book more widely. It is also because *Mákalámbá* lays out a problem which preoccupies our society today, namely the return to authenticity and the struggle against all forms of exploitation resulting from the colonial system. The context of the story is drawn from the 1950s, a period before Congo's independence. We find here three broad parts to the story.

Makalamba marries Bolumbu

A young employee of an important company of the Capital [Kinshasa], Makalamba decides to spend his vacation in Boende, his village of origin. At the end of his stay, Makalamba lets his family know of his intention to take a wife. Caught with little time, Makalamba's family, after reviewing the eligible girls in the region, agrees on Bolumbu, a girl from Bombindo, a village situated a few kilometers from Boende. Bolumbu is not only one of the rare girls not related to Makalamba's clan, she is also appreciated for her moral and physical qualities.

A message is sent to Bolumbu's parents to announce a courtesy visit with the members of Makalamba's family. It is during this visit that Makalamba's relatives announce, after a long prologue on the excellent and long-standing relations of the two clans, Makalamba's intentions and his clan's choice of Bolumbu. Bolumbu's father, after a long discussion in which his sister participates actively, speaks with regret of the makeshift character of the engagement, a serious infringement of tradition. Nevertheless, he agrees in principle to the marriage while he notifies the girl's mother's side of the family. The ceremony is painted in colorful detail.

Reassured, Makalamba is able to return to Kinshasa. Bolumbu will later come by boat, accompanied by her husband's uncle. For Bolumbu, who has never left her village and has only been around members of her clan, this voyage is an eye-opener and a fortunate introduction into the big world. The boat trip in this community of passengers is eventful. But certain circumstances, such as the death on board of a young child traveling with his mother from Kindu to Matadi, shows the strength of the Bantu solidarity in the face of crisis. During the trip, Bolumbu is mentored by Mama Balia, who spontaneously takes charge of initiating her into the problems of married life. Mama Balia knows the city and its temptations.

The Life of the Young Married Couple

This part of the story paints a realistic picture of the social life of Kinshasa in the 1950s. The intensity of living conditions and the problem of promiscuity are described in all their glory. Group formation and managing clan loyalties in a 'detribalized' city, along with black and white relations, are skillfully laid out in this part of the story. Makalamba and his young wife are settled at 2 Kato Avenue where he was already living. The lot is a small community of about 35 persons among whom are couples and single men and women. The owner of the property is a real leader who succeeds in managing his disparate world with authority and skill. The newcomer is received warmly, which facilitates her integration into the community on the property. Bolumbu, who quickly adapts to her new life, bonds with one of her neighbors who is also married. The two women shop together. But this friendship is dangerous because Bolumbu gets dragged by her friend, without realizing it, to form a compromising relationship with a man. Caught in a bar with her [male] friend by the latter's wife, Bolumbu barely escapes injury. This incident puts an end to any thought of infidelity. The move which she requests of her husband, explained by the onset of her pregnancy, is not completed because of the housing crisis in the city. Makalamba and Bolumbu live happily and widen the circle of their friends and acquaintances. They get invited to diverse celebrations taking place in the capital. Each marriage and each celebration of the end of a mourning period create new opportunities to make new friends. Makalamba achieves a certain stature in society. Unfortunately, in the city, race relations between blacks and whites have deteriorated, especially in offices. The late arrival of the Congolese staff on a day of heavy rain finally causes the long-brewing tension to explode. Makalamba, who is the head of the Congolese staff, is arrested and immediately thrown in jail. Before the arrival of the police chief Pilipili [lit. hot pepper] with his reputation for intransigence and bias against blacks, one of Makalamba's old female friends succeeds, with the complicity of some of the policemen, in getting Makalamba some fetishes, given to her by a witch doctor. During the interrogation, the police captain falls asleep and throws out the case. Makalamba is liberated the same evening.

The Aspiration for Liberty

The third part of the story begins with a meeting in Makalamba's home with Makako who, after long years in Belgium, returns to Congo. Makako left as a young boy with his parents, who were taken to Europe by their employer at the end of his colonial career. There he studied sciences thanks to the generosity of his parents' former employer, who adopted him upon their death.

The discussion of the two men is about politics. They engage in a long dialogue about the misdeeds of colonial exploitation which they analyze in its destructive, humiliating, and dehumanizing aspects. With regard to the strict structure of the colonial system, they bring out the weak means at their disposal to halt the regime. Refusing to compromise with the enemy, they recommend, as their strategy, consciousness-raising for all Congolese in the various sectors of their social, economic, and cultural lives. They intend to fight tribalism, the principal obstacle to national unity.

But, alas, Makalamba dies suddenly. His death is discussed variously by those who know him. Although dead, Makalamba has left his mark on Congolese society. His legacy is precious and it yields a slogan: the unity of the different ethnic groups of Congo is the sole weapon to fight subjection and to put an end to exploitation. Sooner or later, liberty will come.

C. Summary of *Ekozala Boye Te* by Ndungi Mambimbi "Masumu" (translated from the French)

In a book *Théâtre et Société en Afrique*, the author Mineque Schipper argues that Popular Theatre is a theater by the people and for the people which treats current problems and suggests means to resolve them.

Such is the case with *Ekozala Boye Te*, a play which we invite you to read and through which we hope that you might help us raise the consciousness of our populace. The theme of it is current. We experience it in our homes, in the family, on the streets, in our neighborhoods, in our communities, and in our towns and villages. We have taken just one example but the lesson to be drawn from it is applicable at the national level, at the level of the decision-makers.

How many conflicts, how many wars has the world known from the days of old to our present day that have resulted from a lack of mutual understanding, of tolerance, of dialogue?! Hence the necessity to know how to resolve each difference of opinion peacefully.

Thus, this play describes the great tension that a couple, indeed, a family, experiences due to a simple misunderstanding resulting from a lack of dialogue between a man and his wife.

VII. The Cassette Tapes

A. The readers. Mr. Fulbert Akouala, who was raised in Congo Republic, is the reader for both *Mákalámbá* and for *Nabálákí Básí Míbalé*. Lionel Gahima, who was raised in the DRC, is the reader for *Ekozala Boye Te*.

B. It was not possible to do a full editing of the tapes to assure that the tapes matched the written texts exactly. Most discrepancies are minor and reflect minor variations in the text that do not affect meaning. Asterisks are used to mark discrepancies. One asterisk (*) marks where the reader added a word, e.g., forms of *na*, which are not obligatory. Two asterisks (*...*) surround a word or phrase which is read differently on the tape. And double asterisks (**...**) are used to mark a few places where the reader apparently skipped a line.

References

Bokamba, Eyamba G. (1976a). *Question Formation in Some Bantu Languages*. Unpublished Doctoral Dissertation. Indiana University, Bloomington.

——. (1976b). Authenticity and the choice of a national language: The case of Zaire. *Présence Africaine, N° 99-100*; pp. 104-142.

——. (1977). The impact of multilingualism on language structure: The case of Central Africa. *Anthropological Linguistics* 19: 181-202.

——. (1981). *Ekolongonelo ya Lingala: An Introductory Textbook and Grammar*. Ms: Center for African Studies, University of Illinois at Urbana-Champaign.

——. (1988). Code-mixing, language Variation and linguistic theory: Evidence from Bantu languages. *Lingua* 76: 21-62.

——. (1993). Language variation and change in pervasively multilingual societies: Bantu languages. In Salikoko S. Mufwene and Lioba Moshi, eds., *Topics in African Linguistics*. Philadelphia: The John Benjamins Publishing Company, pp. 207-252.

——. (1996). Lingala Project Proposal (unpublished). The African Language Project (Chester Hedgepeth, Principal Investigator). University Of Maryland (Eastern Shore).

Bwantsa-Kafungu, S. Pierre (1970). *Esquisse Grammaticale de Lingala*. Kinshasa: Publications de l'Université Lovanium.

——. (1972). *J'apprends le Lingala tout seul en trois mois*. Kinshasa: Centre de Recherches Pédagogique.

De Boeck, E. B. (1956). *Cours de lingala*. Bruxelles: Editions du Scheut.

Dzokanga, Adolphe (1979). *Dictionnaire Lingala-Francais, suivi d'une grammaire lingala*. Leipzig: VEB Verlag Enzykolpadie Leipzig.

Ellington, John (1984). *Basic Lingala*. (MS) Montreat, NC: P.O. Box 1072.

Guthrie, Malcolm (1935). *Lingala Grammar and Dictionary*. Léopoldville: Conseil Protestant du Congo.

——. (1966). *Grammaire lingala*. Farnborough, UK: Hants.

Guthrie, Malcolm and John F. Carrington (1988). *Lingala Grammar and Dictionary*. Didcot, England: Baptist Missionary Society.

Heinz, G. and H. Donnay (1966). *LUMUMBA Patrice: les cinquante derniers jours de sa vie*. Bruxelles: C.R.I.S.P.

http://goto.worldlanguage.com/Languages/Lingala.htm (March 2, 2002).

http://www.GeoHive.com (February 28, 2002).

Hulstaert, Gustav (1946). Les langues indigènes et les Européens au Congo. *African Studies* 5: 126-135.

INRAP (1976). *Géographie de la République du Congo*. Paris: EDICEF.

Kazadi, Ntole and Tshisalasal Nyembwe-Ntita, eds. (1987). *Utilisation des Langues Nationales: Actes du Colloque sur les langues nationales, Kinshasa, 11-16 mars 1985.* Kinshasa: CELTA.

Knappert, Jan (1979). The origin and development of Lingala. In Ian Hancock, ed., *Readings in Creole Studies*. Ghent, Belgium: E. Storia Scientia, pp. 153-164.

Kukanda, Vatomene (1983). *L'Emrunt francais en lingala de Kinshasa: quelques aspects de son intégration phonétique, sémantique et lexicale.* Tübingen: Gunter Narr Verlag.

L'Epiphanie (1984). *Dictionnaire: Lingala-Français; Français-Lingala.* Kinshasa: B.P.724

Masamba, N'ongla (1978). *O Nzila ya Sika: Botángi mpe Bokomi Lingála o Mobu mwa Mibale.* Kinshasa: Edition Bobiso.

Mumbanza, J. E. (1971). *Les Bangala et la première décennie du poste de Nouvelle-Anvers (1884-1894).* Mémoire licence. Université Lovanium de Kinshasa.

Pashi, Lumana and Alan Turnbull (1994). *Lingala-English dictionary.* Kensington, MD: Dunwoody Press

Polomé, Edgar (1968). The choice of official languages in the Democratic Republic of the Congo. In Joshua A. Fishman, Charles A. Ferguson, and J. Das Gupta, eds. *Language Problems of Developing Nations.* New York: John Wiley and Sons, pp. 295-312.

Samarin, William J. (1982). Colonization and pidginization on the Ubangi River. *Journal of African Languages and Linguistics* 4: 1-42.

——. (1985). Communication by Ubangi water and word. *Sprache und Geschichte in Afrika* 6: 309-373.

——. (1990/1991). The origins of Kituba and Lingala. *Journal of African Languages and Linguistcs* 12: 47-77.

Sesep, Nsial B. (1978). *Le métissage francais-lingala au Zaire: Essai de d'analyse -différentielle et sociolinguistique de la communication bilingue.* Thèse de doctorat de 3ème cycle, Université de Nice, France.

United Nations (1992). *Human Development Report 1992.* New York: United Nations.

Van Everbroeck, R. (1958). *Grammaire et exercices lingala.* Léopoldville: Standard-Boekhandel.

——. (1969). *Le lingala parlé et écrit.* Bruxelles: Editions du Scheut.

Van Lierde, J. Comp. (1963). *La pensée politique de Patrice Lumumba.* Paris: Présence Africaine.

Whitehead, John (1899). *Grammar and Dictionary of the Bobangi Language.* (Reprinted in 1967). London: Gregg International Publishers.

World Bank (1985). *World Development Report 1985.* Washington, D.C.: World Bank.

——. (1992). *World Development Report 1992.* Washington, D.C.: World Bank.

SELECTION ONE
NABÁLÁKÍ BÁSI MÍBALÉ

EBÁNDELI

Nkómbó ya ngáí AZANGA Eme. Nayákí Kinshása mwána moké. Nakólí o mbóka Kinshása. Bansɔ toyébí, mbóka mondélé mákalámbá. Olingí óbíka, ómíbíkisa yɔ̆ mɔ̆kɔ́. Ntángo nazalákí naíno monzenga, mpé nazalákí kovánda sé o ndáko ya babóti, nazalákí komɔ́nɔ bato ba lopángo mɔ̆kɔ́ pɛnɛ na bísó. Lopángo malonga té. Bato ba mawa!

Tatá wa ngáí azalí sé wâná o lopángo la ye téé lɛlɔ́. Leká ndáko ya tatá, púsáná libosó, lopángo la nsúka na ngambó, okomɔ́nɔ ndáko ya bangó wâná. Lopángo babɔngísí malámu té. Ndáko batóngí o káti ya lopángo, bakókí kotánga yangó ndáko té, ekokí na nkómbó ya ndáko té. Átâ moláko o ntéí ya zamba mozalaka mawa boye té. Ndáko ekabwání na biténi míbalé. Eténi mɔ̆kɔ́ bakángí na manzanza o likoló, kási ezalí kotanga mái bisika bínsɔ. Sɔ́kí mbúla enokí na butú, moto mɔ̆kɔ́ akokí kolála mpɔngí lisúsu té. Oyo azalákí kolála, malámu ákanga nzóto na bolangéti mpé ákɛndɛ koluká esíká mái mazalí kotanga té. Sɔ́kí azwí esíká mái makotanga té, amíbómba wâná téé kína mbúla ekosíla. Ndáko ya mabáya, nkóló wa ndáko alokótókí mabáya sɔ́kí wápi! Eténi mosúsu ezalí sé polélé. O likoló manzanza mazalí té, o monɔko mwa ndáko ezibeli ezalí té. Na butú bakotíya wâná lingwóngóló linɛ́nɛ mpé bakokanga lyangó na nsingá epái na epái na mabáya ma monɔko mwa ndáko. Ekopékisa ntába na bibwéle bisúsu koyâ kolála o káti ya ndáko.

Ntembe té, o ndáko ndéngé wâná bána bakokí kozala té. Wápi! Bazalákí wâná bána motóba mobimba. Otálí bǎna, oyókí mawa. Bána bakolíya malámu té. Basúsu bazalákí kotánga kelási, basúsu bazalákí kokíma. Átâ mwána mɔ̆kɔ́ azalákí kozwa malámu mpenzá azalákí té.

Ndáko mawa boye mpɔ̂ níni o? Bóyóka náyébisa bínó mwa makambo. Tatá wa bána akómákí mobangé, azalákí kosála lisúsu mosála té, azwaka sé mwa mbɔ́ngɔ ya epaso. Bísó bánsɔ́ toyébí te kolíya bobélé bilɔ́kɔ osombí na mbɔ́ngɔ ya epaso, kolíya na mpási! Tála tatá wâná nzóto bobélé minkuwa, mpé libandí o motó. Nabósání naíno té ndéngé níni mamá wa bangó azalákí komílela epái ya bísó kala.

"Bafíngí ngáí, ngáí mwǎsí mpámba. Basekí ngáí, ngáí mobóla monénɛ. Bôngó bobóla ekómí moyibi sikawa? O mbóka ya bísó bakosekeke moyibi kási mobóla té. Óseke moníngá, mosála níni? Óseka moníngá, mpé mpási ezalí káka. Oseka moníngá mpé liwá lizalí káka. Seka Nzámbe sɔkí ozalí moto monénɛ!"

Tatá akómí mobangé. Mbɔ́ngɔ ya epaso ekokí té. Ebongí mamá wa bána ásála makási, ábíkisa libóta. Nzókandé mamá wa bána azalí na mayɛ́lɛ na mombongo té. Azwí mwa likuta mɔ̆kɔ́, akowéla bobélé nɔkí kolíya lyangó na bilɔ́kɔ. Bolámu bwa mokɔlɔ mɔ̆kɔ́, na nsima nzala.

BEGINNING

My name is Eme AZANGA. I came to Kinshasa as a young child. I grew up in the city of Kinshasa. We all know that westernized cities are dangerous [lit.: infernos]. If you want to escape danger, you have to be careful. When I was still young and I was still living with my parents, I used to see only the people in a house near us. That house was not interesting. The people were poor.

My father is still there in his house today. Pass father's house, go in front [of the next one] to the house at the corner on the other side, and you will see their [the poor people's] house. The house was not kept up very well. The house they built in their yard, cannot [even] be considered a house, can't have the name of a house. Even a forest hut is not so pathetic. The house was divided into two parts. One part was covered with sheet metal but it leaked everywhere. Whenever rain fell during the night, a person couldn't sleep any more. The one who was sleeping had better wrap his body in a blanket and go look for a place where the water was not dripping. If he found a place where the water is not dripping, he hides himself there until the rain stops. A wooden house – where on earth did the owner find such wood! The other part was open. Overhead, there was no sheet metal. In the house's entrance, there was no door. At night, they put a big metal box there and they fixed it with a rope to the wood on either side of the entrance. That kept the goat and the other animals from coming in to sleep inside the house.

There is no doubt that children could not live in that kind of a house. Never! [But] there were six children there all together. Look at the children and you felt sad. The children were not eating well. Some were going to school. Some were skipping it. There was not even one child who was really getting good [grades].

Why such a pathetic house? Listen! I'll tell you a thing or two. The children's father was getting old. He was no longer working. He only had a small pension. We all know that to eat only things bought with one's pension is to eat badly. Just look at that man – his body is just bones and his head is bald. I have not yet forgotten how their mother used to cry to us back then:

"They insult me. I am a worthless woman. They make fun of me. I am a very poor person. So is poverty now the same as stealing? In our city, they laugh at stealing but not at poverty. You laugh at a friend – why would you do that? You laugh at a friend and you will suffer one day. You laugh at your friend and you will die one day. Laugh at God only if you are an important person!"

The father was getting old. His pension was not sufficient. The children's mother had to work hard in order for the family to survive. But the children's mother didn't have any skill at trading [at the market]. [As soon as] she got hold of a little coin [*likuta* = 1/100 of a *zaire*], she rushed to spend it on something or other. Profit one day, [but] hunger the next.

Ndáko ya mawa. Tálaka bána, mpándá o mitú, makwánza o nzóto, mpé nzala o mabumu. Bána mawa! Mbɛlɛ yɔ̌ moto okokamwa míngi, okoloba, kási mobáli óyo abándákí mosála kalakala, ndéngé níni atóngákí ndáko mwa malongá tɛ́ útá kala?

Bandeko, tíka nálimbólela bínó likambo lya bangó malámu. Mpámba tɛ́, ntína ezalí. Bóyóka naíno, ezalí boye. Mobangé wâná, tatá wa bǎna, azalí molúba. Mamá wa bána ndé mokɔngɔ. Tatá abálaka libosó mwǎsí mɔ̌kɔ́ kala, mwǎsí wa mbóka ya bangó. Abótá na yě mwána mɔ̌kɔ́, mwána mobáli. Mwána yangó akómí mobáli monéne sikáwa, azalí na mwǎsí wa yě na bǎna, na ndáko ya yě kitɔ́kɔ mpenzá o Bandalúngwa. Útá kala mwána azalí sé na nkanda mpɔ̂ ya ndéngé tatá *alongoláki* mamá wa yě na libála, libála lya makángo. Nkanda yangó ekólákí sé bokóli ntángo tatá akútánákí na mwǎsí óyo mokɔngɔ mpé abándákí kobóta na yě bǎna. Alingí mwǎsí óyo wa sika tatá abálí sɔ́kí mɔ̌kɛ́ tɛ́. Sé o eleko yangó mwǎná akímí ndáko ya tatá, akeí koluka esíká ya yě mɔ̌kɔ́ ya kofútela. Tatá atíkalí o lopángo la yě bobélé na mwǎsí wa yě wa sika.

Kási mwána óyo wa libosó azalí zóba tɛ́. Ayébí 'te na bakongo bána bakokɛndɛkɛ epái ya bomamá. Ntángo azaláki kovánda naíno o kelási, azaláki na moníngá mɔ̌kɔ́ molúba, kási mamá wa yě mokɔngɔ. Ewéí mamá wa yě, matáta míngi mazaláki wâná o káti ya tatá wa bána na banɔ̌kɔ́ ba bangó. Bobélé likambo lya bobokoli bǎna. Basámbákí míngi mpenzá mpé bakabwánákí bobélé na nkanda. Yangó wâná mwána amílobélí 'te, sɔ́kɔ́ tatá akúfí mbɛlɛ bandeko ba mwǎsí wa yě bakoyâ kowéla bǎna. Nakokí koyéba tɛ́ ndéngé níni bakonzi bakokáta likambo. Mbɛlɛ bakopésa bána lopángo ná ndáko. Mbɛlɛ bilɔ́kɔ tatá amɔ́nákí mpasi mpɔ̂ ya kozwa byangó, *bíkɛndɛ* na bakongo!

Mwana wa libosó alingí bôngó tɛ́. Alukí mayɛ́lɛ mpé azwí. Atékí lopángo la tatá wa yě. Na mbɔ́ngɔ azwákí na botéki lopángo, yě mɔ̌kɔ́ atóngí ndáko ya sika o Bandalúngwa. Asómbí mpé lopángo la sika, apésí tatá. Tatá avánda wâná na mwǎsí wa yě mpé na bána. Kási ndáko wápi! Mwána alingí kobébisa mbɔ̂ngɔ mpɔ̂ ya ndáko tɛ́. Bobélé mwa biténi bya mabáya, na ndámbo ya manzanza, esíká bánsɔ bakokí komíbómba na butú, ekokí. Ndáko ezalí kotanga mái, likambo tɛ́. Boye malámu mpɔ̂ ya mwǎsí wana mokɔngɔ na bána ba yě. Mwána akoboya tatá tɛ́. Mikɔlɔ mínsɔ tatá akokí kokɛndɛ Bandalúngwa. Biléi bikozánga tɛ́ kuna, bakopímela yě mpé kɔ́pɔ ya masanga tɛ́. Tatá azalí sé tatá. Kási mwǎsí wa yě na bǎná ba yě, elɔ́kɔ tɛ́.

Sad house. Just look at the children. Rashes on their heads, pimples on their bodies, and hunger in their bellies. Sad children! Maybe you are someone who will be very surprised and you will say, "But this man started his work long ago. Why didn't he build a nice little house long ago?"

Friends, let me explain clearly to you their problem. Because there is a reason. Just listen, it is like this. That old man, the children's father, is a Luba [ethnic group]. The children's mother, however, is a Kongo. The father was first married long ago to a woman from their village. She bore him a child, a boy. That child is a grown-up man now. He has his own wife and children in his own really beautiful house in Bandalungwa [a residential section of Kinshasa]. For a long time, this child has been angry because of the way his father abandoned his mother [with whom he had lived] in common law marriage. That anger increased when his father met that Kongo woman and he began to have children with her. He never liked that new woman his father married. It was at that moment that the child left his father's home and went to look for a house to rent. His father stayed at his own place with only his new wife.

But this first child was no fool. He knew that, with the Kongo people, children belong to the mothers' side of the family. When he was still going to school, he had a little Luba friend, but his mother was Kongo. When his mother died, there were many problems between the children's father and their uncles. [It was] mainly the problem of bringing up the children. They really argued a lot and they separated from each other in anger. Therefore, he said to himself: if father were to die, then his wife's brothers would come to take the children. I can not know how the leaders will decide this issue. Perhaps they would give the children the property and house. [Or] perhaps the things that father struggled to obtain will go the Kongo family!

The first child didn't want [it to be] like that [of his Luba friend]. He looked for a solution and he found [it]. He sold his father's property. With the money he got from selling the property, he built a new house in Bandalungwa. He bought a new property and gave it to his father. Father lived there with his wife and children. But what a house!! The child didn't want to waste any money on the house. Only little sticks of wood and a piece of sheet metal, a place to hide in the night – that's enough. The house leaks – no problem. That's good for this Kongo woman and her children. The child does not reject the father. Every day, his father can go to Bandalungwa. Food is not lacking there; they do not refuse him a cup of palm wine. Father is still father. But [for] his wife and his children, there is nothing.

Tótála epái ya mamá wa bǎna. Mwǎsí yangó azalí na bandeko *to té?* Sókí bazalí, mpô níni bakosálisa ndeko wa bangó na bána ba yě té? Bandeko bazalí, sôlô. Nzókandé ntángo mamá wa bána abálákí tatá óyo molúba, bandeko bandimákí té. Akúfélákí mobáli mosúsu libosó, abótákí na yě **té. Yě akoloba 'te bandeko bazalákí kobébisa makambo** o káti ya libóta. Yangó wâná alingákí kotála lisúsu bandeko té. Emóní yě 'te abándí kobóta bána, alingí kotíka lisúsu mobáli wa yě té. Útá mokólo wâná bandeko balingí yě malámu té. Mpô ya kosálisa bána ba yě, bakobánga mobáli wa yě molúba. Mpô ndeko wa bangó sókí akúfí libosó, letá akokí kopésa bána na tatá wa bangó, mbɛlɛ bána bánsɔ *bakokɛndɛ* bobélé epái ya balúba. Náni akobébisa mbóngɔ mpô ya kosálisa balúba? Balingí té. Ndeko wa bangó amísálisa yě mókó. Alíaka epaso ya mobáli wa yě. Sôkí alingí bána ba yě, yě mókó ásála makási mpô ya kobokɔlɔ bangó. Kási bangó té. Epái na epái mosálisi azalí té. Ndáko ya mawa!

Sikáwa ngáí nakómí mobáli monénɛ. Nabósání bato babóla wâná té. Mpási ya bangó epésí ngáí mayélɛ. Útá o eleko nazalákí komónɔ bangó mikɔlɔ mínsɔ na mawa boye, nakánákí 'te sókó nalingí kobála, nakobála na bomwána. Yô mobáli, okokɛndɛ kobála mwǎsí ntángo okómí mpaka, ekokí kozala malámu té. Okobɔkɔlɔ bána lisúsu na níni? Tatá óyo ndé azwákí epaso, bána basúsu bazalákí sé bána baké. Kobɔkɔlɔ bangó ekómákí likambo lya matáta. Ngáí nalingí bôngô té.

Ya míbalé, sókó nalingí kobála, nakobála mwǎsí sé na ekólo ya ngáí mpenzá. Sôkí mwǎsí aútí mosíka, mbɛlɛ makambo o káti ya libála ndémazalí ebelé. Mpé sôkí osílí okúfí, bandeko nsima ya yô bakowéla bǎna. Basúsu naíno bakowéla libosó sé bilókɔ bya yô. Yangó wâná sôkí ntángo ya kobála ekokí, nakozilisa makambo té, nakobála mwǎsí wa ngáí. Mpé mwǎsí óyo nakobála, ázala sé mwána wa mbóka ya bísó. Bandeko bánsɔ bándima yě. Epái ya yě mpé bandeko bánsɔ bándima ngáí.

Sôkí olingí kobála, obála na bompáka té, mpé bálá mwána wa mbóka ya yô!

LIBÁLA LYA SIKA

Kobála mwǎsí ezalí likambo lya mpasi té, kási kovánda o libála mikɔlɔ mínsɔ malámu, wâná ndé mamá wa likambo.

Áwa na bísó bato bánsɔ bazalákí kosɛkɛ ngáí, "Libála lya sika wâná. Tótála naíno ndéngé níni bangó bakozala." Mpámba té, mikɔlɔ mínsɔ bazalákí komónɔ ngáí na mwǎsí tozalákí *kobimaka* nzelá mókó na mobilɛti. Ntango nabálákí yě nazalákí na mobilɛti. Nazalákí kobatela mwangó malámu mpenzá, kokimaka ntángo ínsɔ nzelá ezalí mabulu mabulu, mpé koboyaka mpo ya komɛmɛ moto na nsima.

Let's consider the children's mother. Does this woman have siblings or not? If there are any, why don't they help their sibling and her children? There are, indeed, siblings. But when the children's mother married the Luba father, the siblings didn't approve. She lost another husband first, [with whom] she had [no children]. She said that [her] siblings were spoiling things in the family. Because of that, she didn't want to see her siblings any more. When she saw that she was beginning to have children, she didn't want to leave her husband any more. Since that day her siblings didn't like her very well any more. In order to help her children, they had to back off from the Luba husband. Because, if their sister died first, the state could give the children to their father, and all the children would go to the Luba people. Who would waste money to help the Luba people? Not them!! Let their sister take care of herself! Let her use up her husband's pension! If she loves her children, let her alone work hard to raise them! But not them. There was no help anywhere. Pathetic household!

Now I [the author] am an adult. I have not forgotten those poor people. Their problems have made me smarter. Since the time that I was seeing them every day in their misery like that, I decided that, if I wanted to get married, I should get married in my youth. [For] you men who go and get married when you are old, it will not be good. What will you feed your children with? This father, nevertheless, was getting a pension, [but his] other children were still young, [so] to feed them was a problem. I don't want [to be] like that.

Second, if I want to get married, I will marry a woman from my ethnic group. If the woman comes from far away, then there will be many problems in the marriage. And, if you wind up dying, your siblings [lined up] behind you, will fight for your children. Other [siblings] will first fight for your belongings. Therefore, when it is the right time to get married, I will not put things off, I will marry my woman. And the woman I marry will be a child of our village. All [my] siblings will approve of her. And as for her all of her siblings will approve of me.

If you want to get married, don't marry as an old man, and marry a child from your own village.

A MODERN MARRIAGE

To marry a woman is not hard, but to live a good marriage every day, that is much more difficult [lit.: the mother of the matter]

With us here, everybody is making fun of me: "This modern marriage. Let's see how it will turn out." Because every day, they were seeing me go out with my wife on our moped. When I married her, I had a moped. I used to protect it very well, afraid all the time that the road would be full of potholes and refusing to take anyone behind me [on the moped].

Esíká nasílákí kobála, moto nakomɛmɛ yĕ bobélé mwăsí wa ngáí. Ngáí na mwăsí tozalákí kolingana míngi mpenzá. Tozwákí mpé mwána wa bísó wa libosó nɔkí, mwána mobáli. Esɛngɔ mɔ̌kɔ́ ya koloba tɛ́. Mwăsí avándákí o ndáko mwa eleko molaí, lokóla bangó bamɛsɛní kosála. Wâná nazalákí kobimaka lisúsu sé ngáí mɔ̌kɔ́, kási nazalákí kobósana tɛ́ komɛmɛlɛ yĕ ntángo ínsɔ mwa elɔ́kɔ ekokí kosepelisa yĕ. Bôngó baníngá ba ngáí babáli, bazalákí koseke ngáí míngí. "Tála ndéngé mobáli óyo azalí kobondela mwăsí wa yĕ. Azalí zoba, mosíka tɛ́, mwăsí 'akodominé ' yĕ!"

Esílísí mwăsí kobimisa mwâná, tobandákí lisúsu kotambola na mobilɛti se lokóla kala. Nakomɛmɛ mwăsí o kíti ya nsima, akangí mwána o mokɔ́ngɔ. Bato bazalákí sé kokamwa míngi na bolobí 'te, "Mbúla mobimba esílí ekokí kala, mobáli óyo alembí naíno tɛ́?" Kási bísó na mwăsí tozalákí kolanda makambo mâná mánsɔ tɛ́. Toyébákí 'te ekokí moto na moto ábongisa makambo ma ndako ya yĕ. Makambo bísó tokosála o ndáko ya bísó etálí bangó tɛ́. Nsósó mobáli akúfákí na mái nzambi alingákí kolanda makambo ma libata!

Obótí mwána wa sika, ozwí mosála mwa sika. Ya sɔ̂lɔ́, mwăsí aúmélákí tɛ́ kozwa zémi lisúsu. Ekokaki mikɔlɔ mya yĕ, abótákí lisúsu mwána. Mwána wa míbalé, mwăsí! Tosepelákí míngi bísó bánsɔ. Bato ba libóta bayákí mpé kosepelisa bísó. Kási banda mokɔlɔ wâná, makambo ma kobimaka na mwăsí nzelá mɔ̌kɔ́ na mobilɛti mazalákí lisúsu tɛ́. Ndéngé níni nakokí komɛmɛ bána bánsɔ míbalé? Sé o eloko éna mobilɛti mobébákí mpé libélá. Yangó wâná bato ba balabála na bísó batíka koloba. Sɔ́kɔ́ lisoló lya bangó likeí na makambo ma ndáko ya bísó, bakoyébisa yɔ̃ na motéma mɔ̌kɔ́ 'te, "Bato wâná bazalí malámu." Átâ mobilɛti mokúfákí mpé tokómákí kotambola na makolo, nzókandé mbála míngi tozalákí kobima naíno bísó míbalé. Ngáí nakomɛmɛ mwána mokóló, mwăsí akokánga mwána mɔ̌ké o mokɔngɔ. Nzókandé baníngá bakoseke ngáí lisúsu tɛ́, basílí bamɛsɛní. Sikáwa ngáí mpenzá nakosekisa bangó mbala esúsu, "Nabimí na premier ministre. Sɔ́kɔ́ namɛmí yĕ tɛ́, akotíkala kosála ngáí 'coup d'état' na nsima."

When I finally got married, the only person I took was my wife. My wife and I loved each other very much. And we had our first child quickly, a boy. I cannot express my joy. My wife stayed at home [faithfully] as [women] are supposed to do [by custom]. Nevertheless I was still going out by myself, but I was not forgetting always to bring her a little something to make her happy. So my buddies were making fun of me a lot: "Look how this man is pampering his wife. He is crazy, in no time at all, his wife will wear the pants in the family."

When [my] wife had finally taken [our] child out [a rite of passage at 3 to 6 months], we started to go again on the moped like old times; I took my wife on the back seat, she carried the child on her back. People expressed their surprise in these words: A whole year has just passed, isn't that man tired yet? But my wife and I don't care about all that. We knew that it was enough for each person to take care of his own domestic affairs. What we do in our home doesn't concern them. The rooster drowned because he wanted to imitate the duck.

When you have a new baby, you have new work. Accordingly, my wife didn't take long to get pregnant again. When her time was up, she bore another child. The second child, a girl! We were all very happy. Our family came to celebrate with us. But from that day on, the idea of going out with my wife all [of us] together on the moped was finished. How could I take both children? It was at that time that the moped broke down for good. That's why the people on our street stopped talking [about us]. If their talk was about matters in our house, they would tell you clearly: "These people are good." Even if the moped was dead and we were reduced to walking, we nevertheless still got out just the two of us. I take the older child, my wife ties the younger child to her back. From now on, my friends would no longer make fun of me. They finally got used to it. Now I can really make them laugh again: "I am going out with the prime minister. If I don't take her out, she will stay behind and produce a 'coup d'état' behind [my back]."

Lɛlɔ́ navándí ngáí mɔ̌kɔ́, mwǎsí azalí té. Akeí kotála moníngá wa yě mɔ̌kɔ́ o Lovanium. Ayébísákí ngáí bôngó na ntɔ́ngɔ́. Bato bánsɔ o balabála ya bísó basepelákí likambo lya mwǎsí wâná. Azalí mwǎsí malámu, nzókandé akómákí na mpasi monénɛ o ndáko ya yě. Mobáli wa yě abáláká mwǎsí mosúsu libosó. Avándákí na yě téé téé téé: babótákí mwána té. Mobáli alembékí kozila, alongolákí mwǎsí mpé abálákí mwǎsí mosúsu. Na mwǎsí wa sika abótí bána míbalé. Nzókandé na nsima mwǎsí wa sika asímbí mpé lisúsu mwána té. Akozwa zémi, kási ntángo ínsɔ libumu bobélé kolongwa. Mbála minéi mobimba, bobélé kolongwa. Mwána wa míbalé asílí akokísí mibú motóba, naíno azwí mozimi té. Likambo lya mpási mpenzá. Mobáli atíkálí bobélé na bána míbalé mpámba? Álongola lisúsu mwǎsí mpɔ̂ ya kobála mosúsu? Mpé mwǎsí óyo azalí malámu! Mwǎsí abandákí kobánga míngi. Asílákí komɔ́nɔ 'te mobáli azalí lisúsu na esɛngɔ té lokóla kala. Sɔ́kɔ́ libála libébí, ndézalí mawa míngi. Mpámba té, alingí mobáli míngi.

Mwǎsí azwákí lisúsu zémi, kási malonga té. Mikɔlɔ mínsɔ azalákí kokɛndɛ o epái ya mónganga. Mónganga asálísákí yě téé téé téé: libumu likómákí sanza nsambo. Wâná ekokákí lisúsu té, bakángákí yě o lopitálo libélá. Lóbí toyókákí te mwǎsí asílí abótí, mpé mwána azalí. Mwána matshombe, batíyí yě na masini. Sikáwa bísó bánsɔ tozalí bobélé na elikya te mwána ábíka. Mwǎsí wa ngáí akeí kotála yě lɛlɔ́ na bamamá basúsu.

Sikáwa ngáí navándí. Nakozila bobélé mwǎsí ázónga, náyóka nsango níni ezalí kúna. Nafungolí radio mpé nazilí sɔ́kɔ́ nakozwa lisoló na moto akoleka o balabála. Tokómí na ngonga ya mwambi ya butú mwǎsí azóngí té. Nakamwí míngi. Mwǎsí amesení kotíkala epái mosúsu téé káti ya butú té. Akeí wápi sikáwa? Sɔ́kɔ́ alekí epái mosúsu mpɔ̂ níni ayébísákí ngáí libosó té? Bandá tobálánákí, mwǎsí wa ngáí asálákí bôngó té. Óyo likambo níni? Nkanda ezalí koyéla ngáí. Nakeí kotála tatá áwa pɛnɛpɛnɛ, óyo mwǎsí wa yě abótí. Azalí té. Nakeí kotúna moníngá wa yě mɔ̌kɔ́, óyo bayókánákí na yě kokɛndɛ nzelá mɔ̌kɔ́. Yě mpé azalí té. Mobáli wa yě azalí mpé kozila yě, akómí mpé na nkanda sé lokóla ngáí. Akamwí míngi 'te bángo bánsɔ bazóngí naíno té. Batíkálí epái wápi o? Mpé yě atíkákí bána o ndáko. Bazwí likama o nzelá to? Tosololí wâná mwa moké, mpé toyókání kokɛndɛ kolanda bǎsí ba bísó. Yě apalélí bána ba yě te básála makelélɛ té, mpé *sɔ́kɔ* moto ayéí báfungola ndáko té.

Today I am staying by myself, my wife is not here. She has gone to see a friend of hers at Lovanium [University Hospital]. She told me this morning. All the people on our street were happy for that woman [i.e. the friend]. She is a nice woman, but she has big problems at home. Her husband had married another woman first. He lived with her for a [long, long, long time]. [But] they didn't have a child. The husband was tired of waiting, he divorced her and married another woman. With the new wife, he had two children. But then the new wife didn't have any more children. She would get pregnant but each time she lost it. Four times all together, it was lost. The second child had already reached the age of six [and] she wasn't getting pregnant any more. Really sad state of affairs. Can a man really be content with only two children? Should he divorce the second wife in order to marry another one? But this woman is [so] nice! She is beginning to very afraid. She has just seen that her husband is no longer as happy as [he was] in the old days. If this marriage falls apart, it will be very sad. Because she loves her husband very much.

The woman gets pregnant again, but [it is] not going well. Every day, she goes to the doctor's. The doctor treated her until, until, until... the pregnancy reached seven months. [But] that was no longer enough [so] they put her in the hospital permanently. The next day we heard that she had finally given birth and the child was there. The child was premature, they put him on a machine [for oxygen]. Now everybody is just hoping that the child will survive. My wife is going to see her today with the other women.

Now I am sitting. I am just waiting for my wife to return [in order] to hear what is going on there. I turn on the radio and wait [to see] if I [can] pick up a conversation with somebody passing in the street. It's eight o'clock p.m. and my wife hasn't returned. I am very surprised. My wife doesn't usually stay out somewhere into the evening. Where [could] she be now? If she was [planning] to go someplace else, why didn't she tell me earlier? As long as we have been married, my wife has never done that. What's the matter? I am getting angry. I go to see a man nearby whose wife [just] gave birth. He is not [there]. I go to ask one of her friends with whom she had agreed to go together. She also is not [there]. Her husband is also waiting for her [and] he is also getting angry like me. He is surprised that none of the women has returned yet. Where are they? She had left the children at home. Did they have an accident on the way or [what]? We talked there for a little while and [then] we decided to go and follow our wives. He warned the children not to make any noise and, if somebody came, not to open the door.

11

Ekómí bísó o Lovanium, tolukí bipái bínsɔ, kási mpámba. Balingísí bísó 'te tókɔ́ta na ndáko ya kobóta, tókéndε kotúna mamá óyo abótí. Bapésí yĕ naíno mwána té, kási ayébísí bísó 'te mwána azalí mwa malámu, bobélé kiló ezalí malámu té. Băsí ba bísó bayákí kotála mwána, kási bakεndέkí kala. Sɔ́kí balingákí kokεndε * epái mosúsu, bayébísákí yĕ té. Balobákí te bazóngí o ndáko. Ndéngé níni bakómí o ndáko té, ayébí té.

Totíkí mamá wâná mpé tozóngí. Sikáwa totúna lisúsu epái wápi? Lovanium mobimba, băsí ba bísó bazalí té, o nzelá tomɔ́nɔ́kí moto té, mpé o ndáko bakómí té. Ntína ya likambo liye níni?

Moníngá wa ngáí abandí komílela mpɔ̂ ya bozoba bwa băsí ba bísó, mpé mpɔ̂ ya bipái míngi bangó bakokεndε, bísó babáli tozalí koyéba té. Nazalí kondima maloba ma yĕ mánsɔ té kási nakaní o motéma 'te mbala óyo nakosilika na mwăsí míngi, na ntína 'te ámeka lisúsu kosála bôngó té.

Tokóma o ndáko boye, băsí ba bísó bakómákí kala. Bakómákí bobélé o ntángo bísó tokεndέkí koluka bangó o Lovanium. Bisi ekúfákí o nzelá. Libosó batelemákí mwa míngi mpɔ̂ ya kozila takisi ya 5K (makuta mítano), 5K. Kási takisi eyákí lisúsu té mpɔ̂ ya butú. Áwa bayébákí 'te ntango ezalí koleka, babandákí koyâ na makolo. Yangó wâná bakómákí o ndáko nɔkí té.

Likambo té, sikáwa tokitísí mitéma. Nkanda esílí. Malámu tókεndε koluka elɔ́kɔ níni tokokí kolía, mpámba té tolembí na nzala bísó bánsɔ.

Nkisi ya nzala, kolía. Sɔ́kɔ́ osílí oléí, okokanisa *lisúsu* mpasi ya nzala lisúsu té. Tókεndε kolíya, *tóbósanaka* mpasi ya bísó mpé tósepelaka mpɔ̂ ya mamá óyo abótí, mbεlε mwána wa yĕ akobíka.

Nabósana nzala, kási nabósana liteya té. Mpámba té, nazwí liteya, sɔ́kí oyébí naíno ntína ya likambo té, ósilika naíno té kási túna libosó malámu. Zabolo alingákí kokósa ngáí mpɔ̂ 'te násilika na mwăsí, nzókandé mwăsí asálákí mabé sɔ́kí té.

Kobála mwăsí ezalí likambo lya mpasi té, kási kovánda o libála malámu wâná ndé mamá wa likambo! Sɔ́kí okokanisa moníngá wa libála mpámba, okozoka mpótá na mbelí ya yɔ̌ mpenzá.

MOZÍKI WA KALA

Sɔ́kɔ́ mwána azalí na nzala, pésá yĕ bilɔ́kɔ álía. Sɔ́kɔ́ opímélí yĕ bilɔ́kɔ akokεndε koyíba. Mobáli sé bôngó. Sɔ́kɔ́ obóyísí mobáli mwăsí wa míbalé, akokεndε koyíba. Ntína esúsu nabáláki mwăsí wa míbalé yangó wâná.

When we arrived at Lovanium, we looked all over, but [we found] nothing. They allowed us to enter the maternity ward to speak with the woman who had given birth. They hadn't given her her child yet, but she told us that the child was all right, just under weight. Our wives had come to see the child, but they left a long time ago. If they had intended to go somewhere else, they hadn't told her [about it]. They told [her] they were going home. Why they hadn't gotten home, she did not know.

We left that woman and returned [home]. Now we asked again where [they were]. In all of Lovanium, our wives were [no where to be found], on the way we had seen nobody and they had not arrived home. What is the explanation?

My friend begins to weep because of our wives' foolishness and because of all the many places they could have gone which we don't know. I don't agree with all of his words and I decide for myself that this time I will be very strict with her so that she won't try to act like this again.

When we arrive home, our wives had gotten back a long time ago. They had already arrived while we were going to look for them at Lovanium. The bus had broken down on the way. At first, they stood there waiting for a taxi for 5 K [makuta =.05 Zaire] per person. But the taxi didn't come because it was night. When they realized that the time was passing, they started to come on foot. That is why they didn't get home quickly.

No problem, now we were relieved [lit.: lowered our hearts]. [Our] anger was gone. It is better to go look for something we can eat, because we are all exhausted with hunger.

The cure for hunger is eating! When you've finished eating, you don't think about your hunger pangs any more. Let's go eat, let's forget our troubles, let's be happy for the woman who has given birth, perhaps her child will survive.

One forgets hunger but one doesn't forget a lesson [proverb: hunger is transient but the lessons of life are not forgotten]. Because I learned a lesson: if you don't know what the problem is, don't get upset right away but ask carefully [for information] first. The devil wanted to trick me into getting angry with my wife, but my wife had done nothing wrong at all.

To marry a woman is not hard, but to live a good marriage every day, that is much more difficult. If you disregard your spouse, you only hurt yourself [lit.: you will really get wounded with your own knife].

The Old Member of an Association

If a child is hungry, give him something to eat. If you refuse [to give] him anything, he will go and steal. It is the same with a man. If you refuse a man a second wife, he will go and steal [one]. This is the reason why I married a second wife

Mwăsí wa míbalé akɔtí lisúsu o lopitálo. Nakendɛkí kotíka yě lóbí. Mwána azalákí malámu té, bavándísí yě kúna mpé balobákí na mamá átikala na mwána o lopitálo. Bazwákí yě na maláli ya kintutu, maláli makási mpenzá té, kási toyébí bísó bánsɔ 'te ntángo óyo bána míngi bazalí kokúfa na maláli wâná. Yangó wâná tosálisa yě malámu.

Mamá wa Didye akendɛkí mbóka. Napésákí yě sanza mɔkɔ ákendɛ kotála bandeko ba ye mpe ákendɛ kolakisa bangó mwána. Banda mokɔlɔ abótákí mwána wa yě wa mítáno, bandeko ba yě babondelákí ngáí míngi te mwăsí ákendɛ kolakisa bangó mwána. Ya sɔlɔ, azalí mwána kitɔkɔ mpé apusí kosɛkɛkɛ ntángo ínsɔ. Ngáí moto ya băsí míbalé, nakómí lisúsu likombe.

Lelɔ mokɔlɔ mwa eyenga, bandá ntɔngɔ namíléngélí mpɔ̂ ya kokendɛ o likita lya bato baye basálí lingómba, mpé bamípésí nkómbó te "Association culturelle africaine." Nalingí lingómba lya bangó zambí bazalí bato bakomíyókisa mpási mpɔ̂ ya kotómbola lokúmu la nkómbó ya Afrika, mpé mpɔ̂ ya kobútisa lokúmu la Kongó lokóla. Mwa mbala míngi nakokendɛkɛ o makita ma bangó, nayéba mpási ya bangó mpé ndéngé níni bazalí koluka mayɛlɛ bipái bínsɔ ma koyéba mambi kitɔkɔ bankɔkɔ batíká.

Nasílísí koláta, nakeí kokamata moníngá wa ngáí óyo tokokendékɛ na yě mbala míngi. Asílí amíbongísí mpé tokeí. Ekómí bísó kúna, tokútí bato bayike. Toyébání na basúsu o ntéi ya bangó, mpé lisoló libandí sé nokí. Komɔnɔ bato ebelé boye esepelisí ngáí míngi. Mpámba té, bato baye áwa bazalí kotíya mayɛlɛ bobɛlɛ na makambo ma mbɔngɔ to mpé na kowéla bokonzi té. Nzókandé bazalí bato bakokanisa lokúmu la mokili mwa bísó. Boye malámu!

Tokɔtí. Mwa moké boye, moto óyo alingí kopésa bísó mwa maloba, ayéí. Tobétélí yě mabɔkɔ. Mɔkɔ wa bakonzi ba lingómba ayébísí bísó nkómbó ya mosololi, mosálá níni * akosálaka, mpé maloba níni yě alíngí kopésa bísó. Mosololi akotútela bísó mwa lisukulu mpɔ̂ ya kokúmisa, "Bonzenga bwa bána ba bísó." Tobétélí yě lisúsu mabɔkɔ, téé yě mɔkɔ alakísí lobɔkɔ mpɔ̂ ya koséngé nyé. Abándí. Apésí bísó bánsɔ mbɔtɛ mpé atóndí bísó mpɔ̂ toyéí ebelé. Na nsima abándí likambo lya yě mpenzá.

Alobí te, "Bísó bayindo tolingí bána míngi. Mpámba té, bána ba bísó bazalí bonzénga míngi. Nakomeka lelɔ kolakisa bínó malámu na makambo níni bána ba bísó balekí kitɔkɔ."

Wâná akeí na mwa eteni ya ndáko ezalí na mopanzi, esíká ya boyíngeli ebombamí nsima ya lidó bakángí na efelo mpɔ̂ ya kokembisa ndáko esíká tozalí. Azóngí.

Alobí, "Bótálá malámu mwána mɔkɔ namémélí bínó."

Ya sɔlɔ, akendɛkí kokámata mwána. Kási totála mwána: mɔndélé.

My second wife entered the hospital again. I took her [there] yesterday. [Our] child was not well, they admitted him and told [his] mother to stay with the child in the hospital. They diagnosed him [as having] measles, not a really bad disease; but we all know that many children are dying nowadays of that disease. Therefore we are taking good care of him.

The mother of Didier [Note: women are often referred by the word mother and the name of their first child] went to her village. I gave her a month to go visit her family [lit.: siblings] and to show them her child. Since the day she gave birth to her fifth child, her family has been begging me [to allow] my wife to go to show them [this] child. Indeed, this is a beautiful child [who] is just smiling all the time. [Here I am] a man with two wives and I am becoming a bachelor again.

Today is Sunday; since this morning I have been getting ready to go to a meeting of the members of [our] association, called 'African Cultural Association.' I liked their association because they are people who have been struggling to increase pride in the name of Africa and to give birth to a similar pride in Congo. Quite often I go to their meetings, I know their suffering and how they are looking everywhere for ways to discover the rich heritage left by the ancestors.

I had finished getting dressed, I went to get my friend with whom I often go. He finished getting himself ready and we left. When we got there, we met many people. We knew some among them and the conversation was quickly under way. I was very happy to see many people like that. Because the people don't come here just to put their minds to money matters or to seek power. Rather they are people who are thinking about the honor of our country. That is good.

We entered. After a little while, a person who was supposed to give us a speech arrived. We applauded him. One of the association leaders introduced the speaker, [told us] what his profession was, and what message he wanted to share with us. The speaker would give us a little speech to honor "the adolescence of our children." We applauded him again until he raised his hand to ask for quiet. He began. He greeted us and thanked us for such a big turnout. Then he got into his main topic.

He said: "We Blacks love our children very much. Because many of our children are adolescents. I will try today to show you the ways in which our children excel."

Then he went into a little room off to the side of the building, a place for deliberation hidden behind a curtain separated off by a partition to keep the people in the house where we were from hearing. He came back.

He said, "Look carefully at the child I have brought you."

He really went and got a child. But we are looking at the child – a white [child].

Moto mɔ̌kɔ́ avándákí péné na ngáí áwa, alobí, "Tála mɔndélé madésu!"

Moníngá wa yɛ̌ mosúsu asekí. Andimí maloba ma yɛ̌ mpé abakísí, "Azalí motáné lokóla madésu mapólí o lisasú."

Sikáwa bangó míbalé basekí.

Bísó ndé tokamwí. Moto akɛndékí kozwa mwána yangó epái wápi mpé ayéí na yɛ̌ áwa mpɔ̂ níni? Kási tóyóka naíno makambo níni alingí koloba. Ntembe té, yɛ̌ mɔ̌kɔ́ akoyébisa bísó ntína ya likambo. Yóká yɛ̌ wána abandí kokúmisa bána bayindo. Bána bayindo lomposo sembesembe, míso kitɔ́kɔ, míno mpɛmbe, na matama. Nzókandé esíká azalí koloba bôngó, ntángo ínsɔ azalí kolakisa bísó sé mwána mɔndélé. Azalí kosála na nko to níni? Wápi mwána moyindo? Alakisa bísó mwána moyindo. Álakisa bísó mabɔngí mánsɔ ma mwána moyindo, maye mwána mɔndélé azalí na mangó té! Bísó bánsɔ míso bobélé epái *ya* yɛ̌. Kási mpámba, yɛ̌ aléndísí bobélé kokúmisa mwána moyindo mpé kolakisaka ntángo ínsɔ biténi bya nzoto ya mwána mɔndélé atélémí wána.

Bato babándí kosɛkɛ, basúsu bakómí kosilika. Yɛ̌ akotíka té, azalí sé *kosopela* bísó maloba ma yɛ̌. O nsima ya bísó basúsu babándí kowulola yɛ̌. Yɛ̌ sé koloba. Makɛlélɛ mabándí, ná mobulu mayélɛ té. Nzelá áloba lisúsu ezalí té. Atíkí. Atélémí *wana, azalí kotambwisa míso ndáko mobimba. Mwána atíkáli* nyé, azalí kobánga. Téé, téé, téé: Makɛlélɛ makití mwa moké, atómbólí lobɔ́kɔ lisúsu mpɔ̂ ya kosɛ́ngɛ nyé. Bato bánsɔ batíkí makɛlélɛ. Bánsɔ balingí koyéba ntína ya likambo liye lizángí ntína. Bakomítúna, "Náni akɛndékí kotúna moto óyo?"

Yɛ̌ wána abandí koloba, "Bandeko, bólímbisa ngáí. Átâ basúsu balingí kolímbisa ngáí té mpé bakotíkala na nkanda lɛlɔ́, ézalí sé malámu. Nakolikya 'te bínó bánsɔ bokondima te makambo ngáí nasálí lɛlɔ́ mazalí elengi té. Nalingí kokúmisa mwána moyindo, mpé nakolakisa bínó ntángo ínsɔ sé mwána mɔndélé. Yangó wána bínó bánsɔ bobandí kosilika. Bolongí na bínó. Bosilikí na ntína. Ndé ngáí nazalákí kolinga bobélé sé bôngó. Ngáí óyo nazalákí kotúmola bínó na nko. Mpɔ̂ níni? Bóyóka naíno! Bakonzi ba lingómba liye babéngákí ngáí áwa balingí 'te bato bánsɔ bayéba nkita ya Kongó. Balingí kotambwisa lokúmu la Kongó mpé kokolisa zebí ya makambo malámu mánsɔ bankɔ́kɔ́ batíká. Yangó wâná babéngákí ngáí lɛlɔ́ násolola na bínó mpɔ̂ ya bána ba bísó, mpé násálisa bínó mpɔ̂ te bísó bánsɔ tózala na litundú lya bána ba bísó, likabo lya mokonzi Nzambe. Nzókandé maloba mánsɔ ma bokúmisi bána ba bísó nasengélí kopésa na *lokota* la mindélé. O káti ya motéma nasepelákí té. Nalukákí mayélɛ. Yangó wâná namɛmɛlákí bínó mwána mɔndélé. Bínó bótálaka sé mwána mɔndélé esíká ngáí nazalí kokúmisa mabóngí ma mwána moyindo. Bínó bánsɔ bokamwákí mpé bowuloláki ngáí. Bôngó bínó mɔ̌kɔ́ bosílí bokátí likambo. Nasálí malámu té.

A man who was sitting next to me said, "Look at the mulatto [bean-colored white]."

Another friend laughed. He agreed with him and he added, "He is brown like beans cooked in a sauce pan."

Now both of them were laughing.

Then we were surprised. Where did he go to get this child and why did he bring him here? But let's listen to what he wants to tell us. No doubt, he will tell us what is going on. Just listen to him, then he will begin to praise black children. Black children [have] soft skin, beautiful eyes, white teeth, and [beautiful] cheeks. However, while he is telling us this, the whole time he is showing us only a white child. Is he doing this on purpose or what? Where is a black child? Let him show us a black child! He showed us all the qualities of the black child, which the white child doesn't have. All of our eyes [are turned] only on him [the speaker]. But nothing! He insists on only praising the black child and showing us the whole time the parts of the body of the white child who is standing there.

[Some] people start to laugh, others get angry. He will not stop, he just pours his words on us. Behind us, some people start to heckle him. He [goes on] speaking. The noise picks up and turmoil breaks loose [lit.: no way (of doing something about it)]. There was no way for him to [continue to] speak. He stops. He stands there. His eyes look over everybody in the room. The child stays quiet, he is afraid. Until, until, until. The noise decreases a little bit, he raises his hand again to ask for quiet. Everybody stops [making] noise. Everybody wants to know the reason for the situation which is lacking reason. They were wondering, "Who invited this guy anyway?"

Then he began to speak, "My friends, forgive me. Even if some won't want to forgive me and will want to hang onto their anger today, that is good. I guess that all of you will agree that what I did today was not nice. [While] I am praising the black child, I am showing you only a white child. That is why all of you were getting angry. You are right. You are angry for a reason. I just like it that way. I [am] the one who wanted to provoke you on purpose. Why? Just listen! The leaders of this association, who invited me here, wanted everybody to appreciate Congo's resources. They wanted to display Congo's honor and to increase the knowledge of all those good things our ancestors left [us]. That is why they invited me today to speak to you about our children and to help you so that all of us take pride in our children, a gift from Lord God. However, all the words of praise for our children, I should give in the white man's language [i.e. French]. In my heart I am not happy. I was looking for a way [to do this]. That is why I brought you a white child. You only saw the white child while I was praising qualities of the black child. You were all surprised and you heckled me. Thus you yourselves finally got to the bottom of the problem. What I did was not good.

"Sé bôngó bandeko, nakokí koloba lokota la mindélé té esíká nalingí kotombola lokúmu la bato bayindo. Yangó wâná nakotíka kokúmisa mwána moyindo kíno mokɔlɔ ndénakokí kokúmisa yĕ na lokota la bísó mpenzá bato bayindo. Natóndí *bínó* bánsɔ mpɔ̂ ya boyéí bwa bínó ebelé, mpé nakolikya téé mokɔlɔ mosúsu ndétokutaní."

Akeí kokamata mwána mondélé, asímbí yĕ na lobɔkɔ, mpé bangó míbalé babimí. Bísó bánsɔ totíkálí nyé. Moto mɔ̌kɔ́ awulólí yĕ lisúsu té, moto mɔ̌kɔ́ abétélí yĕ mpé mabɔkɔ té. Lɛlɔ́ likita lya ndéngé níni ko?

Wâná mokonzi wa lingómba alengelékí likita ayéí. Tomɔ́ní te azalí kobánga míngi. Akeí o libosó, atélémí wâná azalí kotálaka bísó, aléngí nzoto mobimba. Abɔ́ndélí bísó 'te tókitisa motéma, "Bandeko, bólímbisa ngáí likambo liye tozwí sikáwa. Óyo libakú libé mpenzá. Ngáí mɔ̌kɔ́ nayébákí libosó té, ezalí se mosololi yĕ mɔ̌kɔ́ moto alandákí makanisi ma yĕ, ayókání libosó na bakonzi té. Mbɛlɛ asálí bôngó bobélé na ntína 'te likofi alingákí kowambola bísó lipésa bísó mokosa téé lóbí na ntɔ́ngɔ́. Nakolikya 'te atúní bísó bánsɔ motúna mɔ̌kɔ́ tokozwa mayélɛ ma koyanola yĕ nɔkí té. Bísó bánsɔ tozalí sé kokamwa. Yĕ abóyí kopésa bísó lisoló lya yĕ. Tokokí mpé kobɔndela yĕ té. Bôngó tokobánda sikáwa eteni ya míbalé, nzembo."

Mosololi mosúsu ayéí. Bato babétélí yĕ mpé mabɔkɔ. Nzókandé basúsu bazalí átâ na mposa ya kotíkala lisúsu té. Babándí kokɛndɛ. Na baye batíkálí, esɛngɔ ezalí mpé té. Sɔ̂lɔ́ bazalí koyóka mpási ya likofi babétékí bangó. Tobimákí wâná sɔ́kí na ba ngonga ya míbalé. Ngáí na moníngá tokeí nzelá mɔ̌kɔ́ téé tokómí na balabála Kabambare, tokabwání. Yĕ moníngá akokɛndɛ kotála ndeko wa yĕ akovándaka wâná pɛnɛpɛnɛ. Bobélé o elekomei tokabwání, *nátala* boye. Náni óyo ko? Ema! Ema ayéí kopésa ngáí mbɔ́tɛ.

✧ ✧ ✧

Ema azalí mwána mwăsí, toyébánákí na yĕ míngi. Kala tozalákí kovanda balabála mɔ̌kɔ́. Ntángo azalákí mwána moké azalákí kosakana o míso ma ngáí. Esíká tatá azwákí lopángo la yĕ mɔ̌kɔ́, tolongwákí o balabála yangó mpé tozalákí komɔ́nɔnɔ lisúsu míngi té, bobélé mbála mɔ̌kɔ́ mɔ̌kɔ́ o nzelá ya zándo to na vili. Bobélé bôngó téé nabándákí kozwa makanisi ma kobála mwăsí. Wâná nabándákí koluka bobélé yĕ, nábála yĕ. Nakanisákí lisúsu té mpɔ̂ ya ekólo ya yĕ. Mpámba té, ngáí moto nakánákí te nakokí kobála sé mwána wa mbóka *ya* bísó, natíkákí makanisi mâná mpé nalingákí kobála sé Ema. Nzókandé Ema azalí mwána wa ekólo esúsu. Nokí mpé matáta mabimákí. Babóti ba yĕ balingákí koyóka likambo lya **bísó míbalé átâ na matói té. Bangó mpé balingákí kobálisa mwána** bobélé na moto wa ekólo ya bangó mɔ̌kɔ́. Na ntína 'te tokútana lisúsu té, babóti batíndákí yĕ o mbóka. Útá mokɔlɔ wâná nabósánákí yĕ libélá libélá, abúngákí mpenzá lokóla mongwa o lisásu. Mpé tála sikáwa tokútání lisúsu. Lisoló likamataní wâná, "Okómí mobáli mpenzá, mobáli kitɔ́kɔ. Ozalí na mwăsí wa yɔ̌ na băna?"

"Thus my friends I cannot speak the white man's language where I want to add to the honor of black people. That is why I will stop praising the black child until the day when I will be able to praise him in our own real black people's language. I thank you all for your big turnout and I hope that we will meet another day."

He went and took the white child; he took him by the hand, and the two of them went out. All of us stayed quiet. Nobody heckled him any more. Nobody applauded. What kind of meeting was that today?

Then the association leader who had called the meeting arrived. We saw that he was very much afraid. First he went and stood where he [could] look at us, he was shaking all over [his body]. He implored us to calm down. "My brothers, forgive me for what we have just experienced. Today [there was] a really bad mistake [lit.; opportunity]. I myself didn't know at first [what was going to happen], he was just a speaker who was just following his own thoughts, he didn't have an understanding with the leaders. Perhaps he was doing that just so that the punch with which he struck us would give us an itch until tomorrow morning. I think that he asked all of us a question which we don't know how to answer quickly. All of us are wondering. He refused to deliver his speech to us. We could not beg him [to do this]. So we begin a second part: a song."

Another speaker arrived. And some people applauded him. [But] others didn't even want to stay. They started to leave. Among those who stayed, there was no joy. In fact, they were suffering from the punch delivered to them. We left about two o'clock. My friend and I took a street until we came to Kabambare Street [where] we separated. My friend went to see his friend who lived nearby. Just as we were separating, I saw this... Who was that indeed? Ema! Ema came to say hello to me.

Ema was a girl. We used to know each other very well. Back then, we used to live on the same street. When she was a little child, I used to watch her play. When my father got his own place, we moved away from that street and we didn't see each other very much any more, only once in a while on the way to the market or in the city. Until I began to have thoughts of getting married. Then I began to look for her [because I wanted] to marry her. I wasn't thinking about her ethnic group. Because I had intended to marry only someone from my village, I [had to] give up those thoughts [as] I wanted to marry only Ema. However, Ema was a person of a different ethnic group. It wasn't long before there was trouble. Her parents didn't want to approve of our [relationship]. They only wanted their child to marry someone from their ethnic group. The reason we no longer saw each other was that her parents sent her back to her village. Since that day, I put her out of my mind for ever, and she disappeared like salt in a sauce pan. And what do you know? [lit.: And look...] Now we meet again. Then [the following] conversation takes place: "You have become a real man, a handsome man! Do you have a wife and children?"

19

"Ezalí boye. Nakómí na bǎsí míbalé kútu. Mɔ̌kɔ́ azalí na bána mítáno, mosúsu na mwána mɔ̌kɔ́. Mwǎsí wa míbalé azalí na lopitálo na mwána. Mwána azalí kobɛlɛ kintuntu. Mamá wa bána azalí o mbóka. Akeí kotála bandeko ba yě mpé kolakisa mwána wa nsúka. Kási tozalí mwa malámu bísó bánsɔ. Kási yǒ? Yǒ okómí mpé mamá wa bána?"

Azóngísí eyano na motúna mwa ngáí té, kási yě mɔ̌kɔ́ atúní lisúsu, "Mobáli akokí kovánda malámu na bǎsí míbalé?"

"Ezalí mpási sɔ̂lɔ́, sɔ́kí bǎsí míbalé bayókání mpɔ̂ ya kotungisa yǒ mobáli, mokɔlɔ wána yǒ mobáli okolíya té. Kási ngáí nazalí na bangó malámu. Basálí ngáí mabé mokɔlɔ mɔ̌kɔ́ té."

"Áwa *o* Kinshásá, bána ntúkú míbalé o ndáko, náni akokoká?"

Sikáwa ngáí mpé nazóngísí eyano té, kási natúní yě lisúsu, "Kási yǒ okómí mpé mamá wa bǎna?"

Natúní bôngó, nzókandé na ndéngé akangí litambála o motú, nasílí nayébí te yě azalí na libála té. Alobí, "E ngáí e. Namɔ́ní átâ elɔ́kɔ batángaka nkómbó mwána *té*. Mpé sɔ̂kí obótí bána té, mobáli náni akolinga yɔ̌ o mbóka óyo?"

"Kási balingá yɔ̌ té ndéngé níni? Kala ozalákí mwána kitɔ́kɔ mpenzá!"

"Yɔ̌ moto okímákí ngáí! Séká na yɔ̌ sikáwa!"

Mpé nalobí bôngó atíyí lobɔkɔ o lipeke lya ngáí mpé atíndísí ngáí na ndéngé ebongí mwǎsi wa libála ásála mobáli wa bato té. Abákísí, "Esíká bandeko ba ngáí babóyísákí ngáí libála na yɔ̌, nazalákí na mposa ya kobála lisúsu nɔkí té. Navándí o mbóka mbúla mobimba. Nsima babálísí ngáí na mobáli mɔ̌kɔ́ nakokákí kolinga yě átâ moké té. Mobáli wâná, balongólá yě líno mɔ̌kɔ́ o monɔkɔ, ndéngé bankɔ́kɔ bazalákí kosála kala. Ngáí navándí na mobáli, míno masílí o monɔkɔ? Nabóyí. Bangó balendísí. Bandeko bánsɔ babándí kofinga ngáí. Ngáí mwána mabé, ngáí moto nayéí ná mobulu mwa Kinshásá, ngáí nakómá mwǎsi wa Bangála. Bakótísí ngáí o ndáko ya yě sé na makási. Nasílí matáta, mpámba. Nabándí kosála nko o ndáko ya libála téé bandeko ba ngáí bánsɔ balembí ngáí. Tokabwání ná mobáli. Nayéí lisúsu o Kinshásá. Nalukí ndáko ya ngáí mɔ̌kɔ́ mpé nabándí mombongo. Mbala mɔ̌kɔ́ namekákí lisúsu kobála mobáli, mobáli kitɔ́kɔ mpenzá. Moto wa ekólo ya bísó. Yě alingákí ngáí, ngáí mpé nalingákí yě. Ekóma na bato ba libóta. Wápi! Sikáwa likelémba lya bangó likómí! Ngáí nabóyákí mobáli bangó babálélákí ngáí, sikáwa bangó bakobóya mobáli ngáí nalingí. Balobí 'te bakokí kolía mbóngɔ na libála lya ngáí té. Sɔ́kí baleí, mbɛlɛ lóbí kúna nakimí mobáli mpé ndébamɔ́ní lisúsu mpási na kozóngisa mosɔlɔ to na kosámba mbala na mbala. Balingí matáta té, babóyí mbóngɔ ya libála. Balobí te ngáí mwǎsi navánda ná mobáli óyo nalingí, kási moto mɔ̌kɔ́ áyâ kotúna bangó té. O káti ya makambo ma matáta boye, nakokí kozwa bána ndéngé níni? Sikáwa nasílí nalongólí motéma!"

"It is like this. I even have two wives. One has five children. The other has one. The second one is in the hospital with her child. The child is sick with measles. The children's mother [i.e. the first wife] is in her village. She has gone to see her family and to show them her last child. But we are all right. But [how about] you? Do you have children?"

She didn't reply to my question, but she asked instead, "Can a man live happily with two wives?"

"It is really difficult if the two women decide to annoy you, the husband, and that day you the husband will not eat. But I get along well with them. They never treat me badly."

"Here in Kinshasa, twenty children at home, who can [support that]?"

Now I [in my turn] didn't answer her question, but I asked her [my question] again, "But you, have you had children?"

That is the way I asked the question, but nevertheless from the way she was wearing a scarf on her head I already knew that she wasn't married. She said, "[Who] me? [not married?] I don't even know what they mean by child. And if you don't have children, what man will love you in this town?"

"But why will they not love you? Back then you were a really beautiful child."

"You were the one who abandoned me! You are making fun of me now!"

And with these words she put her hand on my shoulder and she touched me in a way that a married woman should not [touch] the husband of other persons. She added, "When my family refused [to let] me marry you, I didn't want to get married for a long time [lit.: quickly]. I stayed in my village for a whole year. Afterwards, they married me to a man whom I could never love. They removed a tooth from the mouth of that man as the ancestors used to do in the old days. [How could] I stay with a man [whose] teeth are missing from his mouth? I refused! They insisted. The whole family began to insult me: I was the bad child, I was the one who brought Kinshasa's madness [back to the village], I had become a woman of the Bangala. They put me in his house by force. I made trouble – to no avail! I began to rebel in my marriage until all of my family was sick of me. We got divorced, my husband [and I]. I came back to Kinshasa. I looked for a place to live and I started [to work as a] merchant. I tried marriage once again, a really handsome man. A person from our own ethnic group. He loved me and I loved him. [But] when it came to the people in the family, no way! Now it was their turn. I refused the man they married me to and now they are refusing [to let me have] the man I love. They said that they could not accept [lit.: to eat] the bride price. If they accepted it, then perhaps tomorrow I would leave the man and they would have [lit.: see] trouble returning the money or [would have to] defend [themselves in court] again and again. They don't like trouble, they refused the bride price. They said that, [because] I am a woman who [wants] to live with the man I love, then nobody [will] come to ask them [for their approval]. In the middle of this mess, how can I have children? Now I finally give up my heart."

Nazalí komítúna sɔ́kí Ema asílí amelí kɔ́pɔ ya masanga. Ndéngé níni yě azalí koloba míngi míngi boye? Kási na monɔkɔ nandimí maloba ma yě, "Mokili mozalí mpási míngi, tósála ko bóní?"

"Mpé bísó mɔ̌kɔ́ tozalí kobákisa naíno."

"Likambo tɛ́. Sikáwa nalingí nákɛndɛ. Otíkala malámu."

"Kási ókɛndɛ sikáwa ndéngé níni? Ndáko ya ngáí ezalí áwa pɛnɛpɛnɛ. Okoyâ kotála ndáko ya ngáí tɛ́?"

"Tɛ́. Natíkí bána o ndáko bangó mɔ̌kɔ́. Bamamá ba bangó bazalí tɛ́."

Zóba na ngáí mobáli. Mpɔ̂ níni nakoyébisa mwǎsí óyo te bǎsí ba ngáí bazalí tɛ́. Makambo ma ndáko ya ngáí matálí yě tɛ́. Nzókandé nabákísí, "Mamá wa Didye akeí mbóka, mosúsu azalí o lopitalo. Nakɛndékí kúna na ntɔ́ngɔ́."

"Yangó wâná ko! Osílí oyébísákí ngáí te bǎsí bazalí tɛ́. Bôngó moto mɔ̌kɔ́ akozila yɔ̌ o ndáko azalí tɛ́. Náni akoswánisa yɔ̌ sɔ́kɔ́ ozóngí nɔkí tɛ? Yáká kotála ndáko ya ngáí."

Áwa azalí koloba bôngó, mongóngó mwa yě mokoyébisa ngáí 'te mwǎsí óyo, motéma mwa yě mosílí mokómí mosika. Kási ngáí mobáli, zóba monénɛ. Nandimí maloba ma yě mpé nalandí yě. Tozalí na lisoló lya makambo ma kala téé tokómí o esíká ndáko ya yě ezalí. Motéma mwa yě sé kobétɛ nɔkí nɔkí. Azalí *kodendaka* wâná lokóla mwǎsí akeí komɛlɛ masanga. Esíká tokómí, atíyélí ngáí kíti o libosó lya ndáko. Atíyí molangi, mpé tomɛlí bísó na yě.

Áwa tozalí na lisoló boye, likoló libándí koyinda mpé mopɛpɛ moyéí makási. Eúmélí tɛ́, matanga ma mbúla mabándí kokita. Ntembe tɛ́, mbúla makási ezalí koyâ. Tokimí mbúla mpé tokóbí lisoló lya bísó o káti ya ndáko. Kɔ́pɔ tomɛlékí o libándá ezalí ná likambo tɛ́, kási áwa tokímákí o káti ya ndáko mpé tobéndí kɔ́pɔ mosúsu, zabolo atíyélí bísó motámbo. Ná mbúla boye nakokí kokɛndɛ nɔkí tɛ́. Nasololí míngi mpenzá na moníngá wa ngáí mwǎsí. Ngáí ná yě toyókí ɛlɛngí na kokundola makambo ma bomwána bwa bísó. Nakokí kobimisa makambo mánsɔ tɛ́, nakotúna bobélé bínó, bandeko ba ngáí babáli. Esíká yangó ebongí ná ngáí? Bótála likambo liye. Ngáí navándí wâná ná moníngá mwǎsí. Moníngá azalí ná mobáli tɛ́, azalí sé kolinga ngáí lokóla kala. Sé bísó míbalé o ndáko ya yě. Mpé kúna o ndáko ya ngáí mɔ̌kɔ́, moto akotúna ngáí ngonga ya bozóngí azalí tɛ́. Bínó mɔ̌kɔ́ bókátela ngáí likambo. Makambo masúkákí malámu to tɛ́?

Nabálákí bǎsí míbalé na ntína 'te nákima nzelá ya moyíbi. Nzelá ya moyíbi elekí mabé. Nzókandé sikáwa nayébí 'te, sɔ́kɔ́ obálí bǎsí míbalé mpé oyébí kokanga motéma tɛ́, ndózalí sé moto wa mobulu.

NZÁDÍ

I am wondering if Ema has finished drinking her glass of wine. How can she talk so much about this? But I believed the words [that came] from her mouth: "The world is very hard, what are we to do?"

"And we ourselves are still adding [to it]."

"Yes indeed! [But] now I need to go. Good bye [lit.: stay well]."

"But why are you rushing off like that? My place is right near here. Don't you want to come see my place?"

"No. I left my children at home alone. Their mothers are not [there]."

What a stupid man am I! Why would I tell this woman that my wives are not there? What is going on in my household is none of her business. However, I added "Didier's mother has gone to her village, the other one is in the hospital. I went there this morning."

"Oh, so that's it! You've just told me that your wives aren't there. So there is nobody waiting for you at home. Who will scold you if you don't return soon? Come see my place."

Now she is talking in a way that her voice reveals to me that she is a woman whose heart is already involved. But I am a man: a big dummy! I go along with her words and I follow her. We are having a conversation about old times until we arrive at her place. Her heart is beating very fast. She is swaying like a woman who had gone out to drink some wine. When we arrived, she put me in a chair in front of the house. She got out a bottle and we drank together.

While we are talking like this, the sky starts to get dark and a strong wind arrives. It's not long [before] raindrops start to fall. No doubt, a heavy rain is coming. We escape the rain and we continue our conversation inside the house. The cup that we were drinking outside was not a problem, but now that we have come inside the house and are having another cup, the devil is setting a trap for us. With a rain like this, I cannot leave soon. I really talk a lot with this female friend. She and I enjoy digging up stuff from our childhood. I cannot tell everything, I will just ask you, my brothers, is this a good place for me to be in? Look at the facts: I am sitting there with a female friend. This friend doesn't have a husband. She likes me like in the old days. It is just the two of us in her house. And back there in my own house, there is nobody who will ask what time I got back. You decide the matter for me. Will this matter turn out all right or not?

I married two wives in order to escape the way of the thief. The way of the thief is very bad. Now I don't know, if you marry two women and you don't know how to control your heart, then you will be a troubled man.

The River [Nzadi = Zaire]

23

Libosó lya kobála mwăsí wa míbalé, nazalákí ná mwăsí wa ngáí wa yambo sé malámu ntángo ínsɔ. Mwăsí wa ngáí mpé azalákí ná ɛsɛngɔ mikɔlɔ mínsɔ. Nazalákí ná elikya 'te sɔkɔ nabákísí mwăsí mosúsu, yě mpé ndázalí se na ɛsɛngɔ. Kosálisa băsí míbalé ekokí kozala mabé té.

Mwa mokolo ntúkú míbalé na mínei, sánzá motóbá, mbúla nkóto mɔ̌kɔ́ na nkámá libwá na ntúkú motóbá na mwambe. Bánsɔ toyébí 'te ezalaka mokɔlɔ mwa makambo. Mokɔlɔ moye bakóló-mbóka ba Kongó babóngólí nkómbó ya mokili mwa bísó. Balobí te Kongó ndézalí lisúsu Kongó té, kási basílí babóngólí yangó nkómbó 'te Nzádí. Sikáwa tozalí bobélé koyóka bakonzi bakolimbola bísó ntína níni basálákí bôngó. Bakoloba 'te o mokili mwa bísó bikólo bisangání ebelé. Bobélé elɔ́kɔ mɔ̌kɔ́ ezalí ya bísó bánsɔ: ebale. Bipáí míngi bobélé ebale efungólí nzelá 'te bato bakutanaka. Ebale ezalí kokanga bísó bánsɔ esíká mɔ̌kɔ́. Kási bakotángaka mpé ebale nkómbó ndéngé na ndéngé. Bikólo bínsɔ bato bazalí na nkómbó bakotángaka ebale ya bangó. Nzókandé ekólo *mɔ̌kɔ́* té bakotánga ebale na nkómbó ya 'Kongó.'

'Kongó' ezalí ndé nkómbó ya moto, mpé mbóka ya yě Mbanza Kongó. Bato ba mbóka ya yě ba-Kongo. Bapotulugese bakobénga mbóka yangó San Sálvador, o mokili mwa Angola.

Sikáwa tokotánga mokili mwa bísó Nzádí. Bísó ko wâná ba-Nzádí.

Nzádí elingí koloba na lokota la ba-kongo: ebale. Bakonzi baponí nkómbó yangó mpámba té. O káti ya nkómbó ndéngé na ndéngé bato bakotánga mái ma bangó, baponí nkómbó óyo ba-Kongo bakopésaka ebale enénɛ, zambí mái mánsɔ ma ebale, mái ma miluka mínsɔ mya bikólo bínsɔ bya mokili mwa bísó makotíyela sé epái ya ngɛlé, epái ya ba-Kongo. Epái ya ngɛlé okomɔ́nɔ mpé makási ma ebale malekí.

Bobélé lɛlɔ́ na radio balimbolí ntína esúsu epésákí bakonzi makanisi ma bobóngólí. Balobí te nkómbó 'Kongó' ebongí té. Mpámba té, sɔkí totángí bato ba Kongó 'ba-Congolais,' tosangísí lingála na lifalánse. Sɔkí tobéngí bangó ba-Kongo, tobébísí. Mpámba té, bato ebelé ba mokili mwa bísó bazalí ba-Kongo té. Bobélé ndámbo ya bato baye baútí o mbóka Mbanza-Kongó bazalí ba-Kongo, basúsu bazalí ba-Kongo té. Kási bísó bánsɔ tozalí bato ba ebale. Ebale ezalí ya bísó bánsɔ, yangó wâná bísó bánsɔ ba-Nzádí. Nkómbó yangó ebongí mpenzá. Tosílí tozwí mosɔlɔ mwa bísó 'Zaire.' Zaire ebongí na ba-Nzádí, sé lokóla 'franc' ebongí na bafalánse.

Before marrying a second wife, I got along well with my first wife all the time. My wife was happy all the time. I hoped that, if I added a second wife, she too would be happy. To take care of two wives should not be difficult.

June 24, 1968. All of us know that that was a big day [lit.: the day of matters]. On that day, the citizens of Congo changed our country's name [Note: After Mobutu was ousted by Kabila at the end of the 1990's, the name was changed back to the Democratic Republic of Congo (capital: Kinshasa), not to be confused with the Congo Republic (capital: Brazzaville)]. They said that Congo will no longer be Congo, but they have changed it to Nzadi [Zaire]. Moreover, now we listen to our leaders explain to us why they did that. They say that in our country there are many ethnic groups mixed together. All of us have only one thing in common: the river. Everywhere only the river opens the way for people to meet each other. The river holds all of us together in one place. But they call the river different names. In each ethnic group, the people have a name which they give to the river. But no ethnic group calls the river 'Kongo.'

'Kongo' is the name of a person and his city [was called] Mbanza Kongo. The people of his country were called the baKongo. The Portuguese called their city San Salvador, in the country of Angola.

Now we are calling our country Nzadi. So we are the baNzadi.

Nzadi means in the language of the baKongo: river. There is a reason why the leaders chose that name. Among the different names which people gave to their bodies of water, they [the leaders] chose the name which the baKongo had given to the big river because all the waters of the river [i.e. the Nzadi] , all the waters of the smaller rivers of all of the regions of our country flow to the place downstream, the place of the baKongo. Downstream, you can see the greatest strength of the river.

Just today on the radio they were giving another explanation why the leaders thought of changing [the name of the country]. They said that the name 'Kongo' was not suitable. Because, if we were to call the people of Congo the baCongolese, then we would mix Lingala and French. If we were to call them the baKongo, then we would be misusing [that word]. Because many people of our country are not baKongo. Only a part of the people who come from the city of Mbanza-Kongo are baKongo, others are not baKongo. But we are all people of the river. The river belongs to all of us, therefore we are all baNzadi. That name is just right. We have just gotten our money the 'Zaire'. Zaire is appropriate for the baNzadi just as the franc is appropriate for the French.

Lisúsu bayébísí 'te mbɛlɛ sikáwa tokobíka na likambo lya mpási mpenzá ya kolobaka ntángo ínsɔ Kongó-Kinshásá, mpé kotángaka baníngá ba bísó na ngámbo ya ebale Kongó-Brazzaville. Mokakatano mozalí wâná. Kanisá: mikandá mya posita mizalí kobunga nzelá mbala na mbala, sɔkí mokomi moyébísí polɛlɛ mpenzá té.

Brazzaville mbóka mokonzi ya Kongó. Kinshásá mpé mbóka mokonzi ya Kongó. Moto akokanisa te mikili miye míbalé mizalí lokóla motumolo na mozimi. To mpé Kinshásá na Brazzaville bakokaní. Ndé lokutá mpenzá wâná. Balingí lisúsu té. Brazzaville azalí mwana moké; Kinshásá ndé elombe!

Elekí mikɔlɔ motóba útá basakolákí likambo lya bobongoli nkómbó. Mikɔlɔ mínsɔ maloba mazalákí ebelé o zolona. Maloba ma bato ndéngé na ndéngé. Lóbí eyenga enɛnɛ ndézalí mpɔ̂ ya bosepeli nkómbó ya sika. Bato banɛnɛ bánsɔ ba Kinshásá bazwáki mokandá *mokobénga bangó* epái ya Nkumu Monɛnɛ. Limpáti likolíama wâná, nsɔ́mɔ. Bísó na bísó tobándí kosɛkeke 'te, "nsoso ya Nsele mawa!" Mpé masanga, kotála nsima té. Bakaláki bánsɔ ba letá bazalí ba 'sous statut' bazwáki mokandá mokobénga bangó esíká bakomɛlɛ átâ kɔpɔ mɔ̌kɔ ya mpámba. Ngáí mpé nazwáki; ya sɔ̂lɔ́ ko! Nazalí na ngáí moto monɛnɛ té, kási nazwáki. Mbala óyo babósánáki ngáí té, ngáí moto nakomɔ́nɔkɔ mpási na mosála mwa letá. Bôngó otíya ntembe té, bato ndébazalí ebelé. Obósana té, babéngí bísó na bǎsí ba bísó. Mokandá molobí, "mobáli na mwǎsí, na eláteli ya lokúmu (tenue de ville). Kómá!"

Mputulu ekobuta, nakokí kozánga té. Malámu námɔ́nɔ na míso ndéngé níni likambo lyangó likozala. Nakoyébisa mwǎsí wa ngáí libélá 'te ábanda kobɔ́ngisa bilambá. Kási...

Sɔ́kí nalobí; "mwǎsí wa ngáí, wâná sé mamá wa bǎna," ntembe ezalí té. Kási nayébí té sɔ́kí akolinga míngi kokɛndɛ kúna. Yě akómí mamá wa bána. Mwána wa nsúka azalí se moké. Mbɛlɛ mamá akolinga kotíka yě o ndáko té. Akolinga mpé lisúsu kokanga litambála na motó lokóla ndúmba té. Likambo té, sɔ́kí alingí té, mbanda wa yě azalí. Yě akolingaka bisika ndéngé wâná. Akobanga té kosolisa baníngá sɔ́kɔ́ bakutaní mbala ya libosó. Átâ akutaní na moto ndéngé níní, akolobisa yě bobélé nɔkí. Ayébí mpé koloba "bonjour" ná "bonsoir." Sɔ̂kí nakeí na yě, ezalí mabé té.

In addition they said that perhaps now we could escape the really vexing problem of [having to] say all the time 'Congo-Kinshasa' and calling our friends on the other side of the river 'Congo-Brazzaville.' There was a problem there. [Just] think: the mail was getting lost all the time whenever the writer hadn't written the address clearly [lit.: hadn't informed clearly].

Brazzaville [is] the capital of Congo. Kinshasa [is] also the capital of Congo. One could think that these two countries are like older and younger siblings. Or that Kinshasa and Brazzaville are equal. But that is really a lie. They [the leaders of Congo-Kinshasa] don't like [that] either. [For them] Brazzaville is a little child; Kinshasa is a giant!

Six days went by after they announced the name change. Every day there were many words [written about this] in the newspapers. [There were] all sorts of opinions from people. Tomorrow will be a big holiday to celebrate the new name. All the bigshots of Kinshasa received a letter inviting them to the Big Chief's place. There will be a banquet, terrific!! We all began to joke: "too bad for the chickens in Nsele. And drinks, don't miss them! All the government officials who were 'sous statut' received a letter inviting them to drink at least one cup for free. And I received [one] too – for real!! I am not a bigshot, but I got [one]! This time they didn't forget me, the one who suffers [doing] the government's work. So have no doubt, there will be loads of people. And don't forget, they are inviting us and our wives. The invitation says: "Sir and Madam: Honorable [i.e. formal] attire (tenue de ville) Come!"

It will be a madhouse [lit.: the dust will rise]. I can't miss it. I had better see with my own eyes how this affair will turn out. I will tell my wife right away to start getting her clothes ready. But...

If I say, "my wife, mother of my children," there would be no confusion [lit.: doubt]. But I don't know if she will want to go very much. She is taking on the mother-role. The last child is still small. Maybe she won't want to leave her at home. She won't want to wrap a scarf around her head like an unmarried woman. No problem, if she doesn't want to go, then her co-wife will. She likes events like that. She isn't afraid to strike up a conversation with friends if they are meeting for the first time. No matter what kind of person she meets, she starts talking to him right away. She even knows how to say "bonjour" or "bonsoir." If I were to go with her, it wouldn't be bad.

Nakómí o ndáko, nalongolí kazaka na sapato, nalátí mapapa. Nakeí kokamata fufu esíká mwăsí abómbelaka ngáí, nabándí kolía. Mwăsí ayéí kovánda, akonungisa mwána moké mpé akoyébisa ngáí makambo ma Didye 'te azwákí etumbu o kelási lɛlɔ́. Nandimí maloba ma yĕ mpé nazóngísí 'te ndénatúní Didye, mpé ndénabákísí etumbu sɔ́kí Didye amekí kosála motó makási. Kási nabómbí naíno motúna mwa ngáí, nasílisa naíno kolía fufu libosó. Mwăsí azalí na maloba masúsu té, míso bobélé epáí ya mwána. Ngáí etumba na sani. Nasílísí kolía, *nakeí* kosukola mabɔkɔ. Mwăsí abándí kolongola bilɔ́kɔ o mésa. Nayébísí yĕ, "Mamá wa Didye, lóbí mputulu ekomata. Oyókákí likambo lya mokili mwa bísó Nzádí. Oyébí 'te lóbí eyenga. Mosála mozalí té, bánsɔ tokokɛndɛ kosepela mpé komɛlɛ masanga babómbélí bísó o 'place de la revolution.' Nakokɛndɛ kotála naíno tatá wa Gislain abóndélákí ngáí 'te tókɛndɛ na mótuka mwa yĕ lóbí."

"Wâná ezalí likambo lya ngáí té. Kɛndé na yɔ̆, ezalí sé malámu."

"Kási ezalí mpé likambo lya yɔ̆ mwăsí. Mpámba té, na mpókwa babéngí bísó na băsí ba bísó. Tálá mokandá; yɔ̆ mɔ̆kɔ́ tángá maloba níní mazalí wâná."

Nalakísí na monɔkɔ esíká níní mokandá molálí o lamwáli. Napangusí mabɔkɔ, nakeí kovánda. Nalobí, "Naíno toyókání malámu té mpɔ̆ ya ngonga tokokɛndɛ na ntɔ́ngɔ́ bísó na yĕ. Nakokɛndɛ sikáwa mpɔ̆ tóyókana. Malámu ngáí na yɔ̆ mpé toyókana mpé libélá."

Ngaí mobáli monɛ́nɛ boye, likambo níni sikáwa? Mpɔ̆ níni nazalí kobánga lokóla mwána moké? Nakokí kowangana té, motéma mosúsu molingí bobélé 'te mwăsí áboya. Mwăsí wa nsima akómí naíno mokóló té, mpé ayébí kokanga litambála na motú.

Mamá wa Didye azalí sé kotála mokandá. Atúní, "Esíká bazalí koloba áwa ezalí esíká níní?"

"Bazalí kobénga bísó na 8 h (ngonga ya mwambe ya ntɔ́ngɔ́.) Tokoúmela téé midi. Nsima ya midi bánsɔ tokozónga, moto na moto na mwăsí wa yĕ. Mamá wa Didye, yɔ̆ mpé okokɛndɛ?"

"Balobí áwa moto nyɔ́nsɔ áyâ na madame wa yĕ té?"

"Mbɛlɛ tokokɛndɛ koúmela míngi, náni akotíkala na mwána?"

"Kási mwăsí wa yɔ̆ mosúsu azalí. Yĕ avándí áwa mpámba?"

"Yĕ ndákokí kotála bána ba bísó malámu. Mwána wa yɔ̆ moké akolela té?"

"Miliki ya yĕ ezalí. Sɔ́kɔ́ amelí, bebe akolelaka na yĕ té."

"Malámu míngi, sikáwa nakeí koyókana na tatá wa Gislain. Alobákí 'te na mpókwa tokokɛndɛ bobélé na mótuka mwa yĕ lisúsu."

I arrive home, I take off my jacket and shoes, I put on my flip-flops. I go get some 'fufu' [a cassava paste] where my wife left [lit.: hid] it for me, I start eating. My wife comes and sits down, she is breastfeeding the baby and she tells me about Didier's problems; he got punished at school today. I listen to her words and reply that I will ask him [about this] and I will add a punishment if Didier did it on purpose [tried to do it with a hard head]. But I am still hiding my own question, let me first finish eating the fufu. My wife has nothing more to say, her eyes are only on the child. I am struggling with my plate [because I'm upset about Didier]. I finish eating, I go to wash my hands. My wife begins to clear things from the table. I say to her: "Mother of Didier, tomorrow there will be a madhouse [in town]. You heard the news about our country Nzadi. You know that tomorrow is a holiday. There will be no work. Everybody is going to celebrate and have drinks which they have kept for us at 'place de la révolution.' First I will go see Gislain's father who asked me to go with him in his car tomorrow.

"That is not a matter for me. You go. That will be fine."

"But it is a matter for you, my wife. Because this afternoon they invited us with our wives. Look at the letter. You [should] read the words which are there."

I pointed with my lips [lit.: showed with the mouth (a Congolese way of pointing, usually when their hands are otherwise occupied)] to the place where the letter was lying in the cupboard. I rubbed my hands, I went and sat down. I said, "We still haven't agreed on the time he and I [lit.: we and he] will go in the morning. I will go now and do that. [But] it would be good [if] you and I had already come to an agreement [about this]."

I am a big shot. Why can't I make up my mind now? Why am I afraid like a little child? I should not hesitate. My heart really just wants my wife to refuse. My second wife hasn't yet become an old lady [lit.: an older person], and she knows how to tie a scarf around her head.

Didier's mother is looking at the letter. She asks, "The place they are talking about here [in the letter] is where?"

"They are inviting us for 8 am. We will stay until noon. After noon, we will all return – everyone and his wife. Didier's mother, will you go?"

"Aren't they saying that everyone is supposed to bring his wife?"

"Maybe we will be a long time, who will stay with the child?"

"But there is your other wife. Is[n't] she here with nothing to do?"

"Can't she look after our children very well. Won't your little child cry?"

"There is milk for him. If he has something to drink, the baby won't cry."

"That is very good. Now I am going to settle things with Gislain's father. He said that this afternoon we should go again [for a drive] in his car."

Namɔ́ní 'te mwăsí wa ngáí asepelí. Natúní lisúsu, "Mwăsí wa ngáí, kúna ndɔ́zalí na nsoni té o káti ya bato minéné boye? Bangó bakolobaka lifalánse molaí molaí. Sɔ́kí olingí kokεndε té, lobá na yɔ̌. Obánga ngáí té."

"Nábánga nsoni ya níní? Nayíbákí ndé elɔ́kɔ ya moto? Nayébí lifalánse ya bangó té, sɔ̂lɔ́. Kási sɔ́kí moto mɔ̌kɔ́ ayébí mpé lingála lya ngáí té, wâná bísó na yě tokokaní. Nsoni ya níní nakoyóka? Kási ebelé ya mitúna boye mpɔ̂ níni? Mobáli wa ngáí, ósála makambo lokóla mwána mɔké té. Sɔ́kɔ́ olingí ngáí nákεndε té, lobá na yɔ̌ mpé polεlε. Obánga ngáí té."

"Té. Kási malámu toyókana libosó ko."

"Té, mobáli wa ngáí, bakokósaka mwăsí makambo ndéngé wâná té. Ngáí kitɔ́kɔ esíli, bǎsí basúsu balekí ngáí kitɔ́kɔ. Ómɔ́nɔ na yɔ̌ mpási té. Yɔ̌ moto obálákí bǎsí míbalé. Kamata mwăsí wa yɔ̌, yě azalí kitɔ́kɔ. Olingí kokεndε ná yě, likambo té. Ngáí nakotíkala; nakotíkala kokéngεlε bána ba ngáí. Kεndé koyébisa mwăsí wa yɔ̌ ámílεngεlε."

Nabɔndεlí yě, "Kosilika té, mamá. Yɔ̌ olingí kokεndε. Malámu, nakokεndε na yɔ̌. Áwa natúnákí yɔ̌ nasáлákí ndé mabé?"

"Otúnákí ngáí? Yangó wâná nayébísí yɔ̌ sikáwa: nazángí kitɔ́kɔ, nakokεndε na ngáí té. Kamata mwăsí wa yɔ̌ óyo azalí kitɔ́kɔ, ngáí nakokεndε té."

"Okokεndε té? Yɔ̌ mɔ̌kɔ́ olobí. Okokεndε té? Kási oyâ kosilika na nsima té; oyâ koloba té 'te mobáli moto alingákí bôngó. Nakokí kobɔndεla yɔ̌ té. Áwa natúnákí yɔ̌ ekómí likambo. Kási yɔ̌ mɔ̌kɔ́ obóyí kokεndε. Likambo té okotíkala."

Nabéngí mwăsí wa ngáí mosúsu, nayébísí yě te mamá wa bána abóyí kokεndε na ngáí, nalobí, "Bɔ́ngisa nyɔ́nsɔ mpɔ̂ toúmela lisúsu té sɔ́kí nayéí na midi."

Navándí lisúsu té, nabimí mpé nakeí koyókana na tatá wa Gislain. Toyókaní, esílí. Nayébísí yě te mpɔ̂ ya mpókwa nakoyâ na mamá wa bána té, kási mamá wa Lili moto akokεndε. Yě akamwí te mamá wa bána alingí kokεndε té. Nalobí na yě, "Likambo té, nakoyâ na mamá wa Lili; mamá wa bána azalákí na mwa nkanda, sɔ́kí mpɔ̂ ya níni nayébí té. Bǎsí bazalí bato té."

Ntɔ́ngɔ́ sa nalongwí na mbeto, nasukolí mpé namelí ti mamá wa Lili alámbákí. Mamá wa bána amesení kolongwa libosó mpé kosálisa ngáí na bokeí mosála. Nzɔ́kandé lεlɔ́ alobí te alembí míngi, alingí kolala naíno. Kási yɔ̌ mwăsí, bakokósaka mpé mobáli ndéngé wâná té. Ozalí kosála mangúngú mpámba, nayébí.

I see that my wife is happy. I ask her again, "My wife, won't you feel embarrassed with all those big shots? They will be speaking a lot of French. If you don't want to go, just say so. Don't be afraid of me."

"What embarrassment should I be afraid of? Did I steal something from somebody? I don't know French, that's true. If somebody doesn't understand my Lingala, then he and I [lit.: we and I] are equal. What embarrassment should I feel? But why [are you asking] so many questions about this? My husband, don't act like a little child. If you don't want me to go, say so clearly. Don't be afraid of me."

"No, but it is better that we understand each other first."

"No, my husband. One doesn't trick a wife with stuff like that! I am not pretty any more. There are other women who are more beautiful than I am. Don't suffer. You are a man who married two women. Take your wife, the one who is pretty. You want to take her, no problem. I will stay, I will take care of my children. Go tell your wife to get ready."

I beg her: "Don't be upset, my wife. You want to go. Fine, I will go with you. When I was asking you [those questions], did I do wrong?"

"You were asking me? That's why I told you right away. I lack beauty, I won't go. Take your wife who is beautiful, I won't go."

"You won't go? [That's really what] you said. You won't go? But don't get angry afterwards. Don't say that it was my husband who wanted it this way. I won't beg you. Because I asked you [these questions], we have problems. But you are the one who refused to go. Ok then, you [can] stay."

I call my other wife. I tell her that the children's mother refuses to go with me. I say, "Get everything ready so that we won't take a long time when I return at noon."

I don't sit down again, I go out and I go to make arrangements with the father of Gislain. We make the arrangements. Done. I tell him that, as for the afternoon, I will not be coming with the mother of the children, but the mother of Lili is the one who will go. He is surprised that the mother of the children doesn't want to go. I say to him, "No problem, I will come with the mother of Lili; the children's mother was a little angry, but I don't know why. Women are not people [i.e. they are stupid]."

Early in the morning, I got out of bed, I wash and I drink tea prepared by the mother of Lili. The mother of the children is used to getting up first and helping me get off to work. But today she says that she is very tired, she still wants to sleep. But you, my wife, don't trick your husband that way. You must be really kidding. I know.

31

Selection One: Nabálákí Bási Míbalé

Nakeí. Nakútí tatá wa Gislain asílísí komíléngele, akómí kozila ngáí. Napésí yĕ mbɔ́tɛ, napésí mpé mwăsí wa yĕ mbɔ́tɛ. Tokɔ́tí o mótuka mwa yĕ. Mwăsí wa yĕ ayéí kolanda bísó o libosó lya ndáko mpé azalí kotálaka bísó tokoyíngela o mótuka. Atíkálí se wána kotála bísó téé tokómí o balabála enénɛ.

Kinshásá mbóka ya bato *bakolelaka* míngi mpási ya kokɛndɛ mosála mikɔlɔ mínsɔ. Lɛlɔ́ mosála té. Okokanisa 'te lɛlɔ́ bakopema. Wápi! Ntɔ́ngɔ́ ntɔ́ngɔ́, balabála etóndí bato. Bipáí bínsɔ, engumba mobimba tokútí mítuka, bato babutí nkinga, basúsu na makolo. Tálá mpé bisi óyo tolekí, bato meké. Mbóka ya makambo sɔ́lɔ́. Moto mɔ̆kɔ́ alingí kotíkala o ndáko té. Yɔ̆ moto otíkálí, zoba na yɔ̆ mɔ̆kɔ́. Lɛlɔ́ eyenga; longonya na bakonzi!

Ekómí bísó o "Boulevard du 30 Juin" tokútí bato basanganí wâná ebelé, mayélɛ té. Esíká ya kotíka mótuka ekómí ya koluka. Bato bánsɔ bobélé bilongí bitóndí na ɛsɛngɔ. Toúmélí míngi té, lifile libandí. Lifile lya basodá. Nayébákí libosó té 'te o ka Kokolo bazalí ebelé boye. Kási tatá wa Gislain alobí 'te basodá ba ka ya Ngungu bazalí mpé o káti. Bayákí Kinshásá mpɔ̂ ya lifile óyo. Nakolíkyá te ezalí sé bôngó.

Nsima ya lifile toyókí maloba ma Mokonzi wa letá. Maloba ebelé. Alimbolí naíno ntína ya likambo. Asúkísí na bobɔ́ndelí bato bánsɔ bázala sé motéma mɔ̆kɔ́. Tosángání áwa bobélé mpɔ̂ ya koléndisa bondeko. Ndétozalí na ɛsɛngɔ míngi bobélé sɔ̂kɔ́ bísó bánsɔ toyókání malámu. Sé bôngó ndétokokí kopésa nkómbó ya sika lokúmu la sika. Bísó ba-Nzádí, bilombe bya Afrika.

Toúmélí wâná téé nsima ya midí, mpé ntángo topanzání mpɔ̂ ya kozónga o ndáko, nzala ekangí bísó, tokómí mabumu polélé. Tókɛndɛ kotála naíno sɔ́kí băsí ba bísó balámbí. Na nsima tokozónga na bangó. Wâná tokokɛndɛ o "parc de la révolution." Bobélé moto azwákí mokandá ndákokí kokɔta, mosúsu té.

Kolía esílí, mamá wa Lili abándí koláta. Mamá wa bána alíákí libosó, azalí kopema, alálí. Sɔ́kɔ́ alálí sɔlɔ́, sɔ́kí akósí ngáí 'te nalálí, nayébí té. Kási téé tobimí tolobaní bísó na yĕ té. Tokeí bato mínei, bobélé na mótuka mwa tatá wa Gislain. Ngáí na yĕ, na băsí ba bísó. Tokútí lisúsu bato míngi. Míngi toyébání na bangó mpɔ̂ ya mosála. Nakútí mpé basúsu bazalákí na ngáí o kelási, mpé namɔ́ní bangó lisúsu té úta mokɔlɔ nalongwákí o kelási. Băsí ba bísó ndé bayébání míngi té. Mabɔkɔ makolembe lɛlɔ́ na kopésana mbɔ́tɛ. Esɛngɔ.

I leave. I meet the father of Gislain, who has just finished getting ready and is waiting for me. I greet him. I also greet his wife. We get into his car. His wife follows us to the front of the house and she watches us get into the car. She waits there watching us until we arrive at the main street.

Kinshasa is a city of people who complain a lot about the trouble of going to work every day. Today, there is no work. You might think that today people would rest. No way!! Very early in the morning the street is full of people. Everywhere in the whole area we meet cars, people riding bicycles, others on foot. And look at the buses going by full of people. Truly a bustling city. Nobody wants to stay at home. [If] you are someone who wants to stay [at home], you must be crazy. Today is a holiday. Long live the leaders!

When we arrive at "Boulevard du 30 juin" we meet people gathered there in a crowd. Incredible! We start to look for a place to park the car. Of course, everybody's face is filled with joy. It is not long before the parade begins. The parade of soldiers. I didn't realize at first that there were so many at Camp Kokolo. But the father of Gislain says that there are also soldiers from Camp Ngungu among them. They came to Kinshasa for the parade. I think that that is right.

After the parade we listen to the speech of the president [lit.: leader of the government]. A long speech. He first explains the reason for the affair. He finishes by imploring us to unite [lit.: be with one heart]. We are gathered here to strengthen brotherhood. We will be very happy only if we all understand each other well. In this way we will be able to take renewed pride in the new name. We the baNzadi, champions of Africa.

We stayed there until after noon, and when we separated to return home, we were very hungry, our stomachs were empty [lit.: clear stomachs]. We first go to see if our wives have made dinner. Afterwards we will return with them. We will go to the "parc de la révolution." Only a person who got a letter can come, otherwise he can't.

Dinner is finished, the mother of Lili starts to get dressed. The mother of the children ate first, she is resting, she is asleep. I [wonder] if she is really asleep, [or] if she is pretending to sleep, I don't know. But until we leave, she and I don't talk to each other. The four of us leave, again in the car of the father of Gislain. He and I, with our wives. We meet again lots of people. We know many of them from work. I meet some who were with me in school and I haven't seen them since the day I left school. Our wives don't know each other very well. Our hands get tired today from so much greeting. Joy.

Balobí lisúsu míngi. Makambo ndéngé na ndéngé. Kásí likambo té, mpámba té, milangi mibándí kofungwana. Na ndéngé ya masanga babonzélí bísó, na ndéngé ya bilɔkɔ balámbélí bísó na mpókwa, otáli, okamwí. Na bato bazalí áwa mpɔ̂ ya nzembo, bayébí mosála sɔ̂lɔ́. Lingomba mɔ̌kɔ́ lya bǎsí, sɔ́kí banáni bayébí té, babándí kobína libosó. Mosíká té, mosála mwa mabína motokí! Téé butú komele mpé kobína, kotála nsima té. Nzókandé tatá wa Gislain alingaka komele míngi té. Alingí kotambwisa mótuka mwa yě na bozoba té. Yangó wâná tolongwí mwa nɔkí. Elongo na bato baye babándí kokɛndɛ libosó, bísó mpé tokeí. Mamá wa Lili amelékí míngi, abínákí mpé míngi; abándí kolobisa ngáí lokóla mwǎsí abálí sika.

Kóma o ndáko, tokútí moto mɔ̌kɔ́ atóndí na nkanda. Mamá wa bána atúní ngáí motúna átâ mɔ̌kɔ́ té. Ayébísí ngáí nsango mɔ̌kɔ́ ya bána té. Abimákí átâ o ndáko mpɔ̂ ya koyámba bísó té. Esíká amɔ́ní mamá wa Lili, alobí sé liloba mɔ̌kɔ́, "Tálá mwǎsí óyo momeli!"

Ndéngé níni tokovánda na mikɔlɔ miye nayébí té. Áwa natíkákí mamá wa bána o ndáko, namemí ngambo.

Nakanisáki 'te sɔ́kí nabálí bǎsí míbalé, bangó bánsɔ míbalé ndébazalí mikɔlɔ mínsɔ sé na esɛngɔ. Nzókandé lokuta. Tálá sikáwa mamá wa bána avándí na nkanda.

LINDONGE

Nabáláki bǎsí míbalé mpé mpɔ̂ básálisa ngáí. Nákúfa nzala mokɔlɔ mɔ̌kɔ́ té. Moto wa bǎsí míbalé akokí kolala nzala té. Mpé sɔ́kɔ́ moto na moto abɔngísí ndáko ya yě, mbóka ebɔngí, mokili mobimba mobɔngí.

Nasílí naúmélí sikáwa mibu zómi na mítáno na mosála mwa letá. Nakómí moto. Baníngá bayébí ngáí míngi. O bilɔ́ ya ngáí matáta makozalaka té. Letá mpé akómí koyéba ngáí. Lóbí na lɛlɔ́ nakeí mosála té. Bapésí ngáí mikɔlɔ míbalé mpɔ̂ ya koléngele mobémbo. Mpámba té, tokokɛndɛ mobémbo. Batíndí ngáí na baníngá basúsu ba "ministère d' agriculture" o mbóka Wakambá, tokɛndɛ kotála makambo mazalí kúna. Mbóka yangó ezalí na misyó. Misyó yangó ezalákí na mabelé míngi, mpé na bilanga ndéngé na ndéngé. Eleki sikáwa sɔ́kí mibu nsambo, basángó ba misyó yangó bayángánákí likita na bato bánsɔ ba mbóka, mpé bakabólákí mabelé ma bangó bilanga na bato ba mbóka. Basálí kompani, batíyí bakonzi, batíyí bato o bilɔ́, mpé bato lokóla basálí o bilanga bya bangó. Kásí basáli bánsɔ bazalí mpé bakóló ba kompani ya bangó, mbɔ́ngo ekobima wâná ezalí mbɔ́ngo ya bangó bánsɔ. Moto na moto akozwa lifúta engebene na mosála yě akosála o káti ya kompani. Kásí mbano kompani ekozwa, ezalí ya bangó bánsɔ. Ndéngé ya kotambwisa mosála, ndéngé ya kofúta basáli, mpé ndéngé níni bakosála na mbɔ́ngo etíkali; makambo maye mánsɔ bakosamba o likita linénɛ. Basáli bánsɔ bakokí kokɛndɛ o likita mpɔ̂ ya koyóka ntína ya mosála, mpé kotíya mayɛlɛ ma bangó esíká mɔ̌kɔ́.

Many people are talking again. All kinds of things. But it's not a problem, because bottles are beginning to be opened. The way they served drinks to us, the way they prepared the food for us in the afternoon – [if] you saw that, you would be amazed. And the people who are here to sing – they really know their job! One group of women, whom nobody knows, starts to dance in front [of everyone]. Before long, the dancing heats up [lit.: sweats]. Until nightfall, drinking and dancing without stopping [lit.: not looking back]. But the father of Gislain doesn't want to drink too much. He doesn't want to drive his car inebriated. That is why we left a little early. Together with the people who are the first to leave, we depart. The mother of Lili drank a lot, she danced a lot. She gets me talking like a woman who is just married.

[Once we] arrived home, we met someone full of anger. The mother of the children didn't even ask one question. She told me no news of the children. She didn't even come out of the house to welcome us. When she sees the mother of Lili, she speaks these words: "Look at that drunkard!"

How are we going to get along these days? I don't know. Because I left the mother of my children at home, I get into trouble.

I thought that, if I married two women, the two of them would be happy every day. But [that is] a lie. Just look at the mother of my children sitting in a huff

The Termite Heap

I married two women so that they would help me. I would not die of hunger one day. A man with two wives would not go to sleep hungry. If everyone sets his own house in order, the village will be fine, the whole world will be fine

I have just now completed fifteen years working for the government. I am becoming someone [important]. My friends recognize me. In my office there are no problems. [Even] the government is getting to know me. Yesterday and today, I didn't go to work. They gave me two days [off] to prepare for my trip. Because we are going on a trip. They are sending me and other friends from the department of agriculture to the village of Wakamba; we are going to look into what is going on there. That village has a mission. That mission has a lot of land and different kinds of fields. When about seven years had passed, the mission priests called an assembly of all the villagers, and they divided their land into fields for the villagers. They created a company, they installed leaders, they put people into offices, and [they placed] people as field workers. But all the workers are owners of their company. The money which comes from there is everybody's money. Each person earns a salary proportionate to the work that he does for the company. But the profit which the company receives belongs to everybody. How to direct the work, how to pay the workers, and what to do with the remaining money, they decide all of these matters in a big meeting; all the workers can go to the meeting to hear about work-related issues and to share their collective wisdom.

Moto akokí kokɔ́ta o kompani yangó bobɛ́lɛ́ moto óyo azalí kosála wâná. Olongwí o mosála, olongwí mpé o kompani. Yɔ̌ moto olembí mosála epáí ya bangó, bapésí yɔ̌ ndámbo ya yɔ̌ ya mosɔlɔ ozalí na mwangó o kompani, mpé olongwí. Makambo maye mánsɔ makómákí o matói ma letá. Sikáwa alingí kotínda bato báyébisa yɛ̌ malámu bóníbóní mosála mozalí kotambola kúna. Mbɛlɛ mayɛ́lɛ ma sika makokí kozwama wâná. Bôngó náloba naíno míngi tɛ́, tókɛndɛ kotála libosó.

Mikɔlɔ míbalé mya boléngele misílí, lóbí na ntɔ́ngɔ́ na ngonga ya motóba ndétokéí. Nasílí naléngélí bínsɔ, natíyí bilɔ́kɔ bínso esíká mɔ̌kɔ́. Nazalí na maléti ma ngáí, nakobómba wâná bilɔ́kɔ bínso nasengélí na byangó o ntángo ya mobémbo. Tosengélí komɛmɛ bilɔ́kɔ bisúsu tɛ́; bobɛ́lɛ́ míso na matói.

Ntɔ́ngɔ́ etaní, bǎsí basálísí ngáí; kási batúngísí ngáí mpé na mitúna mya bangó ndéngé na ndéngé, sɔ́kɔ́ mbɛlɛ nabósánákí bilɔ́kɔ bisúsu kotíya o maléti. Nalobí na bangó bákitisa motéma, bilɔ́kɔ bínsɔ bizalí, nabósání elɔ́kɔ mɔ̌kɔ́ tɛ́. Nakómí kozila bísi ya letá ékokɛndɛ kotíka bísó o Ndjili. Tála yangó ko wâná. Napésí bǎsí ba ngáí mbɔ́tɛ ya bokabwání mpé nakébísí bangó te bátála bána malámu, nalobí na bangó, "Náyóka makambo tɛ́ ntángo na kozónga."

"Tatá wa Didye, kɛndɛ́ malámu."

"Bótíkala malámu! Bóvánda nyɛ o!"

Nakéí. Ngáí moto wa nsúka, basúsu bánsɔ basílí bakótákí libosó. Mwa nɔkí tokómí o Ndjili. Kúna bísó na bísó toweí bobɛ́lɛ́ lisoló, baníngá basúsu ba mosála bazalí mpé wâná, bayéí kotíka bísó. Makambo ma tiké masílí nɔkí. Mpɔ̂ ya bilɔ́kɔ tomemí, matáta mazalí tɛ́, zambi tomemí na bísó bilɔ́kɔ míngi tɛ́. Maléti mangó óyo nasímbí na mabɔkɔ, esílí. Bobɛ́lɛ́ moníngá mɔ̌kɔ́, azalí na bandeko pɛnɛpɛnɛ na mbóka Wakambá amɛmí mwa bilɔ́kɔ bisúsu. Kási basúsu bánsɔ sé mwa mikandá mpé kayé mpɔ̂ ya *kokomaka* makambo. Na nsima ndámbo ya bilambá na bilɔ́kɔ bisúsu tosengélí na byangó mpɔ̂ ya kolala na butú mpé kobongisa nzoto; nsúka wâná.

A person is allowed to enter the company's [premises] only if he is working there. [If] you leave work, you leave the company. [If] you are one who is tired of working with them, they will give you half of the money which you invested in the company. And then you leave. All of these matters came to the attention [lit.: ears] of the government. Now it wants to send people to keep it well informed about how the work is going there. Perhaps a new approach could be found there. Therefore I don't yet say very much, let's just wait and see [lit.: go see first].

Two days of preparation have passed. Tomorrow morning at six o'clock we will leave. I have just finished all the preparations. I put everything together in one place. I have my briefcase. I will keep there all the things I need for the trip. We don't need to take anything else; just our eyes and ears.

Dawn breaks. My wives help me. But they annoy me with all kinds of questions about whether I perhaps forgot to put something in my briefcase. I tell them to calm down [lit.: lower the heart]. Everything is [packed]. I haven't forgotten a thing. I start to wait for the government bus which will take us to Ndjili. Here it comes. I say good-bye to my wives and warn them to take good care of the children. I say to them, "I don't [want to] hear about any trouble when I come back."

"Didier's father, have a good trip."

"Good-bye [lit.: stay well]. Peace! [lit.: sit quietly]"

I leave. I am the last one. All the others had already gotten on board. After a little while, we arrive in Ndjili. There we get totally absorbed [lit.: die] in conversation. Some of our co-workers are there too, they've come to say good-bye [lit.: to leave us]. The matter of [getting] tickets is quickly taken care of. As for the baggage we are carrying, there is no problem, because we are not carrying very much. The briefcase which I have in my hand – that's it. Just one friend, who has relatives near the town of Wakamba, is carrying a few extra items. But everybody else [has] only a few sheets of paper and notebooks to write things in. Besides that, just a few clothes and other things we needed for sleeping at night and washing [our bodies]. That's all.

Bánsɔ basílísí, tokómí kozila bálekisa bísó o libándá lya mpepo. Lisoló o monɔkɔ ntángo ezalí koleka. Tála wâná bayéí kofungola ndáko, tobimí o libándá. Tozóngísí tiké na kalati ya mangwele o mábenga mpé tokeí esíká mpepo etelemí, ezalí kozila bísó. Toyíngélí. Esíká bánsɔ bakɔ́tí, mpepo ezilí naíno moké, bato ba mosála basílisa kokɔ́tisa bilɔ́kɔ. Esí té, toyókí mpepo ekamatí moto. Makeléle bandeko. Kobuta mpepo ezalí ndé likambo lya 'kangá motéma. 'Átâ ozalí mokóló okobánga. Ngáí nasílí nabutákí mpepo mbala míbalé libosó. O míso ma baníngá nakosí te ngáí nakobánga té, nasílí nameséní kala; nzókandé o káti ya motéma nsɔ́mɔ ekangí ngáí ntángo tobutí. Sókí tokweí, tokobíka ndéngé níni? Bísó bato tozángí mapapu, topumbwa lokóla ndeke? Kási tokweí té, tozalí sé kobuta. Toyókí mabumu ma bísó lokóla mabumu bato bazalí kotɔbɔlɔ madusú o káti mpé kolongola misopo mínsɔ́.

Kobuta esílí, mpási o libumu mpé esílí. Lisoló libandí lisúsu. Mobémbo *molekí* malámu mpenzá. Toúmélí ngonga mísáto mpámba, basúsu babándí koloba 'te tálání mbóka yangó kúna. Nzelá ya masuwa ya poso mobimba ekómí ndé mokuse bôngó, ngonga mísáto mpámba. Nzókandé ya sɔ́lɔ́, mpepo ebándí kokita. Sikáwa nayókí mpási o libumu té, kási matói mazalí kobɛtɛ. Mongongo mpé mokangémí téé mpepo eyéí koteleme. Áwa libándá lya mpepo ezalí lokóla Ndjili té. Bísó bato toútí Kinshásá tokamwí 'te libándá lya mbóka óyo ezalí sé moké boye!

Kási tokokí kolanda makambo míngi té sikáwa, towéla bobélé kokóma nɔkí o esíká bakopésa bísó ndáko ya kolála mpɔ̂ ya mikɔlɔ mínsɔ tokoúmela áwa. Toyákí mpɔ̂ ya kolekisa ngonga mpámba té, toyákí mosála. Mosála níni? Kotála mpé koyóka. Na nsima, sɔ́kí totálí mpé toyókí, tóyébisa letá maye mánsɔ tomɔ́ní.

Everybody is ready now. We are ready for them to take us out onto the airfield. There is conversation and time passes. And then they opened the [waiting] room. We went out. We put our tickets and our vaccination cards back into our bags and we went to the place where the airplane was standing and waiting for us. We went onboard. After everybody was on board, the plane waited a bit longer, [while] the workers finished putting things away. After a short time, we hear the airplane start its motors. [A lot of] noise, my friends. To get into an airplane is a matter of overcoming your fear [lit.: stopping the heart]. Even if you are an older person, you will be afraid. I have already been on an airplane twice before. In front of [lit.: in the eyes of] my friends, I pretend that I am not afraid, that I have gotten used to it long ago. Nevertheless fear seizes my heart, as we get into the airplane. If we crash, how will we survive? We don't have wings. [Can] we fly like birds? But we don't crash, we are still climbing. Our bellies feel like someone is cutting open our bellies and removing all our guts.

We reach cruising altitude [lit.: climbing is finished]. Our stomachs relax. Conversation begins again. The trip goes by very well indeed. Three hours pass. Some people start to say, "Look at that little town over there." One whole week's trip by boat really turns into just three hours!! Nevertheless it is true. The plane is already starting its descent. Now I feel no discomfort in my stomach. but my ears are hurting. My throat is tightening until I can no longer breathe. This airport is not like Ndjili. Those of us coming from Kinshasa are surprised that this town's airport is so small.

But let's not worry about these things right now. Let's just quickly get to the place they are giving us to sleep for all the days that we are staying here. We haven't come to waste time, we have come for work. What work? To look and to listen. After we have looked and listened, we will report to the government about everything we saw.

Bandeko, boyébí lindonge?

Bokokí koyéba té, sɔ́lɔ. 'Lindonge' ezalí nkómbó ya kompani bísó toyéí kotála. Bangó mɔ̌kɔ́ bamípésákí nkómbó yangó. O bilɔ́kɔ bya bangó bínsɔ, o mbóka yangó mobimba, ntángo ínsɔ ndétomɔ́ní nkómbó: 'Lindonge'. Mítuka mya bangó, masíni mánsɔ ma mosála, ndáko ya kelási, ndáko ya lopitálo, bipáí bínsɔ ndétomɔ́ní elembo ya ndonge izalí kotonga ndáko ya yangó, mpé bakomí o nsé: 'Lindonge'. Elembo yangó tosílí tomɔ́nɔ́kí lóbí o mpepo mɔ̌kɔ́ elálákí o libándá esíká bísó tokitákí. Nzókandé toyébákí ntína té. Balimbólélí bísó boye, "Elembo yangó elingí kolakisa 'te makási ma bísó mazalí sé na boyókani. Boyókani bwa bato ebelé mpɔ̂ ya kotámbwisa mosála sé mɔ̌kɔ́. Mosɔlɔ mwa bato ebelé sé mpɔ̂ ya mosála mona. Bánsɔ bakopésana mabɔ́kɔ mpɔ̂ ya mosála, mpe bánsɔ bakokábolana mbano ya mosála. Ndákisa bobélé lindonge. Lindonge lizalí mosála mwa ndonge ebelé, kási ezalí mpé ndáko ekobómba bangó bánsɔ. Kompani sé bôngó. Kompani mobimba ezalí mosála mwa bato bánsɔ lisanga. Nkóló wa kompani, sé bato bakosála o káti ya kompani; bangó bánsɔ bakóló, kási bangó bánsɔ lisanga. Sɔ́kí ozalí kosála na bangó, ozalí bobélé komísálela. Sɔ́kí moto alingí kolongwa, bakotánga mibu *yě* aúmélákí na kompani, bakotánga mpé ndéngé ya mosála yě *asálákí*, na nsima bakopésa yě ndámbo ya mosɔlɔ ekokí na yě. Sɔ́kí moto alongwí bôngó, azalí lisúsu moto wa bangó té, atíkálí mpé lisúsu na mbɔ́ngɔ o káti ya kompani té.

Sɔ́lɔ, mbóka mobimba tomɔ́ní bobélé bangó na bangó. Kiná sikáwa kompani eyámbí naíno bampaya té, bobélé bato ba mbóka ya bangó mpenzá, to bandeko ba bangó. Sikáwa bazalí kosamba sɔ́kí bakolingisa mpé bampaya bákɔtɔ o kompani, mpé ndéngé níni bakokí kokɔ́tisa bangó. Mpámba té, basáli ba mbóka ya bangó mɔ̌kɔ́ bakokí té, mosála molekí míngi.

Tolekísí mikɔlɔ míbalé mobimba na botáli bilanga bya bangó. Sikáwa tokokendɛ kotála izini ya bosáli sabúni. Mpámba té, bangó mɔ̌kɔ́ bazalí na izini ya kobongola mbíla ya bangó bilɔ́kɔ kitɔ́kɔ ndéngé na ndéngé, bakobímisa mafúta mpé bakosála sabúni. Ntángo ínsɔ moto wa kompani akolimbolela bísó ntína ya bilɔ́kɔ tokeí kotála, mpé mayɛ́lɛ níni bazalí kobɔ́ngisa misála. Tokeí ndáko ya kelási. Mokambi wa bíso ayébísí 'te bangó mɔ̌kɔ́ batóngákí ndáko yangó. Na mobu moye tozalí, babándákí boyekoli bwa nsima. Batúnákí letá, kási makambo na letá masílí naíno té. Likambo té, kompani yangó mɔ̌kɔ́ ezalí kofúta kelási. Tomɔ́ní ndáko-Nzambe. Mokambi alobí 'te yangó mpé ekómí ya bangó mɔ̌kɔ́. Kobɔ́ngisa mpé kobatela ndáko, sé lotómo ya kompani. Sɔ́kɔ babɔ́ngísí té, etálí sé bangó mɔ̌kɔ́. Sángó azalí moto wa kompani mpé kompani ekopésa yě lifúta likokí na yě mpɔ̂ álía malámu.

My friends [the readers], do you know Lindonge [=Termite Heap]?

You really don't know it. "Lindonge" is the name of the company that we are coming to inspect. They have given themselves that name. On all of their things, on the whole town, you can always see the name "Lindonge." Their cars, all the company vehicles, the school, the hospital, everywhere we can see the logo of the termites building their house and they write underneath "Termite Heap." We had already seen that logo yesterday on the airplane which was sitting in the airport where we landed. But we didn't understand it. They explained it to us this way: "That symbol signifies that our strength is in cooperation – cooperation of many people in directing a unique effort. Many people's income only comes from that work. Everybody cooperates in the work and everybody shares in the profits from the work. This is the termite heap model. The termite heap is the work of many termites, but it is a house which shelters everybody. The company is like that. The whole company is the work of everybody's association. The owner of the company is the people who work inside the company; they are all owners, but they are all a community. If you work with them, you are simply working for yourself. If someone wants to leave, they will count the years he has spent in the company, they will consider the kinds of work that he has done, [and] in the end they will give him the portion of the money which is his due. If someone leaves in this manner, he is no longer one of them [and] he will no longer get money from the company."

In fact, in the whole town, they are the only ones we see. So far the company has never welcomed foreigners, only people from the town or their siblings. Now they are considering whether [or not] to accept outsiders into the company and how they could integrate [lit.: welcome] them [into the company]. [They are considering this] because the work is excessive [and] the workers from their own town can't do it.

We spend two whole days observing their fields. Now we will go to inspect the soap factory. Because they have a factory for transforming their palm nuts into all kinds of beautiful things. They produce oil and [from that] they make soap. The whole time, the company representative explains to us what we came to see and how they are improving their procedures. We go through the school. Our guide tells [us] that they built this building themselves. This year [lit.: In the year we are], they opened the primary school. They asked the government, but the matter never got resolved at the [level of the] government. But that was not a problem. That company is supporting the school. We see a church. Our guide says that it is now their own. To repair and maintain the church building is the company's responsibility. If they don't repair it, it would be their fault. The priest is a member of the company and the company pays him his salary which enables him to eat well.

Bilɔ́kɔ bya kelási kompani ekofúta. Bána basílísí kelási mpé basengelí kolanda kelási epái esúsu, kompani ekofúta. Moto ayékólí na mbɔ́ngɔ ya kompani, kási alingí kosála o káti ya kompani té, bakokata ndámbo ya mbɔ́ngɔ bandeko baye bazalí na yangó o káti ya kompani, na nsima akokí kokɛndɛ epái yĕ alingí.

Namekí motúna mɔ̌kɔ́, "Sɔ́kɔ́ mosɔlɔ mɔ́nsɔ mozalí ya kompani, kompani ekofúta mpé makambo mánsɔ, nakolikya 'te bato bánsɔ bakosála mosála, kompani ekofúta bangó té. Moto akomísálela, náni akofúta yĕ?"

"Té, moto na moto azalí na lifúta engebene na mosála yĕ akosála. Kási na nsima, mosɔlɔ moye motíkálí, mbano ɔ́yo ekokɔ́ta na ebómbelo ya kompani, ezalí mbɔ́ngɔ ya bánsɔ. Bánsɔ bakokábelana litomba lya mosála. Nzókandé mosɔlɔ wâná, moto mɔ̌kɔ́ akozwa yangó na mabɔkɔ té. Makambo mánsɔ matálí kompani mobimba, bakosámba mangó bánsɔ lisangá. Mbɔ́ngɔ ya kelási, ya kosomba kaminyo ya sika, ya kobákisa bilanga bya sika, mbɔ́ngɔ bakofúta na basáli. Bánsɔ bayébí níni ekosálama na mbɔ́ngɔ ya kompani. Kanísá, sikáwa tozalí na mwána mɔ̌kɔ́ azalí koyekola mosála mwa botámbwísí mpepo. Tosílí tozwákí mpepo kala, tolingí bísó mɔ̌kɔ́ tózala na moto ayébí botámbwisa yangó."

Bísó bánsɔ tondimí maloba ma yĕ zambi tomɔ́nɔ́kí mpepo yangó elálí o libándá ntángo bísó tosemékí áwa. Wâná mbala ya libosó tomɔ́nɔ́kí elembo ya bangó ya Lindonge. Mpɔ̂ ya ndimbola apésákí ngáí, nandimí yĕ mpé nalobí, "Áwa basálí mayélɛ kitɔ́kɔ sɔ̂lɔ́."

Tosílísí kotála izini, tolekí o etuka ya mbóka esíká batóngí ndáko ya kolála. Kási libosó bapésí bísó bánsɔ mɔ̌kɔ́ mɔ̌kɔ́ mbuma míbalé ya sabúni kitɔ́kɔ mpenzá, ekolumba nsɔlɔ ya malási. Yangó mpé ezalí na elembo ya bangó. Tálá ndáko ya bangó sikáwa. Itandámí milɔngɔ́ milɔngɔ́. Ndáko ya nsé, ikangámí míbalé míbalé, ikongenge na lángi kitɔ́kɔ. Balabála ínsɔ ilónámí mbila milɔngɔ́ míbalé epái na epái. Ndáko ínsɔ, mái ma twiyo na mwinda mwa kula izalí. Mwinda mwa balabála mpé mozalí. O libosó mpenzá tomɔ́ní ndáko míbalé ilekí naíno ndáko isúsu na bonénɛ. Bayébísí bísó 'te ndáko esúsu dispansele, mosúsu magazini. Totálí yangó. Babɔ́ngísí yangó kitɔ́kɔ sɔ̂lɔ́. Bísó bato ba vili kútu tokamwí. Moto azalí kolakisa bísó makambo maye mánsɔ alobí 'te bato bánsɔ bakosálaka o kompani bazalí na ndáko. Moto na moto ndáko ya yĕ. Ndáko ya kompani, kási yĕ mɔ̌kɔ́ azalí mpé kompani lokóla. Alímbólí 'te lotéle bísó *tolálaka*, letá akofúta átâ likuta té. Mpámba té, ezalí sé bangó mɔ̌kɔ́ batúnákí letá átínda bato báyâ kotála mosála mwa bangó. Bangó mɔ̌kɔ́ bazalí koléisa bísó, téé mokɔlɔ tokozónga.

The company provides for classroom supplies. [When] the children have finished [primary] school and have to continue school elsewhere, the company will pay. [If] someone has studied at the expense of the company but does not want to work for the company, they will deduct part of the salary that his relatives get from the company [and] then he can go wherever he wants.

I asked [lit.: tried] a question, "If all the money is for the company and if the company pays for all benefits, then I would think that the company would not [have to] pay everybody who works [in cash]. For a person who is [already] receiving benefits [lit.: helping himself] , [why should the company have to] pay him [in cash]?"

"No! [You don't understand.] Each person gets a salary according to the work he does. But afterwards, the money which is left over, that profit, goes into the company's treasury and is money for everyone. Everyone will share in the profits from the work. However, each person does not get that money in his hands. All these matters concern the whole company; everyone decides all issues together. Money for school, for buying new trucks, for adding new fields, and money for the workers. Everyone knows what is done with the company's money. You should know that we now have a child who is studying to be an airplane pilot. We have just acquired an airplane. We want to have someone who knows how to fly."

We all believed him [agreed with his words] because we had seen that airplane sitting on the airfield when we arrived there. That was the first time we saw their Termite Heap symbol. As for the explanation that he had given me, I agreed with him and I said, "Here they work very intelligently indeed."

We finished inspecting the factory, we passed through a part of town where they had built housing. But first they gave each of us two pieces of really fragrant soap which smelled of perfume. It also had their symbol [on it]. [Dear readers,] let's take a look at the houses now. They are arranged in rows. The lower levels are divided into two parts, they sparkle with beautiful colors. The whole street is planted with palm trees in two rows from one end to the other [lit.: everywhere]. [In] all the houses, there are running water and electric lamps. There are also street lights. In front, we see two houses which are bigger than the others. They tell us that the one house is the dispensary and the other is a store. We see that. They have really fixed it up beautifully. Even we city folk are surprised. The person who is showing us all these things says that everybody who works for the company has a home. One person – one house. The house is part of the company in the same way that each person is part of the company. He explained that the government would not be paying for the hotel that we are staying in. Because it is they themselves [in the company] who have asked the government to send people to inspect their work. They will be feeding us until the day we return home.

Tosílísí kotála mbóka, mokambi akeí kozóngisa bísó o lotéle. Mpɔ̂ ya lɛlɔ́ ekokí bôngó. Sikáwa namekí mwa motúna mwa ngáí mosúsu, bínó mɔ̌kɔ́ bosílí boyébí. Natúní, "Kompani ya bínó ekobɔ́ngisaka makambo mánsɔ. Ndáko, kelási, mwinda, mái, mosɔlɔ bakolía na mosála, bôngó na bôngó. Kási sɔ́kí mobáli abálí bǎsí míbalé, bakofútaka yě mbɔ́ngɔ mpɔ̂ ya koléisa mwǎsí óyo wa míbalé?"

Alobí, "Tɛ́. Áwa moto akokí kobála bǎsí míbalé tɛ́. Átâ mwǎsí óyo bínó bokobéngaka na lifalanse 'femme sous tutelle,' tolingí tɛ́. 'Femme sous tutelle,' wâná bobélé makango tɛ́? Tolingí tɛ́, zambi koléisa bǎsí míbalé ezalí kopésa mobáli mokumba mpámba mpámba."

"Bobóyí kofúta mwǎsí wa míbalé, likambo tɛ́. Kási ndéngé níni kompani ekobóyisa mobáli mwâsí wa míbalé? Bozalí na misála ebelé ebelé bǎsí bakokí kosála!"

"Bísó mɔ̌kɔ́ tolingí tɛ́. Moléisi wa libóta sé mobáli, mwǎsí tɛ́. Mosála mwa bilanga mobáli moto akosála mwangó. Mwǎsí wa libála akokí kosála na kompani tɛ́, sé mobáli. Bána bǎsí babáli naíno tɛ́, bakokí kosála na kompani, kási na mosála *mwangó* bakokɔ́ta o kompani tɛ́. Bakozwa kíti ya kovánda na lisangá lya bato ba kompani tɛ́. Bakozwa sé lifúta lya bangó mpɔ̂ mosála, esílí. Óyo abótí mwána, bakolongola yě o mosála, ákɛndɛ kobɔkɔlɔ mwána. Óyo akanísí 'te azalí sé makási, ásála mosála o ndáko ya yě mɔ̌kɔ́, kasi ya kompani tɛ́. Akokí kosála mosála mwa ntonga, kobɔkɔlɔ nsósó, kotékɛ mwa bilɔ́kɔ o wenze, to misála misúsu yě mɔ̌kɔ́ ayébí na mayɛ́lɛ ma yě, kási alongwí o káti ya Lindonge."

"Sɔ́kí bobóyí bǎsí mpɔ̂ ya mosála mwa bilanga, kompani ya bínó ekokúfa * nɔkí."

"Wâná lokuta. Mobáli sé mobáli. Mobáli alekí mwǎsí na nguyá, átâ na mosála mwa bilanga. Bísó mɔ̌kɔ́ tosílí tomɔ́nɔ́kí polélé: sɔ́kí bolingí mosála motámbola malámu, esengelí 'te mobáli ásála mwangó, mwǎsí tɛ́. Bána bǎsí bakosála bobélé misála mikɛ́ mikolembisa nzoto míngi tɛ́, mpé tokofúta bangó. Makambo maye mánsɔ bísó mɔ̌kɔ́ tosámbákí mpé tokátákí *mangó*.

"Nzókandé kofúta mobáli mosɔlɔ moye mokokí na kobɔkɔlɔ bǎsí míbalé na bána bangó bakobóta, wâná koboma kompani sɔ́lɔ́. Malámu mobáli ábɔkɔlɔ mwǎsí mɔ̌kɔ́ na bána yě akobóta. Yangó wâná bísó tokolobaka, 'Bǎsí míbalé bakokí koléisa mobáli mɔ̌kɔ́, kásí mobáli mɔ̌kɔ́ akokí koléisa bǎsí míbalé tɛ́!'"

"Kási moto wa matata akozángaka tɛ́, átâ okeí mbóka níni. Bato ba bínó, bangó bánsɔ bakondima mayɛ́lɛ wâná?"

[After] we finish seeing the town, our guide takes us back to the hotel. For today, that's enough. Now I ask [lit.: try] another question. You [readers] already know [what it is]. I ask, "Your company takes care of everything. Housing, schooling, lighting, water, the money they use at work, and so on. But if a man has married two women, will they pay him money to feed the second wife?"

He says, "No. Here a person cannot marry two women. We don't even like the [kind of] woman you would call in French 'femme sous tutelle' [woman under guardianship]. 'Femme sous tutelle'– isn't that simply a concubine? We don't like that, because to feed two women is to give the husband an unnecessary burden."

"You refuse to pay for a second wife. No problem. But why will the company refuse a man a second wife? You have a whole lot of work which women can do!"

"We don't like it. The family provider is the man, not the woman. The man is the one who works in the fields. A married woman cannot work for the company, that is for the man. Girls who are not yet married can work for the company, but with this work, they [still] do not become part of the company. They do not get a chair to sit at the company meeting. They get the salary for their work, that's all. [If] she has a child, they send her away from the job in order to go raise the child. [If] she thinks that she is strong, she works at home, but not for the company. She can do sewing, raise chickens, sell small things at the market, or [do] other jobs which she herself has the skill to do, but she [must] leave the Termite Heap."

"If you won't let your women work in the fields, your company will die quickly."

"That is not true. Men are men. Men are stronger than women, even in the fields. We have already seen this clearly: If you want your work to go smoothly it is necessary that men do it, [and] not women. Girls only do little jobs which won't tire their bodies too much, and we pay them. We have discussed all of these things and decided on them.

"But to give a man money to take care of two wives and the children they bear, that would really kill the company. It is better for the man to take care of one wife and the children she bears. That is why we say, 'Two women can feed one man, but one man cannot feed two women!'"

"But there is always someone with problems, no matter what town you go to. Do all of your people really agree with this way of thinking?"

"Sɔ́kɔ́ ntembe ebimí, moto átâ náni akokí kotúna básamba likambo o likita linɛ́nɛ tokosanganaka mbala mɔ̌kɔ́ na sanza. Likambo yɔ̌ otúní ngáí, basílí kosámba kala. Balakisaka polélé te: o mikili miye bǎsí bakosálaka misála mya bilanga, babálí balekí goigói. Sé *bikólo* biye bakonzi ba byangó bakolingisaka kobála básí míbalé tɛ́, bizalí na biloko míngi. O bikólo bínsó bakolingisaka * libála lya ndongo bato bazalí na bilɔ́kɔ míngi tɛ́. Sɔ́kí otíyí ntembe, yɔ̌ mɔ̌kɔ́ túná naíno malámu mpé tálá mokili mobimba."

"Mpɔ̂ ya níni bôngó?"

"Nayébí tɛ́, kási na bozoba bwa ngáí nakolíkya te ezalí boye: Mwǎsí akosála mosála ntángo ínsɔ sé na ndéngé bankɔ́kɔ batíká. Sɔ́kɔ́ bobélé bangó na bangó bakosála mosála, bakokí kotómbolo ekólo tɛ́, mayɛ́lɛ ma sika makozwama tɛ́. Bobélé mobáli akokí. Mobáli akoluka ntángo ínsɔ mayɛ́lɛ ma sika mpɔ̂ ya kobɔ́ngisa mosála. Mobáli alekí mpé makási, yě akokí na mosála. Malámu mwǎsí átíkala o ndáko mpɔ̂ ya kosálisa mpé kobɔ́kɔlɔ bána. Bôngô bána ba yě bakóma bato. Mpámba tɛ́, kobɔ́kɔlɔ bǎna, wâná mosála mwǎsí ayébi; mosála Nzambe apésí yě.

Bandeko, ebelé ya maloba boye; nazwí átâ mayɛ́lɛ mpɔ̂ ya koyánola yě tɛ́. Na mayɛ́lɛ natúna yě lisúsu motúna mozalí na ngáí tɛ́. Nandimí sé maloba ma yě mánsɔ, "Ya sɔ̂lɔ́ olobí ya sɔ̂lɔ́."

Nzókandé o káti ya motéma ntembe ezalí sé makási. Ndéngé níni bangó bakokí kosamba likambo linɛ́nɛ boye, mpé moto akotíya matata ázala tɛ́? Áwa bato balingí bána tɛ́?

Mbɛlɛ baníngá ba ngáí basílí bayókí nkanda mpɔ̂ ya motúna mwa ngáí. Mbɛlɛ basílíkí zambi nazalí koúmisa lisoló sé ngáí mɔ̌kɔ́. Ntángo mpé esílí elekí. Tokómí o lotéle, midi mikómí pɛnɛpɛnɛ. Mokambi atíkí bísó wâná mpé atómbólí bísó boléi malámu. Bánsɔ totondí yě na esɛngɔ. Totíkálí bísó mɔ̌kɔ́, bato ba lotéle babándí kobɔ́ngisa mésa mpɔ̂ ya bísó. Tolekísí lisúsu mwa ntángo na lisoló lya makambo mánsɔ tomɔ́nɔ́kí. Malámu mokonzi letá áyéba mosála mozalí kosálema áwa. Nzókandé mayɛ́lɛ ma ngáí mazalí na lisoló lya baníngá mpenzá tɛ́. Nazalí kokanisa naíno lisoló lya ngáí na mokambi wa bísó, náyéba esíká níni mayɛ́lɛ ma yě makokí tɛ́, mpé eyano níni nasengelákí kopésa yě. Malámu nákanisa makambo maye mánsɔ lisúsu ntángo na kovánda nyé. Kási sikáwa na midi boye, malámu nákitisa motéma. Towéla sé kolíya libosó. Tálá ndéngé batandí mésa!

"If a dispute arises, anyone can ask them to consider the problem in the big meeting where we gather once a month. They have finished deciding the matter you have asked me about long ago. They have clearly demonstrated that in countries where women work in the fields, the men get very lazy. Indeed countries whose leaders don't permit bigamy are rich [have many things]. In all the countries where they do permit polygamy, they are poor [don't have many things]. If you doubt [what I'm saying], think about it yourself carefully, then look around the whole world."

"Why that?"

"I don't know, but in my ignorance I would hope it is this way: A woman works all the time, the way our ancestors used to work. If they [the women] only did jobs, they could not develop the country. New knowledge would not be acquired. Only the man can do that. The man is looking all the time for new ways to improve his work. The man is stronger, he is good at work. It is better for the woman to stay at home to take care of and raise her children. That way, her children [grow up to] become [fully functioning] people. Because to raise children, that is the work a woman knows, the work that God has given her."

My friends [the readers], there is too much talk like this; I am not clever enough to answer him. Wisely, I don't ask him another question which I have. I agree with all his words: "Right, what you say is right."

But in my heart, I have severe doubts. How can they decide on big matters like this, and nobody objects [lit.: no one will raise problems]? Here people don't like children?

Perhaps my friends [the inspectors] have already been angry at my questions. Perhaps they are angry because I have talked on and on [lit.: extended my talking]. And time has already passed. We arrive at the hotel, it will soon be noontime. The guide leaves us there and he wishes us 'bon appetit.' We all thank him heartily. We all stay, the hotel people begin to set the table for us. Then we spend a little time in conversation about all the things we have seen. It is better for the head of state to know how work is done here. But my mind is really wandering from [lit.: is not with] the conversation of my friends. I am still thinking about my conversation with our guide. I know where his reasoning is not sufficient and what answer I should have given him. It is better for me to think all these thoughts while I am sitting here quietly. But for the moment, it is time to relax [i.e. noon] and it is better to stay calm. Let's first get on with the eating. Look how they've set the table.

Bato ba lotéle babɔ́ndɛ́lí bísó te moto na moto ákɛndɛ kovánda mpɔ̂ ya boléi. Balingí bayâ na bilɔ́kɔ. Tokolíya malámu, ntembe ezalí tɛ́. Útá tokómákí áwa, nayókí naíno moníngá mɔ̌kɔ́ tɛ́ akomílela mpɔ̂ ya biléi. Áwa bayébí mosála, sɔ̂lɔ́. Tosílí tomesení míngi na bato ba lotéle, bazalí kosálisa bísó ntángo ínsɔ malámu. Lɛlɔ́ makeléle malekí míngi; bánsɔ bawélí bobɛ́lɛ́ lisoló. Lóbí ndétozóngí Kinshásá. Lɛlɔ́ na mpókwa tokopema. Na butú tokosangana lisúsu. Bakonzi ba kompani babéngí bísó na mwa limpati. Tomɛlɛ kɔ́pɔ ya masanga na bangó esíká mɔ̌kɔ́ mpé topésana mbɔ́tɛ ya bokabwani.

Nkúmú letá, óyo atindákí bísó, alingí tóyébisa yɛ̌ malámu mpenzá mosála toyéí komɔ́na áwa, mpé ndéngé níni bazwákí mayɛ́lɛ mpé babɔ́ngísákí makambo mánsɔ mpɔ̂ ya kotámbwisa mosála malámu. Ntína níni matata makobimaka tɛ́ o káti ya bakonzi ba kompani na bato ba mosála. Ebɔngí na mpókwa ntángo tokopéma, tókamata biki libélá mpé tóbánda kokóma na bokuse makambo mánsɔ tomɔ́ní na míso. Sɔ̌kɔ́ tozilísí míngi, mbɛlɛ mayɛ́lɛ makokosa bísó mpé ndétokokí koyébisa yɛ̌ lisúsu malámu tɛ́ mosála kitɔ́kɔ mozalí kosálema na bato ba kompani Lindonge. Tomɔ́nɔ́kí misála ebelé ebelé. Mpɔ̂ ya boyébísí bakonzi malámu, maloba ndémazalí mpé mwa míngi.

Ekómí butú, toútí kolía limpati balengelákí bísó. Tomɛlékí kɔ́pɔ bísó bánsɔ. Tokabwánákí bísó bánsɔ na esɛngɔ enénɛ mpenzá. Nazalí mpé na esɛngɔ míngi mpɔ̂ ya mosála nasálákí na mpókwa. Natondisákí nkasa mínei mobimba, elɔngɔ na baníngá basúsu, bobɛ́lɛ́ maloba tokoyébisa * letá mpɔ̂ ya mbóka Wakambá, mpé mosála bonzenga mwa kompani Lindonge. Tokeí kolála bísó bánsɔ mitéma mitondí na esengo. Nzókandé na butú nalálí malámu tɛ́. Sɔ̌kɔ́ mpɔ̂ ya kɔ́pɔ ya masanga, sɔ́kí mpɔ̂ ya makanisi ma Kinshásá, zambi lóbí tokozónga. Sɔ́kí mpɔ̂ ya ntembe nawélákí na móí, nayébí tɛ́. Bobɛ́lɛ́ nsima ya midi ya butú mpɔngí eyeí koyíba ngáí. Nzókandé mpɔngí malámu tɛ́, nalɔ́tí ndɔ́tɔ́. Mpɔ̂ níni nakolɔ́tɔ́ ndɔ́tɔ́ mbala na mbala, ngáí moto nakolingaka ndɔ́tɔ́ tɛ́ ?

Na ndɔ́tɔ́ namɔ́ní bána na ngáí ná bamamá ba bangó. Bamamá bazalí koswana makási mpenzá. Bána bazalí kolela. Bitumba bibándí. Mamá na Didye azalí na mwána moké, alingí kokima mbanda wa yɛ̌, akwesí mwána. Mwána azokí. Na nkanda enénɛ mamá wa Didye atíkí mwána, akwelí mbanda wa yɛ̌ na nzoto, aswí yɛ̌ míno. Etumba engalí, mayɛ́lɛ tɛ́. Mamá wa Lili abɛ́tí mamá wa Didye molangi o nzoto. Didye akimí, akeí koyébisa bato bazalí pɛnɛpɛnɛ. Olga, mwána wa míbalé, alongolí mamá wa Lili bilambá o nzoto mpé aswí yɛ̌ míno lokóla. Ngáí nayókí nkanda mpenzá. Áwa o ndáko ya ngáí bato bayókí makeléle mokɔlɔ mɔ̌kɔ́ tɛ́. Sikáwa Didye akeí kobelela bato o káti ya butú. Nakeí kosilika na bǎsí ba ngáí mpé kosúkisa bangó. Wápi, mpɔngí ekataní, ndɔ́tɔ́ esílí.

The hotel staff asks each of us to sit down to eat. They are ready to serve the food. We will eat well, there is no doubt. Since we arrived here, I have not heard any friend complain about the food. Here they really know what they are doing. We are already well accustomed to the hotel staff, they take care of us very well all the time. Today there is too much noise; everybody is trying to talk at once [lit.: rushes only talking]. Tomorrow we will return to Kinshasa. This afternoon, we will rest. Tonight, we will meet again. The company leaders are inviting us to a small dinner. We drink a glass of wine together with them and we say good-bye to each other.

The government official who sent us wants [us] to inform it very well indeed about the work we came to see here and how they [the company workers] got the knowledge and improved every thing to make the work go well, [and] why problems don't arise between the company leaders and the workers. It is necessary, while we are resting, to have our pens already out and to begin to make notes [lit.: write briefly] on the many things we have seen with our eyes. If we wait too long, then our memory will deceive us and we will not be able to tell it [the government] clearly about the good work that was being done by the people of the Termite Heap company. We saw a lot of work. To inform the [state] leaders well, we will have quite a bit to say [lit.: words will be quite many].

Night falls; we return from the dinner which they prepared for us. We all drink a glass. We all part from each other with really great pleasure. I am very happy about the work I did in the evening. I have filled four whole pages, as did my other friends only with words to inform the government about the town of Wakamba and the valuable work of the Termite Heap company. We all go off to sleep [with] our hearts filled with happiness. Nevertheless I don't sleep very well that night. Is it because of the glass of wine or thoughts of Kinshasa since we are returning tomorrow? Or is it the doubts that rush into my consciousness [sunlight]? I don't know. Only after midnight sleep overcomes [comes to rob] me. But it is not a good sleep; I dream dreams. Why am I dreaming so many dreams, I a person who doesn't usually like dreams at all?

In the dream I saw my children and their mothers. The mothers were really arguing with each other a lot. The children were crying. A fight breaks out [lit.: wars begin]. Didier's mother is carrying [lit.: has] a little child; she wants to escape her rival [the younger wife], she drops her child. The child gets hurt. In great anger, Didier's mother leaves the child; she charges into her rival's body; she bites her. The fight heated up, you couldn't describe it. Lili's mother hit Didier's mother with a bottle on the body. Didier runs off to tell the people who are nearby. Olga, the second child, tears off Lili's mother's clothes and bites her too. I feel very angry. Here in my house you never hear noise. Now Didier goes and shouts to everyone in the middle of the night. I go and scold my wives and stop them. Oh!! my sleep is interrupted; the dream is finished.

Ntóngó etaní, nalamúkí. Nazalí koyóka nzoto malámu té, mpé motéma se likoló. Mbɛlɛ nakokɛndɛ kokúta makambo esíká na kokóma o ndáko. Téé ntángo ya bozóngi ekómí, nazalí lisúsu moto té, bobélé makanisi. Baníngá balingí kolobisa ngáí, to kotúna ngáí motúna, nakozóngisa bobélé na bokuse. Moníngá mosúsu asekí ngáí, "Lóbí masanga malekákí míngi!"

Nasepelí o esíká tokómí o libándá lya mpepo, malámu tókɛndɛ nɔkí ko. Basúsu bazalí se na esɛngɔ míngi, bobélé ngáí mɔkɔ nazalí koloba míngi té. Motéma mozalí kobánga míngi makambo níni nakokɛndɛ kokúta o ndáko. Mpepo ebutí, tokeí. Mobémbo molekí sé malámu mpenzá, mpé tokití o libándá lya Ndjili, likama mɔkɔ té.

Mótuka mwa Air Congo motíkí ngáí o ebandeli ya balabála ya bísó. Makanisi masílí makómí o ndáko. Naíno mwa mosika, namɔní bána bazalí kosakana o libosó lya ndáko. Mabele ma mpámba mazalí wâná. Bána bazalí kotimola makélélé. Nayókí moseka angángélí baníngá: "namɔní fusha, namɔní fusha," (monɔkɔ mwa lidusu lya likélélé). Bána basúsu batálí yɛ̆, bamɔní ngáí nazalí koyâ. Moseka mpé amɔní. Yɛ̆ na bandeko ba ye bánsɔ bazalí wâná bayéí koyamba ngáí; "Tatá ee, tatá ee!" Nayambí bangó mɔkɔ mɔkɔ. Nasepelí míngi. Namɔní bangó bánsɔ bazalí malámu. Toyingélí o ndáko. Topésání mbɔ́tɛ bísó bánsɔ. Míso bobélé epáí ya ngáí. Tokeí kovánda. Lisoló libándí. Natúní sɔ́kí makambo *mazalákí* té nsima ya ngáí, mpé bóníbóní bavándákí o mikɔlɔ ngáí nazalákí té. Mbɛlɛ baswánákí makási? Bayébísí ngáí te bazalákí sé malámu mpenzá, likambo mɔkɔ lizalákí té. Esɛngɔ mpenzá, motéma mokití. Naséngí bangó bálukela ngáí elɔkɔ ya komɛlɛ, mposa míngi mpɔ̂ ya bolaí bwa nzelá. Bayéí na molangi mpé wâná toweí na lisoló libélá. Sikáwa nabímísí mbuma míbalé ya sabúni bapésákí ngáí kúna, mpé nakabólí na băsí ba ngáí, mɔkɔ mɔkɔ mbuma mɔkɔ.

Ntángo nabálákí mwăsí wa míbalé, nazalákí na elikya te ndétovándí sé malámu. Sikáwa nayébí 'te átâ bovándí malámu, yɔ̆ mobáli ndómɔní mpási na kobánga makambo ntángo ínsɔ.

LITUKA LIBONGÍ NA MAKOLO MÍSÁTO

*Nalandákí makanisi ma ngáí ma kobála băsí míbalé. Nalingákí kobɔ́ngisa makambo ma ndáko na ngáí sé ngáí mɔkɔ. Nalingákí moto mɔkɔ áyâ kotumola mpé kotungisa ngáí té; moto akobulinginya makambo ákóma epáí *ya* ngáí té. Nzókandé sikáwa makambo mazalí koyâ ebelé.*

Morning dawns. I get up. I don't feel very well and neither does my heart. Perhaps I will find problems when I get home. Until the time of my return, I am no longer myself, [I am wrapped up in] thought. My friends want to talk to me or ask me a question. I answer only in short [phrases]. Another friend laughs at me, "Yesterday, you had too much to drink!"

I am happy when we arrive at the airport. It is better that we leave quickly. Others are very happy. I am the only one who doesn't want to talk very much. I [lit.: heart] am very afraid of what I will find at home. The airplane takes off. We are going. The trip goes very well and we land at the airport of Ndjili without incident.

The Air-Congo automobile leaves us at the beginning of our street. My thoughts turn to home. Before long, I see my children playing in front of the house. There is sand [lit.: earth at no cost] there. The children are digging for crickets. I hear the youngest girl shouting to her friends, "I see 'fusha', I see 'fusha'!" (the opening of the cricket's hole). The other children look at her, they see me coming. Then the youngest girl sees [me]. She and all her friends come to greet me: "Daddy!! Daddy!!" I greet each of them. I am happy. I see that they are all well. We go into the house. We all say hello to each other. [Their] eyes are only on me. We go to sit down. Conversation starts up. I ask how things were after I left [lit.: behind me] and how they were in the days that I wasn't [there]. Perhaps they were squabbling? They tell me that they were just fine, there was not a single problem. Real happiness. Calm. I ask them to look for something to drink for me. [I am] very thirsty from the long trip. They bring a bottle and we get [lit.: die] into an endless conversation. Then I take out two bars of soap which they had given me there, and I distribute [them] to my wives, one for each.

When I married a second woman, I had the hope that we would live happily. Now I know that, even if you all live happily, you the husband will always suffer with the fear that [there will be] troubles.

A TRIVET HAS TO HAVE THREE LEGS

I defended my beliefs about marrying two women. I wanted to fix things in my house myself. I didn't want anyone to provoke or bother me; nor [do I want] a troublemaker [lit.: a person who disturbs things] to come into my house. However, right now a lot of trouble is coming.

Továndí lisúsu, bísó na tatá Lowi, tatá óyo azángí bána. Tozalí kosolola mpɔ̂ ya liwa lya mamá mɔ̌kɔ́ akúfákí na aksidá, bakundákí yě lóbí. Tokɛndékí kolela yě bísó bánsɔ bato tozalí na yě balabála mɔ̌kɔ́. Tatá Lowi azalí kokumisa libóta lya bangó mobimba mpɔ̂ ya motíndo babɔ́ngísákí makambo ma liwa lya ndeko wa bangó. Azalí mpé kokumisa mamá yangó míngi mpɔ̂ ya mabɔngí mánsɔ azalákí na mangó. Tatá Lowi akómí mokóló. Komɔ́nɔ ebembe ya mowei akómákí mokóló naíno té, ekopésa tatá Lowi makanisi míngi. Alobí, "Sɔ́lɔ́, mokili mozalí mokúsé. Malámu moto ábɔ́ngisaka makambo ma yě libosó. Bísó bánsɔ tozalí kopusana. Sɔ̌kɔ́ olingí kosɛkɛ moto, sɛké mwána kási mokóló té. Mpámba té, yɔ̌ mpé ozalí kolanda sé nzelá yangó. Mamá óyo, bána ba yě bakundí yě malámu mpenzá. Ngáí nazalí átâ na mwána akokunda ngáí té. Likambo mpé té, letá azalí. Nakopɔlɔ o balabála té."

Nalingí nálanda makanisi ma tatá Lowi té, mbɛlɛ akoyóka mawa míngi. Nabɔ́ngólí lisoló epái ya makambo masúsu, nalobí, "Balingákí kosála ngáí matata o bilɔ́ mpɔ̂ nakɛndékí mosála lóbí té."

"Ngáí mpé nazalí na mpási sikáwa, bato basúsu bazalí koyókela ngáí likunya mpɔ̂ ya mosála. Átâ ngáí, bákobánga ngáí té."

"Yɔ̌ okómí mokóló boye, makambo makokí kobíma lisúsu?"

"Basúsu bazalí wâná, bakotíya songísongí ntángo ínsɔ 'ayébí kobɔ́ngisa mosála té ' mpɔ̂ ngáí nákolingaka makambo ma bangó ma bozoba té. Bákoloba wâná na Lingala lya bangó mabé mabé, 'Vieux wâná azalí ko-gêner bísó míngi.'"

"Kási moto abándákí mosála kala lokóla yɔ̌.

"Yangó wâná ko. Ngáí moto nayébí mosála té? Bána wâná bákobánga té. Nabándákí mosála o eleko naíno babótákí bangó té. Nayébí moto náni azalí kotíyaka maloba * mabé ntángo ínsɔ. Azalí koluka nzelá níni akokí kolongola ngáí, átíya ndeko wa yě o esíká ya ngáí."

"Ndéngé níni bôngó? Bisika bya mosála bizalí lisúsu té, báluka bobélé esíká yɔ̌ ozalí kosála!"

"Yangó ko. Nzókandé letá azalí nyama ya nzoku. Esíká babomí nzoku, esengélí moto na moto áyâ na mbelí. Bóníbóní ekómí sikáwa bábánda koyókela ngáí zúwa zambí nazwí esíká malámu. Bôngó letá azalí lisúsu na misála té? Ngáí nazwí mosuni mwa ngáí. Yɔ̌ mpé kamatá mbelí mpé katá ya yɔ̌."

"Mpási míngi o mokili moye. O ndáko ya bísó, o bisika bya mosála, o mbóka ya bísó, bipái bínsɔ bato bakoyóka zúwa. Bipái bínsɔ tozalí kobéba mpɔ̂ ya zúwa ya bato."

"Kinshásá ezalí mbóka té!

"Uncle" Lowi and I sit [and talk]; he has no children. We are talking about the death of a woman who died in an accident; they buried her yesterday. All of us who lived with her on the same street went to mourn her. Uncle Lowi is praising her [lit.: their] whole family for the manner in which they arranged the funeral of their sister. He praises that woman very much for the way she had conducted her life [lit.: all behaviors she had]. Uncle Lowi is an old man. To see the body of a deceased person who was not yet old gave him much to think about. He says, "Really, life [lit.: the earth] is short. It is best for a person to arrange his affairs early. We are all approaching [death]. If you need to make fun of someone, make fun of a child not an elder. Because you also following that path. This woman's children have given her a really good burial. I don't have a child to bury me. No problem, there is [always] the state. I won't rot on the street."

I don't want to pursue Uncle Lowi's thoughts. Perhaps he is feeling very sad. I change the subject to other matters. I say, "They wanted to make trouble for me at the office because I didn't go to work yesterday."

"I also have a problem now. There are other people who are jealous of me because of my job. They are not even afraid of me [because of the older person's presumed power in witchcraft]."

"You are an old man as I see you [lit.: thus]; can bad things happen to you too?"

"There are others there who gossip all the time, [saying] 'He doesn't know how to do his job' because I don't like their foolish things. They speak in their worst Lingala, 'That Vieux [Fr. old man] is getting in our way.'"

"But [for] someone who started work a long time ago like you!!"

"That's it. Am I someone who doesn't know his job? Those children are not afraid. I started working at a time when they weren't even born yet. I know who is spreading bad words [about me] all the time. He is looking for a way to be able to get rid of me and put his brother in my place."

"How so? Are there no other places to work?! They just [have to] look at the position where you are working!!"

"That is just it. But the state is [like] the meat of an elephant. At the place the elephant is killed, each person has to bring his knife. How is it now that they feel jealousy toward me because I have a good position? Doesn't the state have other jobs? I got my piece [of the elephant meat]. Take your knife and cut yours."

"So much trouble on this earth! In our homes, in the workplace, in our villages – everywhere people are jealous. Everywhere we are destroying [things] because of the jealousy of people."

"Kinshasa is not a city [that is, it is not a good community]!!"

Ngáí nazóngísí lisúsu liloba té. Tatá Lowi mpé atíkí koloba, avándí. Atálí na nsé, alekísí lobɔkɔ la mobáli o motó na bolakisi 'te makanisi malekí míngi. Atúní ngáí, "Tatá wa Didye, osílí oyókí makambo níni *bakoyâ* koloba o ndáko-Nzambe ya bísó?"

"Té. Yɔ̃ omɔ́ní ngáí nakokendɛkɛ kúna?"

"Mbala óyo okokí kozánga té."

"Mpɔ̂ ya níni? Elɔ́kɔ níni ya malámu ezalí wâná?"

"Bakoyâ koloba makambo ma libála. Ntína ya libála. Ndéngé níni libála libándákí o mokili. Makambo ma koboma libála, libála lya ndongo, mwǎsí abótí té, boye na boye."

"Nákɛndɛ mpɔ̂ níni? Tosílí toyébí kala makambo níni bangó bákoloba mpɔ̂ ya libála. Ngáí náluka lisúsu níni? Nazalí na bǎsí ba ngáí, nazalí mpé na bána. Tozalí sé kosála makási bísó bánsɔ tóbɔkɔlɔ bána malámu."

"Kási mayɛ́lɛ ma moto mazalí na nsúka té. Átâ ngáí mokóló, kási nakokɛndɛ. Átâ ngáí nazángí bána, kási nakokende. Lóbí nakoyâ kokamata yɔ̃."

"Sálá ndéngé olingí."

Yě alobí lisúsu té, atelemí mpé atíkí ngáí. Natíkálí ngáí mɔ̌kɔ́. Kala wâná tobándákí lisoló lya bísó, mpé sikáwa akeí mbángo boyé. Nzókandé tatá Lowi ayákí kosolola lɛlɔ́ bobɛ́lɛ mpɔ̂ ya kobenda ngáí kúna. Sɔ̃lɔ́, yě moto alembí makambo ma Nzambe mokɔlɔ mɔ̌kɔ́ té, toyébí. Na balabála ya bísó bato bamesení kobénga yě 'sángó ', zambí amesení kolongwa o ndáko ntɔ́ngɔ́ ntɔ́ngɔ́ mpɔ̂ ya kokɛndɛ epái ya bangó. Kási azalí moto malámu, naíno tozwí yě na likambo té. Sɔ́kɔ́ akoyâ kokamata ngáí lóbí, nákɛndɛ átâ mbala mɔ̌kɔ́ mpɔ̂ ya kosepelisa yě.

Tatá Lowi alobákí te nakoyâ, mpé ya sɔ̃lɔ́ ayéí kokamata ngáí. Mpɔ̂ ya bondeko bwa ngáí na yě, nandimí. Tokeí bísó míbalé. Nazalí kokamwa míngi mpɔ̂ níni nandimákí kokɛndɛ. Sángó óyo bangó bakolobaka 'te azalí na mwǎsí té, áyâ kopésa bísó mayɛ́lɛ ma kovánda na mwǎsí. Yě mɔ̌kɔ́ sángó asílí amekí kovánda na mwǎsí malámu? Bato óyo!

Tokómí mpé tokɔ́tí. Bato bayike bakɔ́tákí libosó lya bísó. Tozilí míngi té, tala sángó ayéí. Moto mɔ̌kɔ́ molaí mpé monénɛ, motane mpenzá. Nsuki esílá na motó. Alátí maneti makití na *zólo*. Mpɔ̂ ya *kotála* bísó atómbólí motó míngi, na ndéngé 'te zolongano ya maneti épekisa yě botáli té. Akosolí, alingí ábánda. Ntembe té, akobánda na bísó babáli. Ntángo ínsɔ basángó bákolóngisaka sé bǎsí. Azalí na mongongo monénɛ mobóngí na moto lokóla yě. Tóyóka yě sikáwa, "Bǎsí ba bísó bazalí mabé, bǎsí ba bísó bazalí na mayɛ́lɛ té. Bǎsí bazalí zololo míngi. Mwǎsí azalí ndoki. Bǎsí ba bísó bayékólí té. Óyo wa ngáí alekí zúwa, óyo mosúsu alekí nkanda. Mwǎsí apusí monɔkɔ.

I do not reply. Uncle Lowi also stops speaking. He sits. He looks down. He passes his right hand over his head to show that he is in deep thought [lit.: thoughts exceed much]. He asks me, "Father of Didier, have you heard already what they are coming to talk about at our church?"

"No. Have you seen me go there?"

"This time you shouldn't be absent."

"Why? Is there going to be something good?"

"They are coming to discuss marriage matters. The purpose of marriage. How marriage got started on earth. Matters of divorce [lit.: killing marriage]. Polygamous marriage, the barren wife, etc."

"Why should I go? We already know from a long time ago what things they will say about marriage. What is in it for me? I have my wives. I also have my children. We are all working hard to raise our children well."

"But a person never stops learning [learning has no end]. Even I as an elder will go. Even I who have no children will go. Tomorrow I will come to take you [with me]."

"[Ok] do as you wish."

He says no more. He stands up and leaves me. I stay by myself. It was a long time ago that we had begun our conversation and now he just up and leaves. But Uncle Lowi really just came to talk so that he [could] invite me there [to the church]. In truth we know he never gets tired of talking about God. On our street, people are used to referring to him as "Priest" because he used to leave home early in the morning to go to their house. But he is a good person and so far we don't hold it against him. If he comes to get me tomorrow, I will even go this time to please him.

Uncle Lowi said he was coming [lit.: I will come] and indeed he came to get me. For the sake of my friendship with him, I cooperated [lit.: agreed]. We went together. I was amazed at why I agreed to go. They say that this priest has no wife [and yet] he comes to give us advice on how to live with a wife. Has he himself, a priest, ever tried to live well with a woman? Oh, these guys!!

We arrive and we enter. Many people have entered before us. We don't wait long. then the priest arrives. A tall and big man [with a] really ruddy [face]. He has no hair on his head. He is wearing glasses sitting on the end of his nose. In order to see us he raises his head a lot in a way so that the frame of the glasses doesn't block his view. He coughs, he is ready to begin. He will probably start with us men. Priests preach to women all the time. He has a loud voice which is appropriate for a man like him. Now we listen to him, "Our wives are bad, our wives don't have intelligence. Women are very timid. The woman is a sorceress. Our wives haven't gone to school. Mine is very jealous. That one is very angry. [Another] woman is too talkative.

"Batatá, makambo mánsɔ wâná bokolobaka mpɔ̂ ya bǎsí ba bínó, lokutá? Kási sikáwa ngáí nakotúna bínó motúna mɔ̌kɔ́: bínó bozalí batatá, kási babótá bínó na nzete té; bato míbalé babótákí bínó: tatá na mamá! Bomítúna sikáwa malámu: Na bato míbalé wâná, bozalákí kolinga libosó mpenzá náni? Bozalákí kolinga míngi náni, tatá to mamá? Ntembe té, bayike o káti ya bínó bazalákí kolinga libosó sé mamá.

"Na nsima, bokanisa bána baye bínó mɔ̌kɔ́ bobóti. Bangó bánsɔ bazalí mpé na mamá lokóla, bobélé bǎsí na bínó wâná. Bókeba te o káti ya bána ba bínó bayike balingí mpé míngi sé mamá. Bôngó bána balingí bínó batatá té mpɔ̂ níni?

"Bána balingí mamá zambi mamá azalí na mayέlε té, zambi mamá alekí zololo míngi, zambi mamá azalí na ndoki? Ekokí té!

"Bána balingí bamamá ba bangó, mpé bínó bolingí bǎsí ba bínó té. Likambo *níni*? Bána balingí bínó batatá mingi té, likambo níni? Bóluka ntína sé epái na bínó mɔ̌kɔ́ batatá. Bótúna lisúsu bobélé mitéma mya bínó mɔ̌kɔ́, 'Mpɔ̂ níni ngáí mpenzá nazalákí kolinga míngi sé mamá, mpé nazalákí kolinga tatá míngi té? ' Bókanisaka malámu.

"Batatá, ngáí nakanísí boye: bána bakolinga bínó míngi sɔ́kí bínó batatá bolingí bamamá ba bangó míngi! Libóta átâ níni esíká bána bazalí kolinga tatá wa bangó míngi, ntembe ezalí té, tatá wâná mpé alingí mamá wa bána míngi. Esíká tatá na mamá bazalí kobunda bitumba bána balingí tatá bolingo bwa sɔ̌lɔ́ té. Nkisi napésí bínó yangó wâná: sɔ́kí bolingí bána bámemya mpé bálinga bínó batatá, bínó mɔ̌kɔ́ batatá bólinga bamamá ba bangó!"

Sángó apémí moké, abímísí moswali, alongolí nsɔ́i o monɔkɔ, alongolí maneti mpé apángúsí elongi epolí na nzungwa. Azóngísí maneti mpé abombí moswali o káti ya lobɔkɔ la elambá. Atálí bísó. Azilí: Bato bánsɔ bazalí kotála bobélé yě.

Namílobelí: "Antuka, alobí malámu!"

Ngáí moto nazalí na mwǎsí wa ngáí wa libála sé malámu.

Na mwǎsí mosúsu makeléle mazalí mpé té. Sɔ̂lɔ́ nakokí kondima maloba ma yě; nakolikya ya sɔ̂lɔ́ mpenzá 'te bána ba ngáí bakolinga ngáí tatá. Sángó alobí mabé té. Kási asílísí naíno té. Mbɛlɛ akoloba likambo lya bato bazalí na bǎsí míbalé. Ndénakokí koboya maloba ma yě ndéngé níni? Kási tóyóka! Mpámba té, sángó akóbí lisolo lya yě.

"Bandeko, makanisi ma Nzambe na makambo ma libála mazalí ndéngé níni? Nakolikya 'te mpɔ̂ mɔ̌kɔ́ ezalí polélé mpɔ̂ ya bísó bánsɔ: tokozwaka moto wa sika bobélé na bato míbalé: mobáli na mwǎsí.

"Men, all these things that you say about your wives, [are they] lies? But now I am going to ask you a question: You are men, you are not the fruit of a tree; two human beings bore you: a father and a mother. Now ask yourselves carefully: Of those two people, which one did you love first really? Which one did you love most, father or mother? No doubt, many among you loved your mother first.

"Then, think about those children which you fathered. All of them have mothers just as [you do], and they are your very own wives. You can be sure that, among all of your children, most of them love their mothers very much. So why don't they love you fathers?

"Do the children love mama because mama is not intelligent? because mama is very timid? because mama is a sorceress? Is that right?

"Children love their mothers, and you don't love your wives. What is the problem? Children don't love you fathers very much. Why? Look for the reason in yourselves, fathers. Question your very own hearts: 'Why did I used to love mama so much and I didn't love papa very much?' Think about it carefully.

"Fathers, this is what I think: children will love you very much, if you fathers love their mothers very much. In whatever family where the children love their father very much, there is no doubt that that father also loves their mother very much. Where the father and the mother are at war with each other, the children don't really love their father. The remedy I give you is this: If you want children who respect and love you fathers, you fathers, you love their mothers."

The priest is resting a little. He takes out his handkerchief. He wipes the saliva from his mouth. He takes off his glasses. He wipes off his face wet with sweat. He puts his glasses back on. And he puts his handkerchief back in his pocket. He looks at us. He waits. Everyone is looking only at him.

I say to myself, "In any case, he is a good speaker!"

That I myself have my wife in marriage is good. With the other wife there is no problem [lit.: no noise]. In truth, I can agree with his words; I really believe that my children love me, their father. The priest is right [lit.: does not speak bad]. But he hasn't finished yet. Perhaps he will speak about people who have two wives. How will I be able to resist his point of view? But let's listen! Because the priest continues his talk.

"My friends, what does God think about marriage? I think that there is one thing that is clear about all of us: we only get a new person from two people: a man and a woman.

"Mokɔnzi akabola bato ndéngé míbalé na ntína te esíká mwána akobótama, bato baye bakobɔkɔlɔ yě bazalí míbalé. Kási mosála mwa bobɔkoli mozalí na nsúka té. Bôngó baye bánsɔ balingí kondima mosála móna báyókana libosó mpɔ̂ ya libélá. Mosála ndambo mozalí mosála té. Bobélé sɔ́kí mobáli na mwăsí balobí, 'Tokolingana mpɔ̂ ya seko,' Nzambe akopésa bangó ndingisa bákɛndɛ kobóta bána. Kolobana bôngó, libála ko wâná. Kosangana o libála, na makambo mánsɔ ma libála masengelí kozala nzelá ya kolakisana bolingo. Sɔ́kɔ́ Mokonzi alingí, ndébazwí mbano ya bolinganí bwa bangó: mwána!

"Bato bayókání mpɔ̂ ya seko té, mpé babóti mwána, basálí mabé. Mobáli akoluka mwăsí wa yě, kási bobélé mpɔ̂ ya kowéla bisengo na nzoto ya yě, mpé na bolingo o motéma té, akosála mabé. Mwăsí akomípésa na mobáli bobélé mpɔ̂ ya mbóngɔ, to mpɔ̂ ya mposa ya bána, kási andimí yě mpɔ̂ ya seko té, akosála mabé.

"Na mokili moye, mwána abótama bobélé bo mbano ya bolingani bwa tatá na mamá wa yě.

"Bána basúsu bánsɔ bazalí bána babótámí o káti ya masúmu. Bána bazángí tatá, bána ba makango, bána ba ekobo, bána babótámí o káti ya libála esíká boyókani bozalí lisúsu té; baye bánsɔ bazalí bána babótámí na lisúmu."

Sángó apémí lisúsu moké. Ndáko mobimba nyé. Kási asílísí naíno té. Mbɛlɛ akoléngele likofi mɔ̌kɔ́ óyo tokolála makalékalé.

"Bandeko, sɔ́kí totálí sikáwa. Átâ ngáí mɔ̌kɔ́ sángó, o káti ya libóta lya ngáí: to ngáí mɔ̌kɔ́, to tatá wa ngáí, to mamá, to nkɔ́kɔ; mbɛlɛ babótákí yě na bolingani bwa sɔ́lɔ́ té, babótákí yě sé na lisúmu, mpɔ̂ ya mposa ya nzoto. Nakanísí bísó bánsɔ o mabóta ma bísó, mwána abótámí mpɔ̂ ya bolingo té, akokí kozánga té. Sɔ́kɔ́ Nzambe abóyákí kokaba bána na bato baye bazalí na bolingo bwa sɔ́lɔ́ té, mbɛlɛ bísó bánsɔ tozalí lɛlɔ́ té; mbɛlɛ moto mɔ̌kɔ́ azalí lisúsu té.

"Bandeko, mbɛlɛ bankɔ́kɔ báyambo babótákí bána ba bangó mpɔ̂ ya bolingani té, kási bobélé sé ya mposa ya nzoto. Toyébí 'te sɔ́kí yangó wâná mpenzá lisúmu lya yambo o mokili, lisúmu lya bankɔ́kɔ. Nsíma ya bangó, mokili mobimba, sé bána ba masúmu.

"Sɔ́kɔ́ tolingí mpási o mokili moye ésíla, tótíka kobóta bána na mobúlú. Sɔ́kɔ́ tobándí kobóta bána bobélé na bolingani bwa sɔ́lɔ́, wâná tobándí kolongola lisúmu o mokili sɔ́lɔ́. Sɔ́kɔ́ bondumba bosílí, sɔ́kɔ́ ekobo esílí, sɔ́kí bitumba o káti ya mabála bisílí; ndé mpási míngi ezalí lisúsu o mokili té. Mokili ndémozalí malámu sɔ́kɔ́ babáli bánsɔ na bǎsí bánsɔ bakómí kovánda malámu o mabála ma bangó. Sɔ́kɔ́ bánsɔ bakómí kolingana sɔ́lɔ́.

"The Lord divides people into two kinds so that, where a child is born, there are two people to raise him. But the work of raising [a child] never ceases. So all of those who want to take on this work [must] first commit themselves for life. Half the job is no job at all. Only if the husband and the wife say, 'We will love each other for ever,' will God grant them permission to have children. Saying that to each other – that's a real marriage. The joining in marriage and all things related to marriage must contribute to demonstrating love. If the Lord is willing, they will reap the reward of their love: a child!

"People who don't commit themselves for life and [still] have a child are doing wrong. A man who is looking for a woman for himself but only to covet the pleasure of her body and with no love in his heart, is doing wrong. A woman who gives herself to a man only for money or out of desire for children, but who does not accept him for life, is doing wrong.

"On this earth a child is born only as a reward for the love of his father and mother.

"Certain children are children born in sin. Some children lack a father, children of concubines, illegitimate children, children born in a marriage where there is no longer any mutual understanding: all of these are children born in sin."

The priest paused again for a moment. The whole room was quiet. But he wasn't finished yet. Perhaps he was preparing a little knock-out punch.

"My friends, let's have a good look! [Take me for example,] a priest, and my family: I myself or my father or my mother, or my grandparent; they could have born any one of us without mutual love, they could have born any one in sin, from lust [desire for the body]. I think none of our families lacks [at least] one child who is born without [the parents having mutual] love. If God refused to give children to people who didn't really love each other, then none of us would be here today; then each person would no longer exist.

"My friends, perhaps the first ancestors did not bear their children out of mutual love, but rather only out of lust. We know that if that was really the first sin on earth, it was the sin of the ancestors. After them, [on] the whole earth, are only children of sin.

"If we want suffering on this earth to end, we should stop bearing children in [conditions of] debauchery. If we were to begin to bear children only in real mutual love, then we would really begin to get rid of sin on earth. If debauchery ended, if adultery ended, if marital quarrels ended, then much suffering on earth would end. The earth would be good if all men and all women lived well in their marriages. If everyone really loved each other.

"Bandeko, sɔ́kɔ́ tondimí 'te libála lizalí ndéngé wâná, makambo masúsu mazalí mpási tɛ́. Koboma libála, libála lya ndongo, kovánda na mwǎsí makango; mbɛlɛ tókoyóka lisúsu makambo maye mánsɔ tɛ́. Sɔ́kí tatá na mamá balinganí mpɔ̂ ya seko, ndéngé níni bakoboma libála? Sɔ́kí tatá na mamá balinganí bolingo bwa sɔ̂lɔ́, ndéngé níní bǎsí míbalé bakolinga mobáli sé mɔ̌kɔ́? Sɔ́kí tatá na mamá balinganí sɔ̂lɔ́, ndéngé níni bakoloba, 'Tótála naíno sɔ́kí tokoyókana!' Sɔ́kí tatá na mamá balinganí sɔ̂lɔ́, ndéngé níni bakopanzana bána? Útá kala toyébí te lituka libɔngí na makolo mísáto, ya minéi ekoyâ kosopa bilɔ́kɔ. Makolo mísáto ma lituka: tatá, mamá, na bána ba bangó!"

Toúmélákí míngi o ndáko-Nzambe, sángó asílísákí nɔkí tɛ́. Ngáí moto nakolinga basángó tɛ́, kási nakokí kowangana tɛ́, moto ɔ́yo ayébí koloba. Atɔ́ndɔ́lí makambo polélé. Mbɛlɛ ngáí moto nabúlíngínyí makambo masúsu áwa nasololí bínó mangó: kási nayébísí bínó ndéngé níni ngáí nayókákí mangó.

Natíkí koyébisa bínó maloba alobákí mpé na bamamá, zambí natíyákí mangó o motéma mpenzá tɛ́, maye alobákí mpɔ̂ ya bísó babáli malekákí míngi. Ebimí bísó, ngáí na tatá Lowi, tozalí koloba míngi tɛ́. Yě azalí na esɛngo. Nayébí makanisi ma yě. Ngáí ndɔ́bɔ ya yě. Akɛndɛ́kí kolɔ́ba mpé abákólí mbísi. Mbísi ya yě, ngáí ko wâná. Alobí, "Moto ɔ́yo ayébí kosopa."

Nandimí mpé nazɔ́ngísí, "Nakanísí mondélé wâná (sángó) asála míngi. Ezalákí * malámu."

Tokómí o ndáko. Tálání lisúsu bato ebelé o balabála ya bísó. E makambo níni? Bazalí kowulola moyíbi. Bána bayéí koyámba ngáí, bayébísí, "Ayíbí nsoso ya bato."

Mwána mosúsu alobí, "Nikol ayéí o ndáko."

"Nikol náni?"

"Mamá leki wa Lili."

Lili mpé wâná ayéí mpé alobí, "Mamá leki ayéí."

"Malámu. Ayéí kosála níni?"

"Bísó toyébí tɛ́. Ayéí kotála bísó."

"My friends, if we agree that marriage should be like that, [then] other things would not be troubling. We would no longer hear of all the problems of divorce, polygamy, or concubinage [i.e. living with a concubine]. If the father and the mother love each other for ever, how could they divorce? If the father and the mother love each other in true love, how could two women love the same man? If the father and the mother really love each other, why would they say, 'Let's just see whether we get along!' If the father and the mother really love each other, how could they split up the children? Since long ago, we have known that a trivet has to have three legs; a fourth will cause [lit.: come] the food to spill. The three legs of the trivet [are like] the father, the mother, and their children."

We spent a long time in the church; the priest didn't finish quickly. I myself don't like priests, but I cannot ignore [what's been said]; this man knows how to talk. He explains things clearly. Perhaps I am the one who is muddling all the things that I am telling you; nevertheless I have told you how I perceived them.

I cease to tell you the words he spoke of women because I haven't really taken them in [lit.: into the heart = into awareness] and [because] he said so much more about us men [than about the women]. When we left, Uncle Lowi and I do not speak very much. He is happy. I know what he is thinking. I am his fishhook. He went fishing and he caught a fish. His fish – it is me. He says, "This man knows how to pour out [the words]."

I agree and reply, "I think that this white man (the priest) works a lot. It was good."

We arrive home. Just look at all the people in our street. Oh, what's going on? They are raising a hue and cry after a thief. The children come to greet me and they say, "He stole somebody's chicken."

Another child says, "Nicole came home."

"Who is Nicole?"

"Lili's mother's little sister."

It is Lili who then comes and says, "'Mama's little sister has come."

"Good. What has she come to do?"

"We don't know. She has come to see us."

Nakótí o lopango elongo na bána bánsɔ. Bangó bánsɔ *bazalí na esεngɔ* mpɔ́ ya boyéí bwa mamá leki. Didye na balekí ba yĕ bákobéngaka Nikol sé mamá leki. Bangó bazalí na esεngɔ kási yĕmei mamá leki azalí na esεngɔ té. Ayámbí mbɔ́tε ya ngáí sé malembe na mawa o elongi. Kási tókεndε mbángo mbángo té; lεlɔ́ avánda, tokotála likambo lya yĕ lɔ́bí.

Tatá wa Nikol abéngání mwána wa yĕ. Nikol alingí mobáli mɔ̌kɔ́, kási tatá wa yĕ alingí libála lyangó sɔ́kí té. Matata mabimákí míngi. Sikáwa mwána azalí na libumu, tatá abéngání yĕ. Mwána alongwákí o ndáko ya tatá, alingákí bobélé kolanda mobáli wa yĕ. Nzókandé, kómá o ndáko ya yĕ, mobáli yangó azalí na mwăsí. Mwăsí wâná afíngí Nikol mabé mánsɔ bakokí kofínga ndúmba. Nikol abébísí libála lya bato! Mwána ateléngani, ayébí lisúsu epái wápi akokεndε té. Mbεlε yayá wa yĕ akopésa yĕ mayélε? Epái ya yayá bakoboya koyámba yĕ té. Yangó wâná ayákí kolála áwa.

Kási nakokí kobomba yĕ seko té. Nazóngisa yĕ epái ya tatá? Názila bandeko ba yĕ bábima? Náni akosamba makambo ma yĕ? Náni akosálisa yĕ? Wápi moto ɔ́yo apésí yĕ libumu? Ndáko ya ngáí etóndí bána, nábakisa lisúsu bána ya bato basúsu?

Ndáko etóndí bána, ekotónda mpé makambo!

Nalingákí kobɔ́ngisa makambo ma ndáko ya ngáí sé ngáí mɔ̌kɔ́. Nalingákí moto mɔ̌kɔ́ áyâ kotumola mpé kotungisa ngáí té. Nalandákí makanisi ma ngáí ma kobála băsí míbalé. Nzókandé sɔ́kí obalí bási míbalé, okangamí na makambo bipái míbalé.

I enter the courtyard with all the children. All of them are happy about the arrival of mother's little sister. Didier and his younger siblings call Nicole 'Mama leki' [who is the younger sister of Didier's own mother's co-wife]. They are happy but Mama's little sister herself is not happy. She receives my greeting quietly and with sadness on her face. But let's not be in a hurry here; today let her get settled; tomorrow we will see what the problem is.

Nicole's father has thrown his child out of the house. Nicole loves a man, but her father [would] never accept that marriage. There has been a lot of trouble. Right now the child [Nicole] is pregnant and her father has thrown her out. The child has left her father's house and she just wanted to follow her boyfriend. But, when she arrived at his house, that man had a wife. That wife insulted Nicole with every bad name that you can call a whore. Nicole has destroyed their marriage. The young woman [lit.: child] wanders around; she doesn't know where to turn. Maybe her older sister can give her advice? At her older sister's they will not refuse to take her in. That is why she has come to sleep here.

But I cannot keep her here for ever. Should I send her back to her father's? Should I wait for her siblings to come [to my house]? Who is going to take care of her problems? Who is going to help her? Where is this man who got her pregnant? My house is full of children. Can I add other people's children too?

The house is full of children; it will also be full of trouble!

I wanted to handle the problems of my house on my own. I did not want anyone to come and disturb and bother me. I defended my thoughts about marrying two women. But if you marry two women, you are trapped in two sources of trouble

SELECTION TWO
MÁKALÁMBÁ

Selection Two: Mákalámbá

I. BOLUMBU, MWANA MWASI WA BOMBINDO

Elɛngé mwǎsí wa nkómbó Bolúmbú, abótámáká na mbóka Bombindo. Eye ezalí mwá mbóka moké penzá káti ya Kongó, o ntéi ya engúmbá ya Boéndé. Utá ebótámá yě abimá epái mɔ́kɔ́ tê. Sɔ́kí abimá sé kokɛndɛ o kelási óyo ya mbóka eye ezaláká pɛnɛ na mbóka ya yě. Ná Boéndé eye ezalí engúmbá enɛ́nɛ ya mbóka, tóloba Chef lieu ya territoire, mpé ekabwání atá mosíká ya bakilométɛlɛ túkú míbalé na Bombindo tê, ayébí yangó tê. Wâná ezalí pámba tê, na ntína te babóti ba yě bázaláká kolinga tê mwǎna wa bangó átámbola epái mosúsu.

Tatá wa Bolúmbú azaláká mobomi monɛ́nɛ wa nyama, mpé mamá wa yě mosáli monɛ́nɛ wa bilanga. Bozwi bwa bangó falánga bozaláká sé koúta mpɔ̂ ya misálá mîná. Utá bankɔ́kɔ bwa mabótá ma bangó, botatá mpé bomamá wa Bolúmbú, bayébí níni wâná kosálela mondɛ́lɛ sɔ́kɔ́ moké tê. Batíkálá sé na makambo mánso maye bankɔ́kɔ bazaláká kosála.

O ntéi ya kelási ya mbóka, elɛngé mwǎsí Bolúmbú ayébáká kotánga mitúyá mpé na mokandá mwa monɔkɔ ya mbóka. Lokótá la falansé, alóyébáká tê. Mpɔ̂ ya lokótá ya lingála, ayébáká langó malámu sé na mbóka mondɛ́lɛ, mpé na bokási bwa mwǎna mwǎsí nyɔ́sɔ.

Na efándeli, Bolúmbú afándáká sé ndéngé ya mbóka. Bosololi bwa yě bwa makambo sé ndéngé ya mbóka. Na mánso maye Bolúmbú azaláká kosála, tokokí koloba te mazalí sé ma mbóka, mpé mazaláká kolakisa sé loléngé ya efándeli ya sɔ́lɔ́ eye bankɔ́kɔ bandimáká mpɔ̂ ya elɛngé mwǎsí.

Utá wâná, lokúmu la Bolúmbú lobandá kokɛndɛ mosíká, mpé moto na moto, sɔ́kí akómí na Boéndé, mpɔ̂ ya kobála mwǎsí, akoyóká sé bakotángela yě Bolúmbú. Mpɔ̂ ya kitɔ́kɔ, bakotánga sé yě. Mpɔ̂ ya makási ma mwǎsí na mosálá sé yě. Na etámboleli mpé na elobeli ya mwǎsí kitɔ́kɔ, sé yě. Bato míngi bakɛndɛ na Boéndé ntángo na ntángo mpɔ̂ ya boponi bǎsí, bakoka yě tê. Sé mpɔ̂ bazaláká na elɛngé mwǎsí Bolúmbú libóta mɔ̌kɔ́, utá bonsómí bwa yě.

Bokéngeli libóta na mbóka Bombindo ezalí te bózala bǎna ya mamá tǒ ya tatá mɔ̌kɔ́ tê. Na Bombindo, libóta likobanda útá bankɔ́kɔ. Bondeko bobandí sé wǎná, mpé libála likokí kozala tê na bato basangání ndéngé wâná. Yangó wâná bato bánso baye bazaláká koluka elɛngé mwǎsí Bolúmbú mpɔ̂ ya libála, batíkáká yě sé na ntína te míngi bazaláká bandeko ba yě na bonkɔ́kɔ tǒ mpé ndéngé mosúsu.

Na epái ya libóta, míngi balingáká sé kokɔ́tisa mobúlú o káti ya libóta lîná, kasi yangó líbóngwama ndéngé esúsu tê. Na bôngó, atá okɛndɛ́lí bangó ndéngé níni, libosó sé bátúna ndéngé yɔ̌ ozalí, sɔ́kí mpé libóta lya bínó na lya bangó likokí kobálana ezalí malámu. Sɔ́kí tê, libála likozala tê.

66

I. BOLUMBU, THE GIRL FROM BOMBINDO

A young girl by the name of Bolumbu was born in the village of Bombindo. This is a small village in Congo in the Boende district. From the time she was born, she didn't go out to other places. When she did get out, it was only to go to a school in a nearby village. Even Boende, which is the capital of the district —we call it 'chef lieu ya territoire' – and which is not even 20 kilometers from Bombindo, was unknown to her. There is a reason for that; her parents didn't want their child to walk around just any place.

Bolumbu's father was a good [lit.: big] hunter, and her mother a good farmer. Their income was derived from these activities. From the time of her family's ancestors, Bolumbu's relatives on both sides had never experienced working for the white man. They had maintained all the customs of their ancestors.

At the village school, the young girl Bolumbu learned how to do math and read in her native tongue. She did not know the French language. As for the Lingala language, she learned it only in the modern [lit.: white man's] city and with the effort that every young girl [made to learn it].

As to behavior. Bolumbu acted according to village traditions. Her conception of things was just the traditional way. In everything that Bolumbu was doing, we can say that it was traditional and it manifested the real customs that the ancestors found acceptable for a young girl.

From that time, Bolumbu's reputation started to spread, and one after another, whoever came to Boende to find a wife, would be told about Bolumbu. When it came to beauty, they only talked of her. When it came to strength for women's work, she was the only one. When it came to the walk and talk of a beautiful woman, she was the only one. Many people who went to Boende time after time to look for a wife failed to win her. That is because they were related to this young woman Bolumbu [and this ruled out their eligibility] from the time of her puberty [lit.: independence].

Figuring who is in the family [i.e. who is related to whom] in the village of Bombindo was not just a question of being from the same mother or father. In Bombindo, the family goes back to the ancestors. Being related starts back there and there can be no marriage between people related that way. That is why, all the people who sought the young Bolumbu in marriage had to give her up because they were related to her genetically or because of some other reason.

Within the family, many had wanted to cause trouble [by courting Bolumbu], but nothing was changed at all. For that reason, no matter how you approached them, they would first ask who you were and whether it was good for your family and their family to intermarry. If not, there would be no marriage.

II. MAKALAMBA AKEI KOLUKA MWASI

Na mobú mwa nkóto na kámá libwá na ntúkú mínei, elɛngé mɔ̌kɔ́ mobáli nkómbó Mákalámbá akɛndáká o Boéndé na ntína ya bobáli mwăsi. Atíí sé motéma mwa yě te ázwa mwăsí malámu.

Boéndé ezalí mbóka babótá babóti ba yě. Mákalámbá yě mɔ̌kɔ́ abótámáká ndé na ngɛlé ya Kinshásá. Mpé na sɔ̌lɔ́, ntína akɛndáká na Boéndé ezalí ísáto. Ya libosó, ámɔ́na mbóka ebótámá babóti ba yě. Ya íbalé, ápéma mwá moké káti ya mbóka ya bankɔ́kɔ ba yě. Mpé ya ísáto, áluka elɛngé mwăsí mpɔ̂ ya kobála.

Ekómí elɛngé mobáli Mákalámbá na Boéndé, bato míngi baye bamóyébákí sé bandeko ba mamá mpe baye ba tatá ba yě. Bamóyambí na bolámu mpé na esɛngɔ monénɛ. Alekísí mpé mwá ntángo eké tŏ *bopémi* ndéngé nyɔ́nsɔ moto alekisaka epái ya bandeko ba yě.

Bopémi bwa yě bosílí mpé ekómí ntángo ya yě ya kozónga. Emɔ́ní elɛngé mobáli Mákalámbá te mikɔlɔ mikómí pɛnɛ mpɔ̂ ya bozóngi, amíyébísí na malémbɛ epái ya bandeko ba yě te motéma mwa yě molingí sé kobála mwăsí. Bandeko ba yě bamɔ́ní mpé te mikɔlɔ mikómí pɛnɛ mpɔ̂ ya bozóngi bwa ndeko wa bangó. Bamóndimélí mpé bamótángélí sé nkómbó ya elɛngé mwăsí Bolúmbú. Mosíká tê bamónátí sé epái ya babóti ba elɛngé mwăsí Bolúmbú mpɔ̂ átála naíno mwăsí yangó libosó ya kosála makambo mánsɔ mpɔ̂ ya libála.

Ekómí elɛngé mobáli Mákalámbá epái ya babóti ba elɛngé mwăsí Bolúmbú, bánsɔ bamóyambí na bolámu mpé na lokúmu. Lokóla emeséní na bato ba mbóka bánsɔ bamílakísí lokóla bayébí ntína ya likambo tê, mpé bafándí na bangó sé nyé. Nzókandé babóti ba elɛngé mobáli Mákalámbá *basílá* koyébisa na tatá wa Bolúmbú te bakoyá kobandela nsɔ́mí wa bangó Bolúmbú. Lokóla mpé bato ba mbóka bamɛséní na makambo ma bangó, sɔ́kí moto ayéí kotála moníngá, baséngélí sé kotúnana nsango ya mbóka. Mpé tatá wa Bolúmbú atúní bapaya ba yě nsango níni ezalí na bangó.

Nsósó-Pémbé, nɔ́kɔ́ wa Mákalámbá, amóyánólí te bísó "Toyéí ndé kotála yɔ̌. Yɔ̌ mɔ̌kɔ́ oyébí na bolámu te na ekólo ya bísó balobá te: 'bakobómbaka moto nyama tê.' Yɔ̌ ozalí ndé moto, mpé ntína ya likambo. Bôngó bábómba yɔ̌ nyama bóní? Atá tosálí bóní tokosúka wápi? Na bonkɔ́kɔ ya bísó tolingí te bísó mɔ̌kɔ́ bampaka tóbɔngisa makambo ya libála.

II. MAKALAMBA GOES TO LOOK FOR A WIFE

In 1940, a young man by the name of Makalamba went to Boende to look for a woman to marry. He hoped to get a good woman.

Boende is the district in which his parents were born. Makalamba himself was born downriver in Kinshasa. There are really three reasons why he went to Boende. First, that he might see the city in which his parents were born. Second, that he might enjoy his ancestors' district. Third, that he might look for a woman to marry.

When the young man Makalamba arrived in Boende, many people who knew him were his father's and mother's relatives. They welcomed him well and with great joy. He spent a little time, relaxing in all the ways that one normally would with one's relatives.

His visit is over and it is time to go back. As the young Makalamba saw that the days for his return were drawing near, he quietly informed his relatives of his desire to get married. His relatives also saw that the days for their cousin's return were drawing near. They supported his desire and mentioned the name of the young woman Bolumbu. Shortly after, they took him to Bolumbu's parents place so that he might first see the woman before any marriage arrangements were undertaken.

When young Makalamba got to Bolumbu's parents' place, they all welcomed him with honor. As is the custom for everybody in this town, they all acted as though they knew nothing, and they sat in silence. In reality, Makalamba's parents had already told Bolumbu's father that they would come to visit their eligible daughter Bolumbu. As is the custom in the town, when someone comes to visit a friend, they ask each other the news. And so Bolumbu's father asks his guests what news they have.

Nsoso-Pembe [lit.: white rooster (symbolic of power)], Makalamba's uncle, responded, "We have come in order to see you. You well know that in our ethnic group it is said, 'You cannot hide meat from a person.' You are that person, the essence of the matter. How could meat be hidden from you? No matter what we do, where do we end up? Our traditions require that we elders make marriage arrangements.

"Kási útá loténdélé ekómí, tokómí komɔ́na te mwăna akómí kotínda batatá báyángela yĕ makambo. Tósála mpé bóni? Na bonkɔ́kɔ, makambo ya kotála tatá ya mwăna ya mwăsí mpɔ̂ ya libála ezalí makambo ma banɔ́kɔ́ mpé na malémbɛ nyɔ́sɔ. Ya kimundélé ekómí obélé mbángu. Oyo ndé mabé o?"

"Nakátí maloba ma yɔ̆ tê, mpé okokɛndɛ sé na maloba mangó ma yɔ̆," elobí Lokosú, tatá wa Bolúmbú. "Yɔ̆ mɔ̆kɔ́ oyébí te loténdélé ebébísá makambo mánsɔ na ntína te makambo mánso ma bankɔ́kɔ babóma mpé ná bokúmisi bankɔ́kɔ babóyá. Na ndéngé wâná, wápi ndéngé makambo ma bankɔ́kɔ makokí kozala!!"

"Nandimí sé maloba ma yɔ̆," elobí Nsósó-Pémbé. "Ndé nayéí lɛlɔ́ mpɔ̂ te ngáí ná yɔ̆ tókanga bondeko. Tókanga bondeko lokóla bóni? Utá bankɔ́kɔ, băna ba libóta Nsimba lokóla bísó, na ba bínó ba libóta Eanga, tozaláká kobálana. Mabála mâná mazaláká sé mabála ma sɔ́lɔ́. Oyo ndé mpɔ̂ mɔndélé abébísí makambo mánsɔ. Lokóla ngáí nayéí lɛlɔ́ epái na yɔ̆ mpɔ̂ ya boyébisi yɔ̆ ndéngé ya makambo mâná, ndézalí lɛlɔ́ likambo monénɛ. Lokolé ndélobólámí, mpé ndôbéngí bapaya bánsɔ ba mbóka elɔngɔ́ na bampaka ba libóta lya yɔ̆, báyá kotála ngáí mpɔ̂ te tóyabimisa makambo. Ntángo mosúsu mpé sɔ́kí ekokí tê, tokoyasála nde mosálá. Baye na makongá ma bangó epái, baye basúsu na makongá ma bangó epái, mpɔ̂ te tótálana sɔ́kí bísó tozalí bakiló ba sɔ́lɔ́."

"Kwa kwa kwa," eséngí Bosongo, tatá-mwăsí ya Mákalámbá. "Ngáí nazalí ndé mobangé ya mwăsí ebétɛkɛ mabɔ́kɔ lokóla mobáli. Wâná ezalí lokóla te ngáí nakosálaka makambo ndé lokóla mobáli, mpé na bôngó nalingí makambo málandaka nzelá ya yangó. Ekolongo mɔ̆kɔ́ elobá te óyo akoyáka na nsima, alakisaka nzelá sɔ́kí mobúnga mozalí. Ngáí mpé nalobí ndé nsima. Bínó bozalí kolanda bonkɔ́kɔ tɔ̆ kimundélé? Sɔ̂lɔ́ bísó tozalí na ntángo ya kimundélé bôngó mpɔ̂ bókɛndɛ na nzelá ya mokúsé mabé? Toyákí mpɔ̂ níni áwa? Likambo ya libála tɔ̆ tê! Tólanda sé makambo ma libála. Mói mosílí motámbólí."

Mbelí, nɔ̆kɔ́ mosúsu wa Mákalámbá yĕ te, "mánso malobí Bosongo, mazalí sé malámu, na ntína te likambo libɔngí sé kokátana na mokúsé na yangó. Ezalí mpé mabé tê te mpɔ̂ ya likambo líbɔnga tólanda sé bonkɔ́kɔ, pámba tê ekolongo óyo ya nkokó nyɔ́nsɔ ezángaka nsénge tê ezalí likambo lya te tokokí tóbwáka bonkɔ́kɔ tê, ndé ebɔngí mpé tóbúnga kimundélé óyo tokómí na yangó tê."

Mbala mɔ̆kɔ́, *esílísí* Mbelí maloba mâná, bangó bánsɔ bafándí sé wai. Mákalámbá afándí sé na ebóngá, míso sé na nsé. Tatá wa yĕ ya mwăsí Bosongo, esílísákí yĕ koloba, mpé etíyákí yĕ lobɔ́kɔ o monɔkɔ, afándí sé bôngó. Mbelí, nɔ̆kɔ́ wa Mákalámbá, etálákí yĕ na mabelé esíká afándí na ezongo, atálí sé na mabelé nyê.

"But since the arrival of modernization, we have been seeing that a child can send his male relatives to make arrangements for him. What can we do? In our traditions, the business of visiting a girl's father to seek marriage is for the uncles to carry out discretely. With modernization it is so fast. This is bad, isn't it?"

"I won't interrupt you and you will continue with your words," says Lokosu, Bolumbu's father. "You know that modernization has destroyed everything since they destroyed the ways of the ancestors and refused to honor them. How can traditions survive that way?"

"I agree with your words," says Nsoso-Pembe. "I have come today for you and me to establish a familial relationship. How does one establish familial relationship? From the time of our ancestors, descendents of the Nsimba family like us and of the Eanga family like you have been marrying each other. Those marriages were genuine. This is gone [lit.: this nevertheless] because the white man has destroyed everything. As I have come to you today to inform you of these matters, [I think] it will be an important matter today. The drum will be beaten [i.e. I will inform you of an important intention] and you will call all of the villagers [lit.: guests] together with the elders of your family for them to come to see me so that we might present our proposal. In case it is not possible, we can let it go. Those with their spears at their side and the others with their spears at their side [i.e. the two families], we all will face each other, to see if we can be true in-laws."

"Listen!!" demands Bosongo, Makalamba's aunt. "I am just an old woman who claps her hands like a man. It is as if I would like to behave like a man, and want things to take their natural course. There is a proverb that says that the person who arrives last can show the way to the person who is lost. And I am the one who is speaking last. Are you following traditions or the modern way? This is truly a modern time, is it bad to take a shortcut? Why did we come here? To arrange a marriage or not? Let us talk about marriage. The sun has already set."

Mbeli, another of Makalamba's uncles, says, "Everything that Bosongo said is good, because it is best to cut the matter short. And it is not bad that we follow tradition, because the proverb about the sugar cane not lacking leaves means that we shouldn't discard tradition, it is better not to ignore the modernization that is already here."

When Mbeli finished speaking, all of them become quiet. Makalamba is sitting on a stool, his eyes lowered. His [paternal] aunt Bosongo, after she finished talking and she put her hand to her mouth, remained that way. Mbeli, Makalamba's [maternal] uncle, as he looked at the floor, where he sat on a stool, kept looking only at the floor in silence.

Selection Two: Mákalámbá

Nsósó-Pémbé etíyákí yě maboko na motú mpô ákanisa mpé etíkélákí yě baye bayákí na yě nzelá moko maloba, afándí sé ndéngé wâná. Káka na nsima ya yě Mbelí, na bandeko mosúsu bakosálaka maloba ya nsé nsé, mpé batíkí koloba, na ntángo bamoní te bato bánso batíkí koloba.

Mosíká tê, bayókí sé mongóngó moko mobéngí Lokosú. Bangó bánso basálí lokóla balongwí na mpongí. Ezalákí ndé elengé mwǎsí Bolúmbú, ôná aútákí o zámba mpé alembí na mokúmbá mwa bamaloko ya mái. Abéngákí tatá ya yě Lokosú mpô alingákí sé te tatá wa yě áyá koyamba yě na mokúmbá. Eyókí mpaka Lokosú mongóngó mwa mwǎna wa yě, atélémí sé kotéleme. Akendélí mwǎna wa yě noki epái azalí koyáká na mái. Amóyambí na mokúmbá ya ekútu monéne na esengo enéne.

Mbala moko Bolúmbú amoní bato bafándí o nsé ya nzété ya libándá lya bangó. Akámwí penzá bokámwi. Abwákí míso na mabelé mbángo na ntína te míso ma yě na maye ma bapaya mákútana tê. Lokóla mpé ayébí bilongi ya bangó bánso baye bafándákí wâná tê, akotí sé na ndáko. Akitísí mokúmbá mwa yě na malémbe. Tatá wa yě mpé akotí káti ya ndáko, mpé atíkí ekútu ayambélákí yě.

Mosíka tê, Bolúmbú atúní tatá wa yě, mpô ya bapaya baye bafándí o libandá.

Na mbóka ya Mbutamúntu Lokosú, útá bonkoko, tatá akokí koyébisa mwǎna te bato baye bayéí mpô ya *kobála* yě tê. Wâná ezalí likambo monéne. Sókí asálí bôngó, ndé mwǎna abimí esíká ya yě, mpé akokende epái ya babóti ya mamá *na* yě. Sókí akeí, ekozala likambo monéne mpô ya bozóngi. Tatá ndé akeí komóbondela na bamasanga mpé na bansósó. Na likoló ya yangó kosámba ekozala monéne.

Na motúná mwa mwǎna wa yě, aséngélí mpé ámókósa tê. Kási lokóla mpaka Lokosú azaláká mayéle míngi, amólobélí te bato bafándí naíno tê. "Obélé bafándí, yo mpé obéngí ngáí. Na káti ya bangó, nayébí sé Mbutamúntu moko Nsósó-Pémbé moto tozaláká kokende bokila. Atíká mpé yangó útá akómá kosálá kapíta ya mbóka. Baye basúsu balandí ndé yě. Sókí nasílísí lisoló, ndénayébísí yo mánso." Esílísí bangó lisoló lína káti ya ndáko, Mbutamúntu Lokosú azóngélí bapaya ba yě.

Utá bangó bayákí, elengé mobáli Mákalámbá azalákí sé nyê, pámba tê amonákí mwâsí yangó tê, óyo bazalí koponela yě. Mánso babóti ba yě bazalákí koloba, mazalákí kopésa yě elengi tǒ mpé nsaí tê káti ya motéma. Na bôngó, amítúní káti ya motéma mwa yě, "Ndéngé níni babóti ba ngáí balingí kosála? Balingí ndé básála ekolongo ya kosómba púsi na ekoló ómona yángo na míso tê? Ndéngé níni ngáí nazalí komona mwǎsí tê?" Kási útá elengé mwâsí Bolúmbú akotí na mái káti ya ndáko, mpé Mákalámbá amoní yě, mayéle ma yě mánso masílí. Mpé mpô penzá átála yě malámu, atúní sókí akokí kozwa mái ma bomeli. Mbutamúntu Lokosú mpé abéngí elengé mwǎsí Bolúmbú, mpé *amólobélí* te áyéla bapaya mái.

72

Nsoso-Pembe, as he held his hands on his head in order to think and to allow those who came with him the opportunity to talk, remains in the same position. Only after him [Nsoso-Pembe] did Mbeli and the other relatives who were whispering also stop talking as they realize that everybody had stopped talking.

Shortly after, they hear a voice calling for Lokosu. They all react as though they are waking up. It was the young woman Bolumbu who is emerging from the forest and is tired from carrying the water jars. She calls her father Lokosu because she wants him to help her unload. As the old Lokosu hears his child's voice, he gets up as he should [to help her]. He goes quickly to the place where his daughter came with the water. He is happy to help her with the heavy calabash.

All at once, Bolumbu sees people sitting under a tree in their yard. She is really very surprised. She quickly looks down at the ground so that her eyes and those of the strangers wouldn't meet. As she does not know the faces of everyone who is sitting there, she just goes into the house. She quietly puts her load down. Her father too comes into the house and leaves the calabash he carried for her.

Shortly after, Bolumbu asks her father about the strangers sitting in the yard.

In old Lokusu's village, from the time of the ancestors, a father cannot tell his child that people have come to arrange a marriage with her. That is a very serious matter. If he does so, the girl could leave his place and go to her mother's family. If she goes, getting her to return would be a big problem. The father would have to go implore her [by giving the in-laws] drinks and chickens. With respect to [a situation like] this, the discussion would be serious.

To respond to his daughter's question, he must not deceive her. But as the old Lokosu is very smart, he tells her that people are not yet sitting down. "They were just sitting down as you called me. Among them, I only know the elderly Nsoso-Pembe with whom we go hunting. He stopped that [hunting] since he started working as the village foreman. The other people just came with him. When I will have finished the conversation, I will tell you everything." When they have finished that conversation in the house, the elder Lokusu goes back to his guests.

Since their arrival, the young man Makalamba is silent, because he has not yet seen the woman they are choosing for him. Everything his relatives are saying arouses no joy or sweetness in his heart. In fact, he is wondering: "What do my relatives want to do? Do they want to fulfill the proverb of buying a cat in a basket without seeing it with their own eyes? How come I don't get to see the woman?" But since the young Bolumbu arrived with the water in the house and Makalamba saw her, he is struck dumb [lit., all his intelligence is finished]. In order to really get a good look at her, he asks for a drink of water. The elderly Lokosu calls the young Bolumbu and asks her to bring drinking water for the guests.

Mosíká tê, elɛngé mwǎsí Bolúmbú abimí na ekala ya mái na emɛlɛli. Atíí libosó ya tatá ya yɛ̌, mpé alímwí. Elɛngé mobáli Mákalámbá alekísí míso mbángumbángu epái ya elɛngé mwǎsí Bolúmbú. Amɔní elongi ya Bolúmbú lokóla mosáká mozalí kongɛngɛ káti ya nzúngu. Míso ma yɛ̌ lokóla ngɔlɔ. Matáma ma yɛ̌ lokóla mokengé. Nzóto moké lokóla ntoku. Mbebu moké lokóla libúndú. Nsúki lóngúlóngú lokóla lolɛkɛ. Mino pémbé lokóla pémbé ya nzɔku. Nkíngó nzilánzilá lokóla nkíngó ya kóbá. Ntólo kitɔkɔ lokóla ebengá. Mabɔkɔ sémbo lokóla lɔmbɛ. Mimpéndé ya makolo kitɔkɔ lokóla monkúfo.

Mákalámbá amílobélí na káti ya motéma mwa yɛ̌, "Mwǎsí azalaka ndé boye! Atá epái mɔkɔ ya mabé ezalí tê. Bitɛ́ni bínsɔ bya nzótu bizalaka na kitɔkɔ ya yangó boye. Atá yɔkɔ ekokí kobóyisa yɔ̌ yɛ̌ tê!"

Mói mosílí mokómákí na káti ya mitú. Bandeko míbalé ya Mbutamúntu Lokosú bayéí kokóma. Makambo mpé mabandí sé kobanda. Bangó mpé bakɔtélí sé makambo yangó mpé balandí sé kolanda.

Mbutamúntu Nsósó-Pémbé yɛ̌ yɛ̌ te, "Bísó tozalí sé na likambo lya bísó. Mói mpé wâná mozalí kopúsana. Bísó mpé tofándí mosíká. Tosílí mpé tolandámí mwâ mpɔ te tokokí kotíka bankɔkɔ tê. Ntína toyélí yɔ̌ Lokosú áwa ezalí sé te mwǎná wa ndeko wa ngáí, óyo bozalí komɔna yɛ̌ áwa nkómbó Mákalámbá, babótá yɛ̌ te ákamata mwǎsí wa yɛ̌ wa mbóka. Afánda na yɛ̌ na ngɛlé. Ayéí áwa na mbóka babótá bamamá ba yɛ̌ mpɔ̂ na ngɛlé. Wâná ezalí lokóla te libóta lya bísó líkúfa penzá tê. Atá kúná na ngɛlé, lízala sé kobótama. Bísó balekí bísó na mayɛ́lɛ ma mokandá. Bangó ndé bamundélé ndɔmbɛ. Bakosálaka makambo ma bangó sé mbángu bôngó. Tálá moto ayá áwa kala, sánzá íbalé ilekí. Akoloba atá tê te tólukela yɛ̌ mwǎsí tê. Obélé atíkálí sé yɛnga mɔkɔ mpɔ̂ ázónga, alingí tólukela yɛ̌ mwǎsí. Tomɔní sé alingí mwâsí ábála. Yangó wâná toyéí kotála yɔ̌ mpɔ̂ ya makambo yangó. Ndéngé mpé níni tokokí kosálá? Nsɔmí sɔ́kí alingí likambo, babóti bakosála *sé yangó tɔ̌ tê?*"

Mbutamúntu Lokosú afándí mwâ moké, mpé abéndí bandeko ba yɛ̌ mwá pɛmbéni mpɔ̂ te bátála ndéngé ya likambo lǐná. Ebéndání bangó pɛmbéni, balobání ndéngé nyɔ́sɔ, mpé bazóngélí bapaya ba bangó. Nsima ya bofándi bwa bangó o nsé, mbutamúntu Lokosú akesólí mwá moké.

Shortly after, Bolumbu comes out with a calabash and a drinking cup. She puts them in front of her father and disappears. The young man Makalamba glances at the young woman Bolumbu. He sees [in] Bolumbu's face [a color] like gravy shining in a pot. Her eyes are [shiny and dark like the skin of the fish] *ngolo*. Her cheeks are [copper colored like the fish] *mokenge*. Her small body is [reddish brown like the shell-money] *ntoku*. Her lips are fine like [those of the fish] *libundu*. Her hair is very long like the *loleke*. Her teeth are white like the tusks of an elephant. Her neck has lines [a mark of beauty] like the neck of a turtle. Her chest is beautiful like that of a dove. Her arms are straight like [the body of] an iguana. Her calves are beautiful like cassava. [because of their size].

Makalamba thinks to himself: "This is the way a woman should be! There is not even a single flaw. All the parts of her body have beauty like that [i.e. like that of her whole body]. Not even one [part of her] could make you reject her!"

The sun has just arrived overhead. Two of old Lokosu's relatives have arrived. Things get started right away. They join the discussion and get involved right away.

The elderly Nsoso-Pembe says: "We are still discussing our issue. Time [lit.: the sun] is passing. We are far [from a solution]. We have made some progress because we have not abandoned [the traditions of] our ancestors. The reason we have come here to you Lokosu is that my brother's son, whom you see here by the name of Makalamba, was born to take his wife from the village. He lives downstream [i.e. in Kinshasa]. He has come here to the village where his mother's family was born for the sake of [those] downstream. That is to say that our family really won't die out. Even downstream, it will keep multiplying. They [i.e. the ones downstream] are more educated [lit.: intelligent in books] than we are. They are black Europeans. They do everything quickly that way. Let's look at this man who came long ago, [indeed] two months ago. He did not even ask us to look for a wife for him. With only one week before his return, he wants us to find a wife for him. We see that he wants a woman to marry. That is why we have come to see you about this matter. What else can we do? When a young person wants something, shouldn't his parents do it?"

The elderly Lokosu rests a little bit and calls his relatives aside to look at the matter. After they move aside, they discuss it from all points of view and then they go back to their guests. After they have been seated, the elderly Lokosu coughs a little bit.

Selection Two: Mákalámbá

Na bokamati maloba o bosó bwa bapaya, Lokosú yĕ yĕ te, "Na makambo mánsɔ maye boyébísí na bísó tomáyókí na bolámu. Ekolongo ekoloba te na mokɔlɔ okóní lisángú, ekɔkí óloba te okolíya sé mokɔlɔ môná tê. Mpɔ̂ te na mánsɔ mâná bolobí, tomáyókí na bolámu, ndétolobání naíno na bandeko basúsu ba bísó libosó ya bozóngiseli bínó eyano ya bísó ya súka. Tolobélí sé bínó te na kondima, tondimí. Ndé ekolongo mosúsu elobí te nkokó azángáká ntína tê. Bísó batatá tondimí, ndétosolola naíno bísó mɔ̌kɔ́ batatá mpé bamamá ya mwǎna."

Bosongo, tatá mwǎsí ya Mákalámbá, yĕ yĕ te, "Mwǎna óyo ya bísó Mákalámbá akofánda míngi lisúsu áwa tê. Mikɔlɔ mya yĕ mitíkálí sika míngi penzá tê. Ndéngé níni akokí kosála mpɔ̂ áyéba te mánsɔ masílí, mpé átíya motéma te Bolúmbú akómí mwǎsi wa yĕ?"

Mbutamúntu Lokosú, tatá ya mwǎna, yĕ yĕ te, "Likambo sɔ́kí bakangí, ezalí sé basílí bakangí. Mosúsu níni akokí koluka? Tálá káka bísó babóti ba elɛngé mwǎsí."

Mbala mɔ̌kɔ́ Lokosú abéngí Bolúmbú. Amólobelí te áyá na ekólu ya masanga óyo ezalí na ndáko mpé na kɔ́pɔ ya ekútu mpɔ̂ bábɔnga masanga yangó. Bolúmbú asálí mánsɔ na bolámu mpenzá mpé atíí mánsɔ sé epái ya tatá wa yĕ.

Utá bonkɔ́kɔ ya baEanga mpe na baNsimba, makambo ma kobála mwǎsí ezalí makambo monénɛ. Yangó wâná sɔ́kí makambo masílí boye, libosó ya kotíkana ebɔngí sé bámela ekalá ya masanga mpɔ̂ éyébisa te bayókání.

Mbutamúntu Lokosú mpé atíkí makambo ma bankɔ́kɔ tê. Asálí sé ndéngé bonkɔ́kɔ elingí na bapaya. Na likoló ya yangó, apésí bangó bilíya, nsósó na makémba. Na nsima bamɛlí ekalá ya masanga. Ekití mwâ mói, bapaya ba Mbutamúntu Lokosú batíkí yĕ, mpé bazóngí ya bangó epái baútákí.

Utá Mákalámbá akendáká kotála ebandeli ya mwǎsi wa yĕ na Bombindo, ayéí kofánda na Boéndé sé mikɔlɔ misúsu mítáno likoló, yambo ya bozóngi bwa yĕ na Kinshásá, epái ye afándaka. Mpé mpɔ̂ ya bozóngi, akamátí sé mpépo, mpé akómí nɔkí penzá na mbóka ya yĕ Kinshásá.

To respond to the words [i.e. Nsoso-Pembe's request] in the presence of his guests, Lokosu says: "We understand everything you have told us very well. A proverb says, 'On the day you plant corn, you cannot say that you will eat it the same day.' We understand all that you have said and we will speak with our other relatives before giving you our final response. We [who are here] tell you that, with respect to an agreement, we agree. But another proverb says, 'One sugarcane never lacks a root network [connected to other plants of the same species, like an extended family].' We, the paternal side of the family, agree but we still need to talk to the maternal side of the child's family."

Bosongo, Makalamba's (paternal) aunt, says, "This child of ours Makalamba will not be staying here much longer. He does not have many days left. What can he do to know that everything is settled and hope that Bolumbu will become his wife?"

The elderly Lokosu, the girl's father, responds, "When a matter is concluded, it is concluded. What else can he look for? Just observe us, the young girl's parents."

All at once Lokosu calls Bolumbu. He asks her to bring the calabash of wine from the house along with a clay cup so that they could share the wine. Bolumbu does everything very well and puts everything by her father.

From the time of the ancestors of the Eanga and Nsimba families, marriage has been a very serious matter. That is why, when things are finishing up like this, before leaving each other, they should drink a cup of wine to make it known that they have agreed.

The elderly Lokosu has not abandoned traditions. He does as required by tradition for his guests. In accord with that, he gives them food, chicken and plaintain bananas. Next they drink a cup of wine. As the sun sets, Lokosu's guests leave him and return whence they came.

After Makalamba went to be introduced to his future wife in Bombindo, he remains in Boende only five more days before his return to Kinshasa, where he lives. For his return, he takes an airplane and arrives quickly in his city, Kinshasa.

Selection Two: Mákalámbá

III. BOLUMBU ALANDI MOBALI

Etíkálí babóti ba elɛngé mwăsí Bolúmbú, basálí mánsɔ maye maséngélí kosálema mpɔ ya bobɔngisi libála lya mwăna wa bangó. Esílísí bangó mánsɔ, elɛngé mwăsí Bolúmbú akɛí mpé koyébisa babóti ba Mákalámbá mpɔ ya bolandi mobáli wa yĕ. Babóti ba elɛngé mobáli Mákalámbá basálí mpé mánsɔ mayɛ maséngélí kosálema mpɔ ya bopési lokúmu káti ya libóta lya bangó, na bopési bínso biye biséngámí na libóta lya elɛngé mwăsí Bolúmbú. Tokokí koloba wâná te mánsɔ ma mbóka masálémí sé na bolámu penzá mpɔ te elɛngé mwăsí Bolúmbú álanda mobáli wa yĕ na bolámu bɔnsɔ esíká azalí. Esíká mpé mánsɔ mpé masílí, batíí nkómbó ya mwăsí káti ya búku ya mobáli esíká etíkálákí, bakɛí na mónganga yambo ya bokɛi. Nsima yangó bafútí sé tiké, yĕ na nɔkɔ ya Mákalámbá nkómbó Botúli mpɔ ya bobáteli yĕ káti ya maswâ.

Bayéí mpé Bolúmbú na Botúli bakɔtí sé na maswâ mpɔ ya boyéi na Kinshásá. Maswâ nkómbó Mombóyó, malongwí o Boéndé. Bolúmbú na Botúli, nɔkɔ wa Mákalámbá, bakɔtí o maswâ.

Lokóla bafútáká mpɔ ya esíká ya malámu, bazwí mpé sé esíká ya malámu. Utá Boéndé kínô Mbandaka, bayéí sé nyê. Likambo mɔkɔ tê.

Ekómí bangó o Mbándáká, batíkí maswâ wâná ya moké, mpé bakamátí Olsen, ɔyo ekokúmbaka bibeyi binénɛ ya pasasé, biye bikokendɛkɛ Kisangáni tɔ̆ Kinshásá. Bangó mpé bakamátí ndáko káti ya ebeyi ya Olsen. Na káti ya ndáko wâná, ezalí na mbéto mínɛi, mpɔ ya batámboli bánɛi.

Maswâ maye makotámbolaka kolongwa Kinshásá kínô Kisangáni, mazalí ndéngé mɔ̆kɔ tê na maye makokɛndɛkɛ nzelá ya mái masusu. Maye makotámbolaka kolongwa Kinshásá kínô Kisangáni, mazalí súka ya maswâ ma mifuma ndéngé na ndéngé. Mazalí na mifuma ndéngé na ndéngé pámba tê na ntína te káti ya maswâ mâná, mazalaka na băsí ba mimbóngo baye bakotámbolaka ntángo ínsɔ na maswâ mangɔ́. Mabála míngi ya bato ba maswâ makamatanaka sé wâná na băsí ba mimbóngo mya mbísi. Mpíli mpé míngi ya bato ba maswâ, ikolongwamaka sé wâná. Na bôngó, tokokí koloba te míngi babalólá maswâ wâná mpɔ ya monénɛ na yĕ sé lokóla mbóka ya bangó. Băsí ya mimbóngo na bato ba maswâ bayébání malámu lokóla ndé mbóka ya bangó. Atá koyébana ya mokili ekokí kozala ndéngé wâná tê.

Ekɔtí Bolúmbú mpé na nɔkɔ wa mobáli Botúli na ebeyi. Mosíká tê maswâ masémwí. Batélémí mpé na etándá ya maswâ mpɔ ya botáli ndéngé *ebelé* ya bato bayéí na libóngo ya Mbándáká kotíka bandeko ba bangó baye bazalí kokɛndɛ o Kinshásá.

Na libosó, Bolúmbú akanísáká te Boéndé ezalí mbóka monénɛ mpé na bato míngi. Awa amɔní Mbándáká, akámwí. Abángí ebelé ya bato amɔní na libóngo ya Mbándáká.

III. BOLUMBU FOLLOWS HER HUSBAND

The parents of the young woman Bolumbu remain [and] they do everything that must be done to arrange their child's marriage. When they complete everything, young Bolumbu goes to tell Makalamba's relatives that she wants to follow her husband [a sign of her consent to the marriage]. Young Makalamba's relatives do everything that must be done to bring honor to their family by giving everything which is required [by tradition] by Bolumbu's family. We can say therefore that every tradition has been met so that the young Bolumbu can follow her husband to the place where he is. When everything is complete, the woman's name is added to the man's family book and she is taken to the doctor before leaving. After that, they buy their tickets – she and Makalamba's uncle by the name of Botuli [who is charged with] her protection on the boat.

Bolumbu and Botuli board the boat for the trip to Kinshasa. The boat, called Momboyo, leaves Boende. Bolumbu and Makalamba's uncle Botuli have boarded the boat.

As they paid for a good room, they get a good room. From Boende to Mbandaka they travel quietly. Not a single problem.

When they arrive at Mbandaka, they leave the small boat, and they board the Olsen, which tows big passenger barges going to Kisangani or Kinshasa. They get a room in an Olsen barge. In that room, there are four beds for four passengers.

Boats sailing from Kinshasa to Kisangani are different from those sailing on other waterways. Those which travel from Kinshasa to Kisangani are the best of the various pleasure boats. They have all kinds of entertainment because in those boats there are tradeswomen who travel regularly on those boats. Activities are various because those boats have female traders who travel all the times. Many affairs between the boat people and the women who sell fish are begun there. Many mourning outfits [black clothes worn for a year or more] of boat people are removed there. Because of that, it can be said that, due to its big size, many people treat these boats as if they were their villages. The tradeswomen and boat people know each other as well as they would in their villages. Even knowing one another on shore cannot be like that.

Bolumbu and her husband's uncle Botuli arrive in the barge. Shortly thereafter, the boat leaves. They stand on the boat's deck to see the crowd of people who have come to the dock of Mbandaka to say good-bye to their relatives going to Kinshasa.

Bolumbu used to think that Boende was a big city with many people. As she sees Mbandaka, she is astonished. She is excited by the crowd of people she sees on the dock of Mbandaka.

Bolúmbú atúní Botúli, "Bóní bato míngi na libóngo óyo boye?"

Botúli amóyánólí te, "bato baye ozalí komóna, bafándaka sé na mbóka óyo. Oyébí te Mbándáká ezalí mbóka monéne elekí Boéndé?"

Bolúmbú yĕ yĕ te, "Boéndé ndé nakanisaka elekí mbóka nyónsɔ ya Kongo."

Mamá mɔ̌kɔ́ afándákí pɛmbéni ya bangó, nkómbó mamá Baliya, amóyambí te, "Bóní mwǎna wa ngáí, oútí wápi?"

Bolúmbú ayókí mwá nsóni mpé ayókí monɔkɔ mwa yĕ kiló mpɔ̂ ya boyanoli mamá Baliya.

Botúli atálí Bolúmbú mpé amólobelí te "bazalí kotúna yɔ̌. Okoloba tê ntína boní?"

Bolúmbú mpé asálí lokóla moto ayókákí tê. Azóngísí te, "Mamá, ozalí ndé koloba na ngáí?"

Mamá Baliya yĕ yĕ mpé te, "Nazalí koloba na yɔ̌ mwâna."

Bolúmbú mpé yĕ yĕ te, "Toútí na Boéndé."

Mamá Baliya amótúní lisúsu te, "Bôngó bozalí kokɛndɛ wápi?"

Bolúmbú amóyánólí te, "Tozalí kokɛndɛ na Kinshásá."

Mamá Baliya amótúní lisúsu, "Bôngó bozalí kokɛndɛ na Kinshásá epái ya náni?"

Bolúmbú amóyánólí te, "Epái ya mobáli óyo abálí ngáí."

Mamá Baliya yĕ yĕ mpé te, "Ezalí malámu."

Maswâ masílí malongwí o libóngo mpé matámbólí. Matíkí libóngo lya Mbándáká mosíká. Mosíká tê etumba ekamátání na kúku ya maswâ. Ezalákí ndé motámboli mɔ̌kɔ́ ya mwǎsí na mwǎsí mɔ̌kɔ́ ya mombóngo. Bato mpé ba maswá bayókaka tê, batíkí misálá mya bangó naíno, bakití bangó bánsɔ sé na kúku mpɔ̂ ya bomóni makambo mánsɔ ma etumba. Bákóma na kúku, bakútí sé motámboli mwǎsí atíí óyo ya mombóngo na nsé. Mwǎsí wa mombóngo nkómbo te mamá Edenda. Mamá wânâ azalí moto tê. Na káti ya maswâ, bǎsi bánsɔ ba mombóngo bakokaka yĕ tê, bakobángaka sé yĕ. Monɔkɔ moleká makási. Sɔ́kí alobí, nzinzi ekokí kofánda na monɔkɔ mwǎ yĕ tê. Akolobaloba míngi mpenzá. Mwǎsí wânâ abwákákí mamá Edenda, azalí mamá mɔ̌kɔ́ ya matúmolí míngi tê, kási azalí na yĕ mamá mɔ̌kɔ́ ya motutalɔ́sɔ. Ndé mamá Edenda na lofúndo la yĕ, akɛí kotúmola óyo moto batúmolaka tê. Mamá ya Kisangáni amófándélí, amófíní monɔkɔ. Bato batóndí. Kapiténi Etuwe akití, alobí na bango bátíka etumba. Mosíká tê, na maloba ma Kapiténi, batíkí etumba. Kapiténi atúní bangó, mɔ̌kɔ́ mɔ̌kɔ́ ntína ya etumba ya bangó.

Bolumbu asks Botuli, "How come there are so many people on the dock?"

Botuli replies to her, "The people that you see all live in this city. Do you know that Mbandaka is a bigger city than Boende?"

Bolumbu says, "I always thought that Boende was the biggest city in the entire Congo."

A lady sitting near them, by the name of Baliya, joins in, "How is that, my child, where are you from?"

Bolumbu feels a little embarrassed, and she feels reluctant [lit.: heavy mouth] to respond to the mama Baliya.

Botuli looks at Bolumbu and tells her, "Someone is asking you a question. Why don't you answer?"

Bolumbu acts like someone who did not hear. She replies, "Mama, are you talking to me?"

Mama Baliya says, "I am talking to you, child."

Bolumbu replies, "We come from Boende."

Mama Baliya asks another question, "Well, where are you going?"

Bolumbu responds, "We are going to Kinshasa."

Mama Baliya goes on to ask, "Well, whose place are you going to in Kinshasa?"

Bolumbu replies to her, "To the man who married me."

Mama Baliya says, "That is good."

The boat has finished leaving the dock and is underway. It has left the dock of Mbandaka far behind. Shortly after, a fight erupts in the boat's kitchen. It is a lady passenger and a tradeswoman. The people on the boat are always curious [lit.: they never listen, i.e. they also have to see what's going on]. They leave their work; they all go down to the kitchen in order to see the blow-by-blow of the fight. As they arrive in the kitchen, they find the woman passenger holding down the tradeswoman. The tradewoman's name is Mama Edenda. That woman is no lady [lit.: person]. On the boat none of the tradeswoman can stand her; they reject her. She is a big mouth. When she speaks, not even a fly could sit on her lip. She spreads a lot of rumors. The woman who threw her down is not a big troublemaker, but she is a 'rice-pounder'. Nevertheless, Mama Edenda, in her vanity, has provoked a person who should not be provoked. The woman from Kisangani is sitting on her, squeezing her mouth. There are many people. Captain Etuwe comes down and asks them to stop fighting. Shortly after the Captain has spoken, they stop fighting. The captain asks each of them why they were fighting.

"Năno yɔ̌ mamá Edenda, likambo yangó níni bowélí na moníngá wa yɔ̌?"

Mamá Edenda yě yě te, "Ngáí nayébí na ngáí elɔ́kɔ tê. Mwǎsí óyo ndé abandákí kotíndika ngáí, yangó wâná ngáí mpé natíndíkí yě, mpé tobuní."

Kapiténi Etuwe yě yě te, "Esílí sé bôngó?

Mamá Edenda yě yě te, "Esílí sé bôngó lokóla nalobí."

Kapiténi Etuwe mpé atúní mamá ya Kisangáni, "Mamá, lobá ntína níni bobuní na moníngá wa yɔ̌?"

Mamá ya Kisangáni alingí áloba, kási mayɛ́lɛ masílí. Nkándá eyélí yě káti ya motéma. Kolela ekángi monɔkɔ. Mái makwéí o míso.

Kapiténi alobí na yě te, "Tíká kolela. Kangá motéma mpé óloba makambo mánsɔ malámu. Oyeba mpé te makambo makokí kosíla na kolela tê. Makambo makosíla sé na kosámba."

Eyókí mamá ya Kisangáni boye, alobí te, "Ngáí natíyákí nzúngu ya ngáí na mɔ́tɔ libosó. Mwǎsí óyo ayéí, alongólí nzúngu ya ngáí likoló lya mɔ́tɔ. Natálí yě sé botáli. Atíkí nzelá ya nzúngu, abandí kopésaka ngáí mbókélá na bolobi te bǎsí pámbapámba bákokɛndɛkɛ na Kinshásá sé mpɔ̌ ya botíi bísó ba Edenda panzé likoló. Ngáí mpé nalobí elɔ́kɔ mɔ̌kɔ tê. Nafándí sé nyê. Abakísí lisúsu na bolobi te bǎsí basúsu basukolaka nzóto ya bangó tê, lokóla baóyo. Alakísí ngáí mosapi. Emɔ́ní ngáí boye, namólobélí te 'bóní mamá, bísó na yɔ̌ ndé likambo? Osílí olongólí nzúngu ya ngáí likoló lya mɔ́tɔ mwa maswâ. Obandí mpé kobwákela ngáí bambókéla ya bísó baye tozalí baútá, mpé ekómí ya kolakisa misapi lokóla bóní?' Eyókí yě bôngó, abwákélí ngáí nsɔ́i mpé abámbɔ́lí ngáí mbatá mɔ̌kɔ ya makási na matói. Nakanísákí kútu te litói lya ngáí lilongwí. Ngáí mpé nalobí mamá alobákí, 'Sɔ́kí moníngá abétí yɔ̌, yɔ̌ mpé bétá yě lokóla.' Nazóngísélí yě mpé óyo ya ngáí mbatá, mpé tobuní. Mosíká tê nabwákí yě na nsé. Nsima mpé bayéí kolongola bísó."

Kapiténi yě yě te, "Mánsɔ sé wâná mamá?"

Mamá ya Kisangáni yě yě te, "Yangó sé wâná."

Kapiténi abálobélí nsima te, "Bínó bánsɔ bókɛndɛ kofánda, ndénabéngí bínó lisúsu mpɔ̌ ya bokáti etumba ya bínó."

Etumba wâná epésí bato bánsɔ ntína monénɛ ya lisoló. Epái ná epái bato bazalí sé kosolola likambo lya etumba.

Bǎsí ba mimbóngo míngi balobí te, "Bôngó ezalí malámu na ntína te balekaka lofúndo lokóla mamá Edenda tê. Moto nyɔ́nsɔ sé kofúndela. Moto nyɔ́nsɔ sé kotúmola. Okanisa tê te okokɛndɛ kotúmola óyo *batúmolaka* tê. Awa babwákí yě na nsé lɛlɔ́ wápi epái atíkí kielombé ya yě?"

"First you Mama Edenda, why are you arguing with your friend?"

Mama Edenda says, "I do not know anything. This woman started pushing me, that is why I pushed her back and we fought."

Captain Etuwe says, : "Is that the way it was?"

Lady Edenda, "That is it, just the way I have said it."

Captain Etuwe then asks the lady from Kisangani. "Mama, say why you were fighting with your friend."

The lady from Kisangani is ready to speak, but she is at a loss for words. She is overwhelmed by anger. Crying prevents her from speaking. Tears stream from her eyes.

The captain tells her, "Stop crying. Calm down and explain everything well. You know that crying can't resolve anything. Things get resolved through discussion."

After the lady from Kisangani heard these words, she says, "I put my cooking pot on the burner first. This lady came along and took my pot off the burner. I just looked at her. She forgot about the cooking pot and started shouting abuse at me, saying that these worthless women go to Kinshasa just to annoy people like her Edenda. I did not say anything. I remained silent. She went on to say that other women [from Kisangani] do not take care of their bodies, like these ones here. She pointed at me. When I saw that, I asked her, 'What's this, Mama, do you and I have a problem? You already took my pot off the burner (provided by the boat) And you started abusing those of us who are outsiders and now you're pointing your finger at me, why?!' When she heard that, she spat at me and hit me very hard on the ear. I even thought that my ear had fallen off. I recalled my mother saying: 'If someone hits you, hit him back.' I slapped her back and we fought. Shortly after, I threw her down, and people came to separate us."

The captain asks, "Is that all, Mama?"

The lady from Kisangani says, "That is all."

Then, the captain told them, "Both of you go sit down. I will call you later to settle your dispute."

That fight gives everybody a big topic for conversation. Everywhere, people are talking about the fight.

Many tradeswomen say, "Yes, it is good because you shouldn't be arrogant like Mama Edenda. Teasing everybody. Provoking everybody. You don't even think that you might provoke someone you shouldn't provoke. Now that she has been knocked down, where did her strength go?"

Tángo bato míngi bakímákí epái ya kúku mpɔ̂ ya botáli etumba, Bolúmbú na Botúli bafándákí na bangó sé káti ya ndáko nyê. Etumba esílí. Babimí libándá. Bafándí sé nyê. Mamá Baliya mpé moto akɛndɛ́kí kotála etumba, azɔ́ngélí bangó.

"Oyébí," elobí mamá Baliya, "mwǎsí ɔ́yo abundí etumba, ezalí mamá Edenda. Kási wâná ezalí nkómbó ya yɛ̌ mpenzá tê. Oyo wâná ezalí nkómbó topésá yɛ̌ áwa káti ya maswâ, na ntína te sɔ́kí azalí kotámbola, azalí sé kodenda. Sɔ́kí azalí koloba, azalí sé kodenda. Yangó wâná topésá yɛ̌ nkómbó wâná ya mamá Edenda. Nkómbó ya yɛ̌ mpenzá ezalí Azángá. Mwǎsí wâná azalí moníngá wa ngáí wa kala, káti ya mosálá mwa bísó mwa mombóngo. Nakokí koloba te bísó na yɛ̌ tozalí áwa bato ya libosó na káti ya bǎsi bánsɔ ba mombóngo, ndé azalí mwǎsí mɔ̌kɔ́ wa nsɔ́mɔ. Alingí moníngá ázwa eleka yɛ̌ tê. Alingí moníngá áláta eleka yɛ̌ tê. Alingí bínsɔ bízala sé epái ya yɛ̌. Mibáli ya mikɛ́ bánsɔ alingí sé bangó. Mibáli ya minɛ́nɛ bánsɔ sé ya yɛ̌. Na masoló ya bǎna bǎsí ya mikɛ́, alingí sé atíya monɔkɔ mwa yɛ̌ káti. Ndéngé ya yɛ̌ wâná. Sɔ́kí alingí mobáli, zúwa ko elálí wâná. Mwǎsí nyɔ́nsɔ akosolola na mobáli wâná, akozwa likambo monɛ́nɛ na yɛ̌. Yɛ̌ mpé alingí moto alakisa yɛ̌ tê. Atá mpé mosapi, alingí tê moto álakisa yɛ̌. Atá lokóla babuní wâná, sɔ́kí batíkélí bangó nzelá, bakobuna lisúsu. Monɔkɔ makási ezalí wâná, kási makási ko tê. Obángaka sé monɔkɔ."

Bolúmbú útá abótámá, ayébí naíno ndéngé ya efándeli wâná ya bitumba ya bǎsí tê. Ayébí mpé tê bǎsí baswánaka ndéngé wâná. Utá bankɔ́kɔ ba yɛ̌, ayébí ndéngé ya makambo wâná tɔ̌ mpé ndéngé ya masoló ma ndéngé mosúsu ya kobébisa motéma mwa moto tê. Makambo mánsɔ *óyo* mamá Baliya amólobélí, amɔ́ní mangó sé lokóla ndɔ́tɔ́. Mayélɛ ma kolanda mangɔ́ mazángí yɛ̌. Lokóla azɔ́ngísélí yɛ̌ maloba tê mpɔ̂ mamá Baliya ámɔ́na te alingí masoló wâná, mamá Baliya mpé atíkí masoló mangó.

Mamá Baliya alobí lisúsu te, "Mwâna, áwa ozalí kokɛndɛ ngɛlɛ́, ókéba mpé fungola míso ma yɔ̌. Ngɛlɛ́ ezalí mokakatano. Okokúta kúná bato bánsɔ bakolinga sé yɔ̌, kási na motéma mɔ̌kɔ́ tê. Awa yɔ̌ ozalí kokɛndɛ, nayébí na bolámu te, oyébáni na ndeko mɔ̌kɔ́ kúná tê. Ndé sɔ́kí okómí na ngɛlɛ́, okomɔ́na bandeko ndéngé na ndéngé. Lokóla ozalí kokɛndɛ na Kinshásá nakokí koloba te kébá malámu káti ya libála lya yɔ̌. Okokúta kúná na Kinshásá mibáli ndéngé na ndéngé. Bakokósola yɔ̌ na maloba, na ntína te óbóya mobáli wa yɔ̌. Bakolakisa yɔ̌ falánga mpé bakolakisa yɔ̌ ndéngé ya moláto mwa kazáka ndéngé na ndéngé. Bakosála mánsɔ na ntína ya bobéngi yɔ̌ makángo. Bakoyéla yɔ̌ mbɔ́ngɔ míngi ya pámba na libosó. Ndé nsima, sɔ́kí bazwí yɔ̌, bánsɔ bakímí yɔ̌ sɔ́kí mobáli wa yɔ̌ abóyí yɔ̌. Batíkí yɔ̌ káti ya mpási, okómí moto wa mawa. Ozaláká mwǎsí wa libála, okómí mwǎsí ndúmbá monɛ́nɛ. Okómí sé mitelengano."

While many people went down to the kitchen to watch the fight, Bolumbu and Botuli remained quietly in their room. The fight is over. They come out. They sit quietly. Mama Baliya who went to watch the fight comes back to them.

"You know," said Mama Baliya, "the lady who was fighting is Mama Edenda. But that is not her real name. It is a name we have given her here on the boat because when she walks, she waddles. When she speaks, she waddles. That is why we gave her the name 'Mama Edenda.' Her real name is Azanga [lit.: one who is poor or lacking]. That lady is an old colleague of mine in our trading business. I can say that she and I were among the very first tradeswomen, but she is a terror. She does not want any colleague to get more than she does. She does not want any colleague to be better dressed than she is. She wants to own everything. She loves all the young men. The older men are hers too. She wants to participate in the conversations of young girls. That is the way she is. When she loves a man, she is very jealous. Any woman who talks to the man will be in big trouble with her. She does not want anybody to give her advice. She does not want even a finger to be pointed at her. Just as they were fighting, if they had been permitted to, they would still be fighting. She is a big mouth, but she is not strong. You just fear her big mouth."

Bolumbu, since her birth, has never known this manner of fighting between women. She does not know that women argue in this manner. From her ancestors, she never learned of this kind of behavior nor of this manner of talking to upset someone. She sees everything that lady Baliya has told her as in a dream. She lacks a framework for understanding it. As she does not respond to [Mama Baliya's] words to show interest in what she is saying, Mama Baliya stops talking about it.

Mama Baliya goes on to say, "My child, as you are going downriver, be wary and keep your eyes open. [Life] downriver is complicated. You may find that everybody likes you, but not sincerely. As you start out, I know very well that you are not known by anybody there. But once you arrive downriver [i.e. in Kinshasa], you will meet all kinds of friends. As you are going to Kinshasa, I can say, 'Watch out for your marriage!' You will meet there in Kinshasa all kinds of men. They will deceive you with their words so that you divorce your husband. They will show you money and they will appear before you [lit.: show you] in various kinds of outfits. They will do all they can to make you their lover. They will offer you money with no strings attached at first. Later, after they get you, they will abandon you once your husband divorces you. They will leave you in pain, you will become a sad person. You were a wife; you become a prostitute. You become a vagabond.

Selection Two: Mákalámbá

"Káti ya nzelá ya falánga, sɔ́kí bamɔ́ní te bakokí kozwa yɔ̌ tê, bakɔ́télí yɔ̌ epái ya baníngá ba yɔ̌ bǎsí, mpɔ̂ te bangó bámɛmɔlɔ yɔ̌. Sɔ́kí ekómí epái ya baníngá ba yɔ̌ bǎsí, ndômɔ́ní ndéngé níni Kinshásá ezalaka. Okomɔ́na moníngá na yɔ̌ mosúsu akoloba *na* yɔ̌ te kobóya makángo tê moníngá, bísó bánsɔ tozalí na bamakángo. Sɔ́kí bôngó tê, okokoka kobíka tê. Okomɔ́na mosúsu akolobela yɔ̌ te azalí na makángo motɛ́ki monɛ́nɛ wa ngɔ́mbé tɔ̌ mpé wa bakimbúndi, tɔ̌ mpé wa bar mɔ̌kɔ́, mpé akolobela yɔ̌ te nakamátákí makángo wâná mpɔ̂ te ábíkisaka ngáí."

Bolúmbú afándí sé nyê mpɔ̂ te masoló ma ndéngé wâná matíí makanisi ma yɛ̌ mosíká. Mosíká tê Botúli ayéí, mpé mamá Baliya akátí lisoló lya yɛ̌, mpé amólobélí na litói te tokosolola ntángo mosúsu.

Tángo ya kolíya ekómí. Nzala ekangí Botúli na Bolúmbú. Batíí bilɔ́kɔ mpé baléí. Butú mpé boyíndí. Bato babandí kolála. Bangó mpé bakɔ́tí na ndáko ya bangó. Maswâ malúkí minteke mya yɛ̌.

Ntɔ́ngó etání. Botúli na Bolúmbú bazalí sé na mpɔngí. Mamá Baliya asílákí kobima kala. Abandí komɛlɛ fî.

Mwǎsí mɔ̌kɔ́ ya sodá, nkómbó Alena, mbóka ya yɛ̌ Matádi, akɛndéké na mobáli wa yɛ̌ mosálá mwa sodá o mbóka Kíndu. Bôngó mobáli amópésí nzelá ya bopémi mwâ moké epái ya mbóka ya yɛ̌ Matádi, epái babóti ba yɛ̌ bazalí. Ekómí yɛ̌ na Kisangáni, mwǎna óyo ya mobáli nkómbó Loloni, akamátí maláli. Mónganga amókomélí nkísi mpé amólobélí te akokí kopésa mwǎna bilɔ́kɔ biye balámbí na mafúta tê.

Utá Kisangáni kínô Mbándáká, abátélí na bolámu mpenzá mibéko miye mipésámákí na mónganga. Ekómí sé mokɔlɔ mɔ̌kɔ́ bôngó, amíkósí. Akamátí mbísi iye alámbákí na mafúta, apésí mwǎna mpɔ̂ álíya. Nsima ya mwǎna kolíya mbísi iye balámbí na mafúta, maláli ya mwǎna mayéí makási míngi. Káti ya maswâ mpé mónganga azalí tê. Maláli ma mwǎna makómí makási. Mosíká tê mwǎna akátání motéma mpé awéí.

Mwǎna abandákí maláli sé mokɔlɔ mônâ na ntɔ́ngɔ́. Ekómí na mói, mwǎna awéí. Ntángo Botúli na Bolúmbú babimí na mpɔ́ngi, bamɔ́ní bato bánsɔ sé nyê. Bolúmbú abángí.

Bolúmbú atúní mamá Baliya moto afándákí na monɔkɔ mwa loténa ya bangó te, "Bóní bato bafándí nyê boye?"

"If they see that they cannot get you directly with money, they will approach you through your female friends so that they will bring you. It is by observing [lit.: if it comes to] your female friends that you will see how Kinshasa really is. Another friend will tell you 'Don't refuse a lover, my friend, we all have lovers. Otherwise, you will not be able to survive.' You will meet another who will tell you she has a lover, [who is]an important butcher or a clothing trader or a bartender; another one will tell you, 'I took that lover so that he could help me out.'"

Bolumbu sits quietly because that kind of conversation unsettles her [lit.: puts her thoughts far away]. Shortly after, Botuli comes, and Mama Baliya cuts off her conversation and whispers in Bolumbu's ear, "We will continue at another time."

It is time to eat. Botuli and Bolumbu are very hungry [lit.: hunger wraps them up]. They serve themselves some food and eat. Night falls. People start sleeping. And they go into their room. The boat sails on.

Morning dawns. Botuli and Bolumbu are still asleep. Mama Baliya has been up for a long time. She starts drinking tea.

A soldier's wife, by the name of Alena, from the town of Matadi, went with her husband to his workplace, the town of Kindu. The husband allowed her a short vacation in her town Matadi, where her parents are. Upon her arrival in Kisangani, her son, by the name of Loloni, got sick. The doctor wrote a prescription and told her not to give the child food cooked with oil.

From Kisangani to Mbandaka, she carefully observes the instructions given by the doctor. Then one day, she makes a mistake. She takes some fish which she cooked in oil and she gives it to her child for him to eat. After the child eats the fish cooked in oil, the child's illness becomes very serious. But on the boat, there is no doctor. The child's illness becomes critical. Shortly thereafter, the child's heart stops beating and he dies.

The child got sick in the morning on that day. He died during the day. When Botuli and Bolumbu wake up, they find everybody silent. Bolumbu is afraid.

Bolumbu asks Mama Baliya, who is sitting at their room's entrance, "how come people are so quiet?"

Mamá Baliya ayánólí na boyébisi te, "Maswâ mazalí lokóla bato ba mamá mɔ̌kɔ́. Mwâ likambo liké sɔ́kí libimí, likómí lya bato bánsɔ. Lóbí ezalákí etumba, lɛlɔ́ ekómí likambo mosúsu. Utá ntɔ́ngɔ́, bínó na mpɔngí. Mwǎsí mɔ̌kɔ́ ya sodá, azalí áwa na káti ya maswâ, azalí kokɛndɛ epái ya babóti ba yě, mpɔ̂ ya bolakisa babóti ba yě na ba mobáli wa yě bǎna. Tálá sika óyo ekómélí yě mabé. Mwǎna wa yě wa mobáli, azalí na mpanzé makási. Utá ntɔ́ngɔ́ toyébí tê sɔ́kí akobíka tɔ̌ akobíka tê. Sika Kapiténi asílí koyébisa na bato bánsɔ te bátíka makɛlélɛ mpɔ̂ ya yangó. Utá bakɛndékí na mwǎna kúná epái ya Kapiténi, mpɔ̂ bápésa minɔ́, azóngí naíno tê. Ekozalaka sɔ́kí atá bóní okɛí kúná, okosála ndámbo ya ngonga tê. Okozila sé moké mpé ozóngí. Kási bangó bakɛndékí kala mpé bazóngí naíno tê. Ekokí kozala sé mwâ likambo. Wâná ntembe tê."

Bolúmbú yě yě te, "Ekokí bôngó kozala bóní?"

Mamá Baliya te, "Nayébí tê. Sɔ́kí eyéí mabé tɔ̌ bóníbóní, tokoyéba. Nyɔ́nsɔ tópésa sé Nzámbe. Yě mɔ̌kɔ́ ayébí elingí yě."

Asílísí koloba tê, mongóngó ya kolela ekómí kúná bakɛndékí na mwǎna epái ya Kapiténi. Likambo monénɛ libimí. Batíí matói, bayókí sé te mwǎna awéí. Maswâ mánsɔ makómí na mawa ya bowéí bwa mwǎna. Maswâ makómí wayi. Mamá na mwǎna awéí na kolela.

Na káti ya maloba ya boleli, mamá na mwǎna azalí sé kolela na bolobi te, "Nakoloba bóní epái ya tatá na yě! Nakosála mpé bóní na mwǎna óyo tatá na yě alingákí tê náyâ na yě! Malámu sɔ́kí ezalákí atá epái ya tatá na yě mɔ̌kɔ́. Sika óyo nazwí likambo káti ya nzóto ya ngáí eee! Ndɔki níni elokákí ngáí eee! Malámu sɔ́kí yě mɔ̌kɔ́ amɔ́nákí esíká bakotíya mwǎna na yě! Nákomela ko yě nsango ndéngé níni eee! Nakoleka epái wápi eee! Makilá mabé na ngáí eee! Etúmbu níni óyo ngáí nazwíí eee! O ngáí Alena eee! *Bilíyákí ko ngáí* na mokili bikokí eee...! O ngáí Alena eee!

Alena alelí ndéngé ínso ya komímɔ́nisa mpási mpenzá. Mamá Alena, mamá wa mwǎna, awéí na kolela. Abimísí ndéngé ya maloba ndéngé nyɔ́sɔ.

Kapiténi atíndí mosáli mɔ̌kɔ́ ákamata mabáyá ma maswâ mpɔ̂ ya bosáli sandúku ya bokundi mwǎna, na ntína te ebembe ekokí kolála káti ya maswâ sɔ́kɔ́ moké tê. Atá mpé bôngó tê, lokóla baséngélí kokóma na Kinshásá sé na ntɔ́ngɔ́ ya butú mosúsu, ebembe wâná ebɔngákí sé ékundama o nzelá. Likambo mosúsu ezalí tê mpɔ̂ ya bokundi ebembe káti ya Kinshásá. Ekokí kosálema, kási ekobimisa mindɔndɔ́ misúsu mpɔ̂ esinyé ya Kinshásá ezángí. Na bôngó, ebembe ekokí kobéba sé mpɔ̂ ya mindɔndɔ́ mundélé-mbóka akokí kobimisa na káti ya yangó.

Baliya responds by saying, "The [people on the] boat are like people from the same mother. Whenever a small problem occurs, it affects everybody. Yesterday it was a fight, today it is a different matter. Since daybreak, you have been asleep. There is a soldier's wife on the boat, who is going to his parents' place in order to show her husband's parents the children. Now she is in very big trouble. Her son has a very serious pneumonia. Since morning, we do not know if he will survive or not. Now, the captain has told everybody to stay quiet because of that. Since they took the child to the captain's cabin for first aid, she has not gotten back yet. Usually when someone goes there, it does not even take half an hour. You just wait for a short while and then you return. But they went a long time ago, and are not back yet. There may be a little problem. No doubt about it."

Bolumbu says, "What can that be?"

Mama Baliya [says], "I do not know. If it gets bad or whatever, we will know. Let us put everything in God's [hands]. He alone knows what He wants."

She has not [yet] finished speaking [when] a weeping voice comes from the captain's [area] where they took the child. Something serious has happened. They pay attention [lit.; put ears] and hear that the boy has died. The entire boat becomes very sad about the child's death. The boat becomes silent. The child's mother is wailing loudly [lit.: dies of crying].

In her cried out words, the child's mother sobs, "What am I going to tell his father? What will I do with this child whom the father did not want me to take along? It would have been better if it happened at his father's [in Kindu]. Now, I am in trouble [lit.: have a problem in my body]. What curse has bewitched me? It would be better if he saw himself where his child will be laid to rest! How will I write him the news? What path can I take? What back luck [lit.: bad blood] have I! What a punishment I have been subjected to! Oh [poor] me, Alena! This is my end [lit.: (My time for) eating on earth is over]! Oh [poor] me Alena!"

Alena makes herself suffer in all kinds of ways. Mama Alena, the child's mother wails loudly. She utters all kinds of words.

The captain has sent an employee to get wood on the boat to make a coffin for the child's burial, because the body cannot be kept [lit.: never sleep] on the boat even a short time. Furthermore, as they are supposed to arrive in Kinshasa only two days later [lit.: the morning after the next night], the body must be buried on the way. [That way,] there won't be an additional problem with a burial in Kinshasa. It could be done, but it would raise other problems concerning the signatures in Kinshasa that are lacking. Because of that, the body might decompose due to formalities imposed by the municipal administration.

Băsí bánsɔ baye bazalákí na káti ya maswâ mâná bayéí kofánda sé na epái ya ebembe. Bánsɔ bawéí sé na boyóki mawa mpé botáli mamá wa mwăna ndéngé azalí kobimisa maloba na *boleli* mwăna wa yĕ. Băsí bánsɔ, mawa masálí bangó, mpé bakómí bánsɔ sé kolela. Mibáli batélémí sé botélɛmi. Mói mobimba maswâ sé mawa mawa. Ngonga ya kolíya ebétémí kási sé mindélé baye bazalákí káti ya maswâ mâná, bangó ndé bakɛndékí kolíya. Batámboli ya bayíndo, mɔkɔ tê azwákí mpósá ya kolíya. Bánsɔ bafándí sé epái ebembe ezalákí.

Moto na moto sé mawa. Sɔkí otálí ndéngé bato bazalí kobimisa mái ya míso, okoloba sôló te mawa makɔtélí bangó.

Ekómí ntángo ya bokɔngɔli falánga. Bapésí mamá Edenda mosálá mônâ mwa bokɔngoli falánga. Abandí kokɔngɔlɔ falánga. Akómí epái ya mamá Kisangání óyo babundákí lobi bangó na yĕ. Mamá Kisangání apésí sé falánga. Abimísí likambo tŏ mpé matáta atá moké tê. Esíká basílí bokɔngɔli falánga, batángí nyɔnsɔ ezwámí míli mwambi.

Ekómí maswâ na mbóka mɔkɔ ya nkóni, nkómbó Mbólókó, Kapiténi akangí maswâ mpé atúní Kapíta wa mbóka esíká mpô ya bokundi mwăna. Kapíta andimí mpé alakísí yĕ esíká. Batíí mwăna káti ya sandúku. Batíí etándá ya malámu mpô ya bato baye balingí kokɛndɛ na ngeló bákɛndɛ kotála esíká bakokunda mwăna wâná.

Na káti ya maswâ, atá múpe *tŏ* ngelésa tê, mpô básambola ebembe. Bato bánɛi baye bazaláká káti ya maswâ bakamátí sandúku ya ebembe mpé banyatí o etándá mpô ya kokɛndɛ na mokili epái ngeló ezalí. Molɔngɔ mosálémí. Libosó ebembe. Na nsima ya ebembe Kapiténi, mobɔngisa wa maswâ tŏ mikanisé mpé na mamá na mwăna. Kapíta wa mbóka nsima ya bangó, mpé molɔngɔ mwa bato bánsɔ boyéí nsima ya bangó. Molɔngɔ mpé molíyámí mpô nzelá ya ngeló ezalákí eké míngi.

Tokokí koloba te ekundeli ya mwăna wâná ezalákí ekundeli ya monénɛ mpenzá. Atá mpé bato ya minénɛ misúsu bakokákí kozwa ndéngé ya bato wâná tê na ekundeli ya bangó. Ndé mwăna wâná azwákí bato mpenzá!

Ekómí bato kúna na ngelo, moto na moto abandí kosakola makambo lokóla bankɔkɔ ya bato ya Kongó elobámí na ntángo ya bokundi ebembe.

Na bobandi, Kapiténi apésí maloba o bosó bwa basúsu. Alobí boye, "Na nkómbó ya ngáí mpé ya bato ba maswâ, toyambákí yŏ na bolámu mpenzá, mpé sɔkí tosálákí yŏ mabé, yáká sé ókwa óyo asálákí yŏ mabé." Esílísí yĕ maloba wâná, akamátí páo, atókí mabelé mpé abwákí o libúlú.

All the women who were on that boat have come to sit by the body. All are hurting [lit.: dying], feeling sorry as they see the child's mother expressing words to mourn her child. Feeling sadness, all the women break out crying. The men just stand [there]. All day long, the [people on] boat are mourning,. The mealtime bell rings, but only the white people who are on the boat go to eat. Not one of the black passengers has the desire to eat. All are sitting by the body.

Each person is really sad. If you saw how the tears were flowing from their eyes, you would say that they felt sad [lit.: sadness had entered them].

It is time to collect money. Mama Edenda is given the task of collecting the money. She starts collecting the money. She comes to the Mama Kisangani whom she fought with the day before. Mama Kisangani just hands money to her. She doesn't even raise a single issue or problem. When they have finished collecting the money, all that was gotten amounts [is counted as] to eight thousand.

When the boat arrives at a wood[-cutting] village named Mboloko, the captain stops the boat and asks the village chief for a place to bury the child. The chief agrees and shows him a place. They lay the child in the coffin. They place a good gangway to allow the people who want to go the cemetery to go see where the boy will be buried.

There is not even a priest or pastor on the boat to pray over the body. Four people from the boat take the coffin and step on the gangway to go on land where the cemetery is. A line is formed. The coffin [lit.: corpse] is in the front. After the coffin , the boat's captain, the boat's repairman or mechanic, and the child's mother. The village chief after them and then the line of all the people coming after them. The line thins out [is eaten] because the path to the cemetery is very narrow.

We could say that the child's burial was really an important burial. Even some important people could not attract that many [lit.: kind of] people to their burial. But that child really got [a lot of] people.

As they arrive at the cemetery, each person in turn says [lit.: preaches] things like what has been said by the Congolese people's ancestors at the time of the burial of a body.

At the beginning, the captain speaks ahead of the others. He says, "In my name and in the name of the people from the boat, we welcomed you [the child], but, if we did wrong to you, come and take [into death] the person who did wrong to you." As he finishes his words, he takes a shovel, fills it with dirt, and throws it into the grave.

Nsima ya maloba ma Kapiténi, mamá mokóló mwăna. Atélémí na malémbɛ mpé na mawa manénɛ káti ya motéma, mpé alobí boye, "Sɔ́kí nalingáká kolíya yɔ̌, ndé nalíyá yɔ̌ útá kala. Kási óyo aléí yɔ̌ lɛlɔ́ óyo, yɔ̌ mɔ̌kɔ́ oyébí yě na bolámu. Yáká sé kokwa yě. Sɔ́kɔ́ mpé owéí liwá ya Nzámbe, nyɔ́sɔ́ sé malámu.

Nsima ya bosílisi maloba, abwákí mabelé káti ya libúlú. Nsima *ya* yě, bato míngi mpé babwákí mabelé káti ya libúlú lokóla.

Lokóla emɛséní na bato ya Kongó, ntángo nyɔ́nsɔ na bolobi te ebembe ya moto nyɔ́nsɔ ekowáká pámba tɛ̂, míngi bandimí sé te liwá ya mwǎna wâná ezalákí sé bangúná ndé babomí yě. Maloba maye mayéí komɔ́nana sé na tángo mamá ya mwâna asakólí na ngeló balɔkákí yě. Tokanísákí te ntángo azalí kolela mwǎna wa yě akoloba te mwăna wa yě awéí mpɔ̌ abúngísákí mibéko ya mónganga útá apésákí yě bilɔ́kɔ ya mafúta. Atíkí nzelá wâná, alobí ndé balɔkí mwăna wa yě.

Makambo mánsɔ mpɔ̂ ya bokundi mwăna masílí. Bapésí bato ya mbóka baye bakɛndékí kosála libúlú mwâ méyá ya bangó lokóla ekosálemaka. Esílí bôngó bato bánsɔ bazóngí o maswâ.

Ekómí bangó o maswâ, bakútí katíni ya mái na ekɔ́tɛli ya etánda. Bato babandí kosukola mabɔ́kɔ lokóla ekosálemaka na nsima ya bokundi ebembe. Basúsu basukólí atá mabɔ́kɔ tɛ̂, bolukí sé nzelá ya bosílisi mawa ma mamá mokóló mwăna. Balekí sé esíká mamá wa mwăna azalí, mpɔ̂ ya bosololi na yě mwâ moké. Basúsu bakɔ́tí káti ya mwâ tondákondáko ya bangó ya maswâ.

Kapiténi Etuwi abétí losébá mpɔ̂ ya bolongwi na mbóka wâná ekundámí mwăna. Pɔ́ndɔ́ balongólí etándá na nsinga mpé maswâ matíyólí. Alena, mamá ya mwăna óyo awéí, afándí sé nyê na mawa manénɛ káti ya motéma. Bǎsí babandí kofungola nsúki ya yě ya motó. Basálí yangó mabɔtɔ́ ya mwǎsí awélí mobáli, mpé batíkí yě ntólo sé pámba. Akangí mwâ limpúta sé na monkéké. Afándí sé na litɔkɔ́. Bǎna ba yě basúsu básáto bafándí sé pɛnɛpɛnɛ na yě. Bayébí tɛ̂ te ndeko wa bangó awéí. Mwăna óyo akúfákí azalákí mwâ mokóló wa bǎna bánsɔ. Azalákí na mibú libwá ya mbótámá. Baye batíkálí bazalí na mbúla míbalé, mísáto, mítáno mpé na mbúla nsambo. Sɔ́kí tolingí tóndima te mɔ̌kɔ́ wa bangó ayébákí makambo ma liwá, tokokí sé kokanisa te mwăna ya mbúla nsambo moto akokákí koyéba mwâ moké.

After the Captain's words [comes] the child's mother [lit.: owner]. She stands up slowly with great sorrow in her heart and says, "If I had wanted to kill [lit.: eat] you, I would have killed you a long time ago. But the one who killed you [by witchcraft] today, only you know who that is very well. Just come and take that one. If your death is natural [lit.: of God], that is fine."

After finishing her words, she throws some dirt in the grave. After her, many people throw dirt in the grave in the same way.

As it is customary among the Congolese always to say that there is no natural death [lit.: everybody's corpse dies for a reason], many people agree that this child's death was [due to] witches [lit.: enemies], who killed him. These words [about Congolese beliefs] come to be confirmed when the child's mother testifies at the cemetery that a spell was cast on him. We would think that as she mourns her child's death, she would say that her child died because she disobeyed the doctor's orders and gave him food [cooked] with oil. She leaves that aside, and says that her child was bewitched.

All the matters concerning the burial of the child are over. They give the villagers who went to dig the grave a little change as it is usually done. When it is finished, everybody goes back to the boat.

When they get to the boat, they find a bucket of water at the entrance to the gangway. People wash their hands, as it is ordinarily done after the burial of a body. Some people do not even wash their hands [because] of looking for ways to comfort the child's mother. They pass [the water bucket] and go where the mother is to talk to her a little bit. Others go into their cabins.

Captain Etuwi sounds the boat's whistle [to signal] the departure from the village where the child was buried. The workers remove the gangway with ropes, and the boat heads downriver. Alena, the mother of the child who died, remains silent with great sorrow in her heart. The women undo the hair on her head. They arrange it in plaits [appropriate] for a woman who has lost her husband, they also bare her chest. She wraps a loincloth around her waist. She sits on a mat. Her three other children sit by her. They do not know that their brother is dead. The child who died was the oldest of all the children. He was nine years old. The remaining are two, three, five, and seven years old. If we accept the idea [lit.: want to agree] that one of them would know something of death, we would assume that the seven-year old might know a little bit.

Mamá Edenda akamátákí makambo mánsɔ ma liwá o mabɔ́kɔ ma yĕ. Abéngísí bikala ya masanga ma biélɛ na bakɔ́pɔ na batɛ́ki ba maswâ. Butú bobandí mpé koyínda. Esíká masanga makómí, mamá Edenda alobí mpé na bato baye bafándákí wânâ esíká ya mowéisi mwăna te, "Utá efándeli ya bísó na maswâ, ezalí te sɔ́kí moto akúfí, tokolémbolaka falánga. Ndámbo tosómbí masanga, óyo etíkálí topésí mokóló ebembe. Yangó wânâ tolémbólákí falánga bísó bánsɔ míli mwambi, lokóla boyébí. Tosómbí masanga míli míbalé. Topési yɔ̆ mowéisi ebembe míli motóba."

Alena, mamá ya mowéi, asálí lokóla ábóya mosɔlɔ wâná. Bato bánsɔ balobí sé ákamata mpé akamátí. Masanga matámbólí káti ya maswâ. Nsánzá mpé engɛngí sé kongɛngɛ. Bato bamɛlí sé nyê masanga ma bangó. Makɛlélɛ matíkálí sé ya pakapáka ya maswâ.

Na ntángo wâná, mamá Baliya afándí sé pɛnɛpɛnɛ na Bolúmbú. Makambo mánsɔ bakomásolólákà sé mokémoké na pɛmbéni ya matói ma bangó.

Bolúmbú yĕ yĕ te, "Ndéngé níni bísó bánsɔ *toyókélí mwăsí* wânâ mawa, tosálélí yĕ makambo mánsɔ mpé toyébí yĕ tê? Yĕ mpé azalí ndeko ya moto tê. Moto mpé mɔ̆kɔ́ azalí ekólo ya yĕ tê?"

Mamá Baliya amóyánólí na bolobi te, "Na ngɛlé, likambo lya malámu sé liye wânâ. Sɔ́kí ozwí likambo ya kowéisa moto, bato bánsɔ baye bayébí yɔ̆ na baye bayébí yɔ̆ tê, bakoyéla yɔ̆. Bakosálisa yɔ̆ káti ya makambo wânâ. Ntángo mosúsu atá ozaláki na moto bombanda, akokí kotíka yɔ̆ tê ntángo ya makambo, lokóla ndéngé ya liwá tɔ̆ mpé na makáma ndéngé misúsu. Oyébaka te makambo ma ndéngé wânâ, makozóngisaka bondeko míngi epái ya ngɛlé. Bôngó mpɔ̂ ya likambo lya liwá liye lizwélí bísó káti ya ebale, sɔ́kí ezalákí káti ya Kinshásá, elingákí ézala likambo mosúsu. Ntángo mosúsu bato lokóla baEdenda wânâ, atá azalí mabé ndéngé bóní, sɔ́kí azwí likambo, akokí kozwa bato ebelé bayâ kotála yĕ. Atá bakofínga yĕ, atá mpé lokóla azalí na monɔkɔ moláí ndéngé wânâ, na ngɛlé, batálí nyɔ́nsɔ wânâ tê. Yangó wânâ bakobéngaka te ngɛlé mákalámbá, ozwí oléí, mpé okámbí ozángí. Sɔ́kí nalobí bôngó, elingí koloba tê *te* sálá mánsɔ, ndé kébáká wânâ ezalí sé maloba."

Mama Edenda takes all the mourning ceremonies into her own hands. She orders cases of beer along with cups from the boat's vendors. Night begins to fall [lit.: become black]. When the beer arrives, Mama Edenda tells the people sitting by the mother who lost her child, "According to our traditions on the boat, when somebody dies, we collect money. [With] part [of the money], we purchase beer, we give the remaining money to the person [lit.: owner, i.e. the person charged with] the body. That is why all of us collected eight thousand francs, as you know. We have spent two thousand for the beer. We give you, the person mourning the body, six thousand."

Alena, the mother of the deceased, acts as though she is refusing the money. Everybody advises her to take the money, and she takes it. The beer is circulated [lit.: walks] on the boat. The moon shines brightly [lit.: shines only to shine] People are quietly drinking their beer. The only noise was the rumbling of the boat's [motor].

At that time, Mama Baliya is sitting by Bolumbu. They are whispering about everything in each other's ears.

Bolumbu says, "How come we all feel sorry for that lady, we do everything for her but we don't even know her? And she is nobody's relative? Nobody is from her ethnic group?"

Baliya responds in these words, "That is what is good downriver. If you are mourning someone, all the people who know you and those who don't know you will come to you. They will help you in those troubles. Sometimes even if you are a rival of someone, she shouldn't abandon you in time of troubles, as for example in the case of death or in the case of an accident of any sort. You should also know that problems of that kind [can] bring about a reconciliation [lit.: bring back friendship] downriver. So, had the death event that we have experienced on this boat occurred in Kinshasa, it would have been an even more important [lit.: another] matter. Sometimes, even people like Edenda, however bad she is, would get numerous people to come and assist her. Even if they insult her, no matter how big a mouth she has, downriver they disregard all that. That is why down the stream is called 'makalamba' [lit.: furnaces, that is, places of a lot of heat, activity, and confusion], if you find food, you eat it; if you lack food, then you lack it. If I speak this way, it is not to say, do everything [I say] but rather be careful! These are only words.

95

"Mpɔ̂ ya sika, tíká nǎno nzelá óyo mpɔ̂ te nasílísela yɔ̌ maloba ma ngáí ma lóbí, mpɔ̂ óyo wâná ndé malako mabɔngí na yɔ̌.

"Oyébí te ngɛlé wâná, okokúta bǎsí ya malámu, kási mibáli ya bangó bakondima bangó tê. Okokúta mpé mibáli ya malámu, kási bǎsí ba bangó bakondima bangó tê. Okokúta bǎsí basúsu ya mabé, bakosála makambo maye mazángá ntína ya efándeli ya malámu, kási mibáli bakolinga bangó míngi. Okokúta mpé mibáli baye bamɛséní konyɔ́kɔla bǎsí ba bangó ndéngé ya bonyama, kási bǎsí bazalí sé o libála. Sɔ́kí omekí koluka ntína, okozwa tê. Okomɔ́na sé nzelá molílí. Wâná ezalí ndé ngɛlé. Okomɔ́na bǎsí basúsu bakoléisa mibáli ya bangó ná bamakángo ya bangó bilɔ́kɔ esíká mɔ̌kɔ́. Okomɔ́na mibáli misúsu bakotínda bǎsí ba bangó basómbela bamakángo ya bangó bilambá. Bakobákósa te mosálá wâná ya botíndi bangó bôngó ezalí mpɔ̂ ya bosálisi bandeko ya bangó ya bǎsí. Sánzá mosúsu, okoyóka mobáli mosúsu akokósa mwǎsí wa yě te falánga ya sánzá, bayíbélí yě yangó mpé azwí moto yangó tê. Bôngó ayébí ndéngé níní akosála káti ya sánzá yangó tê. Nzókandé asílákí kopésa ndámbo ya mosɔlɔ wâná epái ya makángo na yě. Okomɔ́na mwǎsí mosúsu akosénga mobáli wa yě falánga ya bosómbi bilambá ya yě, nzókandé alingí ásómbela makángo na yě kazáka ya kitɔ́kɔ. Na ngɛlé, mwâsí alingí áyéba te mobáli abómbí falánga tê. Mobáli mpé alingí áyébisa tê te akokamataka na sánzá bóní.

"Na ngɛlé, libála lizalí sôló, kási sɔ́kí okómí kúná, okoyéba libála sé sɔ́kí mwâsí ná mobáli bafándí nyê. Kási kobúngaka tê te makambo mazalí kotámbolaka lokóla mpóko na púsi. Mobáli akoluka sé mpɔ̂ ya babóti ba yě mobáli. Mwǎsí mpé akoluka sé mpɔ̂ ya babóti ba yě mwâsí. Mwâsí alingí tê ámɔ́na babóti ba mobáli bákɛndɛlɛ mwǎna ya bango míngi, ekopésa motéma mwa yě mabé. Mobáli mpé sé wâná. Moto na moto alingí sé ba yeyé.

"Atá mobáli akokamata falánga bóní, mwǎsí ya ngɛlé alingí sé kozala palapala lokóla mbísi ya mái mpɔ̂ alingí elɔ́kɔ nkómbó moláto. Mobáli mpé alingí sé te ázala makángo na bǎsí bánsɔ. Ngɛlé ezalí sé kokanga motéma. Atá lokóla ozalí sé naíno míso molíli, mbúla mosúsu ndôkokanisa te nayáká na mwâsí mɔ̌kɔ́ nkómbó mamá Baliya, mpé azaláká kolobela ngáí boye na boye, mpɔ̂ ya efándeli ya ngɛlé. Tángo wâná, ndéokómí míso potsa te 'ikenge.'

"For the time being, let us leave this aside so that I can finish telling you what I started yesterday, because this advice is appropriate for you.

"You know that downriver, you will find some good women, but their husbands [still] don't trust them. And you will find some good men, but their wives don't trust them. You will also find some bad women, who do things which are lacking in a sense of good behavior, but their husbands love them very much. You will find some men who are used to treating their wives like animals, but [their] wives stay in the marriage. If you try to find reasons, you will not find them. In this you will see the dark way [i.e. the effect of witchcraft]. But that is the way it is downriver. You will see some women feed their husbands and their lovers food at the same place. You will see some men send their wives to buy clothing for their mistresses. They will lie to them that sending them like this is in order to help their friends' wives. One month, you may hear that a man lies to his wife that his monthly salary has been stolen from him and that he has not caught the man [i.e. the thief]. Therefore he does not know what to do this month. Meanwhile, he has given half of that money to his mistress. You will see another woman ask her husband for some money to buy clothes for herself, but in fact she wants to buy a nice jacket for her lover. Downriver, a woman does not want to know that her husband is saving money. A man does not want to tell how much he makes per month.

"Downriver, there are true marriages but, when you get there, you will know that a marriage is good only when husband and wife live peacefully. But don't forget that rumors run like mice and cats. A man will only look out for his own relatives. And a woman will only look out for her own relatives. A woman does not want to see her in-laws visit their child [i.e. her husband] too often; it hurts her [lit.: gives her heart pain]. The same is true for the husband. Each one wants only his/her own.

"No matter how much money a husband earns, a woman downriver wants to look as sharp as a fish in the water [i.e. elegant in its movements], because she likes something called clothing. A man just wants to be every woman's lover. Downriver, you need to stay in control [lit.: control the heart]. Now you are still inexperienced [lit.: dark eyes], in a year, you may think, 'I was with a woman by the name of Baliya and she was telling me such and such about living downriver.' Then you will have your eyes wide open, 'alert.'

"Sɔ́kí mikɔlɔ mizalákí míngi, ndénayébísí yɔ̌ mabé ná malámu maye mazalí kosálema na ngɛlé. Nalingí náyebisa yɔ̌ bôngɔ́ pámba tê, bísó bamamá na bínó băna ya kala, tomɔ́ná mpási míngi. Yangó wâná nalingákí kopésa yɔ̌ nzéla elámu ya efándeli, na ntína te ómɔ́na mpási tê lokóla bísó bamamá ba bínó. Tolingí bínó băna ya sika bózala káti ya efándeli ya malámu penzá ya mpási tê. Tolingí bínó băna ya sika, bózala káti ya efándeli óyo mindélé bazalí na yangó. Tolingí bóyéba sé mobáli mɔ̌kɔ́ óyo abálí yɔ̌ káti ya mabɔ́kɔ ma babóti ba yɔ̌. Tolingí libála lya makɛlélɛ tê. Tolingí libála lya boyókani, káti ya mwăsí na mobáli. Kobómba mbɔ́ngɔ ya bínó sé yɔ̌ na mobáli wa yɔ̌ mpé kosála makambo mánsɔ ma libóta lya bínó sé yɔ̌ na mobáli wa yɔ̌. Bósálá zóba lokóla bísó tosálá tê. Tolingí bóbóta băna mpé bólakisa bangó ndéngé ya mayɛlɛ ma sɔ̂lɔ́. Tolingí mabála ya lɛlɔ́ áwa, lóbí kúna té. Bínó băna ya sika, bobótámí ntángo ya kimondélé esílí ekɔ́télí Kongó. Bozalí na makambo ma bínó ndéngé mosúsu. Bôngó ndéngé níni tótíka bínó bókamata makambo ma bozóba, maye mazalákí kosálema na bísó babóti ba bínó na ntángo tozalákí kobwáka bonkɔ́kɔ mpɔ̂ ya boyambi kimundélé? Tolingí bínó băna ba bísó, sɔ́kí bokómí na ngɛlé, bólandaka makambo ma lisangá ya pámba pámba maye bozalí komábénga sika na ntángo ya kimundélé 'association ' tê. Sɔ́kí bolandí nzéla wâná, bokokóma bamɛli ba sɔ̂lɔ́ ba masanga, mpé bokoyéba lisúsu kobómba falánga ya bínó káti ya ndáko tê. Tolingí bófánda ndéngé mɔ̌kɔ́ lokóla endimámí na ntína te mibáli ya bínó, baye bazalí kosála misálá, balekání misɔlɔ. Mosúsu akozwa lifúta lya likóló, mosúsu akozwa lifúta lya nsé. Ndéngé níni bokokí kozala na efándeli malámu na libála sɔ́kí okɔ́tí mangómbá makotínda yɔ̌ na bosómbi miláto ndéngé na ndéngé sɔ́kí okanísí bozwi bwa mobáli tê? Tolingí bínó bóyéba kotósa mibáli ya bínó, mpé mibáli ya bínó báyéba kotósa bínó lokóla. Tolingí te bózalaka koswánaswana káti ya mabála ma bínó tê. Tolingí moto na moto áyéba ntína ya libála, mpé misálá minénɛ káti ya libála. Wâná ndébobɔngísí libóta lya bínó. Tolingí makambo ya balobí ézala káti ya bínó tê. Libála likokí kozala ndéngé wâná tê. Tolingí mwăsí áyéba sé mobáli wa yě, mpé mobáli áyéba sé mwâsí wa yě lokóla. Tokobénga wâná nzelá ya botósami. Tolingí mobáli óyo akoyébisa mwâsí wa yě motúyá mwa lifúta lya mosálá mwa yě, sé na ntína ya bobɔngisi makambo mánsɔ ma ndáko káti ya nzelá ya bomíléisi na bomílátisi mpé na makambo masúsu ma nzóto ya bangó. Tolingí tê, sɔ́kí ozalí káti ya libála, ósála makambo ma nsɔ́ni lokóla kokómisa nzóto ya yɔ̌ zándo, mpɔ̂ te ózalaka konátela babóti ba yɔ̌ mbɔ́ngɔ. Tolingí tê ózalaka kokɛndɛ na bandáko ya baníngá ba yɔ̌ bulubúlu mpɔ̂ te, *obáyébi* tê. Tolingí bófándisa mabála na bínó nyê. Tolingí mpé tê ózalaka kokɔ́tisa bato basúsu lokóla bamakángo káti ya ndáko ya yɔ té. Ndáko ezalí esíká ya bínó ná mobáli wa yɔ̌, mpé na baye mobáli wa yɔ̌ ná yɔ̌ mɔ̌kɔ́ oyébí te bazalí na limɛmyá ya efándeli.

"If we had many days left, I would have told you the good and the bad that are done downriver. I want to tell you that for a reason, we, your mothers who are children of the past, have seen a lot of suffering. That is why I wanted to show the proper way of behavior so that you would not experience suffering like your mothers. We want you, our modern children, to have a good life, free of pain. We want you our modern children to have the lifestyle of Westerners. We want you to know only the one man who marries you from within your family [lit.: your parents' hands]. We do not want a troubled [lit.: noisy] marriage. We want a marriage where there is understanding between wife and husband. Save money, you and your husband together, and take care of all your family matters, you and your husband together. Do not make the mistakes we used to make. We want you to have children and to teach them really good behavior. We do not want marriages here today and someplace else tomorrow [that is, married to different people]. You modern children were born when modern customs had already entered the Congo. You have your own vision of things. So, how can we let you make the silly mistakes that were made by us your parents when we were discarding traditions in order to embrace modernization? We want you, our children, when you arrive downriver, not to engage in useless organizations which you call in modern times an 'association.' If you take this path, you will become competitive drinkers [lit.: real alcohol drinkers], and you will no longer know how to save money in your household. We want you to live in a way that conforms [to society] because your husbands exceed [our husbands] in their salaries. One will get a high salary, another will get a low income. How can you have a good behavior in your marriage if you join organizations which force you to buy all kinds of clothes without taking into consideration your husband's salary? We want you to know how to respect your husbands, and likewise your husbands to know how to respect you. We do not want you to be arguing all the time in your marriages. We want each one of you to know what marriage is for, and what the major responsibilities in your marriage are. That is how you make your family work. We do not want you to be subject to rumors. A marriage cannot be like that. We want the wife to know only her husband and likewise the husband to know only his wife. We call that the way of mutual respect. We want a husband who tells his wife the amount of his salary from his job, in order to take care of all the household matters like feeding, clothing and other things for their existence. We do not want, if you are married, for you to do shameful things such as selling your body [lit.: making your body a market] in order to bring money to your parents. We don't want you to be going to your friends' houses frequently [which is not according to custom] [thinking that] they [others] won't know. We want you to keep your marriages trouble-free. We do not want you to allow other people, for example lovers, in your home. Your home is a place for you and your husband and also for those who you and your husband know to have honorable behavior.

"*Ezala* mwăsí tŏ mobáli, óyo wâná toséngí na bínó băna ba bísó ba sika, bósálaka mánsɔ na bolámu, mpɔ́ sɔ́kí bomíkéngɛ́lí tê, makambo míngi makobébisaka mabála makokí kokwéla bínó. Tolingí mabála ma bínó băna ba bísó ba sika, mákúfaka na ntína ya makambo míngi ya nsɔ́ni tŏ pámbapámba tê. Ekokí mabé ma libála máyébana epái ya bato basúsu tê, sé káti ya bínó míbalé, mwăsí na mobáli."

Makambo mâná mánsɔ, Bolúmbú azalí sé komáyóka, mpé azalí sé kofánda nyê. Mánsɔ mâná mazalí sé kopésa Bolúmbú nzelá elámu ndéngé níni aséngéli kofánda káti ya libála lya yĕ. Maloba ma mamá Baliya makɔ́télí elɛngé mwăsí Bolúmbú káti ya motéma kínô bɔngɔ́.

Mbala mɔ̌kɔ́, bayókí sé mbonda ebétɛmí putu putu. Makambo, pɔ́ndɔ́ wa maswâ awéí mpenzá kowá na kobétɛ mbonda. Kapiténi Etuwe mpé afungólí ladió ya maswâ, mpé alobí, "Tozalí koleka na mangéngéngé. Bóbína malámu, bato bayéí sika na Kinshásá. Bósepelisa Mangéngéngé."

Mamá Baliya atélémí sé na mbala mɔ̌kɔ́ na ebóngá. Abandí sé koyémba, "Mangéngéngéɛɛɛ:"

Bánsɔ bayambí, "Mangéngéngéɛɛɛ:..."

Nzémbo ekamátání bipái na bipái. Moto na moto akoyémba sé ndéngé elingí yĕ. Moto na moto akobétɛ sé mabɔ́kɔ ndéngé ekokí yĕ.

Maswâ malekí Mangéngéngé. Bato basúsu balálákí balongwí na mpɔngí. Basúsu batíkálí sé káti ya mpɔngí.

Elɛngé mwâsí Bolúmbú, emɔ́nákí yĕ mánsɔ mâná masálémí na boleki Mangéngéngé akámwí sé kokámwa, ndéngé makambo masálémí na Mangéngéngé. Atúní mpé mamá Baliya ntína níni basálaka bôngó.

Mamá Baliya mpé amóyánólí te, "Mangéngéngé, ezalí likambo ya lɛlɔ́ tê. Ezalí likambo lisálémáká útá kala. Ntángo ínsɔ sɔ́kí maswâ makómí wâná eséngɛ́lí sé te likambo ya Mangéngéngé líbima. Oyéba na bolámu te Mangéngéngé ezalí esíká eye monama mwa Kinshásá mozalaka. Sɔ́kí olingí ókóma na maláli káti ya Kinshásá tê, oséngɛ́lí sé óbína. Sɔ́kí obíní tê, bwáká atá mwá séngi, bôngó ndé obíkí. Sɔ́kí osálí elɔ́kɔ mɔ̌kɔ́ tê, nzóto ya yɔ̌, ntángo okokóma na Kinshásá, ekozala mikɔlɔ mínsɔ sé pási pási. Mangéngéngé ezalí esíká ya nsɔ́mɔ míngi mpenzá. Sɔ́kí otáLákí malámu, ndé omɔ́nákí mɔ́tɔ ngɛlíngɛlí mwa monama mozalí kopeláká wâná. Lokóla mpé masoló ma Mangéngéngé makopésaka nsɔ́mɔ míngi káti ya butú, tótíka mangó."

"Whether you are the wife or the husband, what we expect from you, our modern children, is that you do everything well, because, if you are not careful, many things which destroy marriages may happen to you. We do not want the marriages of you our modern children to end [lit.: die] because of many shameful or trivial problems. It is desirable that the bad in your marriage not be known to other people, [keep] it only between husband and wife."

Bolumbu listens to all these matters, and she remains silent. All of it gives Bolumbu a good way as to how she should behave within her marriage. Mama Baliya's words enter the young woman Bolumbu's heart [and go] up to her brain.

Suddenly, they hear a drum being played [and making the sound] 'putu putu'. Makambo, a worker on the boat, is passionately [lit.: really dies] playing the drum. Captain Etuwe turns on the boat's loudspeaker and announces, "We are passing by Mangengenge. Dance well, all newcomers to Kinshasa. Make Mangengenge happy."

Mama Baliya stands up suddenly from her stool. She start singing, "Mangengengeeeeee.."

Everybody responds, "Mangengengeee..."

The song is taken up everywhere. Each person is singing as he or she likes. Each person is clapping his/her hands as best he/she can.

The boat passes Mangengenge. Some people who were sleeping wake up. Others remain asleep.

Bolumbu, after seeing everything which was happening while passing Mangengenge, is astonished by how things happened in Mangengenge. She asks Mama Baliya why they act like that.

Mama Baliya responds to her, "[What you saw in] Mangengenge is not new [lit.: not a matter of today]. It is something which has been done since old times. Every time that the boat gets there, it is required that the Mangengenge ritual takes place. You should be aware that Mangengenge is the place where the Kinshasa Siren [a mythological mermaid with seductive powers] is located. If you do not want to arrive sick in Kinshasa, you have got to dance. If you do not dance, at least throw a little coin [to her] so that you will be spared. If you do not do anything, when you get to Kinshasa, you [lit.: your body]will suffer the whole time. Mangengenge is a very frightening place. Had you observed carefully, you would have seen the Siren's bright fire burning there. As tales about Mangengenge are very frightening during the night, let's stop talking about it."

Selection Two: Mákalámbá

Maswâ masílí koleka esíká ya Mangéngéngé, mpé makómí mosíká. Mínda mya Brazzaville mpé mimɔ́nání. Mamá Baliya alakísí elɛngé mwăsí Bolúmbú myangó, mpé amólobélí te, "Lokóla tosílí tomɔ́ní mínda mya Brazzaville, sɔ́kí tobwákí mísó lobɔ́kɔ óyo ya mwăsí, tokomɔ́na Kinshásá, mbóka tozalí kokɛndɛ. Atá tomɔ́ní yangó sika, tokokóma na butú ya lɛlɔ́ tê. Eséngélí naíno kolála na mwâ esanga. Sé na ntɔ́ngɔ́ ndétokómí na Kinshásá."

Mosíká tê, mínda mya Kimpoko ná ya Ndjíli mimɔ́nání. Maswâ mabétí losébá mpɔ̂ ya boyébisi te akoséma mwâ moké o Kimpoko, mpɔ̂ ya bozili ntɔ́ngɔ́ étána malámu, mpɔ̂ ya bokómi na mói o káti ya libóngo lya Kinshásá.

Mwâ mbúla ebándákí kobétɛ útá nsósó ya *íbalé* kínô ntɔ́ngɔ́. Mái mapanzání káti ya maswâ. Utá mpé ntɔ́ngɔ́, pɔ́ndɔ́ babandí kobwáka mái mpɔ̂ ya bosúkoli ndɛkɛ kási ná mái ma mbúla, mpé ná mái maye bazalí kobwáka, makómí sé bosangani, mpé mái makómí sé bébo. Bilɔ́kɔ míngi ya batámboli bipɔlí na mái ma mbúla. Maswâ masílí konanua útá kala. Mbóka Kinshásá esílí emɔ́nání mpé ná mbóka Brazzaville. Batámboli bánsɔ babandí kokanga bisaka mpɔ̂ ya bolubwi na Kinshásá.

Na káti ya libóngo lya Kinshásá, litóndí na bato, băsí mpé mibáli bayéi koyamba bandeko ba bangó. Bato bafándí ndéngé na ndéngé. Basúsu batélémí sé botélémí, mpɔ̂ ya bomɔ́ni batámboli baye bakolubwa. Na libóngo mpenzá, okomɔ́na sé bato ya letá ná baye basálaka na Otraco. Mpɔ̂ ómíkɔ́tisa o káti, libosó ózala sé mwâ moto. Sɔ́kí tê, okozala sé epái ya bato bánsɔ bafándí, o nsima ya libándá lya lopango. Sɔ́kí tê, ózala na mokandá mokopésa yɔ̌ nzelá ya boyíngeli.

Elɛngé mobáli Mákalámbá, útá ntɔ́ngɔ́, asílákí kokóma na libóngo kala. Amíkɔ́tísí mpenzá káti ya libóngo.

Na mokɔlɔ môná, elɛngé mobáli Mákalámbá, alátí mpenzá moláto mwa mwăna wa Kinshásá. Atií kazáka ná pataló ya lobádi. Atíí kalovati ya mwâ motani, simísi ya mpémbé mpé sapáto ya mwâ moyíndo. Na míso, atíí matalatála ya moyíndo mpɔ̂ bámɔ́na míso ma yě tê. Akátísí nsúki ya yě ndéngé ya mangweda. Sɔ́kí ozalí pɛnɛ pɛnɛ na yě, akolumba sé mananási ya nsɔ́mɔ. Likáyá mpé lilongwa káti ya monɔkɔ tê. Elongi esílí kobɔnga na púdɛlɛ.

Na káti ya libóngo, băsí bánso baye bayákí na libóngo mpɔ̂ ya bozili bandeko ba bangó tɔ̌ mpɔ̂ ya makambo masúsu míso ma bangó sé epái ya elɛngé mobáli Mákalámbá, ônâ asíli komíbɔngisa ndéngé ya nsɔ́mɔ. Moké moké míso ma yě sé na lobɔkɔ mpɔ̂ ya botáli ntángó.

The boat has finished passing Mangengenge and is far away. The lights of Brazzaville are visible. Mama Baliya shows them to the young woman Bolumbu, and tells her, "Now that we have seen Brazzaville's lights, if we look to the left [lit.: the hand of the woman], we will see Kinshasa, the city we are going to. Even if we can see it right now, we will not get there tonight. It is still necessary to sleep at a little island. It is only in the morning that we will arrive in Kinshasa."

Shortly after, lights from Kimpoko and Ndjili become visible. The boat sounds its horn to announce that it will dock in Kimpoko for a while to wait for morning to break so as to arrive in the daytime at the wharf in Kinshasa.

A light rain begins to fall from the second cockcrow [about 4 a.m.] until morning [6 a.m.]. Water spreads inside the boat. Starting at daybreak, the workers on the boat start to throw the water [overboard] to clear the deck but the rainwater and the water that they are throwing get mixed, and there is just too much water. Many belongings of the passengers get soaked with rainwater. The boat has long ago weighed anchor. The city of Kinshasa is just now visible as is the city of Brazzaville. All the passengers start closing up their belongings for the debarkation in Kinshasa.

In the port of Kinshasa, it is crowded with people, men and women who have come to meet their relatives. All kinds of people are sitting. Others are standing about to see the passengers who are getting off the boat. On the wharf, you see only government officials and those who work for Otraco [= the boat company]. To be admitted inside, you have to be somebody [important]. Otherwise, you will be among all those people standing outside of the [fenced off] enclosure. Or, you should have a document authorizing you [lit.: giving you way] to enter.

The young man Makalamba had arrived early in the morning at the port. He has entered the port area.

On that day, the young man Makalamba is wearing the clothing [typical] of a young person of Kinshasa. He is wearing a blazer and slacks Lobadi style. He is wearing an off-red tie and a white shirt and black shoes. He is wearing dark glasses so that people will not see his eyes. He has a haircut Mangweda style. If you are near him, he gives off a terrific fragrance. A cigarette hangs from his lips [lit.: doesn't leave his mouth]. His face has just been made to look good with powder.

In the port area, all the women, whether they have come into the area to wait for their relatives or for any other matter, are staring at the young man Makalamba [lit.: their eyes are on him] who has just finished making himself look so terribly good. Every few minutes, his eyes [go to] his wrist to see the time.

Elɛngé mwăsí mɔ̌kɔ́ ya nkómbó Maposo, emɔ́ní yĕ elɛngé mobáli Mákalámbá, amóbéngí pɛnɛ na lopángo. Mákalámbá mpé abóngólí míso mpɔ̂ átála sɔ́kí náni wânâ. Atálí mwâ moké boye mpɔ̂ áyéba náni azalí komóbénga. Amɔ́ní sé elɛngé mwăsí Maposo. Amókɛndélí na malémbɛ mpenzá, mpɔ̂ amípesa lokúmu.

Mokɔlɔ mônâ mpé elɛngé mwăsí Maposo amítíyákí káti ya moláto mɔ̌kɔ́ ya nsúka.

Atá ozalákí moto ônâ abéngaka băsí tê, sɔ́kí omótálí, motéma mopésí nzelá ya kobwákela yĕ atá mwâ liloba.

"Mbɔ́tɛ Maposo," elobí Mákalámbá.

"Mbɔ́tɛ Mákalámba," ezóngísí Maposo.

Maposo azilí tê, abakísí lisúsu na bolobi te, "Longónya ko wânâ na kobɔngɔ yɔ̌ obɔngí lɛlɔ́."

Mákalámbá mpé asámbí atá kosámba tê, abwákélí yĕ sé lokásá lɔ̌kɔ ya mokámá. Maposo mpé alóyambí sé kolóyamba, mpé atóndí elɛngé mobáli Mákalámbá sé botɔ́ndí.

Elɛngé mobáli Mákalámbá abakísí lisúsu te, "Opésí ngáí mɛlɛsí, oyébí tê te mɛlɛsí esílísá bilɔ́kɔ ya bato?"

Maposo amózóngísélí te, "Sɔ́kí bapésí yɔ̌ mɛlɛsí, óbóya?"

Mbala mɔ̌kɔ́ bawéí na koseka.

"Maposo, oyéí kozila níni," *emótúní* Mákalámbá.

Mpɔ̂ ya eyano ya yĕ, Maposo mpé amótúní naíno te, "Bôngó yɔ̌ oyéí kozila *náni*?"

Elɛngé mobáli Mákalámbá na nsai nyɔ́sɔ, azilí mpé tê, amóyébísí te, "Nayéí kozila mwăsí wa ngáí ya monɔkɔ ya mbóka, ônâ *akokóma* lɛlɔ́."

Maposo mpé amózóngísélí te, "Mpɔ̂ níni okɛí kobála mwăsí ya monɔkɔ ya mbóka, áwa na Kinshásá băsí basílí?"

"Ezalí mpɔ̂ ya bôngó tê," ezóngísí Mákalámbá. "Bínó áwa, mitó mya bínó makási míngi. Yangó wânâ tolingí tóbálaka sé băsí ya mbóka basénzi."

Maposo mpé azóngísélí te, "Mpɔ̂ bolingí sé te bóbúbaka bangó. Bósálaka bangó elingí bínó mpɔ̂ bangó bakoloba tê mpé bazalí míso molílí."

A young woman by the name of Maposo, when she sees the young man Makalamba, calls to him by the fence. Makalamba shifts his eyes to see who it is. He looks around a bit in order to find out who is calling him. He sees the young woman Maposo. He heads slowly towards her to honor himself [because she and others are paying attention to him, a young well-dressed man].

That day, the young woman Maposo too was dressed in the latest [fashion].

Even if you were not a person who [likes to] pick up [lit.: call] women, if you saw her, your heart would push you to say a few words to her [lit.: give the way to throw a few words to her].

"Hi, Maposo," says Makalamba.

"Hi, Makalamba," replies Maposo.

Maposo does not wait, she adds more, saying, "Congratulations for looking so elegant today!!"

Makalamba does not argue at all, he gives her a bill [worth] one hundred [units]. Maposo takes it and thanks the young man Makalamba very much.

The young man Makalamba adds more, "You give me thanks. Don't you know that thanks is not enough [lit.: finishes things of people; i.e. you ought to give me something in return]?"

Maposo retorts, "If someone thanks you, would you refuse?"

Suddenly, they burst out laughing.

"Maposo, what are you waiting for?" asks Makalamba.

As a response, Maposo asks him, "And you? Who are you waiting for?"

The young man Makalamba, with great joy, does not hesitate, and tells her, "I have come to wait for my wife from my ethnic group [lit.: the language of [my] village], who is arriving today."

And then Maposo responds to him, "Why have you gone to marry a woman from your village? Are there no women left here in Kinshasa?"

"That is not the reason", responds Makalamba. "You here are very stubborn [lit.: difficult heads]. That is why we want to marry only women from rural villages."

And then Maposo replies, "So you just want to be able to deceive them. You treat them as you want, because they will not talk [back] and they are kept in the dark [lit.: dark eyes]!"

Selection Two: Mákalámbá

"Ezalí mpɔ̌ ya bôngó tê," ezóngísí Mákalámbá. "Yóká malámu. Bínó áwa bolingí kosála mánsɔ maye mibáli basálaka, lokóla komɛlɛ masanga, komɛlɛ likáyá mpé ná makambo masúsu mánsɔ maye mibáli basálaka. Mobáli áloba tê. Sɔ́kí alobí, ozóngísélí yě te ozalí mŏmbo tê. Sɔ́kí mobáli azalí na likambo mɔ̌kɔ́, yɔ̌ osíláki kokóma na makambo zómi. Bolingí na bínó kolanda efándɛli ya mindélé sé na mbángo mbángo, ná makambo ya mabé míngi nsima ya bínó. Bolingí nzelá ya kotíka makambo mánsɔ ma bonkɔ́kɔ. Bolingí sé mánsɔ makosála mwǎsí wa mondélé. Ndé sɔ́kí nalobélí yɔ̌ te mwǎsí wa mondélé akɔ́tí na kelási mpé akosálaka mánsɔ maye *makoútaka* na motó mwa yě, kási na motéma tê, okondima ngáí tê. Nalobí boye pámba tê, mwâsí akosálaka mánsɔ ya motéma, ezalí lokóla moto sɔ́kí alingí lɛlɔ́ álíya mbísi, akokamata sé falánga mpé akokɛndɛ o zándo mpɔ̌ ya bosómbi mbísi wâná. Sɔ́kí asómbí, azóngí na mbóka mpé alámbí yangó. Nsima sɔ́kí ebélí, aléí. Wâná asálí makambo maye matíndámí na motéma. Kási mpɔ̌ ya bosáli makambo mánsɔ maye makoútaka na motó, ezalí likambo monɛ́nɛ́. Sɔ́kí moto alingí kotónga ndáko, akokanisa naíno ndéngé níni akotónga. Sɔ́kí asílí koyéba ndéngé akotónga ndáko, nsima ndé abandí kobómbákáka falánga. Sɔ́kí asílí kozwa mwa ndámbo ya falánga ya botóngi ndáko, akobénga sé bato, bátála ndéngé níni bakokí kotóngela yě ndáko wâná. Bakotála mpé esíká ndáko ekotóngama ézala esíká ya malámu mpenzá. Sɔ́kí makambo mânâ mánsɔ makokí, ndé mosálá mwa botóngi ndáko mobandí. Kási sɔ́kí makambo mánsɔ wâná makokí tê, ndáko mpé ekokí kotóngama tê. Oyóki ntína yangó ya kosála makambo na motó?"

Esílísí elɛngé mobáli Mákalámbá maloba, Maposo yě yě te, "Nandimí mánsɔ yɔ̌ olobí mpé natɔ́ndí yɔ̌ botɔ́ndi mpenzá. Ndé yébá na bolámu te bísó bǎsí, tozalí sé ndéngé mɔ̌kɔ́. Atá ózala mwǎsí ya pémbé, atá ózali mwǎsí ya moyíndo, atá ósála bakelási, mpé atá ósála bakélasi tê, mpɔ̌ ya bísó bǎsí nakokí koloba te tozalí sé ndéngé mɔ̌kɔ́. Makási ma bísó bǎsí sé mobáli. Sɔ́kí ozwí mobáli malámu, ôná amípésí lokúmu káti ya nzóto ya yě, yɔ̌ mpé mwǎsí, ntángo mosúsu okokí kokanisa, mpɔ̌ te ólanda sé ndéngé mobáli wa yɔ̌ azalí kosála. Kási sɔ́kí ozwí mobáli wa bôngó na bôngó, ya mobúlú na efándɛli mpé makambo elɛngi tê, yɔ̌ mwǎsí okozala sé bôngó na bôngó káti ya libála lǐná. Káti mpé ya bísó, mwǎsí ná mobáli, ekokí tê, mobáli tǒ mwǎsí, ekokí tê mɔ̌kɔ́ ásála moníngá mabé mpé mosúsu átála sé na míso. Eséngélí sé kopésana tolí mikɔlɔ mínsɔ. Tolí yangó ézala ya bolandi nzelá ya efándɛli ya bomípesi kiló na nzóto. Ebɔngí sé mɔ̌kɔ́ ázala mayɛ́lɛ tǒ mpé na motéma na bolakisi moníngá ntángo mɔ̌kɔ́ akozwa mobúnga.

106

"That is not the reason," responds Makalamba. "Listen well. You here want to act like men, drinking alcoholic drinks, smoking cigarettes, and doing all other things that men do. The man is not supposed to say anything. If he does speak, you retort that you are not a slave. When the husband has [said] one word, you have already arrived at ten words. You want to embrace modernization [lit.: whitemen's customs] too quickly, and [as a consequence] many bad things [happen] around you. You want to abandon all the traditional ways. You want [to do] everything that the white woman does. If I should tell you that a white woman goes to school and acts according to her head and not her heart, you would not believe me. I am speaking this way because a woman usually acts according to her heart, which is like someone, if she wants to eat fish today, takes money and goes to the market to buy the fish. Once she buys it, she brings it home and cooks it. When it is ready, she eats it. All that she does as is dictated by the heart. But acting [lit.: doing everything derived] from the head is a whole different matter [lit.: big matter]. If someone wants to build a house, he will first think about how he will do it. If he has finished planning how he will build the house, then he starts saving money. If he has finished getting a part of the money, he will call the people who will see how they can build him that house. They will examine the lot where the house will be built, [to make sure] that it is a good place. If everything is all right, then the work of constructing the house gets underway. But, if everything is not right, then the house cannot be built. Do you understand the reason for doing things with the head?"

As the young man Makalamba concludes his words, Maposo says, "I agree with everything that you have said, and I really thank you. But you well know that we women are all the same. Whether you are a white woman or a black woman, whether you are educated [lit.: done classes] or not educated, as for us women, I can say that we are the same. The strength of us women is in a husband. If you get a good husband who respects himself [lit.: gives himself honor within his body], sometimes you the wife may want to imitate [lit.: follow] how your husband is behaving. But if you get a so-so husband of disorderly behavior and with no sweetness, you the wife will also be so-so in that marriage. Between husband and wife, it is not good that either the husband or the wife should treat his or her spouse badly while the other just looks on. It is better to give each other [some words of] advice all the time. The advice should be about following the path of behavior giving dignity to your personality [lit.: body]. It is helpful for one [spouse] to be smart [enough] or willing to correct the [other] spouse in case he or she makes a mistake.

Selection Two: Mákalámbá

"Lokóla áwa na Kinshásá, malámu sé mwǎná óyo abótámí na káti ya Kinshásá ábála sé moníngá wa yě óyo abótámí na káti ya Kinshásá lokóla. Bôngó bánsɔ bayébí ndéngé ya mbóka mpé bayébí ndéngé níni bakokí kolanda nzelá ya efándeli ya bangó na káti ya Kinshásá.

"Mwǎsí ya mbóka basénzi azalí malámu. Ndé ntángo akofungola míso, abandí koyóka makambo ndéngé na ndéngé mabébísí yě motéma, mosíká tê tokomɔna mwǎsí ya mbóka sé káti ya molɔngɔ́ mwa zóba lokóla basúsu na káti ya Kinshásá. Kási sɔkí azalí elɛngé mwǎsí ya Kinshásá, ôná ayókákí na bolámu malako ma babóti ba yě, na ntína ya bozali o káti ya libála, akolanda bilobáloba ya baníngá tê.

"Atá baníngá ba yě bakósí yě ndéngé níni, akokí sɔkɔ moké tê kobóngola motéma mwa yě. Na bôngó nakokí koloba te sɔkí asálí mabé káti ya libála, yě mɔkɔ akokanisa ndélɛ bozóba wâná."

Lisoló lya Mákalámbá na elɛngé mwǎsí Maposo lisílí tê. Bayókí sé losébá lwa maswâ mpɔ ya bosémi lobétémí. Bato bánsɔ míso sé na ebale. Maswâ Olsen na bibeyi bya yě babóngwání mpé bakobuna na bosémi. Mákalámbá míso ma yě sé káti ya maswâ. Mosíká tê, amɔní sé moto mɔkɔ lokóla nɔkɔ wa yě Botúli. Atálí pɛmbéni na yě, elɛngé mwǎsí Bolúmbú. Atíí míso ma yě penzá sé na esíká êna.

Mákalámbá *amílobí* káti ya motéma te, baye bato, nakanísí bapaya ba ngáí. Mpé motéma mwa yě motóndí na nsai.

Epái ya Botúli na Bolúmbú, bakobwákáká míso ma bangó polipoli, epái na epái. Bayébí moto mɔkɔ tê. Bakolukáká sé epái wápi Mákalámbá azalí. Wâná ndé Mákalámbá yě méi asíláki kobámɔna. Sé nsima ya mwâ ntángo, bangó lokóla bamɔní Mákalámbá, kási bazalí naíno koyéba yě malámu tê, mpɔ ya moláto mwa nsɔmɔ moye Mákalámbá alátí mpɔ ya boyámbi bangó.

Maswâ mabwákí lóngo. Pɔ́ndɔ́ bakangí nsinga. Bato ya letá mpé ya Otraco bakɔtí káti ya maswâ. Mákalámbá mpé abutí nɔkí mpenzá. Akómélí elɛngé mwǎsí Bolúmbú na nɔkɔ wa yě Botúli. Abáyambí na esɛngɔ enénɛ. Bapésání mpé mbɔ́tɛ ya nsai. Lokóla mpé libála lifándémí naíno tê, bapésání sé mbɔ́tɛ ya bobángani mpé ya nsɔ́ni. Moto na moto amípésí ntángo wâná mwa kiló na nzóto. Mákalámbá abátúní bilɔ́kɔ níni bayákí na yangó mpɔ́ ábénga bato bábílubula o mokili.

Botúli ná Bolúmbú, bamóyébísí mpé te bilɔ́kɔ bizalí míngi. Bamóyébísí lisúsu te bazalí na bilɔ́kɔ ndéngé na ndéngé, lokóla *bikɔlɔ́* bítáno ya mótɛkɛ, bíbalé ya bikalu, mɔkɔ ya nsombo, bísáto ya nsósó mpé ná ntaba íbalé.

Esílísí bangó komóyébisa, elɛngé mobáli Mákalámbá akití mbángo penzá. Abéngí bato básáto mpɔ ya bokúmbi bilɔ́kɔ mpé alobí na Botúli, nɔkɔ wa yě, álakisa bilɔ́kɔ bîná mpɔ bábílubola o mokili.

"Here in Kinshasa, it is better for a child who is born in Kinshasa to marry his or her fellow Kinshasan who is also born in Kinshasa. That way, both know the lifestyle of the city, and they also know how to behave [lit.: follow their way of behavior] in Kinshasa.

"A woman from the rural village is good. But when she opens her eyes, she will begin to understand all kinds of things which will shake her up [lit.: destroy her heart], [and] shortly after, we will see the village woman in the line of crazies like some others in Kinshasa. But if she is a young woman from Kinshasa who has listened well to her parents' advice on how to behave in a marriage, she will not follow the crazy words of her friends.

"No matter how her friends beguile her, she will not succumb [change her heart]. So I can say that, if she does not behave well in her marriage, she will later regret her silliness."

The conversation of Makalamba and Maposo is not finished yet. They hear the boat's horn being blown [signaling] the mooring. Everybody [casts their] eyes towards the river. The boat Olsen with its barges turns and maneuvers to moor. Makalamba [casts] his eyes into the boat. In a short time, he sees someone like his uncle Botuli. He sees near him the young woman Bolumbu. He stares [lit.: puts his eyes] only at that place.

Makalamba says to himself [lit.: in his heart], "These people, I think are my guests." And his heart is full of joy.

As for Botuli and Bolumbu, they look around gradually in all directions. They do not know anybody. They are looking at the very place where Makalamba is. But there [from his position], Makalamba himself has already seen them. After a short while, they also see Makalamba, but they don't recognize him clearly because of his striking [lit.: terrible] attire which Makalamba is wearing to welcome them.

The boat drops anchor. The sailors attach the cords. Government people [customs officers, etc.] and Otraco employees enter the boat. Makalamba also climbs up quickly. He reaches the young woman Bolumbu and his uncle. He welcomes them with great joy. They greet each other joyfully. As the marriage has not yet taken place, they greet each other with reserve and embarrassment. Each one holds back a little. Makalamba asks them what things they have brought with them so that he might call people to carry them onshore.

Botuli and Bolumbu tell him that there are many things. They also tell him that they have a variety of things, like five baskets of roasted cassava, two of smoked fished, one of boar meat, three of chickens and two goats.

As they finish telling him, the young man Makalamba gets off [the boat] very quickly. He calls three people to carry the things, and asks his uncle Botuli to show where the things are to be carried onshore.

Mákalámbá na Bolúmbú mwăsí wa yĕ bakɔ́tí káti ya ndáko eye bangó bafándákí na maswâ mpé abandí kobimisela yĕ tŏ mwâ falísí íbalé ya mokɛ́ ya yĕ mpé ná mabóké ma bilɔ́kɔ biye bizalákí na bangó káti ya ndáko. Na nsima babimí na bilɔ́kɔ byangó mpé batélɛmí epái ya monɔkɔ mwa lopángo mpɔ̂ te áfúta mpáko ya lopángo ya Otraco.

Kofúta esílí, bapésí bangó nzelá mpɔ̂ bábima na bilɔ́kɔ bínsɔ, biye mwăsí wa yĕ na nɔ́kɔ́ wa yĕ Botúli bamóyélákí. Mosíká tê Kapíta ya lopango ya Otraco mpé apésí maloba mpɔ̂ te báfungolela bangó lopángo na bilɔ́kɔ ya bangó nyɔ́sɔ. Mákalámbá abéngí mótuka. Bilɔ́kɔ bínsɔ mpé bikɔ́tí káti ya mótuka môná. Ayébísí mpé sɔfélɛ nzelá eye akokí kobánata. Sɔfélɛ atíí mɔ́tɔ mpé abánátí.

Na káti ya mótuka, elɛngé mwăsí Bolúmbú afándí sé nyê. Botúli mpé ná Mákalámbá bawéí sé na masoló. Ntángo mosúsu, Botúli atúní Mákalámbá sɔ́kí ayáká sé malámu na pépo ntángo aútáká Boéndé. Mákalámbá sɔ́kí azóngísí, yĕ mpé átúnaka Botúli sɔ́kí basálákí mobémbo malámu na maswâ. Masoló ma bangó káti ya *mótuka* malingákí kozala malámu, kási áwa bakoleka bilɔ́kɔ ndéngé na ndéngé na nzelá ya mbóka Kinshásá, bizalí sé konátaka makanisi ma Botúli mosíká mpɔ̂ te komɔ́na ya Kinshásá mbala ya libosó wâná na Botúli. Mákalámbá mpé áwa amɔ́ní te mayélɛ ma nɔ́kɔ́ wa yĕ mafándí esíká mɔ̌kɔ́ tê, amótíkí sé nyê kínô mbóka.

Mótuka mosílí motámbólí mpenzá. Mosíká mpé tê, obélé Botúli ákɛsɔla boye, mótuka mokangí o esíká eye bazalí kokɛndɛ. Ezalákí na Kato *No 2*. Abétí sé ngonga ya mótuka ngɔ́ngɔ́. Bato ya lopángo babimí, mpé bayéí kobáyamba, Mákalámbá, Botúli na Bolúmbú. Bafungólélí bangó monɔkɔ mwa vatíli na sofélɛ mpé bakití. Bato ya lopángo bapésí bangó mabɔ́kɔ mpɔ̂ ya bokitisi falísi. Mosíká tê mítuka miye batíyákí bilɔ́kɔ mpé mikómí, mpé bakitísí bilɔ́kɔ bínsɔ. Mákalámbá afútí mítuka mîná mínsɔ míbalé mpé mikɛí.

Lopángo ya Kato No 2 lozalákí na bato ntúkú ísáto na mítáno. Káti ya bangó, ezalákí na bato ya mabála bátáno, băsí sambo ya ndúmbá, mibáli mwambe ya minzemba mpé ná mokóló wa lopángo ná mwăsí wa yĕ mpé ná băna ba yĕ básáto, bábalé ya băsí mpé mɔ̌kɔ́ ya mobáli, ná bandeko ba yĕ basúsu bátáno, băsí bábalé, babáli básáto. Lopángo lôná lozaláká lokóla ndé kelási mobimba. Makambo mánsɔ makoleka o káti ya Kinshása, bato ba lopángo wâná bakobúnga atá mɔ̌kɔ́ tê. Ná elekí na etakani mosúsu babéngaka na monɔkɔ mwa lopótó te commune ya Mbínza tŏ Ndjíli, mánsɔ makokómela sé bangó. Makambo mánsɔ makoleka epái ya bayíndo tŏ epái ya mindélé mɔ̌kɔ́ tê ekokí koleka bangó. Ná masálémí na mói tŏ butú, mánsɔ makokómela sé bangó.

Makalamba and his wife Bolumbu enter the room in which they [Bolumbu and Botuli] lived on the boat. He takes out for her two small suitcases and bundles of things that were with them in the room. After that, they leave with those things, and stand at gate of the enclosure, so that he might pay the Otraco [transportation company] enclosure tax.

After the payment, they are allowed to leave with all the things that his wife and his uncle Botuli brought for him. Shortly after, the Otraco enclosure foreman gives the order for the enclosure to be opened for them [to go out] with all their things. Makalamba calls a car [i.e., a taxi]. They load all the things in. He tells the driver where to take them. The driver starts the ignition [lit.: gives fire] and he takes them.

In the car, the young woman Bolumbu sits quietly. Botuli and Makalamba talk excitedly [lit.: die with conversation]. Then, Botuli asks Makalamba if he arrived well [in Kinshasa] by plane after he left Boende. After Makalamba responds, he asks Botuli if they had a good trip on the boat. Their conversation would have been good, but they are passing all sorts of things on the streets of Kinshasa which take Botuli's thoughts far [afield], because it is the first time for Botuli to see Kinshasa. When Makalamba sees that that his uncle's mind is wandering [lit.: not staying in one place], he leaves him alone [lit.: quiet] until [they get] home.

The taxi has been traveling quite a while. Not long afterwards, as Botuli sneezes, the taxi stops at the place where they are going. That was number 2 on Kato street. The driver honks the horn: 'beeeep.' The residents of the property come out and they greet Makalamba, Botuli and Bolumbu. The car door is opened for them by the driver and they get out. The residents give them a hand in taking their suitcases out. Shortly after, the vehicles transporting their belongings arrive, and they take all their things out. Makalamba pays [the drivers of] both the vehicles and they leave.

The property on Kato street, number 2, has thirty-five residents. Among them, there are five couples, seven single women, eight single men, the landlord and his wife, their three children, two girls and a boy and five additional relatives [of the landlord], two female and three male. That property is like a whole school. The residents don't miss even a single thing of all that takes place in Kinshasa. Even what happens in other areas called in the European language [i.e. French] "commune" of Mbinza or Ndjili reaches them. Of all the things that happen to blacks or to whites, not a single thing escapes them. Whether it happens during the day or at night, it gets to them.

Na mabála wâná mítáno, tokokí koloba sɔ́lɔ́ te sé libála lya Mákalámbá ndé liyéí kokokisa ndéngé ya mabála mánsɔ maye mazalí epái ya bato bayíndo o mbóka Kinshásá. Mpɔ̂ te na káti ya lopángo, ezalákí na libála lya múpɛ, ya letá, ya makángo, ya Nzámbe, ya siningalé mpé na óyo ya Mákalámbá ezalákí ya mbóka *ya* basénzi. O káti ya lopángo lôná, sé Mákalámbá ndé azaláká na lokúmu ya malámu mpenzá. Moto na moto, mwǎsí tɔ̌ mobáli, alingí sé te ázala bondeko na Mákalámbá. Ezalí na ntína te azalákí na mabé epái ya moto tê.

Azalákí na bobóto epái ya bánsɔ. Mamá ya lopángo ná tatá ya lopángo balingáká sé te Mákalámbá ábála mwǎna wa bangó Bolese. Ndé Mákalámbá moto azaláká kobóya mpɔ̂ Bolese asílí abandámákí na mobáli mosúsu. Babóti ya Bolese mpé basílá bamɛlá masanga ya kangá lopángo. Bolese mpé alingáká Mákalámbá míngi, ndé Mákalámbá abóyáká libála ya ndéngé wâná. Amɔ́náká te yangó ezalí lokóla libála ya ntembe mpé ezalí lokóla kobɔ́tɔla moníngá mwǎsí.

Na mpókwa ya boyéi Bolúmbú, Mákalámbá abéngí baníngá ba lopángo mpɔ̂ álakisa bangó mwǎsí wa yɛ̌. Asómbí masanga. Alobí mpé na Bolúmbú áláta elambá ya malámu mpɔ̂ ya boyambi baníngá ba lopángo. Na bobéngi baníngá ba lopángo, Mákalámbá apɔní moto tê. Ná baye babálá, ná baminzemba, abéngí sé bángo bánsɔ. Bato bayéí. Afándísí bangó. Abongí bangó masanga. Ezángákí sé bato bábalé: Ikali na Ikenge, mpɔ̂ bakɛndéké na Brazzaville. Mpé útá bakɛndékí kúná na matánga, balekísí mikɔlɔ mísáto bazóngí naíno na Kinshásá tê.

Esíká bato bánsɔ bakómí mpé libosó ya botómboli kɔ́pɔ mpɔ̂ ya komɛlɛ masánga, Mákalámbá alobí te, "Bandeko ba ngáí ba bolingo, nayɔ́kí elɛngi míngi lɛlɔ́ mpɔ̂ ya boyambi bínó áwa epái ya ngáí, na boyébisi bínó nsango ya bokómi bwa mwǎsí wa ngáí, ônâ akómí sé lɛlɔ́. Yangó wâná nabéngí bínó bandeko ba ngáí bómɛlɛ *lokɔ́pɔ*. Oyo wâná ezalí ndé te toyambí na bolámu mopaya wa moníngá wa bínó. Bôngó toséngélí kosepela na bolámu."

Esílísákí Mákalámbá maloba ma yɛ̌, bangó bánsɔ babétí mabɔ́kɔ.

Tatá Bendele, mokóló lopángo mpé amóyánólí te, "Tatá moké Mákalámbá, osálí lɛlɔ́ likambo mobáli asálaka mpé tomɔ́ní elɛngi míngi mpɔ̂ obálí moníngá wa yɔ̌. Oyébí na bolámu te mobáli, makási ma yɛ̌ sé mwǎsí, mpé mwǎsí makási ma yɛ̌ sé mobáli. Na lɛlɔ́ lokóla obálí, osálí sé malámu mpé lokóla obéngí bísɔ́ bandeko ba yɔ̌, tóyá kotála mwǎsí wa yɔ̌, toyambí yɛ̌ sé na bolámu.

Among the five couples, we can truly say that Makalamba's marriage alone meets the standard of how all marriages should be among black people in the city of Kinshasa. Because on the property, there is a Catholic marriage, an official marriage, a concubinage, a Christian marriage, a Senegalese marriage, and Makalamba's traditional marriage [lit.: rural village]. On that property, Makalamba alone has a very good reputation. Each person, man or woman, wants to be friends with Makalamba. It is because he does not have any conflict with anybody.

He is kind to everyone. The landlady and the landlord wanted Makalamba to marry their daughter Bolese. But Makalamba was a person who was reluctant [lit.: refusing] because Bolese was already being approached [lit.: begun] by another man. Bolese's parents had already drunk wine as a first sign of engagement [lit.: to close the courtyard (i.e. to other suitors)]. Bolese too loved Makalamba very much, but Makalamba did not want that kind of marriage. He viewed it as being like a marriage of competition [with another man], or like taking away a woman from a friend.

In the evening of the day of Bolumbu's arrival, Makalamba calls his friends [living] on the property to introduce them to his wife. He buys drinks. He tells Bolumbu to wear nice clothing in order to welcome the friends from the property. When calling friends from the property, Makalamba does not leave anybody out [lit.: selects no one]. Married as well as single, he invites them all. The people arrive. He seats them. He pours them drinks. Only two people are missing: Ikali and Ikenge, because they went to Brazzaville. And since they went there for a wake, they have spent three days and they have not yet returned to Kinshasa.

After everybody gets there and before raising their glasses to drink, Makalamba says, "My dear friends, I am so glad to welcome you at my place today, and to announce to you the arrival of my wife, who arrived today. That is why I invite you my friends to drink a cup. This is the way we welcome well your friend's guest [i.e. Bolumbu]. So, we need to be very happy."

As Makalamba finishes his words, all of them clap their hands..

Papa Bendele, the landlord, responds, "Young man [lit.: little father] Makalamba, you have done what a man [should] do and we are so happy because you have married your fellow human being [lit.: friend]. You know very well that a man's strength is in his wife, and a woman's strength is in her husband. Today, as you marry, you have done well and as you call us your friends, we come to see your wife and to welcome her well.

Selection Two: Mákalámbá

"Na nkómbó ya bǎna ba ngáí bánsɔ, baye nazalí na bangó káti ya lopángo mpé na nkómbó ya ngáí mɔ̌kɔ̌, totɔ́ndí yɔ̌ sé botɔ́ndí na kɔ́pɔ opésí bísó, mpé na bolámu osálí bísó mpɔ̌ ya bolakisi bísó mwǎsí wa yɔ̌. Esílí sé bôngo."

Mabɔ́kɔ mpé mabétémí.

Kɔ́pɔ etámbólí. Molílí mokwéí. Lokóla mpé minzemba ya Kinshásá, atá mwǎsí atá mobáli, sɔ́kí butú ekómí, alingí sé ábima mwâ mokɛ mpɔ̌ ya bokamati mopɛpɛ, mɔ̌kɔ́ na mɔ̌kɔ́ bakómí sé kokɛndɛ. Mosíká tê, na ntángo ya ngonga ya zómi ya butú, bangó bánsɔ bakeí. Batíkí Mákalámbá ná mwǎsí wa yě mpé na nɔ́kɔ́ wa yě.

Mákalámbá mpé lokóla amɔ́ní te Bolúmbú ná Botúli balɛmbí mpɔ̌ ya mobémbo molaí basáláki, atíkí bangó bálála mpɔngí. Alakísí Botúli nɔ́kɔ́ wa yě esíká ya kolála. Akɔ́tí mpé na mwǎsí wa yě káti ndáko ya yě ya kolála. Butú bokeí mosíká mpenzá. Makɛlélɛ mazalákí káti ya mbóka mabandí kosíla. Bato bánsɔ balálí.

ETENI YA BIBALE: KINSHASA, MBOKA YA MAKALAMBA NA BOLUMBU

I. EVANDELI O KINSHASA

Nsánzá motóbá elekí útá Bolúmbú akómá na Kinshásá. Bolúmbú amɛsání na Kinshásá. Azwí mpé bakamaládi mpé azwí bandeko ya mbóka, tǒ epái ya botatá tǒ mpé ya bomamá, káti ya Kinshásá. Mákalámbá mpé asálí mánsɔ mwǎna mobáli asálaka mpɔ̌ ya Bolúmbú ámɔ́na te azalí mwǎsí wá sɔ́lɔ́ káti ya libála.

Utá Bolúmbú akómá, Mákalámbá akomópésaka sé tolí káti ya ndáko mikɔlɔ mínsɔ lokóla mwǎna moké. Mokɔlɔ na mokɔlɔ akotíka yě pámba tê. Akolakisa yě ndéngé ya bozali o káti ya libála na Kinshásá, mbóka enɛnɛ. Mákalámbá akanísí te mwǎsí abɔngí sé yɔ̌ mɔ̌kɔ́ mobáli ósála makási. Akanísí mpé na ndéngé bakútánákí na libóngo bangó na Maposo, esíká alobáká te sɔ́kí yɔ̌ mɔ̌kɔ mobáli osálí makási tê, atá mwǎsí yangó azalí bóní, libála likobɔngɔ sɔ́kɔ moké tê. Yangó wânâ abomá sé nzóto mpɔ̌ Bolúmbú ábonga. Mákalámbá amílέngélí na bolámu mpenzá mpɔ̌ te mwâsí wa yê ábonga na ndéngé ya makási. Mokɔlɔ na mokɔlɔ, akotíka mwǎsí wa yě boye pámba tê. Yě mɔ̌kɔ apésí mwǎsí tolí ntángo nyɔ́nsɔ mpɔ̌ efándeli ya bangó ébonga.

Utá wânâ, Mákalámbá afándá na mwǎsí wa yě lokóla mamá ná tatá bafándaka na bolámu na bǎna ba bangó. Ná malako ma Mákalámbá, ná maye azwǎká epái ya mamá Baliya káti ya maswâ, makɛndé sé nzelá mɔ̌kɔ́. Kási malako maye mazalí kopésama na baníngá ba yě, baye akobázwaka na káti ya Kinshásá, mazalí kokɛndɛ sé nzelá ya pɛmbéni.

"In the name of all my people [lit.: children] in the property and in my own name, we thank you very much for the cup you give us and for the good you do for us by introducing your wife to us. That is all."

Hands are clapped.

Cups are passed around [lit.: walk]. Darkness descends. As single people in Kinshasa [usually do], whether woman or man, when night arrives, he or she just wants to go out a little bit to take some air, [so] one by one they leave. Shortly afterwards, at ten in the evening, all of them have left. They leave Makalamba with his wife and his uncle.

As Makalamba sees that Bolumbu and Botuli are tired because of the long trip they have made, he allows them to sleep. He shows his uncle Botuli a place to sleep. He goes with his wife into his bedroom to sleep. Nighttime settles in [lit.: goes really farther]. The noise in the city is coming to an end. Everybody is sleeping.

PART II: KINSHASA, THE CITY OF MAKALAMBA AND BOLUMBU

I. LIVING IN KINSHASA

Six months have elapsed since Bolumbu arrived in Kinshasa. Bolumbu has gotten used to Kinshasa. She has made friends and she has relatives from home on her father's and her mother's side in Kinshasa. Makalamba has done everything a new husband [can] do so that Bolumbu sees that she is a real wife in a marriage.

Since Bolumbu arrived, Makalamba gives her advice every day like a little child. Day after day he does not leave her empty-handed. He instructs her on how to behave in a marriage in Kinshasa, a big city. Makalamba thinks that a wife is well off only if the husband [lit.: you yourself, the husband] works hard [at keeping her in line]. He also remembers how Maposo and he met at the port, where she said that "if you the husband do not make any effort, no matter how the wife is, the marriage will not succeed." That is why he does all he can [lit.: kills the body] for Bolumbu to be a good wife [lit.: to behave correctly]. Makalamba makes a really good effort [lit.: is prepared in a disciplined way] for his wife to improve [with respect to the customs of Kinshasa]. Day after day, he does not leave his wife empty-handed. He himself gives her advice to improve their life.

Since then, Makalamba and his wife live like a father and a mother usually live on good terms with their children. Makalamba's advice and that which she got from Mama Baliya on the boat are good [lit.: go the same way, i.e. on the straight and narrow]. But the advice which is given by the friends whom she made in Kinshasa is bad [lit.: goes on a side way].

Selection Two: Mákalámbá

Mokɔlɔ mosúsu, Bolúmbú bangó na Ebena, mwǎsí mɔ̌kɔ́ sé wa libála, óyo bafándí na yě lopángo mɔ̌kɔ́, amóbéngí bákɛndɛ na zándo. Ekómí bangó o zándo, bamɔ́ní bilambá bibimí biye bizalí kotékɛmɛ na batɛ́ki ba zándo. Bilambá kitɔ́kɔ mpenzá. Nsánzá mpé ekómí naíno pɛnɛ na kosíla tê. Ekómí mpenzá katikáti ya mikɔlɔ. Bamɔ́ní bǎsí basúsu míngi babandí kowéla bilambá bîná. Bangó bábalé mpé balukí ya bangó bilambá. Mbɔ́ngɔ mpé na mabɔ́kɔ tê. Falánga ezalákí na bangó sé mpɔ̂ ya bilɔ́kɔ ya kolíya ya mokɔlɔ wâná.

Ebena yě yě te, "Moníngá, tólongola mwâ ndámbo ya falánga ya bilíya, tósómba ná bilambá.

Bolúmbú amóyánólí te, "Mobáli na ngáí alobáká te nábátela mosɔlɔ ya kolíya áwa na ngɛlé. Sɔ́kí tosílí totíí falaṅga mpɔ̂ ya kolíya, násómba na yangó sé bilíya. Sɔ́kí nalongólí mpɔ̂ ya elambá ndé ekozala mabé. Sɔ́kí olingí sómbá ya yɔ̌. Ngáí ndénasómbí sɔ́kí nazwí falánga."

Ebena ayókí tê. Alongólí sé ndámbo ya falánga káti ya falánga óyo mobáli wa yě apésákí mpɔ̂ ya bilɔ́kɔ ya kolíya mpé atíkí sé na elambá. Asálí sé mwâ mayélɛ ya kosómba bilɔ́kɔ pámbapámba. Bolúmbú asómbí bilɔ́kɔ ya malongá mpenzá, mpé bazóngí o mbóka.

Malako Mákalámbá akopésaka Bolúmbú malekí makási. Malako mpé makɔ́télá Bolúmbú. Na lopángo mpé Bolúmbú alingí sé átámbola na Ebena. Ndé mánsɔ Ebena akosála ntángo mosúsu mpɔ̂ ya bolingani wa yě na motéki wa madésu, ntángo mosúsu mpé na motéki wa ngɔ́mbé, ntango mosusu mpe na motéki wa bar, mánsɔ mâná makopésa Bolúmbú motéma malámu tê. Sɔ̂lɔ esíká Bolúmbú azalákí kotámbola ntángo na ntángo na Ebena, azalákí komɔ́na ndéngé níni Ebena azalí kosála. Ekómákí na botámboli ya bangó lokóla bapésani malako. Kútu motéma mwa Bolúmbú, mokɔlɔ mosúsu molingí móbaluka na mwǎna mobáli mɔ̌kɔ́ ôná azalákí koluka yě na nsima ya Ebena. Makambo mánso mpé masílákí. Elɔ́kɔ mɔ̌kɔ ezángákí sé esíká ya bokútani mpɔ̂ ya bosáli mánsɔ ekolinga bangó. Mosíká tê bapésání mokɔlɔ mpé na ntángo ya bokútani. Na mokɔlɔ mwangó mpé Mákalámbá akeí o mosálá tê. Bolúmbú ná Ebena babimí, nsima ya boyókani na elɛngé mobáli Olela mpɔ̂ ya bokútani na ntɔ́ngɔ́ na bar 'Ebɔngélí Bísó '.

Elɛngé mobáli Olela mpé ndé azalí na mwǎsí wa yě lokóla. Mpɔ̂ ya bokanisi te bangó míbalé bazalí na mikúmbá, balingí koyóka wânâ tê. Wânâ elingí élakisa te moto wa mokili alingí sé amímɔ́na te azalí boye tɔ̌ boye.

Mosíká tê bayéí mpé *kokútana*. Bokútani bwa bangó bozalákí elɛngi mpenzá mpɔ̂ bazalí bayíbi míbalé. Ndé mwâ mabé moké eyéí kozwa bangó. Wânâ mpé ezalí likambo ya pámba tê. Ekokákí sé ézala boye pámba tê sɔ́kí okoyíbaka libosó tê, mokɔlɔ okolinga komeka okomɔ́na sé okangémí, elobá bato ya mokili.

One day, Bolumbu invites Ebena [lit.: they and Ebena], a married woman who lives [lit.: they live] with her on the same property, to go to the market. When they arrive at the market, they see newly arrived clothing which is being sold by market vendors. It is really beautiful clothing. The month is far from being finished [Note: salaries are paid at the end of month]. It is in the middle of its days. They see many other women fighting over those clothes. And the two of them look for clothes for themselves. Without money in their hands. The money they have is for that day's food.

Ebena says, "[My] friend, let us take [lit.: subtract] a part of the food money [and] let's buy some clothes."

Bolumbu replies to her, "My husband always says that I should be careful with the money for food here downriver [i.e. Kinshasa]. If we set aside money for food, I should spend it only on food. If I were to take [some money] for clothing, it would be bad. If you want, buy [something] for yourself. As for me, I will buy [something] when I get some money."

Ebena does not agree [with Bolumbu's position]. She takes a part of the money that her husband gave her for things to eat and she wastes [lit.: abandons] it on clothes. She manages [lit.: acts craftily] by buying some cheap food. Bolumbu buys good food, and they go back home.

The advice that Makalamba gives his wife can't be ignored [lit.: exceeds strength]. Bolumbu takes in the advice. Bolumbu likes to go out with Ebena [among the people] on the property. But everything that Ebena does for her affairs now with the bean merchant, then with butcher, and another time with the bar tender, all that makes Bolumbu feel uneasy. In fact when Bolumbu was going out sometimes with Ebena, she was observing how Ebena was behaving. Something happened on [one of] their outings as if they were giving each other advice. Even Bolumbu's heart was tempted one day by a young man who courted her through Ebena. The affair is set to go. The only thing missing is a meeting place for them to do all they want [to do]. Shortly after, they agree on a day and time to meet. On that day, Makalamba doesn't go to work. Bolumbu and Ebena go out, after agreeing with the young man Olela to meet in the morning at the bar "Ebongeli Biso [= it improves us]."

The young man Olela is also married. As for thinking about both of them having responsibilities [to their spouses], they don't want to hear about it. This means that human beings like to preserve appearances [lit.: to see themselves being like this or like that].

Shortly after, they meet. Their meeting was very enjoyable because they are both cheaters [lit.: thieves]. But one little bad [thing] happens to them [lit.: comes to get them]. But that is not something unusual. It should be this way because if you are not used to cheating, the day you try, you will be caught, that is conventional wisdom [lit.: say the people of the earth].

Selection Two: Mákalámbá

Ntángo Bolúmbú bangó na Ebena bazalí kokɔ́ta na bar óyo Olela azalákí kobázila, bayébí tê te mwǎsí ya Olela azalákí kokéngɛlɛ mobáli wa yě o nzelá na kínga. Mosíká tê amɔ́ní bangó. Akɛndélí bangó. Akangí sé kínga. Akɔ́télí bangó. Obélé akɔ́tí boye, amɔ́ní bafándí na Olela. Azilí atá kozila tê, akamátí sé molangi mwa masanga moye mozalákí likoló lya mésá, amóbwákí yangó epái ya Bolúmbú, ntángo bazalákí kopésana míso ya nsaí na bosímbani ya mabɔ́kɔ bangó na makángo wa yě Olela. Bolúmbú mpé agúmbámí o nsé. Molangi molekí, mpé mokwéí o mabelé mpé molangi môná mopasúkí. Sɔ́kí molangi môná mozwǎká Bolúmbú, ndé ayébáká nzelá ya lopitálo.

Olela esíká amɔ́ní mwǎsí wa yě asálí makambo ma nkándá boye, amóyambí na bobɔ́ndeli. Mosíká tê bato batóndí kala mpɔ̂ ya botáli súka ya likambo. Ntángo bato bazalí kotónda, Bolúmbú ná Ebena babángí. Nsɔ́ni mpé ekangí bangó. Babandí koluka nzelá ya bokími. Mosika tê babimí na bokími.

Mwǎsí wa Olela asilíkí mpenzá. Bato bánsɔ babandí kobɔ́ndela yě na bolobi te "tíká etumba na mobáli wa yɔ̌. Kolanda makambo ma bǎsí ya balabála ya Kinshásá tê. Baye bakímí bazalí ndé bǎsí ya balabála."

Utá mokɔlɔ môná, Bolúmbú ayókí nsɔ́ni míngi. Amílobí káti ya motéma te, "Kotámbola ngáí na Ebena esúkí mpé malako nyɔ́nsɔ makopésaka ngáí Mákalámbá namɔ́ní yangó lɛlɔ́."

Sɔ́kí Bolúmbú akanísí ndéngé abíkákí liwá lya molangi, mpé sɔ́kí akanísí ndéngé bakímákí mbángu, mpé sɔ́kí akanísí ndéngé bato bazalákí kosɛkɛ bangó, abomí nzótu mpé atóndí sé na nsɔ́ni. Utá mokɔlɔ mona, alinga lisúsu komɔ́na Ebena tê. Amɔ́ní Ebena lokóla moto alingákí ábomisa yě na mokili ya Kinshásá. Amɔ́ní yě nsɔ́mɔ mpenzá lokóla zábulu.

Utá bondeko bwa Bolúmbú na Ebena bobandá, mibáli ya bangó ya ndáko bamɔ́náká atá mabé tê. Ebena bayébá yě káti ya lopángo lokóla mwǎsí malámu míngi. Bolúmbú mpé sé ndéngé wâna. Sɔ́kí babimí mpɔ̂ ya bokɛi o zándo sé bangó bábalé. Makambo mánsɔ bakosála sé bangó bábalé. Mibáli ya bangó ya ndáko mpé bamɔ́ná ndéngé wâná, baloba elɔ́kɔ mɔ̌kɔ́ tê mpé bandimá bondeko wâná.

Lokóla mpé Mákalámbá azalí mwâ mayɛlɛ míngi, mokɔlɔ mosúsu ayébísí na mwǎsí wa yě te, "Mwǎsí wa ngáí, nakopekisa yɔ̌ na Ebena bózala bondeko tê. Ndé nalingí sé te bondeko bwa bínó bozala káti ya nzelá ya bomípésí lokúmu. Nalobí boye pámba tê, na ntína te nayébí na bolámu te bǎsí bánsɔ sɔ́kí basílí bayókání bangó bábalé, lobá te bazalí na mwâ likambo káti ya bangó, atá bázala bǎsí ya pámba tɔ̌ ya mabála. Sɔ́kí mpé bondeko bwa bangó bosílí, lobá te likambo liye likangákí bangó bábalé lisílí libimí o libándá. Ndé ngáí nalingí náyóka tɔ̌ námɔ́na likambo mɔ̌kɔ́ ya mabé na káti ya bínó tê."

As Bolumbu and Ebena enter the bar where Olela was waiting for them, they do not know that Olela's wife is on the lookout for her husband from a bicycle on the street. Shortly afterwards, she sees them. She goes toward them. She parks the bicycle. She approaches them. When she enters, she sees them sitting with Olela. She does not wait a minute, she grabs a wine bottle which was on the table and throws it at Bolumbu. as they were looking at each other joyfully and touching hands – Bolumbu and Olela [lit.: they and her lover Olela]. Bolumbu bends down and the bottle passes by and falls on the floor and it breaks. Had the bottle hit Bolumbu, she would have gone [lit.: known the way]. to the hospital.

When Olela sees his wife act angrily like that, he responds by imploring [her]. Shortly after, people quickly fill up [the room] in order to see how the matter unfolds. As the people fill up [the place], Bolumbu and Ebena become fearful. Shame immobilizes them. They begin to look for a way out. Shortly after, they leave on the run.

Olela's wife is very upset. Everybody implores her, "Stop fighting with your husband. Do not concern yourself with these women from the streets of Kinshasa. The ones who ran away are women of the streets."

From that day on, Bolumbu feels a lot of shame. She tells herself, "Ebena and I going out together is finished and now I see the importance of all of Makalamba's advice."

If Bolumbu thinks of how she escaped death from the bottle, and if she thinks of how fast they ran away and if she thinks about how people were laughing at them, she is embarrassed [lit.: kills her body] and is filled with shame. Since that day, she does not want to see Ebena any more. She sees Ebena as one who wanted to get her killed in the territory of Kinshasa. She sees her as very frightening like the devil.

Since Bolumbu and Ebena's friendship started, their husbands had not seen anything bad in it. Ebena was known on the property as a very good woman. Bolumbu as well [was seen] the same way. When they went to the marketplace, they went together. Everything they did, they [did] together. Their husbands saw it the same way, they did not raise any objection [lit.: didn't say one thing], they approved of the friendship.

As Makalamba is very smart, one day he says to his wife, "My wife, I am not keeping Ebena and you from being friends. But I want your friendship to be based on mutual respect [lit.: on the way of giving each other honor]. I am saying this because I know very well that when two women have established a good relationship, [one can] say they have developed a common interest [known only] to themselves , whether they are married or not. If their friendship ends, however, [one can] say that that the secret which bound the two of them together becomes known [lit.: goes out] to the outside world. I don't want to hear or see anything bad [come] between you."

Bolúmbú na motéma mwa yě, azalákí na makanisi te bondeko bwa yě na Ebena bokozala na likambo tê, na ntína te azalí mwǎsí ya lopángo mɔ̌kɔ́ na yě. Atá azalákí ndé kokósa mobáli wa yě mpé na bato ya lopángo na komímɔ́nisa te azalí mwǎsí malámu, Bolúmbú atíyáká makambo wâná motéma tê. Ayébáká na nsima te Ebena azalákí kokósa míso ma bato, pámba tê yě azalákí na ndéngé ya mobúlú ya makambo mabé ya *makángo* kílíkili.

Epái ya Bolúmbú mpenzá tokokí koloba sé likambo mɔ̌kɔ́ óyo abíkí liwá lya molangi. Na likambo lîná, ayókákí Ebena mabé mpɔ̂ te makambo wâná Ebena ndé moto atíndáká yě ásála.

Na bŏngó Bolúmbú andimákí mpé amɔ́ní na míso ma yě mabé mańsɔ ma bǎsí ya Kinshásá ndéngé níni bakotíndaka baníngá ba bangó o libúlú lya mɔ́tɔ. Utá wâná sɔ́kí Bolúmbú akanísí mabé ma bǎsí ya Kinshásá, akanísí sé makambo mánsɔ mamá Baliya azaláká koyébisa yě káti ya maswâ mpé na malako ya Mákalambá, mobáli wa yě wa ndáko. Mosíká tê, ayéí komɔ́na Ebena lokóla mwǎsí ya mabé mpenzá káti ya mokili mobimba ya Kinshásá. Kási mpɔ̂ ábimisa * ndéngé ya makambo ya yě na Olela, na Ebena na wâná libándá, amɔ́ní te ezalí mabé mpé abómbí yangó sé na káti ya motéma mwa yě.

Bolúmbú alingí lisúsu moníngá wa yě Ebena tê. Kási lokóla bazalí sé esíká mɔ̌kɔ́, mayélɛ masúsu mazalí tê mpɔ̂ te áyébisa ntína ebóyí yě moníngá wa yě. Na bôngó Bolúmbú amɔ́ní te efándeli ya yě káti ya lopángo wâná ekómélí yě mabé, na ntína te sɔ́kí amɔ́ní Ebena, akanísí sé makambo masáláká bangó, útá abíká liwá lya molangi. Makanisi wâná makɔ́tí yě na motó mpé matíí yě mpanzé likoló.

Na bôngó, mwǎsí nyɔ́nsɔ káti ya mokili sɔ́kí akangání na likambo mpé alingí sé lísálema akosála ndéngé ínsɔ mpɔ̂ te likambo lîná lisálema. Bolúmbú abandí ntángo mosúsu koyébisaka na mobáli wa yě te, "Nazalí sé kolɔ́ta bandɔ́tɔ́ ya mabé áwa na lopángo óyo." Ntángo mosúsu ayébisa na mobáli wa yě te, "Lɛlɔ́ nalɔ́tí bayíbélí ngáí elɔ́kɔ mɔ̌kɔ́ natíkákí libándá." Ntángo mosúsu aloba te, "Nzóto ya ngáí ekómí sé pási áwa na lopángo óyo." Ínsɔ wâná akoloba na mobáli wa yě sé mpɔ̂ bálongwa na lopángo wâná, bákɛndɛ kofánda esíká mosúsu. Na bôngó ndé amɔ́nání lisúsu na moníngá wa yě Ebena tê.

Mákalámbá amɔ́ní te mwǎsí wa yě alekísí koyébisa yě makambo míngi mpɔ̂ ya bolongwi o lopángo ya Kato. Amɔ́ní sé te Bolúmbú azalí kosála mánsɔ mpɔ̂ báluka esíká mosúsu ya bofándi. Amólobélí sé te nakoluka lopángo mosúsu mpɔ̂ tókɛndɛ kofútela. Mákalámbá alobí bôngó sé mpɔ̂ te ákitisa motéma mwa mwǎsí wa yě.

Bolumbu thought to herself [lit.: in her heart] that her friendship with Ebena would not have a problem, because she is a woman on the same property with her. Although Ebena is fooling her husband and the people on the property into seeing her as a good woman, Bolumbu doesn't care [lit.: doesn't put those matters into her heart]. She later realizes that Ebena is deceiving everybody [lit.: the eyes of people], because she has the disorderly lifestyle of depraved concubines.

As for Bolumbu, we can speak about only one problem, namely that she escaped death from the bottle [thrown at her]. Bolumbu holds it against Ebena because she is the one who forced her to be involved in that matter.

Thus, Bolumbu comes to see with her own eyes the evil ways of Kinshasa women who send their friends to hell [lit.: the pit of fire]. From that time, whenever Bolumbu thinks about how bad Kinshasa's women were, she remembers everything Mama Baliya told her on the boat and all the pieces of advice from her husband Makalamba. It is not long afterwards that she comes to see Ebena as the worst woman in the entire city of Kinshasa. But for her to reveal her problem with Olela and Ebena to the outside world, she sees that that would be bad and so she keeps it to herself.

Bolumbu does not like her friend Ebena any more. As they live in the same place, there is no [good] way to explain her refusal to be her friend. Thus Bolumbu sees that her living on that property makes her feel bad because, when she sees Ebena, she [can] only think about what has happened to them since her escape from the death-by-bottle. These thoughts enter her head and make her suicidal [lit.: puts her ribs up].

So, any woman on earth, if she wants something to be done, will do whatever [she has to] so that it gets done. Bolumbu starts sometimes to say to her husband, "I am dreaming bad dreams on this property." At other times she tells her husband, "Today I dreamed about something being stolen, which I left outside." Another time she says, "My body feels pain on this property." She says all these things to her husband so that they will leave this property and go live someplace else. This way, she and her friend Ebena don't see each other any more.

Makalamba sees that his wife repeatedly tells him many things about leaving the property on Kato [street]. He sees that Bolumbu is doing everything [she can] so that they look for another place to live. He tells her, "I will search for a property to rent." Makalamba says this just to calm his wife down [lit.: lower her heart].

Selection Two: Mákalámbá

Eyókí Bolúmbú bôngó, motéma mwa yĕ mokití mwâ moké na nsé. Mosiká tê libumu lya mamá Bolúmbú liyéí komɔ́nana. Libumu likómí nsánzá mísáto. Emɔ́ní elɛngé mobáli Mákalámbá libumu, akanísí te mwăsí alingí tólongwa áwa mpɔ̂ libóyísí yĕ kofánda áwa.

Mákalámbá akokákí kosála lisúsu elɔ́kɔ tê. Mwăsí azalí na zémi ya libosó mpé bakozila mwăna wa bangó wa yambo, ndéngé níni akokí kondima mánsɔ makoloba mwăsí wa yĕ Bolúmbú tê? Libumu lizalí elɔ́kɔ monéne. Na bôngó sɔ́kí mwăsí abandí koyina útá libumu, wânâ ekómí likambo mosúsu. Ndé makambo ma bolongwi lisúsu na esíká eye bamɛséní mapésí Mákalámbá mawa míngi káti ya motéma.

Mákalámbá alobélí mpé mwăsí wa yĕ te, "Sɔ̂lɔ́ nakoluka esíká mosúsu ya kofánda. Tokokɛndɛ kofánda. Ndé óyébaka malámu te lopángo ya Kinshásá mpási míngi. Lopángo misúsu balingí óbaluka áwa tê, óleka áwa tê. Basúsu balingí bato baye bazalí na băsí tê. Basúsu balingí ózala na mwăsí moké tê. Basúsu balingí mpé bato baye bazalí na băna tê. Lopángo misúsu bakoluka kotíya yɔ̌ na mobáli sɔngísɔngí. Basúsu bakozala sé kopanzáká nsango bipái na bipái ya bato. Lopángo mosúsu, atá mwâ likambo ya moké, bakoluka sé bábimisa bínó o libándá. Atá óloba te letá azalí, bakomɔ́na sé pámba. Na bôngó lopángo óyo tozalí, ezalí na makambo mánsɔ mâná tê.

"Bakóló ba lopángo ná mwăsí ná mobáli mpé ná băna ba bangó, bánsɔ bazálí sé malámu. Bôngó okondima mpási ínsɔ tokokí komɔ́na epái mosúsu? Sɔ́kí ondimí ezalí mpé sé malámu. Na súka ya sánzá tokobima mpé tokokɛndɛ. Lokóla mpé mikɔlo mitíkálí míngi tê, tokokɛndɛ sé kokɛndɛ. Kási kangá naíno sé motéma."

Butú boyíndí, nsima ntɔ́ngɔ́ eyéí kotána. Utá ntɔ́ngɔ́, likoló likangání na mapatá ma moyíndo. Mwâ mopɛpɛ mobandí koyá. Nkáké mpé ebandí kongánga. Matangá ma mbúla mpé mabandí kokwá. Băsí ya lopángo babandí kotíya *masasú*, tonó tɔ̌ sáni mpɔ̂ te mái ma mbúla mákitela yangó mpé matóndela yangó. Bolúmbú mpé atíí óyo ya yĕ bilɔ́kɔ na libándá lokóla baníngá ba yĕ. Mbúla eyéí makási mpenzá mpé ebétí ndéngé ya nsɔ́mɔ. Elɔ́kɔ mɔ̌kɔ́ ekoyókana lisúsu tê. Sé matangá ma mbúla makokwáka o nsé makási mpé na nkáké ekokwáka ndéngé mɔ̌kɔ́ ya kobángisa bato.

Lokóla mpé mbúla wâná ekwákí na ntɔ́ngɔ́ mpenzá, bato míngi bakɛndékí na mosálá tê. Mákalámbá mpé akɛndékí tê mpɔ̂ ya mbúla wâná. Elongwí yĕ na mpɔngí, afándí pɛmbéni ya mwăsí wa yĕ. Bolúmbú mpé apelísí litúká, abandí kolámba mwá káwa ya ntɔ́ngɔ́.

After Bolumbu hears that, she calms down a little. A little later, Mama Bolumbu's pregnancy becomes visible. She is three months pregnant.

As the young man Makalamba sees the pregnancy, he thinks that his wife wants to leave here because it [i.e. the baby] makes her refuse to live here.

Makalamba could not do anything else. His wife has her first pregnancy and they are expecting their first child; how could he not go along with everything that his wife Bolumbu says? Pregnancy is a very serious matter. If the woman starts hating something from [the beginning of] the pregnancy, that is a different matter. But the idea of moving from the place they are accustomed to makes Makalamba very sad.

Makalamba also tells his wife, "I am really searching for another place to live. We will go live there. But you should know that a Kinshasa property [has] many problems. On some properties, they don't want you to loiten [lit.: stroll here, pass by here]. Others don't want people who are married [lit.: with wives]. Some do not want you to have a young wife [lit.: a small wife]. Some do not want people who have children. On some properties, they try to slander you and your husband [lit.: put (to) you and your husband slander]. Others are spreading rumors to people everywhere. On some property, even for a minor problem they will try to kick you out. Even if you say that you'll sue [lit.: that the state is], they do not care [lit.: see useless]. The property we are on now does not have all these things.

"The property owners, the wife and the husband and their children, are all good. So can you accept all the problems we could encounter elsewhere? If you agree, that is fine. At the end of the month, we will move out and go. As there are not many days left, we will be going [soon]. But meantime just calm down."

Night falls, then morning dawns. Since morning, the sky is overcast with dark clouds. A light wind starts to blow. Thunder starts rumbling. Raindrops start to fall. The women on the property start putting out pots, barrels, and plates so that the rainwater comes down and fills them. Bolumbu also puts her things outside like her friends. The rain comes down really hard and beats down in a frightening manner. Nothing could be heard anymore. The raindrops are beating down hard and the thunder is rumbling down likewise so as to frighten people.

Since the rain fell early in the morning, many people did not go to work. Makalamba also did not go because of the rain. When he wakes up, he is sitting by his wife. Bolumbu lights the burner and starts making morning coffee.

Mákalámbá yě yě te, "Bolúmbú mwǎsí wa ngáí, útá ekómá yɔ̌ áwa na Kinshásá, ntɔ́ngɔ́ ya libosó tófánda malámu sé óyo ya lɛlɔ́. Ya sɔ̂lɔ́, libála lya bísó likómí sánzá nsambo, útá okómí na mabɔ́kɔ ma ngáí. Ndé ntángo nyɔ́nsɔ wânâ, tofándí naíno ntɔ́ngɔ́ mɔ̌kɔ́ lokóla boye tê. Mikɔlɔ mínsɔ mya lomíngo, tokokɛndɛ ntɔ́ngɔ nyɔ́nsɔ o ndáko-Nzámbe. Ekozónga bísó, tokosálaka boyambi ya bandeko baye bakoyáka kotála bísó. Utá bôngó masoló ma bísó bábalé makosálemaka na ntɔ́ngɔ́ tê. Ndé masoló ma bísó bábalé lɛlɔ́ káka masálémí na ntɔ́ngɔ́ mpé tofándí lokóla lɛlɔ́ boye. Oyo ya mikɔlɔ ya pámba tokokí koloba tê mpɔ̂ ngáí mobáli sé ntɔ́ngɔ́ nyɔ́nsɔ nákɛndɛ na mosálá."

Bolúmbú yě yě te, "Mákalámbá, mobáli wa ngáí, ndéngé níni ya efándeli ozalí koluka káti ya bísó bábalé mpɔ̂ ya ntɔ́ngɔ́? Nakomɔ́naka sé ntɔ́ngɔ́ nyɔ́nsɔ ekobima yɔ̌, otíí sé mái na nzóto, ofáti bilambá ya yɔ̌, mpé osukólí mwâ monɔkɔ na biléi. Esílí wâná osímbí sé nkínga ya yɔ̌ mpé okɛí o mosálá. Na bopémi ya ngonga ya mói, okozóngaka na yɔ̌ na mbóka tê. Mokɔlɔ mɔ̌kɔ́ natúnáká yɔ̌ ntina níni. Olobáká te falánga opésaka mpɔ̂ ya biléi ekokí tê ózónga koluka biléi mbala íbalé lokóla elobámí te moto álíya na mokɔlɔ mɔ̌kɔ́. Falánga yangó ekokí sé na biléi ya ngonga mɔ̌kɔ́ ya mpókwa. Mpé olobákí te atá bôngó tê, koyá ya mói mpé bozóngi bwa ngonga ya mói ekopésa bobúngisi bwa falánga míngi. Yangó wânâ obóyí komímɔ́nisaka mpási míngi ya ókɛndɛ na ntɔ́ngɔ́, óyá na midí, ózónga lisúsu mosálá mpé ózónga o mbóka ntángo ya mpókwa. Utá wânâ, omɔ́ní te sɔ́kí oyéí na mpókwa, okolinga lisoló tê mpɔ̂ okozalaka kolɛmbɛ. Ndé okolingaka sé ózalaka na yɔ̌ na ndáko óyókaka nsango ya zulunále ná nsango ya ladió mpé na botángi babúku ba yɔ̌. Okolinga lisoló sé sɔ́kɔ́ okopésa ngáí malako. Yɔ̌ okoyébaka tê te yɔ̌ mɔ̌kɔ́ ndé moto ozalí kobébisa mánsɔ mpé olingaka te ngáí na yɔ̌ tósolola lokóla lɛlɔ́ tê. Oyébí te bísó bǎsí tolingaka masoló míngi na mibáli ya bísó atá ya pámbapámba. O Nzámbe, mbúla enɔ́kaka atá na ntɔ́ngɔ́ nyɔ́sɔ́ boye mpɔ̂ te násololaka na mobáli wa ngáí ndéngé boyeeee!"

Mákalámbá yě yě te, "Bolúmbú mwǎsí wa ngáí, mánsɔ malobí yɔ̌ mazalí sé nzelá mɔ̌kɔ́ malámu. Ndé bínó bǎsí bokosálaka sé mánsɔ makotíndama na mitéma mya bínó. Sɔ́kí bosálaka tɔ̌ sɔ́kí mpé bolingaka kosála, mánsɔ makolekaka bínó na motó ndé ezalí likambo mosúsu."

Bolúmbú yě yě te, "Mánsɔ makolekaka bísó na mitó mpé na mitéma mazalí lokóla bóní bóni?"

Makalamba says, "My wife Bolumbu, since you came to Kinshasa, the first morning we are sitting [together] comfortably is this one today. In fact, we have had seven months of marriage since you have come into my hands. But, in all this time, we have never sat like this in the morning. Every Sunday, we go in the morning to church. When we return, we welcome friends who come to see us. For that reason our conversations don't take place in the morning. But it is only today that our conversation is taking place in the morning and we are sitting like this today. We can't speak of these as leisure [lit.: useless] days because I your husband go to work every morning."

Bolumbu says, "Makalamba, my husband, what kind of lifestyle are you seeking for the two of us in the morning? Every morning, when you get up, I usually see you take a shower [lit.: put water on the body], put on your clothes, and eat a little something [lit.: clean the mouth with food]. After that you take your bicycle and go to work. At the midday break, you do not return home. One day I asked you why. You said that the money you give [me] for food is not enough for you to return for the two meals which it is said that one should eat daily. That money is just enough for one daily meal in the evening. You also said that, besides that, going back and forth during the day [to work] would waste a lot of money. That is why you refuse to suffer by going in the morning, returning at noon, going back to work again and then returning home in the evening. That is why, when you come back home in the evening, you do not want conversation because you are usually feeling tired. Then you always want to be indoors to listen to the news on the radio and to read your books. You want conversation only if you are giving me advice. You don't know that you are the one who is upsetting things, and [so] you don't really want for you and me to have conversations like today. You know that we women want conversations with our husbands even about unimportant matters. Oh God! let the rain fall every morning like this so that I [can] talk to my husband like this!!!!"

Makalamba says, "Bolumbu, my wife, everything you said is good lit.: on a good path]. But you women do only what your hearts desire [lit.: everything which is sent by your hearts]. If you do or want to do everything that crosses your mind, that is another matter."

Bolumbu says, "What do you mean by everything that comes into our heads or into our hearts?"

Mákalámbá amózóngísélí na *bolobi* te, "Olingí ósála mánsɔ makoleka yɔ̌ o motéma, ezalí lokóla te sɔ́kí mwǎsí, lokóla yɔ̌, akɛí o zándo nzelá mɔ̌kɔ́ na moníngá wa yě mwǎsí, ekozala sé sɔ́kí yě asómbí mbótó, yě mpé akolinga ásómba sé mbótó. Sɔ́kí ayókí mpósá ya molangi ya mwá masanga, yě mpé akosála sé ndéngé yangó. Mpɔ̌ ya bokanisi te sɔ́kí mobáli wa moníngá akozwaka falánga koleka mobáli wa yě akokanisa wâná tê. Kási mpɔ̂ ya bosáli bisálélá mpɔ̂ ya bolandi moníngá wa yě akosála mbángu. Akosála sé esálélá. Esíká moníngá wa *yě* akosómba kɔ́pɔ ya masanga, akoluka koyéba atá tê, sɔ́kí loméyá lozalákí na moníngá lozalákí ndéngé mosúsu, tǒ mpé bóní. Yě akokanisa wâná tê. Akosómba sé bisómbélá mpɔ̂ moníngá asómbí.

"Epái ya mayélɛ ya motó nalingí náloba te sɔ́kí moto alingí ákɛndɛ o mbóka esúsu, akokí sé ákanisa lɛlɔ́ mpé akɛí tê. Akokí ákanisa ndéngé nyɔ́nsɔ mpɔ̂ te sɔ́kí azalí mwǎsí wa libála, akosénga libosó nzelá epái ya mobáli wa yě. Mobáli wa yě akomótúna mpé te mikɔlɔ bóní akokí kosála epái akokɛndɛ.

"Wâná ezalí pámba tê, lokóla mobémbo mwa mwǎsí ezalí epái ya babóti ba yě, bakiló ba mobáli, ekokí sé mobáli álɛ́ngɛlɛ na bolámu mpɔ̂ mwǎsí akokí kokɛndɛ mabɔ́kɔ pámba tê. Kási aséngélí kokɛndɛ na mwâ elɔ́kɔ. Na bôngó sɔ́kí atíí mobáli wa yě molungé mpɔ̂ ásála mánsɔ na nsánzá mɔ̌kɔ́ mpé na mbala mɔ̌kɔ́, mayélɛ níni makokí kozala epái ya mobáli mpɔ̂ ya bosáli malámu?"

Bolúmbú yě yě te, "Tatá Mákalámbá, ozalí sé kokɛndɛ na maloba ma yɔ̌. Nakátí maloba ma yɔ̌ tê. Nalingí sé nápésa yɔ̌ motúná mɔ̌kɔ́ lokóla mpé tozalí na lisoló. Awa ozalí koloba likambo lya mayélɛ, bóní mibáli bakoyébisaka bǎsí ba bangó motúyá mwa falánga bakozwaka na nsánzá tê? Okanísí tê te sɔ́kí bayébísí baníngá ba bangó bǎsí ndé makambo mánsɔ makosálemaka na mayélɛ?"

Mákalámbá yě yě te, "Makambo ya kobómbela mwǎsí motúyá mwa falánga ya nsánzá mazalí malámu tê. Ndé bínó bǎsí ba bísó bolingí bóyéba tê te mwǎsí ná mobáli babɔngí bátíya mosɔlɔ mwa bangó esíká mɔ̌kɔ́. Bínó bǎsí ba bísó bolingí sé bókanisa te libála lizalí mosálá. Bokoyáka ndé kosálela bandeko ba bínó falánga káti ya libála. Na ndéngé ya makanisi wâná, ndéngé níni olingí te mobáli áyébisa yɔ̌ motúyá mwa falánga ya yě?"

Mbúla mpé ezalí sé konɔ́kɔ na bokási bɔ́nsɔ. Mái matóndí káti ya banzelá ínsɔ mpé mabandí kokɔ́ta na balopángo misúsu.

Makalamba replies to her, saying, "You want to do everything that your heart desires, that is, if a woman like you goes to the market together with a female friend and the latter buys a carp, then the former will want to buy a carp also. If the latter feels a desire for a bottle of wine, then the former will do likewise. As for the thought that the latter's husband might earn more money than her husband, she won't think about that. But [if she has] the whim to follow her friend, she will do it without hesitation [lit.: quickly]. She will imitate. When her friend buys a cup of wine, she doesn't even seek to know how her friend got that money [lit.: the coin which the friend had was another way or how]. She doesn't think about that. She just buys because her friend buys.

"As for the wise head, I want to say that, if someone wants to go to another city, she cannot just think about it today and leave [on the spur of the moment]. She might think of all the problems, but if she is a married woman, she will first ask for her husband's permission. The husband will ask her how many days she will need [lit.: can do] where she is going.

"That is because, [if, for example] the wife's trip were to her parents' place, the husband's in-laws, it would be good for the husband to be well prepared, because his wife cannot travel empty- handed. Rather, she should take a little something. So, if she pressures her husband [lit.: makes him sweat] to do everything in a month and all at once, how can a man plan to accomplish all that well? [lit.: what ability can be with the husband for doing (that) well?]"

Bolumbu says, "Tata Makalamba, you will continue with your words. I won't interrupt you. But I just want to ask you a question, while we are talking. Since you are talking about intelligence, how come men don't tell their wives the amount of money they get per month? Don't you think that, if they were to tell their dear wives that [lit.: their female friends], then wouldn't that be the way to act with intelligence [lit.: everything would be done with intelligence]?"

Makalamba responds, "The business of hiding the amount of the monthly salary from the wife is not good. But you women do not want to accept the idea that husband and wife should keep their money together. You women want to think that marriage is a job. You come into marriage to make money for your relatives. With that kind of thinking, how can you expect your husband to tell you the amount of his salary?"

It is raining heavily. The water is filling all the streets and is beginning to come onto the other properties.

Mákalámbá abimísí motó mwa yĕ libándá na monɔkɔ ya ndáko ya yĕ. Amɔ́ní sé moto mɔ̆kɔ́ azalí koleka. Amízóngísí mpé mbángo na bobéngi mwăsí wa yĕ. Amɔ́lakísí moto wâná mpé alobélí mwăsí wa yĕ te, "Oyébaka na bolámu te ekolongo elobá bankɔ́kɔ, 'Nsósó ekotámbolaka ntángo ya mbúla tê, ekolíyaka elɔ́kɔ ya malámu tê.' Nalobí boye pámba tê, na ntína te namɔ́ní moto wâná azalí koleka na mbúla nyɔ́nsɔ mpɔ̂ ya bokɛi o mosálá. Nakanísí moto yangó azalí na mayélɛ. Ngáí mpé ebɔngí nákɛndɛ o mosálá na mbúla. Pámba tê, mondélé azalí sé mái ma bwáto. *Akɛí lɛlɔ́ epái boye,* lóbí azóngí epái mosúsu. Lɛlɔ́ bozalí malámu, lóbí bokómí mabé. Ezalí lokóla ntángo mosúsu sɔ́kí nakɛi na mbúla boye mpé napɔlí lokóla nsósó, akoseka ngáí. Kási ndé nakanísí tokozala mwâ malámu. Sɔ́kí nakɛi na mbúla tê, mpé sɔ́kí azaláki na mwâ mosálá ya kopésa ngáí, mpé nazángí na ntángo wâná, tokozala na yĕ malámu sɔ́kɔ́ moké tê. Kási áwa nabálí yɔ̆, ebɔngí sé násála makási mpɔ̂ nábɔngisa efándeli ya bísó mpɔ̂ mosálá ezalí ezweli ya ngáí epái ya mundélé na mbóka ngɛlé. Tokobéngaka yangó na monɔkɔ ya bísó bato ya ngɛlé 'elanga ya ngɛlé.'"

Bolúmbú ayókélí mobáli. Amópésí mwâ káwa ya ntɔ́ngɔ́. Tatá Mákalámbá asukólí mwâ monɔkɔ. Atíí mokóto mwa mbúla, abimísí nkínga ya yĕ mpé akɛí o mosálá.

II. MATATA MABANDI O MOSALA

Ntɔ́ngɔ́ esílí kotána kala. Ngonga esílí ekómí zómi na ndámbo, kási ezalí koyébana tê mpɔ̂ mbúla eyíndísí likoló. Mbúla ya mokɔlɔ môná ezalákí makási míngi mpenzá. Matangá ma mbúla mpé mazalákí makási. Sɔ́kí ozalí likoló lya nkínga mpé ozalí kotámbola, okoyóka ndéngé matangá mazalí kobéta yɔ̆ na makási nyɔ́nsɔ na nzótu.

Eténi ya ngonga esílí eleki, útá Mákalámbá abimákí o ndáko ya yĕ. Akómí mpé o mosálá. Moto moyíndo ya Kongó sé Mákalámbá. Ekɔ́tí yĕ na mokóto mwa yĕ mwa mbúla, moye mosílí mopɔlí na matangá ma mbúla mpé emɔ́ní mindélé yĕ, bawéí na *komóseka* mpɔ̂ apɔlí na mbúla ndéngé ya nsósó.

Mɔ̆kɔ́ wa mindélé, ôná abéngámí Roy, amɔ́lobélí te, "Bóní bokoyá lokóla bísó mindélé tê atá mbúla ezali? Bokolíya sé falánga ya pámba na boyéi nsima boye? Oyo ntángo níni, moyíndo? Sɔ́kɔ́ Mpótó ndé bakátí yɔ̆ mokɔlɔ mobimba. Ndé lokóla áwa Kongó tosála..."

Mákalámbá mpé amóyánólí te, "Ngáí ndé moto wa libosó. Mbúla ezalí konɔ́ka makási míngi mpenzá epái ya bísó. Oyébí malámu mbúla ya mbóka óyo ekonɔ́kaka ndéngé mɔ̆kɔ́ ya nsómɔ. Sɔ́kí epái óyo enɔ́kí makási, epái óyo mosúsu ekonɔ́ka moké moké. Ndé ya lɛlɔ́ esálí sé motíndo mɔ̆kɔ́ epái na epái na bonɔ́ki makási."

Makalamba sticks his head outside of the house door. He sees only one person passing by. He comes back in quickly and calls his wife. He points that person out to her, and tells her, "You know the proverb well spoken by our ancestors: 'A chicken that doesn't walk in the rain, does not eat well.' I say this because I see that that person who is passing by in all this rain is on his way to work. I think that person is wise. I too should go to work in the rain. The boss is [like] water in a boat. Today he goes this way, tomorrow he goes some other way. You get along fine, tomorrow you have a falling out. It is like sometimes if I go in the rain like this and get wet like the chicken, he may laugh at me. But I think we will get along. But if I do not go in the rain, and if he had some work to give me, and I am missing at that time, we will not get along at all. But now that I have married you, I must work hard to improve our standard of living, because my job is my source [of money] from my boss in the downriver city [i.e. Kinshasa]. We call it [the job] in our downriver language 'the downriver farm.'"

Bolumbu understands her husband. She gives him some morning coffee. Tata Makalamba has breakfast [lit.: washes his mouth a little]. He puts his raincoat on, takes his bicycle and goes to work.

II. PROBLEMS BEGIN AT WORK

Morning broke long ago. It is ten thirty, but one cannot tell because the rain darkens the sky. The rain of that day was very heavy. The rain drops were also heavy. If you are on a bike and going along, you feel how forcefully the rain drops beat with full strength upon your body.

Part of an hour has passed since Makalamba left his home. Then he arrives at work. The only black Congolese is Makalamba. As he enters in his raincoat, which is completely soaked with rain, and when the [white] bosses see him, they die laughing at him because he is soaked with rain like a chicken.

One of the whites, who is called Roy, tells him, "Why don't you [people] come like us white people even when it rains? You are getting paid [lit.: eat money] for nothing when you come late like this. What time is it, black man? If [this were] Europe, they would dock you a whole day['s pay]. But as it is in Congo, we do...."

Makalamba responds, "But I am the first. It is raining very heavily where we live. You well know this city's rains usually fall in a terrifying manner. If around here it is raining heavily, elsewhere it may be raining lightly. But today it is raining hard the same way everywhere."

Mondélé mosúsu na nkómbó Van Acker, amólobélí, "Bísó kúná na Belgique mosáli akoyá na mbúla. Akokí koyá na nsima tê, nɔkí ndé bakátí falánga ya yě. Awa na Kongó boyébí wâná tê. Boyébí sé koyá na nsima ntángo ya mbúla. Sɔkí nazalákí letá, nakopésa mobéko mwa makási. Sɔkí moto ayéí mosálá tê ntángo ya mbúla, bamólongólí o mosálá."

Mákalámbá azilí atá áyóka mundélé mosúsu áloba tê. Akɛí sé epái na yě. Akákísí mokóto mwa yě mwa mbúla mpé amítíí o mosálá. Efándí Mákalámbá motéma mobɔngí tê. Ayákí o mosálá mpɔ te ápésa bakonzi ba yě motéma malámu. Ayéí ndé komɔna bakonzi ba yě bakómí komɔna mabé mpɔ ayákí na ntángo ya ntɔngɔ mpenzá lokóla bangó tê. Mákalámbá atíí mayɛlɛ ma yě mosíká mpé abandí koloba na nsé ya motéma, "Bóníbóní," elobí Mákalámbá o motéma mwa yě, "Mondélé akondima mánsɔ bísó bayíndo tokosála tê? Basáli bánsɔ bayíndo, atá mɔkɔ tê ayéí o mosálá. Sé ngáí mɔkɔ ndé nayéí. Nakanísí te nasálí malámu, ndé mindélé bandimí ngáí na ndéngé nasálí tê. Babandí ndé kotiyola ngáí. Mayɛlɛ níni ya bato óyo?"

Mosíká tê mokonzi wa mosálá amóbéngí, amólobelí yě yě te, "Sika áwa ngonga ekómí zómi na mɔkɔ na biténi zómi na bítáno. Okobétɛlɛ ngáí mosálá moye. Nalingí mósíla na ngonga ya zómi na íbalé mpɔ esíká tokokanga mosálá nakokɛndɛ kotíka yangó mpɔ ékɛndɛ na Mpótó."

Mákalámba mpé azalí na yě mobéti wa mikandá tê. Azalákí ndé mokomi wa mitúyá ya misɔlɔ.

Ya sɔlɔ moto nyɔnsɔ lokóla ezalí yě o mosálá mwa kaláka na Kongó, ayébí sé kobétɛ mwâ masíni. Lokóla mpé Mákalámbá atíká yangó kala, elɔkɔ mɔkɔ monɛnɛ esálaka mpási sé momɛsani mosílí. Mákalámbá akamátí mpé mosálá môná. Atíí nkásá o masíni. Abandí mpé koningisa mokwese mwa masíni. Mosálá mosílí. Atángí mbángu mbángu mpé apésí mwangó na mokonzi moké mpɔ átánga, libosó ya bolekisi epái ya mokonzi monɛnɛ. Esílísí óyo ya moké kotánga, anátí mosálá mwangó epái ya mokonzi monɛnɛ. Mokonzi wa bangó nkómbó Bosquet yě óyo akamátí mosálá mosálémí na Mákalámbá mpé motángémí na Aloz ôná azalí mokonzi moké. Bosquet átála sé boye, amóní mwâ mobúnga moké mpenzá na mokandá yangó. Bosquet mokonzi monɛnɛ wa mosálá, ayéí mabé. Atɔmbɔkí penzá ya sɔlɔ mpɔ te Mákalámbá abósání kotíya lokásá mosúsu mpé abósání mwâ nkomá na nkómbó mɔkɔ. Abéngí Mákalámbá mpɔ ámótúna mpé áyébisa yě óyo ezalákí na * motéma mwa yě.

Another white, by the name of Van Acker, tells him, "[As for those of] us back there in Belgium, an employee will come to work in the rain. He cannot come late, [otherwise] they dock his pay. Here in Congo, you do not know that. You just know to come late on rainy days. If I were the government, I would take serious measures. If someone does not show up to work on a rainy day, they fire him."

Makalamba does not wait for another white man to speak. He goes to his workstation. He hangs up his raincoat and starts working. As Makalamba sits down, he feels upset [lit.: his heart doesn't feel right]. He came to work to show his bosses good will [lit.: give good heart], but [instead] he finds his bosses blaming him because he did not come as early in the morning as they did. Makalamba's mind wanders off [lit.: puts his mind in the distance], and he begins to talk quietly to himself: "Why [is it]," Makalamba says to himself. "that a white man does not give us blacks credit for what we do? Not one of the black employees has shown up at work. I am the only one who has come. I thought I was doing good, but the white people do not give me credit for what I am doing. They start teasing me. What kind of mentality do these people have?"

Shortly after, his boss calls him and tells him, "Now it is eleven fifteen. You will type this letter [lit.:work] for me. I want it finished by twelve o' clock so that, when we stop work [for lunch], I will go mail it to Europe."

Makalamba is not a typist. He is an accountant.

In reality, everyone who holds a clerical position in Congo knows how to type a little. As Makalamba has given it [typing] up a long time ago, one big problem is causing suffering and that is that the [typing] habit is lost. Makalamba takes the assignment. He inserts a sheet of paper in the typewriter. He begins to type [lit.: shake the keyboard of the machine]. The job is completed. He reads it very quickly and gives it to a junior supervisor to read before passing it on to the senior supervisor. After the junior one finishes, he brings the job to the senior supervisor. Their boss, by the name of Bosquet, takes the work done by Makalamba and reviewed by Aloz, the junior supervisor. Bosquet glances at the work; he sees a little error in the document. Bosquet, the Chief supervisor on the job, becomes furious. He reacts very angrily because Makalamba has forgotten to make a carbon copy and he has forgotten a letter on one name. He calls Makalamba to ask him [about it], and to tell him what he thinks [lit.: what's in his heart].

Selection Two: Mákalámbá

Na nkándá nyɔ́nsɔ ezalákí na yě mpɔ̂ te bato bayíndo bayéí mosálá tê, Bosquet atíkí nzelá ya mokandá, amólobélí te, "Bínó bato ya Kongó bokanísí tokokí kozala na bínó elɔngɔ? Lokóla bonyama etóndí na bínó, tokofándisa bínó sé bôngó. Tokokí kotíkela bínó atá nzelá ya moké tê, mpɔ̂ ya botámbwisi mbóka ya bínó. Tokofánda naíno lisúsu mibú ntúkú ítáno na bonyɔ́kɔli bínó. Tokomɔ́na na nkása ya zulunále bokoluka te bínó ná bísó tózala ndéngé mɔ̌kɔ. Oyébí mibú bóní tosálákí mpɔ̂ te tókóma lokóla tozalí lɛlɔ́? Omɔ́ní áwa bofándí naíno na kimundélé tê bomɔ́ní lokóla mobúnga mwa bínó mozalí komɔ́nana ntángo nyɔ́nsɔ na míso ya bato na mosálá bokosála? Na bôngó yɔ̌ Mákalámbá okanísí níni na maloba ngáí nalobí?"

Mákalámbá azalákí moto ya nkándá kándá tê. Yě mpé azalákí na ndéngé ya yě. Yambo ya bozóngiseli moto maloba, átála naíno sɔ́kí maloba ma yě makozala bóní bóní epái ya mokonzi wa yě.

Lokóla mpé ayébí te Bosquet azalákí mokonzi wa súka mabé, sɔ́kí andimí te moto óyo álongwa o mosálá, *okolongwa sé* kolongwa, abángí na komózóngisela mabé. Na wâná amózóngísélí na matáta sɔ́kɔ́ moké tê. Amótálí sé botáli na elongi nyɔ́nsɔ ya mwâ koseka, mpé andimí mánsɔ elobí Bosquet.

Bosquet atángí lisúsu mokandá môná na bolámu mpé na malémbɛ. Atíí mpé linzáka lya yě mpé amópésí mpɔ̂ te átíya na káti ya pɔlɔ́pɔ mpɔ̂ bátínda mwangó lokóla alobákí o Mpótó. Ntángo Mákalámbá azalí kobɔngisa mikandá mínsɔ mpɔ̂ átíya myangó o ntéi ya pɔlɔ́pɔ, Bosquet abálúkí lisúsu epái ya baníngá ba yě, abálobélí te, "Bínó boyébí naíno bato ya Kongó tê. Bangó bazali sé lokóla bǎna baké. Makambo mánsɔ mabɔngí sé óbandaka yɔ̌ mundélé, bangó báyáka nsima. Sɔ́kí osálí mwâ elɔ́kɔ mpé mobúnga mozalí mwâ muké, lobélá yě yangó. Yɔ̌ Aloz, sɔ̂lɔ́, ozalí moké na mbúla ya kobótama ya moto moyíndo óyo Mákalámbá. Kási yébá na bolámu te lokóla Mákalámbá azalí moto ya Kongó, yě azalí sé lokóla mwǎna. Yɔ̌ mpé mondélé atá ozalí moké ndéngé níní, yɔ̂ sé mbutamúntu ya yě. Libosó ya moto moyíndo, okokí koyéba te likambo ya ntembe ezalí tê.

Mikandá mikangémí mpé mitíyámí témbɛlɛ ya mikandá mpɔ̂ ya bobwáki o pósita. Mákalámbá apésí mánsɔ na Bosquet, ôná azalí mokonzi monénɛ, mpé amókátélí salúti. Nsima akamátí mokóto mwa yě mwa mbúla mpé na ekɔti ya yě. Abimí na biló. Akamátí nkínga ya yě. Abandí kokɛndɛ.

Mbúla esílí ezéngánákí na ngonga ya zómi na íbalé. Mói mobimí penzá, kási mwâ matangá makémaké ma mbúla mazalí naíno sé kokwáká. Sɔ́kí moto alingí kotámbolá ntángo wâná, akotíya naíno sé mokóto mwa mbúla, na ntína te sɔ́kí abimí sé na bilambá ya yě akopɔla. Sɔ́kí azalí moto ôná azalí kokɛndɛ mwâ mosíká, akopɔla mpenzá kopɔla. Kási sɔ́kí azalí moto óyo azalí kokɛndɛ mwâ mosíká tê, akopɔla mpenzá ya sɔ̂lɔ́ tê.

With all the anger which he had about black people not coming to work, Bosquet departs from the matter of the letter, and tells him [Makalamba], "You people from Congo, do you think that we can be equal with each other [lit.: together with you]? As savagery fills your being, we will leave you like that. We cannot let you have even a single possibility [lit.: way] to govern your country. We will stay fifty more years to oppress you. We see in the newspapers that you want for you and us to be equal. Do you know how many years it has taken us to become what we are today? Do you see, since you have not lived like whites, how your mistake[s] are noticeable in the eyes of the people in the work that you do? So, what do you Makalamba think of what I have said?"

Makalamba is not a man of great anger. He has his own way. Before responding to anybody's words, he thinks about how his supervisor will take his response [lit.: how his words will be with his supervisor].

As he knows that Bosquet is the meanest [lit.: at the end of badness] boss , [who], if he decides to fire you [lit.: someone], then you will go, he is afraid to reply to him badly. Therefore, he replies to him [without causing] any trouble. He just looks him in the face with a smile, and agrees with everything which Bosquet said.

Bosquet reads again that letter very carefully and slowly. He puts his signature [on it] and gives it to Makalamba for him to put it in an envelope to be sent, as he said, to Europe. While Makalamba arranges all the documents so that he can put them in the envelope, Bosquet turns back to his friends and tells them, "You still do not know the Congolese. They are like little children. All matters require that you the white man initiate [them], and then they follow after. If you are doing something, and there is a minor error, tell him about it. You, Aloz, are younger in age [lit.: year of being born] than this black man Makalamba. But remember [lit.: know well] that, as Makalamba is Congolese, he is like a child. You, a white man, no matter how young you are, you are his elder. In front of a black man, you can know that there is no doubt in this matter."

The documents are closed up and stamped for deposit at the post office. Makalamba gives everything to Bosquet, who is the chief supervisor, and he says good bye to him. After that, he gets his raincoat and his hat. He leaves the office. He takes his bicycle. He sets out.

The rain has just stopped at twelve o'clock. The sun comes out, but some droplets of rain are still falling. If a person wants to ride at that time, he will still wear a raincoat because, if he only has his [regular] clothes on, he will get soaked. If he is a person who is going quite far, he will really get soaking wet. But if he is a person who is not going quite far, then he will not really get wet.

Mákalámba afándí mpé na bilambá na yĕ sé bôngó. Azalí kokɛndɛ, kási mokóto mwa mbúla sé likoló lya nkínga. Lokóla mpé yĕ azalákí na motéma mwa bokɛi o ndáko ya yĕ na ngonga ya zómi na íbalé tê, alekí epái ya zándo. Atélɛmɛ mwâ moké boye, amóní sé elɛngé mwăsí wa nkómbó Lusengo. Amópésí sé mbótɛ ya nsái. Lusengo mpé azilí atá kozila tê, *amóbandélí* masoló mazalí o motéma mwa yĕ.

Lusengo yĕ yĕ te, "Bóní ozalí kosála ngáí boye. Utá sánzá motóbá elekí, nakomóna yó lisúsu tê. Nabéngí yó óyâ o ndáko ya ngáí mbala na mbala, olingí koyá tê ntína níni? Nayébí malámu osílí obálí mwăsí wa yó ya monɔkɔ ya mbóka. Atá otíkí ngáí, okokí atá koyá koyébisa ngáí tê? Yébá malámu bolingo ezalí nyɔngɔ tê. Sókí obóyí ngáí, nakokí kokanga yó tê. Ndé malámu óyébisa atá ngáí moníngá wa yó mpô nábósana yó mpé náluka nzelá na ngáí mosúsu. Libosó ya bobáli moníngá wa ngáí óyo bozalí na yĕ sika, ozalákí na ngáí tê? Lokóla yó obálí sika óyo mwăsí mosúsu, ngáí ndéngé níni nakokí kokanga yó? Wâná ezalí motéma mwa yóméi tê? Bôngó mpô níni ótíká ngáí boye atá mwâ mokandá tê tô maloba *tê*? Yó ozalí mwăna ya mbóka mundélé, ngáí mpé nazalí mwăna ya mbóka mundélé. Tozalákí na libála mpé totíkání. Tokokí kosálana mabé lokóla basúsu bazalí kosálana tê mpé ezalí malámu tê te bísó totíkana sé bôngó ndaká tê. Oyébí te libála lya mbóka óyo lisílaka tê. Bísó na yó míbalé toyébí bato ya mbóka óyo míngi ndéngé mókó. Tokokútana na matánga tô mpé makambo ya kobimisa băna. Bôngó ebɔngí malámu tótíyana nkándá tô tótálanaka sé bôngó tê. Ebɔngí sé tózala na bondeko monɛnɛ. Sólɔ nalobélí yó boye pámba tê, na ntína te osálí ngáí mabé. Naséngí na yó te ózóngela ngáí tê. Oyébí na bolámu te bísó băsí, sókí mobáli, lokóla yó, amítíí káti ya nzelá ya kokíma mwăsí, útá nsánzá sambo ebɔngí sé yó mwăsí óluka nzelá ya yó mosúsu. Oyébí te kozwa ya bísó băsí ya Kinshásá ezalí sé mpô ya mibáli.

"Sókí mwăsí azángí mobáli, azalí sé káti ya mpási monɛnɛ. Bôngó olingákí nálíya níni káti ya nsánzá sambo wâná okíma ngáí?"

Mákalámbá yĕ yĕ te, "Mamá Lusengo, ebɔngí tóluka naíno esíká ya kofánda mpô te tólobana malámu na ntína te maloba ma mbángumbángu mazalí malámu tê. Ebɔngí sé ngáí náfánda, yó mpé ófánda mpô tólobana malámu."

Mákalámbá na Lusengo babéndání epái ya mwâ etékɛlo ya masanga. Ekótí bangó káti ya mwâ etékɛlo ya masanga, babéndí kíti mpé bafándí esíká mókó. Babéngí mpé molangi mwa masanga. Mwăna ya masanga ayélí bangó masanga mpé atíyélí bangó masanga o ntéi ya kópo. Mákalámba atómbólí kópo na yĕ likoló mpé alobí na Lusengo ábénda ya yĕ kópo lokóla, mpô ya bokútani bwa bangó. Batómbólí bangó bánsɔ mpé balekísí kópo o monɔkɔ mpé bakitísí elɔngɔ.

Makalamba is still in his [regular] clothes. He is on his way, but his raincoat is on his bicycle. As he was not planning to return home at twelve o'clock, he goes to the marketplace. [After] standing a little bit, he sees a young woman by the name of Lusengo. He greets her cheerfully. Lusengo does not hesitate at all, she initiates a conversation about what is in her heart.

Lusengo says, "Why are you treating me like this? For the past six months, I haven't seen you any more. I have asked you time after time to come to my place, why don't you want to come? I know very well that you have just married a woman from your ethnic group [lit.: native language]. Even if you have abandoned me, can't you even come to tell me? [You should] know that love is not a debt. If you reject [lit.: refuse] me, I cannot stop you. But you should at least tell me, your friend, so that I can forget about you, and move on [lit.: look for another way for myself]. Before marrying Bolumbu [lit.: my friend/fellow human being]that you live with now, weren't you with me? Now that you have married this other woman, how can I stop you? Isn't that your own will [lit.: heart]? So why are you leaving me like this without [so much as] a letter or a word? You are a child of the modern city, I too am a child of the modern city. We had an affair and we separated. We shouldn't hurt each other as others do, and it is not good that we separate like that without saying goodbye to each other [lit.: without a promise to each other]. You know that in this city an affair never ends. You and I both know the same people in this city. We meet at wakes or presentations of children [to the outside (an African ritual at 6 to 12 months)]. So it is better for us not to be angry with one another or to disregard each other. It is better that we have a good friendship. I am really telling you this because you hurt me. I am not asking you to come back to me. You very well know that for us women, when a man like you starts distancing himself [lit.: puts himself on the way of escaping] from a woman for about seven months, it is time for you the woman to look for another opportunity. You know that the income of us Kinshasa women depends on men.

"If a woman lacks a man, she is in serious trouble. So what did you expect me to eat during the seven months that you have been distancing yourself from me?"

Makalamba answers, "Mama Lusengo, it is better for us to find a place to sit and have a good talk, because hasty words are not good. It is better for me to sit down and for you to sit down so that we [can] have a good talk."

Makalamba and Lusengo retire to a bar [lit.: a shop of drinks]. After they have entered the bar, they pull chairs up and sit together. They order a bottle of beer. The waiter brings them the beer and pours the beer into their glasses. Makalamba lifts his glass and asks Lusengo to lift hers as well [to celebrate] their reunion. They both lift and pass their glasses to their mouths and then put them down at the same time.

Mákalámbá mpé amólobélí te, "Sɔ́kí makambo ma yɔ̌ masílí káti ya libumu tê, yébísá ngáí mpɔ̌ libosó náyóka mánso mazalí na yɔ̌, mpɔ̌ te nálobela yɔ̌ makambo mazalí na ngáí káti ya motéma mwa ngáí."

Lusengo yĕ yĕ te, "Nazalí lisúsu na malɔba tê. Yébísá ngáí sé óyo ozalí na yangó káti ya motéma mwa yɔ̌ náyóka."

Mákalámbá yĕ yĕ te, "Lusengo mwásí wa ngáí, olobí sɔ̂lɔ́ likambo liye limɔ́nání mpé nandimí mabé wâna nyɔ́nsɔ nasálákí yɔ̌. Moto nyɔ́nsɔ akobúngaka, ndé nalingí sika nábɔngisa mobúnga mwa ngáí. Nasálí yɔ̌ sɔ̂lɔ́ mabé mpé makambo ya mpási mpɔ̌ nakɛndɛ́kí atá kozóngela yɔ̌ tê, mpé lisúsu sánzá elekí motóbá. Bakísá óyo tozalí na yangó lokóla sánzá sambo. Naséngí na yɔ̌ ólímbisa ngáí mobáli wa yɔ̌. Nasálákí boye pámba tê, mbóka óyo tozalí, sɔ́kí olingí ózala malámu ebɔngí sé yɔ̌ ómílɛ́ngɛlɛ. Sɔ́kí otíkí nzótu boye, omɔ́ní mpé ndéngé níni makambo mánsɔ makoyéla yɔ̌, sɔ́kí káti ya nzelá ya mabé tɔ̌ sɔ́kí káti ya nzelá ya malámu.

"Awa na Kinshásá, sɔ́kí obálí sika, fándá sé nyê. Mpé sɔ́kí olingí libála lya yɔ̌ libɔnga, landá sé nzelá ya efándeli * ya malámu. Yangó wâná nabomákí nzelá ya yɔ̌, ezalí te bangúná ndé bakomɛma nsángo ndéngé na ndéngé epái ya mwǎsí wa ngáí. Na bôngó, atá mwǎsí azalákí malámu, mosíká tê *okomɔ́na* sé boye na mbala mɔ̌kɔ́ abóngólí motéma mwa yĕ, mpé abébísí libála lya yĕ pámba mpɔ̌ ya *bilobáloba* ya bato ba lokutá o Kinshásá. Oyo wâná ezalí bato balingí basúsu bázala sé ndéngé ya mabé ya bangó. Mwǎsí abótámí áwa na Kinshásá mpé abálí sé áwa azalí lokóla óyo aútí na mbóka tê. Mpɔ̌ óyo ya mbóka akondima makambo mánsɔ bakolobela yĕ mpé akokanisa te mánsɔ makoleka o míso ma yĕ mazalí makambo ma sɔ̂lɔ́."

Lusengo yĕ yĕ te, "Yɔ̌ mɔ̌kɔ́ olingákí. Náni moto atíndákí yɔ̌ ókɛndɛ koluka mwǎsí ya mbóka basénzí?"

Mákalámbá yĕ yĕ te, "Lusengo ndéngé níni bínó bǎsí bozalí? Ntángo yɔ̌ olobákí makambo ma yɔ̌, osílísákí mánsɔ mazalákí káti ya motéma mwa yɔ̌. Ngáí nalobákí elɔ́kɔ mɔ̌kɔ́ tê. Ekómí epái ya ngáí, olingí sé ókátakata maloba ma ngáí, bôngó ezalí malámu?"

Lusengo amóyánólí te, "Ezalí mpɔ̌ ya bokáti maloba ma yɔ̌ tê, ndé sé mpɔ̌ ya botíi yɔ̌ káti ya nzelá"

"Sɔ́kí bôngó," elobí Mákalámbá, "malámu tíká kotíya mobúlu. Mpɔ̌ sɔ́kí ozalí sé kosála mobúlu, ekokí malámu nátíka, mpɔ̌ bínó bǎsí bokozalaka sé bôngó na ebandeli malámu mpé nsima boye sé ndéngé mɔ̌kɔ́ ya kobúngusana makambo."

Makalamba says to her, "If you still have things on your mind [lit.: matters are not finished in your stomach], tell me right away so that I hear everything that you have so that then I can tell you what is on my mind [lit.: in my heart]."

Lusengo says, "I have nothing more to say. Tell me what you have on your mind so that I might hear it."

Makalamba says, "Lusengo, my woman, you have really said something which is evident, and I acknowledge all the hurt I have caused you. Everybody makes mistakes, now I want to correct my mistake. I have done you wrong and hurt your feelings because I went away without returning and six months went by. [If we] add this one, we have seven months. I ask you to forgive me, your man. I acted like that because, in the city we live in, if you want to be all right, you have to be careful. If you behave in just any way [lit.: abandon your body like that], you see how all kinds of things will happen to you, some good and some bad.

"Here in Kinshasa, if you have just gotten married, [you need to] rein in your activities [lit.: remain quiet]. And if you want your marriage to succeed, take the high road [lit.: follow the road of good behavior]. That is why I broke off our relationship [lit.: killed the way to you]; it is because my enemies might bring all kinds of rumors to my wife. That way, even if the wife is good, she may suddenly change her heart, and destroy her marriage because of people's gossip [lit.: the gossip of people of lies] in Kinshasa. Those are people who want others to behave badly like themselves. A woman born in Kinshasa and who gets married here is not like someone from the village. Because a woman from the village will believe whatever she is told, and will think that everything she sees [lit.: passes her eyes] is true."

Lusengo says, "You wanted it yourself. Who sent you to go find a wife in an uncivilized village?"

Makalamba says, "Lusengo, what kind of women are you? When you were speaking, you finished [saying] everything which was on your mind. I did not say anything. Now that it is my turn [lit.: it arrives to me], you want to interrupt my words, is that good?"

Lusengo replies to him, "It is not to interrupt you, I just want to set you straight [lit.: put you on the road]."

"If that is the case," says Makalamba, "then stop confusing things [lit.: putting disorder]. Because if you are just causing confusion, then it is better for me to stop, because you women are like that, good in the beginning and later on [you are all] the same in causing confusion."

Selection Two: Mákalámbá

Lusengo yĕ yĕ te, "Mákalámbá mobáli wa ngáí, oyébí níni wâná bolingo ndéngé ezalí tê. Bolingo ezalí elɔ́kɔ mɔ̆kɔ́ ekokamata nzɔ́tu mobimba. Ná ozalákí mayélɛ, ná ozaláki zɔ́ba, bolingo eyébi níni wâná mokonzi, mongámba, moyíndo tɔ̆ mondélé tê. Na bôngó sɔ́kí mwăsí alingí mobáli, ekotámbwisa yĕ motó lokóla libómá. Sɔ́kí mpé amɔ́ní mobáli wâná, alingí sé ámɔ́na nzɔ́tu tɔ̆ mpé ásála mánsɔ ekokí kosála yĕ mpɔ̂ bolingo elingí sé elɔ́kɔ olingí ézalaka na yɔ̆ sékó. Sɔ́kɔ́ omɔ́ní ekómí ya moto mosúsu obélí libómá. Bínó mibáli bokoyébaka wâná tê. Boyébí sé koloba te, 'Mwăsí óyo zɔ́ba míngi. Alingí ngáí míngi boye ntína níni? Ngáí nalingí yĕ tê.' Oyo wâná ezalí maloba bínó mibáli bolobaka sɔ́kɔ́ bokotɔ́ngɔ bísó epái ya baníngá ba bínó. Ndé bísó băsí tokoloba te bamibáli bakolobaka bôngó mpɔ̂ bazángá motéma ya bolingo."

Lisoló lya Mákalámbá likɛí mosíká mpenzá. Ntángo mpé esílí ebéndání. Ngonga ya libosó esílí ebétémí. Mákalámbá mpé alingí ázónga o mosálá. Abéngí mwăna ya masanga, amópésí lokásá ya nkámá mítáno ya bofúti masanga ma mpáta mítáno. Mwăna ya masanga azóngísélí yĕ óyo ekokí yĕ ázóngisa. Mákalámbá akamátí falánga azilí atá te Lusengo ásénga yĕ tê, amópésí sé litítí lya nkámá mosúsu mítáno. Bapésání mabɔ́kɔ ndé bayókání atá te bakomɔ́nana mbala mosúsu tê. Babwákání mokɔngo mpé bakabwání sé bokabwani, mpɔ̂ ngonga ya mosálá ekɔ́mí.

Mákalámbá akamátí nkínga, abɔngísí mokóto mwa yĕ mwa mbúla o nsima ya nkínga mpé abutí mpɔ̂ ya bozóngi o mosálá. Ngonga ya íbalé ya mpókwa mpé ebétémí. Bato bánsɔ bayéí o mosálá. Basúsu baye bazángákí mosálá ntángo ya ntɔ́ngɔ́ mpɔ̂ ya mbúla, bayéí lokóla. Mosálá mpé mobandí sé malámu. Na mosálá ya ba Mákalámbá, moto mɔ̆kɔ́ azángí tê. Bánsɔ bayéí o mosálá.

Epái na epái ya ndáko ya mosálá, sé masoló ma mbúla. Kúná na pɛmbéni, basúsu balobí te mbúla ebúkí ndáko míngi epái ya bayíndo bafándaka. Basúsu bakoloba te mbúla óyo ezalí ya libosó ezindísí nzelá ínsɔ ya Kabambáre ndéngé bôngó. Basúsu mpé bakoloba te mbóka ya bayíndo ekotónda na ngungi útá mbúla óyo enɔ́kí.

Oyo wâná ezalákí maloba ndéngé na ndéngé mazalákí kolobama na bato bánsɔ na káti ya mosálá o ntéi ya mindélé ná bayíndo. Kási lokóla ezalákí lisoló ya moto mɔ̆kɔ́ tê, ezalákí mpási mpɔ̂ ya boyóki mpɔ̂ te basúsu bazalákí koloba mabé mpé basúsu bazalákí koloba makambo ya sɔ̂lɔ́. Utá wâná bokangi ya maloba penzá ya sɔ̂lɔ ezalákí tê.

Lusengo says, "Makalamba, my man, you do not know what love is. Love is something that affects [lit.: takes] your whole body. Whether you are smart or dumb, love does not know what a boss, a worker, a black or a white is. So, if a woman loves a man, love will make her crazy [lit.: turn her head like a craziness]. Then if she sees that man, she just wants to be in his presence [lit.: see the body] or do everything she can do because love wants you to have the thing you love for ever. If you see that [that thing you love] moving to somebody else, you go crazy [lit.: get sick with craziness]. You men do not understand that. You just know how to say, 'This woman is very stupid. Why does she love me so much? I do not love her.' Those are the words you men say to put us down with your friends. But we women say that men talk like that because they lack a loving heart."

Makalamba's conversation has gone on for a really long time [lit.: distance]. It's almost time [to be back at work]. The first bell has just been sounded. Makalamba wants to return to work. He calls the waiter and gives him a 500 franc note to pay for the drinks [which cost] five francs. The waiter gives him change [lit.: that which he should return]. Makalamba takes the money, without waiting for Lusengo to ask, and gives Lusengo another 500 franc note. They shake hands, but do not even agree to see each other at another time. They turn their backs and separate, because it is time to be at work.

Makalamba takes his bicycle, arranges his raincoat behind the bicycle, and gets on to return to work. It is two p.m. Everybody has come to work. Others who missed work during the morning because of the rain have come as well. The work starts well. At the work[station] of Makalamba's group, nobody is absent. Everybody has come.

Everywhere in the company's building, the talk is about the rain. Nearby [lit.: there next to], some people say that the rain destroyed many houses where blacks live. Others are saying that this rain is the first to inundate the whole Kabambare street that way. Some others are saying that the black neighborhood will be full of mosquitoes because of that rainfall.

Those are the various kinds of comments being said by everybody at work among whites and blacks. But as the conversation was not just from one person, it was difficult to hear because some were telling lies while others were telling the truth. Thus there really was no [way to] stop the talking.

Selection Two: Mákalámbá

Mondélé Bosquet, mokonzi monénɛ wa mosálá mpé ayéí na ntángo ya ngonga ya ísáto na ndámbo ya mpókwa. Ayókí sé makɛléle míngi káti ya mosálá. Abéngí Mákalámbá, moyíndo wa libosó o mosálá. Amótúní níni bato bazalí kolobaloba. Yě mpé amózóngísélí na bolobi te ayébí té. Ayókí atá koyóka tê. Atátólí Mákalámbá mbatá. Mákalámbá mpé azilí tê. Amósímbí o mabɔkɔ. Atíí yě mokato mpé amóbwákí epái ya mésa. Mosálá moyéí mabé. Bato bakɔtí káti ya bangó mpɔ̂ ya bokaboli bangó. Mosíká tê, komiséle ayéí. Bakangí Mákalámbá. Bapolísi bamókangí mpanga na makási nyɔsɔ, mpé bamónátí epái ya bilɔ ya Komiséle, mpɔ̂ ya bosámbi. Mosálá mpé mosílí. Baníngá ba Mákalámbá bakúmbí nsango epái ya mwǎsí wa yě wa ndáko mamá Bolúmbú, mpé baye bayébáká te azaláká na Lusengo, bakúmbí nsango na Lusengo lokóla.

Lusengo makángo ya kala ya Mákalámbá, eyókí yě nsango ya makángo *wa yě*, azilí atá kozila tê, asímbí sé nzelá epái ya nganga-nkísi.

Ekómí Lusengo epái ya nganga-nkísi, amóyánólí mpé ndéngé ya likambo ĺiná.

Nganga-nkísi yě yě te, "Kamátá lokásá loye mpé símbá mpémbé ɔ́yo. Mpémbé ótíya yě na nkíngó, mpé lokásá opésa yě alótíya o monɔkɔ. Yébísá yě sɔ́kí abandí koloba ákangaka yangó na míno ndé akolónga mpé bakobimisa yě."

Lusengo mpé ayókí maloba ma nganga-nkísi mpé abimí na nkísi yangó. Akómí o komiséle libosó ya mwǎsi ya *libála ya Mákalámbá* ákóma. Atíndí ndeko mosúsu wa yě ekosálaka pulúsi, átúna sɔ́kɔ́ Mákalámbá asílí asámbí. Pulúsi akɔtí o káti ya lopángo mpé amɔní Mákalámbá. Amótúní sɔ́kí asílí kosámba. Mákalámbá amózóngísélí te asámbí naíno tê. Amólobélí lisúsu te útá ayákí na ntángo ya mpókwa ya ngonga ya mínɛi na ndámbo kínô ekómí ngonga ya sambo asámbí naíno tê. Pulúsi ɔyo wâná Lusengo atíndákí ayéí mpé komóyébisa nsango atúnákí.

Lusengo atúní mpé sɔ́kí akokí kokɔta mpɔ̂ átála yě. Bapulúsi babóyí. Lusengo azilí mpé tê. Afútí avoká na mokonzi ya bapulúsi mpé akɔtísí yě na mayéle.

Mákalámbá amɔní Lusengo alingí ábánga, kási akangí sé motéma. Lusengo amókɛndélí pɛnɛpɛnɛ. Amólobélí na makútu makambo mánsɔ asálákí epái ya nganga-nkísí mpé na maye nganga-nkísi amólobélákí ásála. Mákalámbá alingí ábóya, kási áwa yě ayébí te sɔ́kí moto azalí na mpási, akondima sé mánsɔ mpɔ̂ te ábíka, akamátí sé kokamata bilɔkɔ bínsɔ Lusengo amókúmbélákí, mpé asálí mánsɔ malobákí nganga-nkísi epái ya Lusengo.

The white man Bosquet, the company's big boss, arrives at three-thirty p.m. He hears a lot of noise in the workplace. He calls Makalamba, the number one black person at work. He asks him what the people are chattering about. He [Makalamba] responds that he does not know. He [Bosquet] doesn't really want to listen [lit.: listens without listening]. He slaps Makalamba. Makalamba does not wait. He holds his arms. He puts him in a neckhold and throws him toward the table. The workplace goes crazy [lit.: comes bad]. People come between them in order to separate them. Shortly after, the police chief arrives. Makalamba is arrested. The policemen handcuff him roughly and take him to the chief's office for judgement. The work is over. Makalamba's friends take the news to his wife Bolumbu, and those who knew that he used to be with Lusengo bring the news to her as well.

Lusengo, Makalamba's former lover, when she hears the news of her lover, does not wait at all; she takes the road to the witch doctor's place.

When Lusengo arrives at the witch doctor's place, she tells him what the problem is.

The witch doctor says, "Take this leaf and hold this clay. Put the clay on his neck, and give him the leaf to put in his mouth. Tell him that when he starts to talk, he should hold it with his teeth and thus he will win and be released."

Lusengo understands the words of the witch doctor and leaves with the magic materials. She arrives at the police chief's office before Makalamba's wife arrives. She sends one of her relatives who works as a policeman to ask if Makalamba has been judged. The policeman goes inside the cell and sees Makalamba. He asks him if he has already been judged. Makalamba responds that he has not been judged yet. He further replies to him that from the time he arrived at four thirty PM until seven o'clock, he has not been judged yet. The policeman, whom Lusengo sent, comes back to give her information about what she was asking.

Lusengo asks if she can get in to visit him. The policemen refuse. Lusengo does not wait. She gives a bribe to the policeman in charge and he lets her in surreptitiously.

[When] Makalamba sees Lusengo, he panics [lit.: wants to be afraid], but he stays calm [lit,: stops the heart]. Lusengo goes close to him. She whispers in his ear everything she did at the witch doctor's and what the witch doctor told her to do. Makalamba wants to refuse, but, as he knows that when you are in trouble, you accept anything that might help, he takes all the things that Lusengo has brought for him, and he does everything that the witch doctor told Lusengo.

Selection Two: Mákalámbá

Ebimí Lusengo sé moké boye, Komiséle ayéí. Enganga mɔkɔ́ ya mobáli, monɔkɔ mobákémí na mandéfu maké mpé na menzómbe milaí. Libumu otála tê. Elongi ya mabé mpé nsɔ́mo. Mabɔ́kɔ minéne lokóla nzɔku. Míso bibákátá lokóla mátɔnge. Súka ya mangwédé ya mobélesi.

Nkómbó ya Komiséle ôná ezalákí Pilipíli. *Ayákí* na bilambá ya yě mpenzá ya kikomiséle mokɔlɔ wâná mpé abakísí bampéte na yě mpɔ̂ te Mákalámbá ábánga. Komiséle wâná Pilipíli, nkómbó ya yě mpenzá ezalí Vanderveken. Kási nkómbó wâná ya Pilipíli, azwá yangó na ntína te sɔ́kí akangí moto, akosála yě mpási ndéngé ínsɔ. Akomɔ́nisa moto níni akokákí komɔ́na te mpɔ̂ ólela ndéngé ínsɔ kínɔ̂ esíká míso ma moto makoyá kosála yě mpási lokóla ndé atíí pilipíli. Wâná elingí éloba te, sɔ́kí akangí moto, akotínda bapulúsi bamóbéte ndéngé nyɔ́nsɔ mpɔ̂ ábimisa mái ma míso na makási mánsɔ.

Ekɔ́tí Komiséle Pilipíli, abéngí Mákalámbá. Mákalámbá atélémí o bosó bwa yě. Yě mpé Komiséle afándí likoló lya kíti. Akamátí nkásá atíí na masíni ya mikandá, mpɔ̂ ya bokomi maloba mánsɔ makolobama na Mákalámbá mpé abandí kotúna Mákalámbá makambo mánsɔ ndéngé masálémákí na káti ya mosálá.

Komiséle Pilipíli azalí sɔ́lɔ́ moto ya mabé. Utá akómá o mokili mwa Kongó, mosálá mwa yě sé kosámbisa bayíndo baye bakobundaka na mindélé.

Sɔ́kí moyíndo asámbí epái ya yě, atá áloba ndéngé níni, akokí kolónga káti ya likambo tê. Komiséle wâná ayébá na bolámu útá malako ma bakóló ba yě te na Kongó, moyíndo akobétaka mondélé mbatá libosó tê. Ndé atá makambo makɛí epái ya bosámbi mpɔ̂ te mondélé abétí mbatá libosó na moyíndo, bakolóngisa sé mondélé. Na mokɔlɔ môná ezalákí likambo monéne sɔ́kí Mákalámbá alóngákí sé pámba bôngó na maloba ma yě ma mabɔ́kɔ ya komiséle Pilipíli, pámba tê atá Mákalámbá azalákí na elónga mpé ayébí koloba, komiséle Pilipíli azwá malóngi kala mpé ayébá nyɔ́nsɔ te na káti ya mondélé na moyíndo sɔ́kí bazwání, moyíndo akokí kolónga mondélé sɔ́kí moké na makambo tê.

Komiséle Pilipíli abétí nkómbó ya tatá mpé ya mamá, mpé ná mosálá níni Mákalámba akosálaka. Ekómí yě epái ya botúni ndéngé níni etumba esálémákí, Komiséle Pilipíli akomɔ́na lisúsu nzelá ya bokomi tê na masíní ya mikandá. Atíkí masíni mpé alingí ásála ndéngé ínsɔ mpɔ̂ ya botíí mobúlú káti ya maloba ma Mákalámbá kási mayéle ma yě masúkí. Mpongí ekangí yě, akómí sé bôngó na bôngó, mpé mpongí yangó ekɔ́télí yě mpenzá káti ya míso. Mosíká tê, Komiséle Pilipíli alembí nzóto. Nzóto nyɔ́nsɔ ekómélí yě kiló mpé alobí sé te makambo wâná mazalí pámba mpé alobélí Mákalámbá te nakolongola yɔ̂. Amópésí mwâ lokásá ya mokandá mpɔ̂ ya koyébisa Mákalámbá te alongwí mpé makambo ma yě na mondélé nkómbó Bosquet masílí sé bôngó. Mákalámbá afútí na Komiséle sé falánga mpáta mɔ̃kɔ́ mpɔ̂ ya bokomi bwa nkásá ya Mbulamatáli.

Shortly after Lusengo has left, the police chief arrives. [He is] a big man, his mouth is surrounded by a short beard and long sideburns. He has a big belly [lit.: you can't see the stomach, i.e. it's indescribable]. His face is terrifyingly ugly. [He has] big arms like an elephant. His eyes bulge like the 'matonge' fruit – extremely cooked 'mangwede.'

The name of that police chief is Pilipili. He came in his chief's uniform that day with all its stripes to make Makalamba afraid. The real name of Chief Pilipili is Vanderveken. But he has the name of Pilipili [=hot pepper] because, when he arrests someone, he will make him suffer in every possible way. He will make a person suffer whatever he can so that he [lit.:you] will cry to the point where the person's eyes hurt as if he had put hot pepper [in them]. That means that, if he arrests somebody, he orders the policemen to beat him in any manner so that tears are forced from his eyes in abundance.

When Chief Pilipili enters, he calls Makalamba. Makalamba stands in front of him. The chief sits on a chair. He takes a piece of paper and puts it into the typewriter to record all the words which will be spoken by Makalamba, and he starts asking Makalamba about everything which happened at work.

Chief Pilipili is a really bad person. Since his arrival in the country Congo, his job has been to judge black people who fight against whites.

When a black person appears before him, no matter how what he says, he cannot win his case. The chief knew very well, from his superiors' instructions, that in Congo, a black person would not hit a white person first. But, even if cases are brought to trial where a white person has slapped a black person first, they will make sure that the white person wins. That day, it would have been a big deal if Makalamba had won with his words alone before Chief Pilipili, because, even if Makalamba were right and knew how to argue, Chief Pilipili had received instructions before and knew that whenever a white person and a black one are in conflict, the black can never win the case over the white.

Chief Pilipili types Makalamba's fathers and mother's names, and the work that Makalamba does. When he comes to the question about how the fight happened, Chief Pilipili no longer wants to type [lit.: doesn't see the way to type]. He leaves the typewriter and wants to do everything [in his power] to disturb [lit.: put confusion into] Makalamba's statement, but he fails [lit.: his ability is finished]. Sleepiness overtakes him increasingly [lit.: he becomes like that and like that], and then his eyes become really heavy with sleep. Shortly after, chief Pilipili's body collapses with fatigue. His whole body becomes heavy and he just says that all these matters are unimportant and he tells Makalamba, "I will release you." He gives him a document to confirm the release of Makalamba [lit.: inform Makalamba that he releases him], and that his problem with the white man by the name of Bosquet is therefore finished. Makalamba just pays the police chief one franc for the issuance of the administrative document.

Mákalámbá alongwí o mabɔ́kɔ ma Komiséle. Akámwí sɔ̂lɔ́ lokóla alongwí na káti ya mabɔ́kɔ ma nkɔi. Akútí Lusengo o libándá azalí komózila. Lusengo mpé ayébákí malámu te Mákalámbá akobima mpɔ̂ nkísi ya nganga wâná ekósaka tê.

Lokóla mpé ntángo elekákí míngi, Mákalámbá alobí sé na Lusengo te kɛndé o mbóka. Yě mpé akamátí sé nkínga ya yě, mpé akɛí o mbóka ya yě.

Akómí o ndáko. Akútí mwǎsí wa yě Bolúmbú afándí. Mwǎsí akɛndɛ́kí ndé koluka yě epái ya bilɔ́ misúsu ya bakomiséle. Lokóla mpé amɔ́nákí yě tê, azóngí sé o ndáko. Emɔ́ní Bolúmbú mobáli wa yě * awéí na kolela. Bato bánsɔ ba lopángo babimí. Bayélí Mákalámbá mpɔ̂ bátúna nsango níni mpé ntína níni Bolúmbú azalí kolela. Tatá ya lopángo libosó, pɛnɛpɛnɛ na yě mwǎsí wa yě, mpé nsima ya bangó bato bánsɔ ba lopángo.

Bolúmbú awéí na kolela káti ya ndáko. Mákalámbá mpé atélémí o pɔ́lɔti ya ndáko mpɔ̂ áyébisa bandeko baye ba lopángo ndéngé níni yě azalákí káti ya mpási, mpé na makambo azwákí na káti ya mosálá.

Mákalámbá yě yě te, "Lɛlɔ́ namɔ́ní te mondélé moto mabé sɔ̂lɔ́. Atá osálí bóní, yébáká te áwa na Kongó azalí moto mosúsu. Esíká akokamata bísó na misálá, akotúna bísó sɔ́kí tozálí kofánda wápi tê. Akotúna mpé tê ndéngé níni moto ya mosálá akoyáka na mosálá, sɔ́kí na makolo tɔ̌ na nkínga tɔ̌ mpé na mótuka. Atá ofándí mosíká tɔ̌ pɛnɛpɛnɛ, akotúna tê. Mpé sɔ́kí ayébí te boyéi bwa yɔ̌ o mosálá bozalí mpási, akotála sé pámba. Alingí sé ókóma o mosálá na ngonga óyo apésí yɔ̌. Sɔ́kí ozalí na mpási, alingí áyéba wâná tê, alingí sé te áyéba ndéngé níni mosálá mwa *yě* mozalí kotámbola. Mpási ya moto wa mosálá etálí yě tê. Yɔ̌ moyíndo ozalí nsima ya mosálá, atá óloba te nafándí mosíká, atála wâná sé pámba. Tɔ̌ mwǎsí tɔ̌ mwǎna na yɔ̌ azalí na mpási, mondélé amɔ́ní nyɔ́nsɔ wâná pámba mpé akolobela yɔ̌ sé te mánsɔ mâná matálí sé yɔ̌, mpɔ̂ yě mondélé, alingí sé mosálá. Na míso ma yě, moyíndo azalí pámba, mpé mosálá mozalí libosó ya moyíndo.

"Epaí ya bangó mindélé ezalí bôngó tê. Mondélé azalí libosó ya misálá mínsɔ, bôngó misálá nsima ya yě. Sɔ́kí bakamátí mondélé o mosálá, bapésí yě mánsɔ. Bakopésa yě ndáko mpɔ̂ ya boláli, mótuka mpɔ̂ ya botámboli na mwangó ntángo ya mosálá mpé na bisíká bisúsu. Bakopésa yě bilɔ́kɔ wâná na ntína te mondélé ámɔ́na mpási tê káti ya mosálá mwa yě.

"Sɔ́kí azalí na bokɔnɔ́, lisálisi liye akozwa epái ya mónganga, akofúta na mbɔ́ngɔ ya yě tê. Bakonzi ba mosálá mwa yě bazalí mpɔ̂ ya bofúteli yě. Mondélé azalí na ntína te bápésa yě mwá ndámbo ya mikɔlɔ mpɔ̂ ya bofándi sɔ́kí asálí mwá mikɔlɔ tɔ̌ mbúla. Ekóma epái ya moto moyíndo, ekómí ndé kolobaka te moyíndo, azalí na ntína wâná ya bofándi tê, atá asálí sánzá na sánzá tɔ̌ mbúla na mbúla. Kási mondélé aséngélí sé kozwa lifúta lya yě mobimba, atá asálí sánzá mobimba tɔ̌ ndambo ya sánzá.

Makalamba is released from the grasp of the police chief. He is really surprised to be released from the leopard's grasp. He finds Lusengo outside waiting for him. Lusengo knew well that Makalamba would get out because the witch doctor's prescription could not fail [lit.: deceive].

As it is very late, Makalamba tells Lusengo to go home. He in turn takes his bicycle and goes to his home.

He arrives home. He finds his wife Bolumbu sitting. The wife had gone to look for him at another police station. As she did not see him, she returned home. When Bolumbu sees her husband, she bursts into tears [lit.: dies to cry]. Everybody on the property comes out. They come to Makalamba to ask him what happened and why Bolumbu is crying. First the landlord, and at his side his wife, and after them all the other residents.

Bolumbu is crying bitterly in the house. Makalamba stands at the door of his house to tell his neighbors what trouble he was in and the problems he had at work.

Makalamba says, "Today, I saw that the white man is a really bad person. No matter what you do, you should know that here in Congo, he is a different kind of person. When he hires us at work, he does not ask us where we live. He does not ask how an employee gets to work, whether on foot, by bicycle or by car. Even whether you live far away or close by, he does not ask. And if he does know that your commute to work is difficult, he does not care. He just wants you to get to work at the time he gives you. If you have problems, he does not want to know about it, he just wants to know that his work is moving forward. An employee's hardships don't concern him. You, the black man, come after the work, even if you say, 'I live far away,' he does not care. Whether your spouse or child is sick, all that does not concern the white man; and he will tell you that it is your problem, because he the white man cares only about the work. In his eyes, a black person is nothing, and the work has precedence over the black man.

"Where they, the whites, [come from], it is not like that. A white has precedence over all work, so the work [comes] after him. When a white is hired, they give him everything. They give him a house to sleep in, a vehicle to ride in during business hours and [to go] to other places. He is given those things so that he does not suffer at his job.

"When he is sick, he does not spend his money on the treatment he gets from the doctor. His superiors at work are [there] to pay for him. A white has the right to be granted a few days of rest whether he has worked for some days or a year. When it comes to a black man, it is said that a black doesn't have that right to a rest, even if he works month after month, or year after year. But a white is entitled to receive his whole salary, whether he works the entire month or half of it.

145

"Toyébí na bolámu te na boúmbu boye tozalí na yangó, tokokí koloba ndé likúnyá mosúsu níni ezalí na mondélé epái ya bísó bato pámba? Bísó tokozwá elɔkɔ mɔ̌kɔ̌ tê elekí yě kási akoyinaka bísó mpɔ̂ ya níni? Nyɔ́nsɔ tokosálaka bangó bakomɔ́na mabé, bôngó ndéngé níni balingí tózala?

"Nakɛí o mosálá na mbúla nyɔ́sɔ. Na ntángo wâná moyíndo mɔ̌kɔ̌ tê akómákí na biló. Nasálí mosálá ntángo wâná sé ngáí mɔ̌kɔ̌. Ekómí ntango ya mpókwa, bato bánso baye bayáki o mosálá ntángo ya ntɔ́ngɔ́ tê bánsɔ bayéí. Ekómí bangó o mosálá, babandí kosolola masoló ma mbúla, ndéngé enɔ́kɔ́kí káti ya mbóka bayíndo ná mindélé. Mosíká tê ekómí ngonga ya mísáto ya mpókwa, mokonzi wa bísó monɛ́nɛ Bosquet akómí. Afándí atá kofánda tê, abéngí ngáí. Atúní ngáí náyébisa yě ntína ya makɛlélɛ níni ayókí káti ya mosálá ntángo akɔ́tí. Ngáí mpé namózóngísélí sé na malémbɛ te nayébí tê. Alingí náloba bôngó tê. Ayókí mabé mpé abámbólí ngáí mbatá lokóla mwǎna moké. Ngáí nazilí mpé tê, namófíní mbángá mpé namótíí mokato ya mongála mpé nabwákí yě na nsé wɔsɔ.

"Bato bánsɔ bawéí na koseka mpé batélémí na bobétɛli ngáí mabɔ́kɔ. Balobí bipái na bipái te mobáli akokí kotíkela moníngá wa yě mobáli nzóto tê. Nalakísí wâná lokóla ndé sɔ́kí moto abɛ́tí ngáí, elɔ́kɔ mɔ̌kɔ̌ sé nakomózóngisela sé ndéngé wâná.

"Esíká bato ba mosálá bamɔ́ní nabwákí mondélé o nsé ya mabelé, bayéí kolongola ngáí na mayélɛ mpé na malémbɛ likoló lya mondélé. Bakabólí bísó mpé basúkí bísó mpɔ̂ tóbuna lisúsu tê.

"Mosíká tê mondélé tobunákí na yě abɛ́tí nsinga wâná na mosálá epái ya bandeko ba bangó ba mindélé. Bangó mpé bayéí na ebelé ya bapulúsi mpɔ̂ ya bokangi ngáí. Ngáí mɔ̌kɔ̌ pulúsi zómi na íbalé. Tálá ndéngé likambo óyo.

"Bakómí. Bakangí ngáí mpé bakɛí na ngáí epái ya Komisélɛ Pilipíli, ôná bomóyébí na bolámu te moto wa mabé. Na bokɛi epái ya Komisélɛ Pilipíli, bapulúsi babɛ́tí ngáí penzá na nzelá.

"Ekómí ngáí kúná epái ya Komisélɛ Pilipíli, abandí kosámbisa ngáí. Náyóka sé te Mákalámbá kɛndé mbóka. Olóngí káti ya likambo banatákí yɔ̌ áwa. Yangó wâná nayéí mbóka."

Bato bánsɔ bamótélémélí na bobétɛli mabɔ́kɔ, mpé bamólobélí te sɔ́kí bato bazwǎmí lokóla yě, ndé mondélé akotíka konyɔ́kɔla bato ya Kongó.

Mondoko yě yě te, "Yɔ̌ ozalí sɔ̂lɔ́ na mayélɛ mpé oyébí ndéngé níni ya kolónga bangó káti ya makambo. Nalobí bôngó pámba tê, Komisélɛ Pilipíli alóngisaka moto atá moké tê. Sɔ́kí azwí moto, óyo wâná akomɔ́na sé yombé."

"We know very well that we are in slavery and so we can but wonder, 'What is this hatred that the white man has for us unimportant people?' We do not earn more than he does, so why does he hate us? Everything we do is seen as bad, so how do they want us to be?

"I went to work in all that rain. At that time, not one black person had come to the office. I was the only one who was doing my job. In the afternoon, all those who did not come to work in the morning arrived. When they got to work, they started chatting about the rain [and] how it was raining in the black and white neighborhoods. Shortly afterwards, it was three p.m., our big boss Bosquet arrived. He did not even sit down [before] he called me. He asked me to explain to him the reason for the noise he heard when he came in. I responded quietly that I did not know. He did not like my talking like that. He got angry and slapped me like a small child. I did not hesitate, I squeezed his jaw and I put him in a neck hold and I threw him down. Boom!

"All the people burst out laughing and stood clapping their hands for me. They said everywhere [at work] that a man cannot let a fellow man mistreat him [lit.: abandon his body to him]. I demonstrated this such that, if someone hits me, the one thing I [will do is] to return it to him in like manner.

"When the workers saw me knock the white down on the floor, they came deliberately and slowly to take me off of the white man. They separated us and stopped us from fighting any more.

"Shortly after, the white man I was fighting with makes a phone call back to the workplace to his [lit.: their] fellow whites. They brought many policemen to arrest me. One of me, twelve policemen. That was [lit.: See] how the situation was.

"They arrived. They arrested me and they took me to Chief Pilipili whom you very well know is a mean person. On the way to Chief Pilipili's place, the policemen really beat me up.

"When I arrived at Chief Pilipili's place, he started interrogate me. [All of a sudden] I heard, 'Makalamba go home. You are cleared from the charges they brought you here for.' That's why I came home."

Everybody gives him a standing ovation, and they tell him that, if there were [more] like him, whites would stop persecuting the people of Congo.

Mondoko says, "You are really intelligent, and you know how to get acquitted [lit.: beat them in case of problems]. I say this because Chief never acquits anyone. If he gets someone, that one will suffer [lit.: see black]."

147

Tatá wa lopángo mpé alɔ́mbí Mákalámbá mabɔ́kɔ ma yĕ mpɔ̂ amóbwákela nsɔ́i ya komópésa makási mpɔ̂ ákóma sé mobangé. Esíká abwákélí Mákalámbá nsɔ́i o mabɔ́kɔ amólobélí te ápésa mayɛ́lɛ ma yĕ na bato bayíké mpɔ̂ te básálá makási ma bolongwi káti ya boúmbo o ntéi ya mibú mikoyá.

Ngonga ya kolála mpé eyéi kobɛ́tɛmɛ. Mokóló wa lopángo alobí na bato bánsɔ bákɔ́ta káti ya bandáko ya bangó. Mákalámbá mpé akɔ́tí, akangí ndáko mpé abandí mpɔngí. Lokóla mpé ntángo nyɔ́nsɔ mokɔlɔ mbúla enɔ́kɔkɔ, molílí mozalaka míngi mpenzá ntángo ya butú sɔ́kí sánzá ezángí na likoló, molílí moyéi koleka lisúsu ndelo esíká mbóka ekómákí nyɛ̂ mpenzá. Mbóka ekómí sé wayí mɔ̌kɔ́ ya makási, molílí mpé mopúsání.

III. BOSEPELI MAKWELA O MBOKA KINSHASA

Nsɔ́sɔ́ ya libosó eyéi kolela. Oyo wâná mpé ya íbalé eyéi kolela. Libosó ya óyo ya mísáto élela, ngonga ya ndáko-Nzámbe ebétémí. Ntɔ́ngɔ́ mpé etání. Mákalámbá abimí, alátí sé lípúta. Tatá wa lopángo ayéi mpé kobima. Bapéséní mpé mbɔ́tɛ sé ya monɔkɔ.

Tatá wa lopángo mpé amótúní sɔ́kí alálákí malámu útá makambo mabimákí lóbi.

Mákalámbá mpé amóyánólí te abimí sé malámu.

Mákalámbá yĕ yĕ te, "Tatá olingí násála mpé bóní?"

Tatá mokóló lopángo mpé te, "Nazalí komɔ́nɔ te makambo mabandí kobóngwana mpɔ̂ te ntángo bísó tozaláká na mindélé, na ndéngé ya makambo óyo ya lóbi, ndé yɔ̌ mwăna na ngáí, olingákí óbétɛmɛ mfímbo ndéngé mɔ̌kɔ́ ya nsómo, na mingétɛ mya mfímbo ntúkú sambo. Okébí tɛ̂ likambo lya yɔ̌ mɔ̌kɔ́, likokóma ndé lya bato bánsɔ. Sɔ́kí mpé bôngó tɛ̂ ndé batékákí yɔ̌ mbóka mosúsu."

Mákalámbá mpé alobí te, "Sɔ̂lɔ́ nandimí te mokili mozalí kobóngwana. Atá ndélɛ, basúsu bakomóna bobóngwami bwa bísó na káti ya mokili ya Kongó. Ya sɔ̂lɔ́ tatá, likambo lya kokámwa lizalí wâná tɛ̂. Mondélé alingí moto óyo akolakisa yĕ míso makási. Oyo *akolelela* yĕ, akobánga yĕ tɛ̂. *Akomómɔ́nisa* mpási mpé akomólakisa mangúngú."

Mokóló wa lopángo yĕ yĕ te, "Mákalámbá mwăna wa ngáí, ntángo bísó batatá ba bínó tozaláká na bangó, ezaláká boye tɛ̂. Na libosó ya mbúla túkú mínei ezaláká likambo moké sé bolɔ́kɔ. Likambo moké sé koboma. Likambo moké sé kokaba yɔ̌ epái mosúsu. Likambo lya kobíkisa moto moyíndo lizalákí tɛ̂. Mondélé asílísá bísó na mosálá mwa ndembó mpé na misálá mya mitalíbo. Sɔ́kí mbóka mobimba esálí tɛ̂, akoboma bangó bánsɔ, sɔ́kí mpé bôngó tɛ̂ abomí ndámbo. Nyɔ́nsɔ wâná sé ndéngé yĕ mɔ̌kɔ́ akomɔ́na.

The landlord asks for Makalamba's hands to spit on them [a kind of blessing] in order to give him strength so that he may live a long life [lit.: become an elder]. When he spits on Makalamba's hands, he tells him to share his knowledge with many people so that they work hard to free themselves from slavery in the years to come.

It is time to go to sleep [lit.: the hour of sleeping has come to strike]. The landlord asks everybody to go to their homes. Makalamba arrives [at his], he closes the door and falls asleep. As on every day when it rains, it is very dark at night if the moon is not up [lit.: lacks in the sky], it gets so dark [lit.: darkness comes to surpass again the boundary] that the city becomes very quiet. The city becomes terribly quiet, and the darkness increases.

III. MARRIAGE CELEBRATION IN THE CITY OF KINSHASA

The first rooster has already crowed. The second one has crowed also. Before the third one crows, the church bell rings. Morning dawns. Makalamba goes out. He has a cloth wrapped around himself [lit.: wears a loincloth]. The landlord is just coming out too They exchange oral greetings.

The landlord asks him if he slept well given what happened the day before.

Makalamba replies that he is [lit.: comes out] well.

Makalamba says, "Tata, what do you want me to do?"

The landlord [says], "I see that things are beginning to change because, when we were with whites, with a problem like the one that happened yesterday, you my child would have been beaten terribly with seventy strokes of a wooden paddle. [If] you were not careful about your problem, it could become everybody else's. Or you could even have been sold to another country."

Makalamba says, "Indeed, I agree that the world is changing. Sooner or later, others will see our changes in the country of Congo. Truly Tata, the surprising thing is not this. The white man deserves someone who resists him [lit.: shows him hard eyes]. The one who cries [in front of] him, he [the white man] is not be afraid of him. He will make him suffer, and he will show him arrogance."

The landlord says, "Makalamba, my child, when we, your fathers, were with them, it was not like this. Prior to the year [19]40, a small problem [meant] prison. A small problem [meant] execution. A small problem [meant] deporting you elsewhere. There was not question of releasing a black person. The white man has killed us off one after the other in rubber production and road construction. If a whole village did not work, he would kill everyone and, if not that, he would kill half of them. Everything depended on what he wanted [lit.: the way he sees]."

"Na likambo lya mpáko, koloba tê. Sókí ofútí tê, ozalí sé na nzelá íbalé, yŏkɔ ya koboma yŏ, tŏ yŏkɔ kokanga yŏ. Sókí mpé babomí yŏ, motúni ya likambo náni? Oyébí te sókí moto awéí liwá lya Nzámbe, mpé afútí mpáko tê, bakobété yĕ mfímbo ntúkú motóba? Omɔ́naka moto níni azángá kopésa ebembe limemyá lokóla mondélɛ?"

Mákalámbá te, "Mánsɔ malobí yŏ mazalí ma sɔ̂lɔ́, ndé mondélɛ́ azalí lisúsu na mabé mayíké koleka wâná. Tokomɔ́naka mangó mpé makopésaka bísó sé bofungoli míso ma bísó. Elɔ́kɔ mɔ̌kɔ́ asálí zóba ndé ayébísí bísó kotánga mpé asálí mayélɛ ya koyéla bísó mikandá ya kotánga ndéngé na ndéngé mpɔ̂ mifungólí bísó míso. Ya sɔ̂lɔ́ tatá Bendele, mindélɛ́ bazalí wâná ndéngé míbalé, tŏ mpé mísáto. Sókí na efándeli ya bangó áwa na Kongó ezalí ndéngé mɔ̌kɔ́ mpɔ̂ ya bofándisi bísó o nsima ya bangó, kási na boyambi ya bangó makambo ezalí ndéngé mɔ̌kɔ́. Misúsu balingí sé bázwaka bangó mɔ̌kɔ́ mpé bákamataka nyɔ́nsɔ ezalí na mokili ya Kongó mpɔ̂ ya bangó mɔ̌kɔ́. Misúsu balingí ndé bísó bato ya Kongó mpé tóbɔngɔ lokóla bangó. Kási bamindélɛ óyo balingí te tóbɔngɔ lokóla bangó, bazalí míngi áwa na Kongó tê. Elekí sé ba óyo bayá na Kongó kolakisa bísó mayélɛ níni tokokí kosála mpɔ̂ tólongwa na boúmbu bwa Bélɛsi tê. Yangó wâná omɔ́ní te tozalí kobanda komeka na makási mpɔ̂ makambo mábanda kobóngwana."

Ngonga ya motóbá na ndámbo ya ntɔ́ngɔ́ mpé ebétémí. Mákalámbá alɔ́mbí na tatá Bendele te bátíka naíno lisoló makási na ntɔ́ngɔ́ ya mokɔlɔ mwa pɔ́sɔ, mpé Mákalámbá akɛí mbángu epái ya monɔkɔ mwa ndáko ya yĕ. Atála sé Bolúmbú asílí amíléngélí mpɔ̂ ya bokɛi o ndáko-Nzámbe na ntína ya bolóngani.

Mamá Bolúmbú mpé alobí na mobáli wa yĕ te, "Mákalámbá, mobáli wa ngáí, sálá nɔkí na kofáta moláto. Ngáí nakeí libosó mpɔ̂ nalingí nákóma sé elɔngɔ́ na bato ya makwéla." Mákalámbá andimí mpé mamá Bolúmbú abimí.

Ebimí mamá Bolúmbú na ndáko, Mokenge amópésí longɔ́nya sé o lopángo. Mosíká tê Ekolo apésí mpé ya yĕ longónya. Mokúwa mpé apésí ya yĕ. Elandámí sé bolandami. Mamá Bolúmbú mpé andimí bangó bánsɔ mpé abimí o lopángo. Asímbí mpé nzelá ya bolandi Ndáko-Nzámbe ya Mosáto Pólo na Ndɔlɔ́.

Utá nzelá ya Kato kínô bokómi o Ndáko-Nzámbe ya Mosáto Pólo, ezalí sé minúti zómi. Mamá Bolúmbú asímbí nzelá sé bosímbi. Mamá Bolúmbú akómí na nzelá ya Itága, esíká bangámba bazalí kosála botíi simá. Mɔ̌kɔ́ wa bangó atíndélí mamá Bolúmbú "Ewasó." Elobí te "nalingí yŏ."

Mamá Bolúmbú amóyánólí sé te, "Mpɔ̂ níni okotíndela ngáí ewasó?"

"As for taxes, let's not talk about them. If you do not pay, you have only two possibilities, one is you are killed, the other is you are arrested. In case they kill you, who will ask about it [lit.: the questioner of the matter is who]? Do you know that if someone dies a natural death [lit.: a death of God] and hasn't paid his taxes, they will whip him sixty times? Do you know anybody [lit.: what person] who lacks respect for a corpse like a white person?"

Makalamba says. "Everything that you have said is true, indeed a white person has even more evil than that. We see that, and it makes us open our eyes. One thing he did [which was] stupid [from the whites' perspective] was to teach us to read, but he also did a wise thing [from the blacks' perspective] by bringing us various books to read which opened our eyes. Really, Tata Bendele, there are two or three kinds of whites. In their behavior here in Congo [they consistently act] the same to subordinate us [lit.: put us behind them], but their reaction to problems is always the same. Some want only to possess and take everything which is in the country of Congo for themselves alone. Others want us, the people of Congo, to evolve like them. But those whites who want us to evolve like them are few in Congo. Many are those who have come to Congo to show us what to do so that we won't escape from under Belgian domination. That is why you see us beginning to try hard so that things begin to change."

The clock strikes six-thirty in the morning. Makalamba implores Tata Bendele to stop this important conversation on a Saturday morning, and Makalamba quickly goes to the door of his house. He sees Bolumbu who has just gotten ready to go to church for a wedding.

Mama Bolumbu says to her husband, "Makalamba, my husband, hurry up and get dressed. I am going ahead because I want to arrive at the same time [lit.: together] as the people to be married. Makalamba agrees and Bolumbu leaves.

As Bolumbu leaves the house, Mokenge congratulates her [on her appearance] in the courtyard. Shortly after, Ekolo congratulates her as well. Mokuwa too expresses his [congratulations]. It goes on and on. Mama Bolumbu thanks [lit.: agrees with] them and leaves the property. She takes the road towards Saint Paul's church in Ndolo.

It is only ten minutes from Kato street to Saint Paul's church. Mama Bolumbu goes straight down that road. Mama Bolumbu arrives at Itaga street, where some workers are busy pouring cement. One of them shouts to her "Ewaso." It means "I love you."

Mama Bolumbu responds, "Why are you shouting 'Ewaso' at me?"

Mongámba mosúsu amólobélí te, "Sɔ́kí oyébí yĕ tê, bôngó obúngí ngáí?"

Mamá Bolúmbú ayánólí óyo mosúsu te, "Bôngó yɔ̌ náni?"

Mosúsu atómbólí loláká na bolobi te, "Yɔ̌ okanísí ozalí mwăsí kitɔ́kɔ? Ozalí kolakisa bísó níni? Obúngí esíká olandáka molangi mwa ngáí mwa masanga na bále 'Kitísá motéma?"

Mobúlú mokɔ́tí mpé bato babándí kotélɛma esíká yangó. Bato bayíké bayambélí mamá Bolúmbú. Bafíngí bangámba bâná mpé balobí na mamá Bolúmbú ákɛndɛ wápi azalí kokɛndɛ. Alekisa ntángo ya yĕ mpɔ̂ ya koswánaka na bangámba tê. Mamá Bolúmbú mpé abáyókélí mpé akɛí na yĕ.

Lokóla na mibú wâná misálá ya bangámba sé koswánisaka bato, biténi bínɛi bya ngonga biyéí koleka wâná sé na koswána. Mamá Bolúmbú ayókí malako ya bato mpé alandí sé nzelá ya yĕ. Akómí sé malámu o Ndáko-Nzámbe ya Mosáto Pólo.

Ekómí mamá Bolúmbú, amɔ́ní sé mítuka mitandámí o libándá lya Ndáko-Nzámbe. Baye bakokwéla basíláki kokɔ́ta kala. Bandeko ya baye bakwélí basílí bayíngélí mpé lokóla o Ndáko-Nzámbe. Bato bakangání mpenzá o káti ya Ndáko-Nzámbe. Mamá Bolúmbú mpé asálí sé moléndé mpɔ̂ te ázwa mwá esíká o káti ya Ndáko-Nzámbe. Amíyíngísí sé na nkaká wâná. Akamátí lobɔ́kɔ la yĕ atíí káti ya mái mosáto. Asálí o nkómbó. Akwéí azenú mpé amíyíngísí mpɔ̂ ya bofándi o esíká mɔ̌kɔ́ ya moké amɔ́nákí.

Nkaká mpenzá esálí yĕ, kási ayókí wâná sé pámba. Mamá Bolúmbú atálí wâná pámba mpɔ̂ te azalí mokrístu molámu. Utá ekómá yĕ o mbóka Kinshásá, amɔ́ní naíno tê ndéngé likwéla mɔ̌kɔ́ likosálemaka o káti ya Kinshásá. Wâná ezalí koloba te útá ekómí yĕ káti ya Kinshásá, azwí naíno mokɔlɔ te bábénga bangó na makwéla tê. Lokóla mpé amɔ́ní te makwéla wâná mazaláki mbala ya libosó, esɛngɔ ekamátákí yĕ, mpé asálí mánsɔ mpɔ̂ te ámɔ́na ebandeli ndéngé níni makwéla makosálemaka káti ya Kinshásá.

Mésá mpé esálémí na bolámu bɔ́nsɔ. Sángó mondélé asímbí mésá lokóla te likambo mosúsu o ntéi ya mokili elekí makwéla ezalí tê. Băna ya mésá mpé bayambí mánsɔ sángó akobátínda. Bangó mpé atá kobúnga mbala mɔ̌kɔ́ ezalí tê.

Mésá mpenzá esílí mpé babéngí bato baye bakwélákí mpɔ̂ te bákamata bolónganí bwa bangó. Bapésí bangó kíti o ntéi ya alitélia. Na nsima ya bangó, elandí tatá mpé mamá wa bangó wa makwéla.

Sángó abátúní mpɔ̂ ya bolónganí bwa bangó sɔ́kí balingání. Bánsɔ bandimí sé kondima. Abábɛnísí. Bolónganí bozwání mpé abásámbólí na losámbo la súka mpé abátíkí mpɔ̂ ya bozóngi o ndáko ya bangó.

Another worker tells her, "If you do not know him, have you forgotten me?"

Mama Bolumbu responds to that one, "So, who are you?"

Another raises his voice to say, "Do you think you are a beautiful woman? What do you want to show us? Have you forgotten the place where you followed me for a bottle of wine to the bar 'Kitisa Motema' [= lower the heart, i.e. calm down]?"

Things get stirred up [lit.: confusion arrives] and people start standing around in that place. Many people side with Mama Bolumbu. They insult those workers, and say to Mama Bolumbu to go where she is going and not to waste time arguing with the workers. Mama Bolumbu listens to them and goes her way.

Because in those days [lit.:years] the work of workers was provoking arguments with people, four minutes in every hour. Mama Bolumbu listens to people's advice and goes on her way. She arrives well at Saint-Paul's church.

When Mama Bolumbu arrives, she sees cars lined up outside the church. They who will get married have already arrived a long time ago. The relatives of those getting married as well have already entered the church. The people are packed inside the church. Mama Bolumbu makes an effort to get a place in the church. She worms her way into the crowd. She dips [lit.: takes and puts] her hand in the holy water. She makes the sign of the cross [lit.: she does in the name]. She genuflects [lit.: falls on her knees] and slips into a small place she saw to sit down.

The crowd squeezes her, but she does not care [lit.: she feels nothing]. Mama Bolumbu does not care because she is a good Christian. Since she arrived in the city of Kinshasa, she has never seen how a wedding is celebrated in Kinshasa. It means that since she arrived in Kinshasa, she has never had the opportunity [lit.: day] for them to be invited to a wedding. As she realizes that this wedding is her first, she is overtaken with joy and she does everything (she can) to see the beginning of how a wedding is celebrated in Kinshasa.

The mass is conducted very well. The white priest conducts the mass as if there were nothing on earth more important than [lit.: surpasses] marriage. The altar boys [lit.: children of the mass] respond to all the priest instructs them [to do]. They do not make even a single mistake.

The mass is ending, and they call the people who are getting married to take their marriage vows. They are given seats at the altar. Behind them stand [lit.: follow] their godfather and godmother.

The priest asks them for their union if they love each other. They both agree. He blesses them. The marriage is concluded, and he consecrates them with a last prayer and he lets them return to their home.

Baye bakwélí, ezalí wâná tatá Ngɔlɔ́ na mamá monénɛ Likémba. Batélémí mpé epái ya alitélia ya Nzámbe mpɔ̂ ya bobimi. Băna baké bábalé bayéí koyamba elambá molaí ya makwéla ya mamá Likémba. Babandí mpé kotámbola káti ya ndáko-Nzámbe mpɔ̂ ya bobimi. Tatá mpé mamá ya bolóngani balandí nsima ya bangó. Ntángo ya bobimi bwa bangó, bilɛngé mibáli baye bazalákí konzémba, bawéí sé na nzembo nkómbó "Magnificat."

Molɔngɔ́ mwa bato motongámí. Babóti ba mobáli mpé ba mwăsí bakɔ́tí o molɔngɔ́. Baníngá ba bakwéli mpé bakɔ́tí sé o molɔngɔ́ môná. Molɔngɔ́ moyéí molaí na bato bánsɔ wâná.

Bato bánsɔ babimí o libándá lya ndáko-Nzámbe, mpɔ̂ ya botáli bandeko bábalé bakwélí. Moto wa bokamati fotó azalákí sé kozila mpɔ̂ ya bobandi mosálá mwa yĕ. Mosíká tê, moto wa bokamati fotó abɔngísí bato ya makwéla sé na monɔkɔ mwa ndáko-Nzámbe. Akamátí bakwéli fotó mɔ̌kɔ́ ya malongá. Mpé ayéí kosála mɔ̌kɔ́ mpɔ̂ ya bato bánsɔ ná bakwéli. Lisúsu akamátí fotó ya bato ba makwéla mpé na mabóta ma bangó.

Bokangi fotó bosílí. Mákalámbá akómí. Alukí mwăsí wa yĕ na mobúlú ya bato babimí o ndáko-Nzámbe nyɔ́nsɔ wâná. Abwáka míso ma yĕ epái ya monɔkɔ mwa ndáko-Nzámbe, amɔ́ní mwăsí wa yĕ Bolúmbú. Amótúní nsango ya makwéla ndéngé amɔ́nákí. Mwăsí mpé abandí sé komóyébisa ndéngé amɔ́nákí.

Bolúmbú alobí te, "Makwéla masálémákí ndéngé mɔ̌kɔ́ ya elɛngi míngi. Kási nakolobela yɔ̌ naíno makambo namɔ́nákí na bangámba na nzelá ntángo nazalákí koyá mpɔ̂ ya bolandi ndáko-Nzámbe. Makambo mangó mapésí ngáí mpási míngi káti ya motéma."

Mákalámbá mpé yĕ yĕ te, "Yébísá naíno ngáí atá mwá moké makambo níni mazwánákí yɔ̌ na bangámba."

Mamá Bolúmbú yĕ yĕ te, "Ntángo nazalákí koyá, obélé nakómí esíká bangámba bazalí kosála káti ya nzelá ya Itága, babandí kobwákela ngáí makambo mazángá ntína. Bafíngí ngáí ndéngé mɔ̌kɔ́ ya nsómo. Kási bato bazalákí koleka babóyísí ngáí nábázóngisela mpé balakísí ngáí nálanda nzelá ya ngáí. Balobí na ngáí nátíka bato bazángá mitó lokóla saladíni."

Mákalámbá amólobélí te, "Nayébí nyɔ́sɔ, óloba níni. Kási naséngí na yɔ̌ ótíka makambo mâná mpɔ̂ mazalí makambo mâná ma pámba. Oyébaka te áwa na Kinshásá, sɔ́kí ozalí kokɛndɛ nzelá mɔ̌kɔ́ na mobáli wa yɔ̌, tŏ mobáli ná mwăsí wa yĕ bazalí kotámbola nzelá mɔ̌kɔ́, ótíya matói ma yɔ̌ epái ya maloba maye mabimaka esíká bangámba bakosálaka tê. Wâná ezalí mpɔ̂ te bato bâná bakolobaka sé mpɔ̂ ya botungisi bato. Kási elɔ́kɔ mɔ̌kɔ́ ya sɔ́lɔ́ ekozalaka káti ya maloba ma bangó tê. Longóla makanisi ma yɔ̌ káti ya motéma mpé tálá mánsɔ omɔ́nákí tŏ oyókákí lokóla makambo mazalí tê."

The couple are Tata Ngolo and big [a term of respect] Mama Likemba. They stand up at the altar to go out. Two small children come to hold the large wedding gown of Mama Likemba. They start to walk in the church in order to leave. The godfather and the godmother follow along behind them. While they are exiting, the young boys who were singing, burst out in the song called "Magnificat...."

A line of people is formed. The parents of the groom and of the bride join in the line. Friends of the newlyweds join in that line as well. The line becomes very long with all those people.

All the people go out to the courtyard of the church to watch their two friends the newlyweds. A photographer was waiting to begin his work. Shortly after, the photographer arranges the newlyweds at the door of the church. He takes a good picture of the newlyweds. And then, he does one of all the people with the newlyweds. He also takes one of the wedding party with their families.

The picture taking concludes. Makalamba arrives. He looks for his wife in the crowd of people who are leaving the church. He looks [lit.: throws eyes] at the door of the church and sees his wife Bolumbu. He asks her how she liked the wedding [lit.: for news of the wedding how she saw (it)]. [His] wife starts telling him how she liked it.

Bolumbu says, "The wedding took place in a manner of great joy. But I should first tell you what I experienced with the workers on the way as I was coming to church. That incident is very painful to me [lit.: puts much suffering in my heart]."

Makalamba says, "Tell me just a little bit about what happened between you and the workers."

Mama Bolumbu says, "As I was coming, when I got to the place where the workers are working on Itaga Street, they started shouting at me nonsense [lit.: throwing matters at me that lacked sense]. They insulted me in a terrible manner. But the people who were passing by urged me not [lit.: made me refuse] to reply to them and advised me to continue on my way. They told me avoid people who lack brains [lit.: heads] like sardines."

Makalamba tells her: "I understand everything you're saying. But I ask you to forget about that incident, because it is a nonsense. You know that here in Kinshasa, if you are walking together with your husband, or if a man and his wife are walking together, you should not pay attention [lit.: put your ears] to the words coming from where the workers are working. That is because those workers talk only to provoke people. There is nothing true in their words. Remove these [painful] thoughts from your heart, and consider what you have seen or heard as if it doesn't even exist."

Mamá mwǎsí óyo akwélí, amítíí mpenzá káti ya moláto mwa bilambá pémbé. Elambá êná ya pémbé, eye ya makwéla, ekamátí yě kolongwa motó kínô makolo na bolámu bónsɔ. O ntéi ya motó, atíí maboza ma fuléle. Na mabɔ́kɔ mpé ekɔtí ebómbí mabɔ́kɔ. Na makolo sapáto ya pémbé.

Mobáli mpé amítíí na *likoló* pémbé, mpé na nsé moyíndo. Simísi mɔ̌kɔ́ ya pémbé mpé eléí nzótu. Na makolo, sapáto ya moyíndo mpé etíyámí.

Ntángo ya bokɔ́ti, mótuka mokómí. Basímbísí mamá Likemba mwá libóké lya fuléle. Mótuka mpé mwa bangó moyéí epái ya bangó. Mamá Likemba akɔtí. Tatá Ngɔlɔ alandí. Bǎna mpé bábalé ya bosímbi eléndele ya mamá Likémba bayéi kokɔ́ta.

Bolongo, elengé mɔ̌kɔ́ ya mobáli mpé alobí na soféle enatí bakwéli te ezalí naíno na libosó yambo ya bokei, átála sɔ́kí bato bánsɔ basílí bakɔ́tí mpɔ̂ molɔngɔ́ mókende sé o nzelá mɔ̌kɔ́. Akeí mpé kotála bipái bínsɔ, sɔ́kí bato bakokí. Mosíka tê azóngí mpé ayébísí na sɔféle ya bakwéli te átámbola. Molɔngɔ́ mobandí kolongwa. Vatíli ekangámí molɔngɔ́ mpé ebandí kokende. Nzembo mpé ebandí koyémbama ndéngé na ndéngé káti ya vatíli.

Soféle ekotámbwisa bakwéli o libosó, asílí ayébákí nzelá níni akonata molɔngɔ́ ya mítuka mpé na nzelá níni akoleka mpɔ̂ te ákende kotíka bakwéli o mbóka. Molɔngɔ́ mokamátání kobanda ndáko-Nzámbe ya Mosáto Pólo tí mokómí nzelá ya Kasái kínô nzelá ya Charles de Gaulle.

Ntángo molɔngɔ́ mozalí kotámbola, Mákalámbá ná mwǎsí wa yě mpé bazalákí káti ya vatíli ya bangó. Bakolandaka sé molɔngɔ́ lokóla bato bánsɔ.

Na káti ya mótuka, mamá Bolúmbú yě yě te, "Makwéla óyo kitɔ́kɔ míngi ndé bato baíké balobí te mobáli abɔngákí akwéla na mwǎsí óyo tê mpɔ̂ te bakokání malámu tê. Mwǎsí azalí mwá mabé mpé mobáli azalí kitɔ́kɔ míngi. Nayókákí lisúsu balobí te babóti ya mobáli balingákí makwéla wâná té mpô mwǎsí azalí moúmbu mpé mobáli nsɔ́mí. Balobí lisúsu te bazalí monɔkɔ mɔ̌kɔ́ tê."

Mákalámbá yě yě mpé te, "Likambo lya monɔkɔ mɔ̌kɔ́ na káti ya Kinshásá esíká bato bánsɔ batóndí ezalí na ntína tê. Okanísi sɔ́kí motéma molingí elɔ́kɔ mokoluka likambo lya monɔkɔ mɔ̌kɔ́? Oyébí tê te áwa na Kinshásá bato bánsɔ bakolinga báloba sé lingála?

The bride [lit.: the woman who is married] has dressed herself entirely in white clothing. The white wedding gown fits her very well from head to toe [lit.: feet]. On her head she has a garland of flowers. Her arms are covered with long gloves. On her feet, [she is wearing] white shoes.

The groom is dressed in white above and black below. A white shirt fits [lit.: eats] his body [very well]. On his feet, he is wearing black shoes [lit.: shoes are put on].

When it is time [for the couple] to enter [the car], the car arrives. They give Mama Likemba a bouquet of flowers to hold [lit.: make her hold]. And then their car comes to them. Mama Likemba gets in. Tata Ngolo follows. Two children holding Likemba's train get in.

Bolongo, a young man, tells the driver taking the couple that, before he leaves, he should see [to it] that everybody has gotten [into the cars] so that the cortege stays together. He goes to look all around [to see] if the people are ready. Shortly after, he comes back and tells the chauffeur of the couple to leave. The cortege starts moving. The last car [lit.: which stops the line] starts to go. Various kinds of songs are sung in the cars.

The chauffeur, who is driving the couple in front, already knew the way to take the cortege of cars and what route to go along in order to take the newlyweds home. The cortege, which has been formed, starts from Saint Paul's Church, passes along Kasai Street until [it reaches] Charles de Gaulle Street.

As the cortege is moving along, Makalamba and his wife are in their car. They are following the cortege like everybody else.

In the car, Mama Bolumbu says, "This wedding is very beautiful but some people are saying that the groom should not have married this woman, because they are not well matched. The woman is a little ugly and the man is very handsome. I also heard them saying that the groom's relatives did not like the marriage because the bride is a slave [i.e. she might be the child of a parent who had been sold into a kind of slavery] and the groom is a free man. They also said that they are not from the same ethnic group [lit.: same mouth or language]."

Makalamba says, "The problem of being from the same ethnic group here in Kinshasa where it is overflowing [with all kinds of] people is not important. Do you think that, if the heart loves something, it will look at the matter of the same ethnic group? Don't you know that here in Kinshasa everybody only likes to speak Lingala?

"Bôngó mwăsí wâná na mobáli wâná bakwélí bánsɔ bayébí sé lingála, lokutá? Bôngó bato balingí báyéba níni lisúsu? Oyéba te áwa na Kinshásá, atá bandeko ba yɔ ba monɔkɔ mɔkɔ, okobámɔnaka tê te sɔkí olóbí na bangó likambo na monɔkɔ ya mbóka, bakozóngisela yɔ sé na lingála? Okanísí monɔkɔ ya mbóka ezalí elɔkɔ ekokí kobɔngisa bolingo? Mpɔ̂ ya likambo lya boúmbu, óyo wâná ezalí likambo lya kala. Okanísí sɔkí moúmbu amíbɔngísí na mbúla óyo, moto mɔkɔ akokí kobóya yě? Na mokili óyo ya bísó ya sika, nsɔmí ezalí ndéngé níní mpé moúmbu azalí ndéngé níní? Mpɔ̂ níni sɔkí balingí makambo ya bonsɔmí bakolongola bísó káti ya boúmbu óyo tozalí na yangó epái ya mondélé tê?

"Yɔ olobí lisúsu mpɔ̂ ya kitɔkɔ. Tíká nyɔnsɔ wâná. Bato ya mokili bayébí sé koloba makambo ndéngé na ndéngé mpɔ̂ ya boluki nzelá ya bobébisi makambo ma baníngá ba bangó. Wâná ezalí mosálá mwa bangó. Bakwéli balinganaka sé kolingana. Tokomɔna wápi epái bakosúka na ebakísámí makambo ndéngé na ndéngé ya bangó. Balingaka kolekisa likambo lya moníngá pámba tê. Kitɔkɔ ya mobáli níni mpé kitɔkɔ ya mwăsí níni? --- Náni alekí mabelé?"

Sɔféle, ekonata yě mótuka, azalí sɔ́lɔ́ na ntína ya masoló ya bato bakɔ́tí na mótuka mwa yě mpé bakopésa yě mwa loméyá tê. Ndé útá maloba ebimáká na monɔkɔ mwa Mákalámbá makɔ́télí yě, sɔféle amɔ́ní esɛngɔ míngi káti ya motéma mpé akangí lisúsu monɔkɔ tê.

Sɔféle abálobélí te, "Tatá, napésí yɔ longónya mpɔ̂ ya maloba ma yɔ. Okokí sɔ́lɔ́ ózala mokonzi mpɔ̂ maloba mazóngísí yɔ mamá mazalí súka ya moto wa mayéle."

Utá sɔféle alobí bôngó, tatá Mákalámbá afíní mamá Bolúmbú na lobɔ́kɔ mpɔ̂ ámóyébisa te bátíka lisoló mpɔ̂ áwa sɔféle akɔ́tí na lisoló ya bangó ezalí malámu tê.

Baye bakwéli bakozalaka o nzelá Barumbú. Utá Mákalámbá na mwăsí wa yě babandákí masoló ma bangó, ngonga elekí mwá moké mpé bátála sé boye bakómí esíká bakwéli bafándaka. Sɔféle akangí mótuka mpé Mákalámbá ná mwăsí wa yě babimí. Mákalámbá atíí lobɔ́kɔ o ntéi ya líbenga lya yě mpé abimísí falánga, apésí na moto wa vatíli. Esílí, bakɔ́tí káti ya lopángo mpé bayambí bangó na malámu mpenzá. Bapésí yě mésa batíyákí mpɔ̂ ya yě.

Na mbóka mondélé ya Kinshásá, Mákalámbá ayébánákí míngi. Bazaláká kokúmisa yě bipái na bipái, mpé bazaláká komótósa. Bato bayíndo ndéngé na ndéngé bayébákí yě. Na makambo míngi bazaláká kobénga yě, kásí yě azalákí kokɛndɛ tê. Azaláкí kolinga tê mpɔ̂ azaláкí kobánga mindélé ya Bélɛsi na loléngé ya bangó ya kokangaka bato sɔ́kí bayókí mwá likambo atá ya mpámba esíká bayíndo basangání.

"So this woman and this man who are marrying only speak Lingala, don't they? What else do people need to know? Don't you see that here in Kinshasa even your relatives of the same ethnic group, if you say something to them in your ethnic language, they just reply to you in Lingala? Do you think that the ethnic language makes love any better? As to the matter of slavery, that is an old issue. Do you think that if a slave makes herself beautiful nowadays, that anyone can reject her? In our new country, what is a free man and what is slave? Why don't those who want freedom free us from the slavery we are in with the whites?

"You also talk about beauty. Forget about all that. People here on earth know how to say all kinds of things in order to find a way to destroy the concerns of their fellow man. That is what they want to do [lit.: their job]. Couples usually really love each other. We will see where those spreading all kinds of rumors [lit.: adding various matters] end up. They do not want to leave the business of their fellow man alone. What is the beauty of a man? What is the beauty of a woman? Who avoids death [lit.: dirt]?"

The chauffeur, while he is driving the car, really has no right to [listen to] the conversation of those who entered his car and who will be paying him. However as soon as the words which came from Makalamba's mouth arrived [in his ears], the chauffeur feels great joy in his heart and [can't] hold his tongue [lit.: mouth].

The driver says to them, "Tata, I congratulate you on your words. You truly can be a leader because your words to the lady are of great intelligence [lit.: at the end of a person of intelligence]."

Because the driver has talked that way, Makalamba squeezes Mama Bolumbu on the hand to signal her to end the conversation, because having the driver join in the conversation is not good.

The newlyweds live on Barumbu Street. Since Makalamba and his wife started their conversation, a little time has elapsed and all of a sudden they realize [lit.: they see only thus] that they have arrived where the newlyweds live. The driver stops the car, and Makalamba and his wife get out. Makalamba puts his hand in his pocket, takes out some money, [and] gives [it] to the driver of the car. When that is done, they enter the property and are greeted very warmly. They show him the table assigned to him.

In the modern city of Kinshasa, Makalamba was very well known. He was honored everywhere and they respected him. All kinds of black people knew him. They invited him to many social events, but he didn't respond [lit.: go]. He was not willing [to go] because he was afraid of the Belgians' way of arresting people if they heard of even a minor problem where they [blacks] were gathered.

Na ntína wâná azalákí sɔ́kí ayókí matánga masálémí tŏ kobimisa mwăna babéngí yĕ, míngi sé akobóya. Ndé sɔ́kí ayókí makwéla ma múpε masálémí, akobóya tê mpɔ̂ óyo wâná ezalí likambo ekangáná na makambo ya mondélé ya Bélεsi mpé lokóla múpε azalákí na makási lokóla yĕ letá, amɔ́ní malámu sé ákεndεla makambo ya bangó mpɔ̂ ábíka.

Likambo ya kokεndε na mwăsí epái ya makwéla masálémí ezalí likambo ya motéma ya mobáli mpɔ̂ na Kinshásá mwăsí akokεndεkε na yĕ epái, mobáli mpé ya yĕ elɔngɔ. Ndé epái ya Mákalámbá, likambo ya bôngó ezalí na nzelá tê. Lokóla mpé makwéla ma Kinshásá makosálemaka sé mokɔlɔ mwa pɔ́sɔ na ntɔ́ngɔ́, Mákalámbá akεí sé elɔngɔ na mwăsí wa yĕ mpɔ̂ ya bomípésí lokúmu.

Mói ekómí o mitú mya bato. Mítuka ndéngé na ndéngé mibandí kotélεma o bosó bwa lopángo ya bakwéli. Bilεngé băsí mpé bilεngé mibáli babandí kokita. Bangó bánsɔ bamítíí káti ya miláto mya sɔ̂lɔ́ mwa eyenga. Bamamá băsí bawéí na miláto mya mabáyá ma bangó mpé na mapúta ma ndεkε-ndεkε, ma nkíngó ndámbo, ma mabúndú mpé na masúsu ma ndéngé na ndéngé makɔ́tí o nzótu ya bangó. Mpɔ̂ ya miláto mya mitú, balátí bánsɔ sé matambála ma ngεlíngεlí maye ma swá mpé maye mabéngámí mopanzé. Bilongi bya bangó bingεngí mpenzá mpɔ̂ ya púdεlε. Míso ma bangó makómí kongεngε mpenzá mpɔ̂ ya mokóbo moye mobéngámí tílé. Makolo ma bangó makɔ́tí mpé káti ya mapápa. Bilεngé băsí bánsɔ basímbí sé bibómbeli bya bangó ya falánga na mabɔ́kɔ mpé matambála mikέ ya mabɔ́kɔ matíkálí tê.

Káti ya bilεngé băsí, basúsu balátí lɔ́pu sé ndéngé ya băsí mindélέ. Lɔ́pu ya ngεlíngεlí. Ekɔti ya mitó... ekɔti tŏ mpé nsúki mpámba na mwá elɔkɔ mɔ̂kɔ́ na motó mpɔ̂ éngelisa bangó. Sapáto ya nsɔ́ngé mpé eléí makolo. Sɔ́kí otálí bilεngé băsí bánsɔ okozala sé na motéma mwa bofándeli bangó mpɔ̂ ya botáli bangó mokɔlɔ mobimba, zambí bamítíí káti ya miláto mya lokúmu.

Epái ya bilεngé mibáli, moláto ya mwá moyíndo tŏ mpé ya mwá mpémbé moléí nzóto. Sapáto ya moyíndo mpé ya ndéngé ya motáni ekɔ́tí o makolo. Mosembe mpé ndéngé na ndéngé ekɔ́tí o nkíngó. Motó mpé molálí sé nyê mpɔ̂ ya kofélε ya kitɔ́kɔ tŏ mozipáni na ekɔti.

Because of that, whenever he heard about a wake taking place or of the introduction of a child to society that he was invited to, he frequently refused. But, if he heard about a catholic wedding taking place, he would not refuse [to go] because that was an event related to the culture of the Belgians and, as the Catholic Church was as powerful as the state, he chose [lit.: saw well] to attend their activities in order to make the right appearance [lit.: recover from illness or escape danger].

The matter of going with his wife to a marriage being performed is a man's free choice [lit.: heart] because, in Kinshasa, a woman goes her own way, and a man his. But for Makalamba, it does not work like that [lit.: a matter like this has no way]. As wedding ceremonies in Kinshasa usually take place on Saturday morning, Makalamba goes together with his wife out of mutual respect [lit.: to give themselves respect].

The sun is shining [lit.: arriving] on the people's heads. All kinds of cars are beginning to line up in front of the newlyweds' residence. Young women and young men step down from [the cars]. All of them are dressed in their Sunday best. The women are elegantly dressed [lit.: they die in clothing] in their tops (camisoles) and in wrap-around skirts with bird [designs], [clothing with] no collars, fish designs, and in all kinds of other designs that cover their bodies. As for headdresses they are all wearing sparkling headwraps of silk or others called 'ribbed.' Their faces are really shining with powder. Their eyes look bright because of the eyeliner called 'tilé.' Their feet are in sandals. All the young women are carrying purses in their hands, and they have not forgotten their handkerchiefs [lit.: do not remain].

Among the young women, some are wearing mini-skirts in the style of white women. Mini-skirts with sparkles. Headdresses: headdresses or uncovered hair with something on the head to make it sparkle. Pointed shoes and they fit the feet well [lit.: eat the feet]. If you look at all the young women, you will feel like keeping them to look at them all day long, because they have put on elegant [lit.: honorable] clothing.

As for the young men, black or white clothes fit their bodies well [lit.: eat the body]. They are wearing black or reddish shoes [lit.: enter the feet]. They are wearing all kinds of necklaces. The head is either nicely cut [lit.: sleeps quietly in its beautiful cut] or is covered in a hat.

Na monɔkɔ mwa lopángo, bato bayíké batélémí mpɔ̂ ya boyambi bapaya bakoyá o féti. Ekokóma mɔ̌kɔ́ na mɔ̌kɔ́ o lopángo, bakopésa mikandá mya bangó mya bobéngami na bato baye batíyámí o monɔkɔ mwa lopángo mpɔ̂ ya boyambi bangó. Bangó ndé bakoluka nkómbó ya bangó káti ya búku monénɛ mpɔ̂ bábálakisa bisíká ya bofándi.

Bato bakɔ́tí bakɔ́tí mpé lopángo lotóndí. Ngonga ekómí ya mísáto na ndámbo. Mundúlɛ mpé motómbólí nzémbo ya boyébisi te bakwéli bazalí koyá. Mosíká tɛ̂ mpé sé malémbɛ malémbɛ, bakwéli babandí kokɔ́ta o monɔkɔ mwa lopángo. Bato bánsɔ bafándí nyɛ̂ likoló bakíti ya bangó mpé o esíká balakísákí bangó. Bamamá mibangé bawéí na bolandi bakwéli nsima. Bakoyémbaka mpé bakobwákaka mápúta ma bangó o likoló mpɔ̂ ya boyébisi te bazalí na esɛngɔ monénɛ. Băna baké mpé *bawéí* na kobwákaka bato fulélɛ mpé libosó ya nzelá ya bakwéli.

Esíká eye bakwéli *bakofánda*, esálémákí kala na káti ya bato bánsɔ baye *bayákí* mpɔ̂ ya botáli makwéla. Batíí bilambá ya pɛtɛpɛtɛ ya swá. Batíí mpé mwá ndáko ya mangalála ma mbíla mpé na bilambá o likoló.

Bakwéli bakómí mpé bafándí o esíká basálélákí bangó. Moyángeli wa lisano mpé afándísí bangó ndéngé ya lokúmu. Mindúlɛ miye bazalákí komíbɛta ya bokɔ́ti ya bakwéli bamítíkí naíno. Bato bánsɔ bafándí mpé nyɛ̂.

Moyángeli wa féti atélémí mpé abandí kopésa maloba. Liloba lya yɛ̌ lya yambo lizalákí lya bopési bato bánsɔ bokébi mpɔ̂ bámíléngɛlɛ mpé bátíka makɛlélɛ na ntína te báyóka maloba maye makopésama na ntángo wâná mpɔ̂ ya makwéla mangó. Esílísí moyángeli wa féti koloba, tatá mɔ̌kɔ́ mpé ayéí kotélema o bosó ya bakwéli, mpé abandí kopésa maloba ma yɛ̌ na bolobi te, "Bandeko ba bolingo. Lɛlɔ́ bísó bánsɔ tozalí na esɛngɔ enénɛ mpɔ̂ ya boyébisi bínó te tatá Ngɔlɔ na mamá Likémba balóngání lɛlɔ́ o bosó bwa bato bánsɔ mpé o bosó bwa Nkóló Nzámbe.

"Bóyéba na bolámu te bolóngani ezalí elɔ́kɔ ya monénɛ Nzámbe atíndáká128 yangó káti ya **mokili. Moto alingí álakisa na baníngá ba yɛ̌** nzelá ya bolámu mpé ya bofándi ndéngé ya moto wa sɔ̂lɔ́.

"Lɛlɔ́ băna bábalé balingánákí míngi, bakokísí bolingo bwa bangó káti ya nzelá ya libála. Balakísí o bosó bwa bato bánsɔ te balingánákí sɔ̂lɔ́ mpé lɛlɔ́ tomɔ́ní libála lya sɔ̂lɔ́ káti ya mokili, liye *lindimámí* na Nkóló Nzámbe.

"Mpɔ̂ ya bínó bakwéli, ebɔngí bóyéba te makwéla ezalí mokúmbá monénɛ moye moséngélí mokúmbama na bínó bánsɔ bábalé. Bónata mwangó na bolámu mpé na bokási. Kási sɔ́kí ekómí mokúmbá mwa moto mɔ̌kɔ́, ntína ya makwéla ezalí tɛ̂ káti ya bínó. Kási sɔ́kí bínó bánsɔ bábalé bosimbí yangó na bolámu mpé na bokási, mánsɔ makozala káti ya nzelá ya esɛngɔ mpé ya bolámu.

162

At the property's entrance, many people are standing to welcome the guests arriving at the party. As they arrive at the property one by one, they hand their invitations to the people who are standing at the entrance to the property to welcome them. They look for their names in a big book in order to show them their seats.

The people arrive [in a steady stream], and the property is full. It is three-thirty. The music swells with a song to announce that the newlyweds are arriving. Shortly after, very slowly, the newlyweds begin to arrive at the entrance to the property. Everyone is sitting quietly on their chairs assigned to them. Older women are rushing [lit.: dying] to follow along behind the newlyweds. They are singing and waving their wraparound skirts in the air [lit.: up] to show that they are very happy. Young children are rushing to strew flowers in front of the newlyweds.

The place where the newlyweds will sit has been arranged well before hand in the center of the people who came to attend the wedding. They had set out light silky fabrics. A tent of palm branches has been set up with material on top.

The newlyweds arrive and sit in the place prepared for them. The master of ceremonies seats them with honor. The music that they were playing for the arrival of the newlyweds is interrupted [lit.: stopped momentarily]. Everybody remains silent.

The master of ceremonies stands and starts to speak [lit.: gives words]. His first words are to admonish everybody to get settled and to stop the noise because they are to hear words spoken at that time about the marriage. When the master of ceremonies finished speaking, a man comes and stands in front of the newlyweds, and starts to speak in these words, "Dear friends, today all of us are very happy to announce to you that Mr. Ngolo and Ms. Likemba are united today in front of everyone and in front of the Lord God.

"You know very well that marriage is a great thing that God has sent down to earth. One should show his fellow man the right way and [the way] of living of a good person.

"Today two children, who have loved each other very much, have channeled their love within the path of marriage. They show before everyone that they have truly loved each other, and today we see a true marriage on earth, which has been approved by the Lord God.

"As for you newlyweds, you should know that marriage is a great burden that should be born by both of you. Bear it with goodness and strength. But if it is born by only one person, then the rationale of the marriage is lost to you [lit.: is not within you]. But if both of you hold it well and firmly, everything will be on the path of joy and happiness.

"Makwéla ezalí bonsɔ́mí bwa bato bábalé. Ezalí mpé boúmbu bwa bato bábalé. Sɔ́kí moto mɔ̃kɔ́ alingí ázala likoló lya moníngá, makwéla makoyá matáta. Ebɔngí bínó bánsɔ bómɔ́na mpási tɔ̃ bolámu elɔngɔ.

"Awa bínó bobálání, boyébí na bolámu te epái ya yɔ̃ mwǎsí mibáli bazalí míngí mpé epái ya yɔ̃ mobáli bǎsí bazalí míngi lokóla. Kási lɛlɔ́ botíkí nzelá ínsɔ wâná, zambí bolingí bózala sé bínó bábalé. Wâná ezalí komɔ́nisa te bosílí boyókání mpé bosílí bondimání na bolámu káti ya bínó.

"Mosúsu níni bokoluka áwa bosílí bolongání? Elɔ́kɔ́ bokoluka áwa sika sé bósénga epái ya Nkóló Nzámbe ásálisa bínó káti ya makwéla ma bínó mpɔ̂ te bózwa bǎna. Bokokí kosénga epái ya Nkóló Nzámbe sé nzelá ya lobíko, bózala bíno bánsɔ na nzóto makási na bǎna ba bínó mpɔ̂ bóbátela lobíko lwa bínó bánsɔ malámu mpenzá.

"Mpɔ̂ ya bokáti na bokúsé, na maloba mánsɔ nazalí kopésa bínó mazalí sé mpɔ̂ ya koyébisa bínó bakwéli te bísó bánsɔ tozalí na esɛngɔ monénɛ, mpɔ̂ ya bosepeli na bínó elɔngɔ féti ya makwéla ya bínó. Tokokí koloba te tosepélí míngi mpenzá mpɔ̂ na yangó mpé tokanísí te tokomela lɛlɔ́ mwa kɔ́pɔ malámu mpɔ̂ ya makwéla ya bínó.

"Bôngó bísó bánsɔ toséngí epái ya Nkóló Nzámbe ásálisa *bínó* káti ya makwéla ya bínó, bózala bínó bánsɔ bábalé sé káti ya nzelá mɔ̃kɔ́ ya bobáteli na bolámu libóta lya bínó.

"Na bosúkisi, Nzámbe ápambola bínó."

Esílísákí moto wâná maloba ma yě, bato bánsɔ bamóbétélí mabɔ́kɔ. Mákalámbá mpé atélémí, akɛí o bosó bwa bakwéli, atélémí lokóla mobáli atɛlɛmaka. Asímbí mwa libóké o mabɔ́kɔ ma yě. Abandí maloba ma yě na bolobi te, "Moníngá mokwéli, na nkómbó ya baníngá ba yɔ̃ káti ya Kinshásá nayélí kotíkela yɔ̃ libóké liye babónzélí yɔ̃ mpɔ̂ ya makwéla ma yɔ̃. Bilɔ́kɔ yangó bizalí masáni ya ndáko mpé na bilɔ́kɔ ya kolíyéla na mésa. Esílí sé bôngó."

Mabɔ́kɔ makwéí kábakába kábakába. Mákalámbá azóngí mpé esíká ezalí yě kofánda.

Mondúlɛ mobétémí. Bakwéli batélémí mpɔ̂ ya bobíni. Babíní libosó sé bangó bábalé. Moto mɔ̃kɔ́ tê. Mondúlɛ mopémí mpé bakwéli bazóngí esíká ya bangó mpɔ̂ ya bopémi. Mondúlɛ mobólámí lisúsu. Lokóla mpé esílí ekómí ntángo ya bato bánsɔ mpɔ̂ ya bobíni, Mákalámbá atélémí akamátí mamá monénɛ Likémba mpé mamá Bolúmbú, mwǎsí wa Mákalámbá, atélémí akamátí tatá monénɛ Ngɔlɔ. Lúmba mpé ekamátání káti ya mabɔ́kɔ mpé makolo. Bato bánsɔ mpé babétélí bangó mabɔ́kɔ mpé batélémí mpɔ̂ ya bobíni. Putulú mpé ebandí komata.

Ntángo ya kopéma ekómí. Tatá Mákalámbá anátí mpé mamá Likémba o esíká ya yě. Mpé mamá Bolúmbú anátí tatá Ngɔlɔ o esíká ya yě. Bato babétélí tatá Mákalámbá ná mamá Bolúmbú mabɔ́kɔ mpɔ̂ balongólísí bangó botutu.

"Marriage is two people's freedom. It is also two people's slavery. If one person wants to be above his fellow man, then the marriage will have [lit.: arrive] problems. It is better for the two of you to suffer [lit.: to see suffering] or to rejoice together.

"Now that you are married, you know well that for you the wife there are many men [out there] and for you the husband, there are likewise many women. But today you give up all those ways, because you want to be just the two of you. That proves that you have already come to an understanding and you have already agreed with goodness in you[r hearts].

"What else will you look for now that you are married? The new thing that you will look for here is to pray [lit.: ask] to the Lord God to bless [lit.: help] you in your marriage so that you have children. You can pray to the Lord God for long life, and [pray] that all of you and your children shall be strong of body so that you preserve your long lives very well.

"In order to cut [my speech] short, all my words that I am saying to you are only to inform you newlyweds that we are very happy to celebrate together with you your marriage. We can say that we are very happy about that and we think that we will drink a good glass to [the health of] your marriage.

"So, all of us pray to the Lord God to bless you in your marriage, so that both of you remain united to preserve your family.

"To conclude, may God bless you."

When that man finished his speech, all the people applaud him. Makalamba rises, he goes in front of the newlyweds, and stands as a man should stand. He is holding a package in his hands. He starts his speech by saying, "My friend the groom, in the name of your friends in Kinshasa, I have come to present this package to you which is offered on behalf of your marriage. These things are dishes and [other] things for eating at the table. That is all [I have to say]."

People applaud [lit.: hands fall] – clap, clap. Makalamba goes back to the place where he was sitting.

Music is played. The newlyweds rise to dance. The first dancers are just the two of them. Nobody else. The music stops [lit.: rests], and the newlyweds return to their place to rest. Music is played again. As it is time for everybody to dance, Makalamba rises to invite the honored [lit.: big] Mama Likemba, and Mama Bolumbu, wife of Makalamba, rises to invite the honored Tata Ngolo. The rumba is performed with hands and feet [flying]. Everybody claps for them and rises to dance. The dust starts rising.

It is time to rest. Tata Makalamba takes Likemba back to her place. And Mama Bolumbu takes Ngolo to his place. The people clap their hands for Makalamba and Bolumbu for having blessed them [lit.: because they remove bad luck from them].

Ntángo ya mindúlɛ míbólama mpɔ̂ ya bosepelisi bato bánsɔ eyéí kokóma. Baye bakwélí bamɔ́ní te bato bánsɔ babandí sika kosepela ndéngé ya nsɔ́mɔ, bakɛí mpɔ̂ ya bolongoli naíno bilambá biye balátákí na ebandeli ya féti mpɔ̂ báláta bilambá mosúsu ya bosepeli na *bandeko* bánsɔ baye bazalí káti ya lisano lya bangó.

Na mbala wâná, bakwéli babimí o balabála bosó ya lopángo. Bakamátí bangó mpé bakɔ́tísí bangó káti ya lopángo mɔ̌kɔ́ pɛnɛpɛnɛ sé na lopángo ezalí kosálema féti ya makwéla. Balátí bilambá mpé babimí mpɔ̂ ya bozóngi o féti.

Bazóngí o lopángo mpé mondúlɛ mobétí nzémbo ya kotámbola.

Na mbala ya ebimeli ya íbalé, bafátí elambá mɔ̌kɔ́ ya kitɔ́kɔ mpenzá. Moláto mwangó mpé mobɔngísí mwǎsí ná mobáli. Bazóngí kofánda sé o esíká ya bangó.

Ngonga mpé epúsání. Mpókwa ebandí kokóma. Mói mpé *mokɔ́tí*. Mindúle mizalí sé kobétɛmɛ. Eyéí mabé. Putulú ematí. Molangwá mpé mokɔ́tí bato na mitó. Bilɛngé mibáli mpé ná bilɛngé bǎsí bawélí kobima, babimí na bangó. Butú bobandí koyínda. Bapelísí mpé mínda. Lisano likómí káti ya bisɛngɔ *yangó* mpenzá. Mayɛ́lɛ ya kotála na míso esílí. Ekómí sé ya komíyíngisa.

Elɛngé mobáli mɔ̌kɔ́ nkómbó te Makáko, akɛndélí Mákalámbá. Amópésí mbɔ́tɛ mpé amíyébísí nkómbó te Makáko.

Amólobélí te, "*Ngáí* Makáko natámbólí mbóka * míngí mpé nakómá kínô Bulusélɛ, Mpótó ya ba Bélɛsi. Nayékólá kúná. Nazalí na esɛngɔ mpé na nsai ya boyébi yɔ̌ mpɔ̂ bato baíké ya Kinshásá balobélí ngáí nkómbó ya yɔ̌. Lɛlɔ́ lokóla ezalí mokɔlɔ ya koméla mpé ya bosepeli bokwéli, ekokí malámu náyébisa yɔ̌ mánsɔ mazalí na ngáí tê. Ndé nalingí óyébisa ngáí esíká ofándí mpɔ̂ náyá kotála yɔ̂ tɔ̌ lóbí tɔ̌ mokɔlɔ mosúsu óyo yɔ̌ okolinga mpɔ̂ tósolola malámu."

Mákalámbá mpé andimí. Asámbí atá kosámba tê, mpé akomélí yɛ̌ sé nkómbó ya nzelá ya yɛ̌ mpé amópésí ná mokɔlɔ mpé ntángo akokí kotála yɛ̌.

Ntángo ya bopanzani mpé ya komílongola káti ya lisano ekómí, bakwéli bakɛí. Bato basúsu mpé babandí kokenda. Mákalámbá ná Bolúmbú batombólí ya bangó kɔ́pɔ ya nsúka mpé batélémí kobína mwá moké mpé bakɛí sé bokɛi esíká mondúle mokangí.

Then comes the time for music to be played to make everyone happy who has come. The newlyweds see that everybody is now beginning to enjoy themselves terrifically; they go off to remove the outfits they were wearing at the beginning of the ceremony in order to put on other clothing so that they can enjoy themselves with their friends who are at their party.

At that time, the newlyweds go out onto the street in front of the property. They are taken and brought into another property, close to the property in which the wedding celebration is being held. They put their [new] clothes on and go out to return to the party.

They return to the property and the music being played is a song [for them to] make their entrance [lit.: walk].

For this second appearance, they are [each] wearing a very beautiful outfit. [Each] outfit makes the wife and the husband look elegant. They go back to their seats.

The hour is advancing It is becoming evening. The sun is setting. The music is still being played. It is very exciting [lit.: bad]. The dust is rising. The drinking [lit.: drunkenness] is going to people's heads. The young men and the young women rush to leave; they leave. The night grows dark. Lights are turned on. The party has reached its high point. [Now] the party is over [lit.: the joy of seeing with one's eyes is finished]. It is time to leave.

A young man by the name of Makako approaches Makalamba. He greets him and introduces himself as Makako.

He tells him, "I Makako have traveled to many countries, and I have been to Brussels [in the part of Europe] of the Belgians. I have studied there. I am so happy and glad to meet you because many people from Kinshasa have mentioned your name to me. Today, as it is a day of drinking and celebrating a wedding, it is better for me not to tell you everything that is on my mind [lit.: that I have]. But I would like you to give me your address [lit.: the place you live], so that I can come to see you tomorrow or another day that you would like, so that we can have a good talk."

Makalamba agrees. He does not hesitate at all [lit.: does not judge], he writes down the name of his street and hands it him, and gives him the day and time when he should come by to see him.

It is time to separate and leave the party, the newlyweds leave. Other people start leaving. Makalamba and Bolumbu raise up their last glasses, and get up to dance a little and then they leave as the music stops.

Selection Two: Mákalámbá

ETENI YA BISATO: BOWELI BONSɔMI

I. LISOLO LYA MAKALAMBA NA MAKAKO

Mokɔlɔ mpé ntángo bapésánákí na Makáko ekómí. Makáko mpé akómí o lopángo lya Mákalámbá. Mamá Ebena, mwăsí wa mokóló lopángo, moto azwánáká na Makáko libosó. Bapésání mbɔtɛ mpé Makáko amótúní sɔkí akokí komɔnana na Mákalámbá. Mamá wa lopángo mpé asámbí tê. Amɛmí sé Makáko o monɔkɔ mwa ndáko ya Mákalámbá. Mamá Ebena abéngí Mákalámbá. Amólakísí mopaya wa yě. Mákalámbá amóyambí mpé amókɔtísí o ndáko ya yě.

Ndáko ya Mákalámbá ezalí sɔlɔ ndáko ya mwăna mobáli ya mbóka mondélé káti ya Kongó. Na loténa ya lisoló, kíti mínɛi ya konyolosa mokɔngɔ, mésa mɔkɔ na káti ya bakíti wâná. Na likoló ya mésa batíí elambá mpɔ ya bobombi mabaya. Lomwálo mɔkɔ mpé ebatámí pɛmbɛni ya ebaka. Mwá mɛsa mpé ekangémí pɛnɛpɛnɛ ya kíti mɔkɔ. Na bibaka bínsɔ bínɛi bya ndáko ya lisoló, bikɔtí bilílí ya bakonzi ya Kongó, óyo boye Leopold II, óyo mosúsu Baudouin, epái óyo mosúsu Deschryver mpé na nsima mosúsu óyo ya Petillon. Na motɔ́ndɔ ya *loténa* wâná, esangémí mwínda moye mobéngámí Coleman.

Mákalámbá abéngí mwăsí wa yě mamá Bolúmbú. Amólobélí te ábɔngisa mwínda mpɔ butú ebandí koyá mpé ábɔngisa yangó libélá. Mamá Bolúmbú ayéí mpé akákólí mwínda mpé abimí na mwangó libándá. Atíkí Mákalámbá bangó na moníngá wa yě Makáko bafándí sé na loténa ya lisoló. Babandí lisoló lya bangó.

Mákalámbá yě yě te, "Ndeko wa ngáí Makáko, komɔnana tomɔnání lóbí na féti ya bakwéli ezalákí malámu tê mpɔ te tósolola malámu. Yangó wâná nalobákí te tomɔnana lɛlɔ. Lɛlɔ mpé oyéí, nayókí esɛngɔ monénɛ.

"Olobákí lóbí te ofándáká na Mpótó mbúla míngi. Nakanísí mpé te omɔ́ní mpé oyébí na bolámu ndéngé níni mondélé azalí. Omɔ́ná yě na bolámu nyɔ́nsɔ. Bísó áwa na Kongó lokóla tobimí naíno mpɔ ya botámboli epái mosúsu tê, toyébí níni wâná mondélé tê. Tozalí naíno mpé na mayɛlɛ ya boyébi yě míngi tê. Tokomóyéba mpé sé ndámbo. Wâná ntembe tê. Mabé tɔ malámu yě alingí ásála bísó, tokomɔna yangó malámu malámu tê. Tozalí mpé na mayɛlɛ na yangó tê mpɔ makambo ma yě mánsɔ akolinga komásála sé na makási.

"Mondélé ayéí na Kongó, moto atíndí yě tê. Akómí na Kongó alobí te ayéí mpɔ ya kolongola bísó molílí na míso. Ekómí mondélé na Kongó, asálí sé maye mabɔngí na yɛ́mɛi. Atíí nzelá. Atíí mpé lopitálo mpɔ ya náni?

168

PART THREE: THE STRUGGLE FOR FREEDOM

I. THE CONVERSATION BETWEEN MAKALAMBA AND MAKAKO

The day and the time agreed upon with Makako arrives. Makako arrives at Makalamba's residence. Mama Ebena, the landlord's wife, is the first to meet Makako. They greet each other, and Makako asks her if he can see [lit.: meet each other with] Makalamba. The landlord's wife does not hesitate [lit.: judge]. She takes him to the door of Makalamba's place. Mama Ebena calls Makalamba. She shows him his guest. Makalamba welcomes him and invites him into his home.

Makalamba's home is really the home of a young man in a modern city of Congo. In the living room, [there are] four armchairs [lit.: chairs to support backs] [and] a table in the middle of those chairs. On the top of the table, a tablecloth has been placed to cover the wood. A cupboard is placed against a wall. A small table is also placed by a chair. On all four walls of the living room, there are portraits of rulers of Congo: this one is Leopold II, another is Baudouin, on this side Deschryver, and behind is Petillon. On the ceiling of the living room is hung a lamp called a Coleman.

Makalamba calls his wife Mama Bolumbu. He asks her to have the lamp ready because it is getting dark and she should always have it ready. Mama Bolumbu comes and detaches the lamp and takes it outside. She leaves Makalamba and his friend sitting in the living room. They start their conversation.

Makalamba says, "My brother Makako, our meeting [lit.: to meet we met] yesterday at the wedding party was not [a] good [time] for us to have a good talk. That is why I said that we should meet today. Now that you have come today, I feel great happiness.

"You said yesterday that you lived in Europe for many years. I think you have seen and known how the white man is. You have seen him very well. We here in Congo, as we have not yet gone out to travel elsewhere, do not know what the white man is. We don't have the knowledge yet to know him well. We only know him in part. No doubt about it. Whether he treats us badly or well, we do not understand it well. We do not have an understanding of it, because everything he wants to do is brutal.

"The white man came to Congo, nobody asked [lit.: sent] him to. He arrives in Congo, [and] says he came to civilize us [lit.: to remove the darkness from our eyes]. When he arrives in Congo, he does as he pleases [lit.: as it suits himself]. He builds [lit.: puts] roads. He builds hospitals: for whom?

"Alobí na bísó tótíka efándeli ya bísó ya kala mpé tókamata efándeli ya yĕ. Alakísí bísó o ntéi ya kelási mpɔ̂ tóyéba kotánga mokandá mpé tóyéba motúyá. Alobí tótíka misálá ya kala mpé alakísí óyo ya yĕ. Alongólí bakonzi ba bísó ba bankɔ́kɔ atíí baye ba yĕ. Ayélí bísó na esámbeleli ya Nzámbe ya yĕ, mpé alobí te óyo ya bankɔ́kɔ ba bísó ezalí na ntína tê. Akangí bato ba bísó míngi, na lofúndo ya komílakisa makási mpé atíí bangó káti ya bolɔ́kɔ mpé abomí basúsu. Alobí te azalí ndé kolakisa bísó ndéngé ya efándeli malámu. Asálísí bísó mosálá ya ndembó. Afútísí bísó mpáko ya ndéngé toyébí tê. Alobí te óyo wâná nyɔ́nsɔ ezalí mpɔ̂ ya bobɔngisi mbóka ya bísó.

"Akɔ́tísí bísó káti ya bitumba ya bangó ya Mpótó mpé alobí te nyɔ́nsɔ wâná ezalí mpɔ̂ ya bobɔngisi bísó.

"Asálélí bísó ndáko ya bolɔ́kɔ mpé atíí mfímbo na bolɔ́kɔ, alobí te mpɔ̂ ya bobɔngisi bísó. Abéngí mindélé ya Bélɛsi mpé mindélé misúsu ndéngé na ndéngé na Kongó mpé apésí bangó mabelé. Adéfísí bangó falanga mpɔ̂ bábɔngisa mabelé mâná na bosáli ndáko mpé na bokóni bilɔ́kɔ ya kotéka, alobí te mpɔ̂ ya bobɔngisi bayíndo ya Kongó. Abɔ́tɔ́lí bísó mabelé óyo amɔ́ní malámu mpé apésí mangó na mindélé nyɔ́nsɔ wâná alingí. Atíndí bísó tófánda na mabelé ya bôngó na bôngó, alobí óyo wâná ezalí mpɔ̂ ya bobɔngisi bísó. Alobélí bísó te mpɔ̂ ya bobɔngi bwa bísó, ebɔngí tóbánga nkóló yĕ mondélé. Oyo wâná elingí koloba te tótósa yĕ na nkómbó ya mondélé Nzámbe. Alobí makambo mánsɔ akosála bísó tóndima sé kondima. Ezala makambo ya mabé, tɔ̃ ya malámu, mánsɔ tóndima sé kondima. Atá mondélé azalí ndéngé níni, alobélí bísó te yĕ azalí mondélé, moto óyo ayébí níni wâná efándeli ya malámu útá bankɔ́kɔ na bankɔ́kɔ ba yĕ na mokili.

"Na bôngó alobí mondélé azalí sé mondélé akokí kozwa mánsɔ akolinga áwa káti ya Kongó, zambí azalí mopaya mpé na ntína te yĕ azalí mobɔngisi wa bísó. Moto moyíndo azalí na ntína ya bozwi mánsɔ tê, zambí azalí mopaya tê, azalí ndé mokóló mbóka, mpé azalí koluka elɔ́kɔ mɔ̌kɔ́ ya efándeli ya mondélé tê mpɔ̂ bonkɔ́kɔ bwa yĕ boyébí yangó tê.

"Na Kongó mosálá mozalí libosó lya moto moyíndo. Kási mozalí na nsima ya mondélé. Wâná ezalí lokóla sɔ́kí mondélé ayéí áwa na Kongó, bakobɔngisa naíno efándeli ya yĕ. Wâná elingí éloba... libosó ázwa ndáko, áyéba mpé te mpɔ̂ ya yĕ kokɛndɛ o mosálá, mótuka moye mozalí mpɔ̂ ya yĕ. Ebɔngí mpé áyéba te sɔ́kí azwí maláli, azalí na nzelá polélé ya bozwi lisálisi na nkómbó ya mosálá, epái ya mínganga nyɔ́nsɔ mpé akokí kozwa nkísi ndéngé níni elingí yĕ. Sɔ́kí mpé mbúla tɔ̃ mobú mwa mosálá mokokí, bakofúta yĕ falánga ya yĕ ya mosálá, mpé bakofúta yĕ tiké ya botamboli, bipái bínsɔ akolinga kokɛndɛ. Mpé lisúsu bakopésa yĕ mwa mosɔlɔ moye akokí kotíka káti ya líbenga lya yĕ mpɔ̂ ya makambo masúsu maye alingí ásála.

"Makambo mâná mánsɔ, bakomásálaka mpɔ̂ te balingí tê mondélé ázánga elɔ́kɔ na Kongó. Balingí sé ázwa bínsɔ biye alingí lokóla azalí na Paladíso.

"He tells us to abandon our traditional way of life and to adopt his way of life. He teaches us in classrooms so that we know how to read and we know how to count. He tells us to abandon our old traditional activities, and he teaches us his. He removes our ancestral leaders, and installs his own. He brings to us his [way of] worshipping God, and he tells us that of our ancestors is senseless. He arrests many of us and, in the arrogance of demonstrating [his] power, puts them in jail, and kills some. He says that he is teaching us good behavior. He makes us work on rubber production. He makes us pay taxes for what we do not know. He says that all of this is in order to develop our country.

"He involves us in his [lit.: their] wars in Europe and, he says that all that is for our own good [lit.: in order to improve us].

"He builds us prisons and he puts whips in the prisons [and] he says that it is to civilize us. He invites Belgians and all kinds of other white people to Congo, and he gives them land. He lends them money to prepare that land for the building of houses, and for cultivating [lit.: planting] things for sale, [and] he says that it is to civilize the blacks of Congo. He usurps from us the land that he finds [lit.: sees] good, and gives that to all the whites that he likes. He forces us to live on mediocre [lit.: so-so] lands, and he says that it is to civilize us. He tells us that it is in order to be civilized, we have to fear the white man, [as] the master. That means, we should respect him in the name of the white God. He says that we should simply approve of whatever he does to us. Whether they are evil or good things, we should approve of them. No matter how a white person is, he tells us he is white, someone who knows what good behavior is from his ancestors here on earth.

"Thus he is saying that a white is a white, who can take whatever he wants here in Congo, because he is a foreigner, in order to civilize us. A black person does not need to own anything, because he is not a foreigner, it is nevertheless his country, but he does not look for anything in the white man's way of life because his ancestors don't know about that.

"In Congo, work is more important than [lit.: in front of] the black man. But it is less important than [lit.: behind] the white man. That is like when a white comes here to Congo, they first of all take care of his housing. That means: first he gets a house, and then he knows that, in order to get to work, a car is [assigned] to him. He should also know that, if he gets sick, he has the undisputed right to get care in the name of the company at any doctors and he can get any kind of medicine he likes. When a year or a [fiscal] year is done, they will pay him his benefits and they will give him a ticket to travel to whatever place he would like to go. In addition, they will give him a little money which he can put in his pocket for other things he wants to do.

"They do all these things because they do not want the white man to lack for anything in Congo. They simply want him to have everything he wants as if he were in paradise.

"Ekóma epái ya moto moyíndo, makambo ma yĕ mánsɔ bakomátálaka sé bôngó na bôngó. Bakoloba moto moyíndo abɔngí ázwa mánsɔ mâná tê maye mondélé akokí kozwa.

"Na bôngó mondélé azalí na nzelá ya bozwi mánsɔ mpɔ̂ te makambo makokí sé na yĕ, mpé mazalí sé ndéngé wâná.

"Mondélé atíí mpé pulúsi makási na mosálá mwa yĕ. Alakísí pulúsi ndéngé níni akokí kosála bísó. Sɔ́kí bapulúsi bâná bazwí yɔ̌ na mwa likambo ya moké, okomɔ́na ndéngé bakosála yɔ̌. Mondélé apésí bangó esimbísi ya mabé mpɔ̂ te bapulúsi bâná bázala na bísó bondeko tê. Apésí bangó falánga mpɔ̂ te bázalela yĕ sé nyĕ lokóla mbwá na nkóló ya yĕ mpé básála na bolámu. Atíí mpé na káti ya mosálá wâná bato basúsu mpɔ̂ ya boyóki makambo na mayélé mpé mpɔ̂ ya boyébisi bangó makambo mánsɔ libosó. Bato wâná bakobéngaka pulúsi sɛkɛlɛ. Makambo mánsɔ mâná mazalí makambo ma minéne maye nazalí koyébisa yɔ̌.

"Mpɔ̂ ya makambo ya miké, óyo wâná ndé ezalí míngi, mpé makosálemaka ntángo ínsɔ. Sɔ́kí nalandélí yɔ̌ mánsɔ, tokokí kosála butú míbalé mpé mazalí míngi mpé malekí. Makambo mangó mazalí kosálema kátikáti ya misálá mínsɔ ya bísó na bangó mokɔlɔ na mokɔlɔ. Ezalí komɔ́nana sé káti ya misálá mya ndéngé na ndéngé lokóla epái ya nzelá ya bamagazíni tɔ̌ mpé na bisíká ya bato bánsɔ lokóla pɔ́sita ya kobwáka mikandá tɔ̌ esíká ya Komiséle.

"Nayébí na bolámu te etumba ya monéne elekí na mobú mwa 1940 (nkóto na kámá libwá na ntáká mínei), namɔní wâná te mikili ná mikili, miye mizalákí káti ya boúmbu bafungwání míso. Na bato ya bísó bafungwání naíno míso tê. Awa mpé sɔ́kí omekí komɔ́nisa te ofungwání míso, okosúka sé mabé. Bakokanga yɔ̌ mpé bakotéka yɔ̌ mosíká. Nakokí koloba te bato bánsɔ ya Kongó bafungwání míso tê, ndé nakokí koloba baye bafungwání míso bazalí míngi tê. Bazalí moké mpenzá. Sɔ́kí bazalákí bayíkе ndé basílá koyébisa mokonzi óyo azalí komɔ́nisa bísó mpási 'Bélɛsi ' makambo. Nayébí nyɔ́nsɔ mokɔlɔ mosúsu makobóngwana. Ebɔngí tóbanda tángo níni?

"Bísó áwa tozalí mawa míngi. Tokozilaka sé Brazzaville ábimisa makambo mpɔ̂ bakonzi ba bísó bámeka kobɔngisela bísó mwá efándeli.

"Brazzaville ebimísí nkómbó 'Bokonzi bofungwání míso' – 'Notable évolué' – Babélesi batíyélí bísó 'Mokongole afungwání mísó' – 'Congolais évolué' – Brazzaville abimísí efándeli ya sika 'Loi Cadres', Babélɛsi batíyélí bísó 'Bosangani ya bísó na bangó ' – 'Immatriculation -Assimilation.'

"When it comes to the black man, they regard all of his problems indifferently. They say that the black man does not need to have everything that the white can have.

"Thus, the white has the right to have everything because he deserves it [lit.: things fit only him], and that is just the way it is.

"The white has also put tough police in his workplace. He has instructed the policeman on how to treat us. If those policemen catch you in even a minor offense, you will see how they will treat you. The white man gives them tough instructions so that those policemen won't be friends with us. He gives them money so that they are obedient to him like a dog and his master, so that they work well. He puts in the midst of the workplace other people to eavesdrop [lit.: listen to things with intelligence] and inform them about everything right away. Those people are called secret police. All these things are serious matters that I want to inform you about.

"As to small problems, there are many of them and they occur all the time. If I were to try to tell you everything, we would spend [lit.: work] two nights and there would still be much to tell [lit.: there is much and it exceeds]. These problems occur in all our workplaces with them day after day. It is seen in various kinds of activities like on the way to stores, and in other public places like post offices or at the police station.

"I know very well that a big war was fought in the year 1940; I think that many countries which were under colonization have opened their eyes. [But] our people have not opened their eyes yet. Here, if you try to show that you have opened your eyes, you will end up losing [lit.: bad]. They will arrest you and will sell you far away. I can say that not all the people of Congo have opened their eyes, but I can say that those who have opened their eyes are not many. They are really few [in number]. If they were numerous, then they would have said something to the Belgian ruler who is mistreating us [lit.: showing us suffering]. I know that one day all that will change. When should we start?

"We are suffering very much [lit.: are much sadness]. We are just waiting for Brazzaville to take the lead [lit.: put forth issues], so that our leaders try to improve our situation.

"Brazzaville [i.e., the French colonists] has issued the theme 'Open-eyed leadership' – 'notable évolué [enlightened elite]' – [and in response] the Belgians establish for us "Open-eyed Congolese" - 'enlightened Congolese.' Brazzaville issues a new institution, 'Loi Cadres' [legislation between France and its colonies anticipating independence], [and in response] the Belgians establish for us 'The Assembly of us and them' –'Immatriculation - Assimilation' [registration - assimilation].

"Epái ya Brazzaville, makambo mánsɔ makotínda bobandi efándeli ya sika masílí mabandí. Kási epái ya Babélɛsi makambo mánsɔ wâná mazalí koloba te éluka efándeli ya sika makokɛndɛkɛ sé tɛngutɛngu. Makolanda nzelá ya bosémbo atá moké tê. Babélɛsi balingí ndé tótíya mobúlú.

"Utá etumba óyo ya monénɛ eleká, mbóka ná mbóka óyo ezaláká o boúmbu bwa Falasé tɔ̌ mpé Angɛlé babandá koyékola ndéngé ya bofándisi mbóka bangó mɔ̌kɔ́ mondélé ya falasé *tɔ̌* ya Angɛlé tê. Oyo ya bísó elɔ́kɔ́ mɔ̌kɔ́ tê. Nsima ya mwá ntángo, toyókí sé te tokobanda mbúla mosúsu efándeli ya bamikonzi nkómbó te bourgmestre. Mondélé ya Bélɛsi amɔ́ní te na óyo wâná ndé ekɔ́tiseli ya sɔ̂lɔ́ ya makambo ma bobɔngisi mbóka o káti ya Kongó.

"Ya sɔ̂lɔ́ na mánsɔ tokokí koloba te Bélɛsi alingí ábɔngisa mbóka ya bísó ndéngé mbóka ínsɔ bazalí kobɔngisa bato bazalí o boúmbu ya bangó tê. Balingí bábɔngisa yangó na ndéngé te tokokí kozala bísó mɔ̌kɔ́ tê. Balingí básála yangó ndéngé bázala káka na káti ya bísó sékó. Yangó wâná balingí bábanda na eténi tɔ̌ commune mpɔ̂ bátála sɔ́kí ekozala bóní. Balingí báyéba ndéngé níni bakokí kosála mpɔ̂ bozali bwá bísó na kimómbo ya bangó na bokonzi bwa bangó bósíla káti ya Kongó tê.

"Bato ya Kongó bayíké babandí koyéba mayɛ́lɛ wâná ma Bélɛsi ndé bayébí níni bakokí kosála na mánsɔ wâná tê. Ebɔngí bínó bato botámbólí na Mpótó, bóyébisaka bísó ndéngé níni tokokí kosála mpɔ̂ ya bolongwi o boúmbu boye bopésámí na Babélɛsi.

"Oyo wâná ezalí mosálá mwa bínó. Kokanisa tê te ezalí mosálá mwa bato basúsu. Bísó baMákalámbá tozalí sɔ̂lɔ́ na mwá mayɛ́lɛ ya koyéba makambo, kási sɔ́kí tolobélí yangó baníngá ba bísó, makambo mangó makozala makási tê. Ndé yɔ̌ lokóla oyékólí na Mpótó, moto na moto ya Kongó ndéngé ya makambo ya bolongoli mómbo akondima yɔ̌.

"Oyéba na bolámu te sɔ́kí opésí sɔ̂lɔ́ malako ya bolongwi o bóumbu, yɔ̌ na moto ya Kongó, ôna azalí sɔ̂lɔ́ mpenzá moto wa Kongó, akondimela sé yɔ̌ zambí akoyéba te olobí pámba tê, zambí ayébí te osílákí komɔ́na ndéngé bamondélé bakosálaka kúna na mbóka ya bangó na Mpótó mpé olobí na ntína. Oyékólí kúná yɔ̌ na bangó. Omɛlí na mondélé esíká mɔ̌kɔ́. Ofándí na * mondélé esíká mɔ̌kɔ́. Oyébí mánsɔ ma bangó ndéngé bakosálaka.

"Atá olobí níni ná níni, toyébí te mondélé akotíya yɔ̌ ntembe. Sɔ́kí atíí yɔ̌ ntembe, toyébí nyɔ́nsɔ sé mpɔ̂ ya motó makási ya mondélé. Tokotíka mpé koloba tê te alingí sé likambo lîná líyébana tê, mpé mánsɔ mayébí yɔ̌ mpɔ̂ ya bangó máyébana tê.

"In Brazzaville, everything which leads to the beginning of the new situation [between France and Brazzaville] has already started. But with the Belgians, everything which concerns [lit.: is said about] the search for a new situation is limping. They do not even follow the path of fairness. The Belgians just want us to revolt.

"Since the recent great war, all the countries colonized by either France or England have started to learn how to manage their countries without the French or English. [In] our [country], not a single thing. After a short time, we learn that we will start next year with a new system of leaders called mayor[s]. The Belgian thinks that in this way he is really bringing something for the improvement of the country of Congo.

"Truly we can say that the Belgian does not want to build our country in the way that all other countries are improving the [lives of] people that they have colonized. They don't want to do it in such a way that we can be on our own [lit.: us one]. They want to do it in such a way that only they will be among us for ever. That is why they want to start with one part or one county to see how it goes. They want to know how to act so that our situation under their slavery and their governance will not end in the Congo.

"Many Congolese people are beginning to understand the strategy of the Belgians but they don't know what they can do about all that. It is better for you people who have lived in Europe to tell us what we can do to free ourselves from the slavery that has been imposed [upon us] by the Belgians.

"That is your job. Do not think that it is the job of anybody else. Those of us, the Makalambas [of this country], are smart enough to understand things, but if we share it with our friends, they won't listen to us [lit.: those ideas won't be strong]. But, as you have studied in Europe, everybody in Congo will listen to you as to how to get freedom from slavery.

"You should well know that, if you give instructions about emancipation [lit.: departing] from slavery, you [speaking] to someone from Congo, who is a real Congolese, he will listen to you alone because he knows that you speak the truth [lit.: not useless], [and] because he will know that you have already seen how white people do it in their country in Europe and that you speak the truth [lit.: with reason]. You have studied there together with them [lit.: lit. you with them]. You have shared a drink with them [lit.: drunk in the same place]. You have lived together. You know how they do everything.

"No matter what you say, we know that the white man will cast doubt on it. If he does cast doubt, we all know that it is because of the white man's stubbornness [lit.: hard head]. We will not stop saying that he [the white man] simply does not like that [certain] things be known and [he wants] all those things that you know about them [the Belgians] should remain unknown.

"Nakanísí te nalobí mwá míngi ndé límbísá ngáí mpɔ̂ makanisi ma ngáí mazalí sé na makambo ma sɔ́lɔ́ ma bobɔngisi mbóka ya bísó ya Kongó. Nalobí bôngó mpɔ̂ óyéba te ngáí nazalí na makambo óyo ya mbóka na ngáí ya Kongó na motéma mɔ̌kɔ́ míngi mpé nalingí mangó mpenzá. Sɔ́kí namɔ́ní moto lokóla yɔ̌, nalingí sé nalobela yĕ mánsɔ mazalí na ngáí káti ya libumu, mpɔ̂ te akokí kotéka ngáí sɔ́kɔ́ moké tê epái ya bangúná ba bísó Babélɛsi. Ndé okokí óyóka mánsɔ mpɔ̂ makambo míngi maleka áwa mpé ngáí nayébí ebɔngí sé óyéba yangó.

"Tálá nabúngí likambo mosúsu. Mondélé akokamata bilɔ́kɔ ndéngé na ndéngé ya Kongó, akoyébisaka bísó yangó na kelási malámu tê. Akoyébisa sé misálá mya nzelá ná lopitálo yĕ azalí kosála. Na káti ya makambo mâná mánsɔ, akolobela bísó te azalí kobébisa falánga míngi na mokili mwa bísó mpé azalí kozwa elɔ́kɔ tê. Alingí sé ásálisa bísó mpɔ̂ tómɔ́na malámu, kási alingí te bísó mɔ̌kɔ tótíkala na mokili ya bísó tê, nɔkí ndé tobomání lokóla ndéngé ya bankɔ́kɔ kala. Alingí mpé átíka bísó tê mpɔ̂ alobí nɔkí ndé bamolábo bayéí kokwa bísó na boúmbu mpé na botéki bísó ndéngé ya kala. Balingí bátíka bísó tê mpɔ̂ ndé tokozóngela bokóni ndéngé na ndéngé lokóla tozalákí kokóna ntángo ya kala. Alobí lisúsu te mosálá akosála mpɔ̂ ya bísó ezalí mosálá ya bôngó pámba káka. Akosála yangó mpɔ̂ ya bofúti tê. Na ndéngé ya mayélɛ ya mondélé ebɔngí sé moto lokóla yɔ̌ óyo ofándí mpé oyékólí na Mpótó olobélí ngáí makambo nyɔ́nsɔ ya mondélé mpɔ̂ tolɛmbí bangó na ndéngé bakolobéláká bísó efándeli ya bangó na Mpótó.

"Mosúsu te balobí na bísó tósála mangómbá ya bosangani bísó bayíndo ná bangó. Mangómbá maye mabéngání te 'cercle d 'études.' Balobí na káti ya mangómbá mâná, tokokí koloba mánsɔ mazalí na bísó káti ya mitéma mpɔ̂ ya bobɔngisi efándeli ya bísó ná bangó. Tomɔ́ní te mangómbá * mangó mazalí sé mayélɛ ya boyébi *náni* moto alingí mondélé ákɛndɛ tɔ̌ mpé náni moto alingí bísó ná bangó tózala ndéngé mɔ̌kɔ́. Sɔ́kí bayébí náni azalí na ndéngé ya makanisi wâná, bakolobana bangó na bangó mpɔ̂ te bákéngɛlɛ yĕ malámu. Sɔ́kí bamɔ́ní te ntángo nyɔ́nsɔ akozala sé ndéngé wâná, bakosála mánsɔ mpɔ̂ babóyisa yĕ na bandeko ba yĕ bayíndo. Bôngó sɔ́kí mokɔ́lɔ́ *azwí* makambo, bakangí yĕ sé bokangi mpé atá moto mɔ̌kɔ́ akokanisa mpɔ̂ ya yĕ tê mpé bamótékí libélá.

"Na *bôngó* nakokí nátíka naíno wâná mpɔ̂ nápésa yɔ̌ mpé mwá ntángo óloba maye mazalí na yɔ̌ káti ya motéma. Na libosó ndé nalingí tósukola mwá monɔkɔ na kɔ́pɔ ya biélɛ mɔ̌kɔ́ ya bolembisi mongóngó, mpɔ̂ lisoló libɔngí sé na mwá kɔ́pɔ. Atá mɔ̌kɔ́ pámba ekokí."

Mákalámbá atélémí. Akɛí epái ya lomwálo. Akamátí kɔ́pɔ mpé abalúkí epái mosúsu ya mwá mésa. Akamátí masanga matíyámákí na Bolúmbú. Abɔngí yangó káti ya kɔ́pɔ mpé alobí na moníngá wa yĕ Makáko bábénda kɔ́pɔ mpɔ̂ ya bomɔ́nani bwa yambo bwa bangó. Kɔ́pɔ ebéndámí mpé bazóngísí yangó o nsé.

"I think that I have talked very much, but forgive me because my thoughts are about the real issues of developing our country Congo. I am speaking this way so that you know that I hold these ideas about my country Congo [close to] my heart, and I really care about them. When I see someone like you, I want to tell him everything I have in my gut because he won't betray [lit.: can't sell] me to our enemies, the Belgians. But you should hear everything, because many things are happening here and I know it is better for you to know them.

"Oh [lit.: Look], I am forgetting something else. The white man is taking all kinds of things of Congo [and] he does not inform us well about them in school. He just talks about the road and hospital projects which he is doing. With regard to all these things, he tells us that he is wasting a lot of money in our country and not getting anything [in return]. He pretends to help us to raise our living standard [lit.: see well], but he does not want us to remain [alone] in our country or else we would kill each other as our ancestors [did] in the old days. He does not want to abandon us, because he says, otherwise, the Arabs would come to enslave us and to sell us as in the old times. They do not want to abandon us, because otherwise we would go back to all kinds of farming [methods] like in the old times. He also says that the work he is doing for us is work with no benefit to himself [lit.: thus useless only]. He does not do it for profit. Because of the way the white man behaves here [lit.: the white man's way of thinking], it is necessary that someone like you who has lived and learned in Europe tell me everything about the white man because we are tired of the way they tell us of their ways in Europe.

"Another thing is that they ask us to form associations of us blacks with them. Those associations are called "cercle d'études [study circle]." They say that in these associations, we can say anything that we have in our hearts [and minds] for improving our relationship with them. We see these associations are a trick for finding out who wants the white man to leave and who wants for us and them to be equal. If they find out who has this way of thinking, they will tell each other so that they can keep a good eye on him. If they see that he will be like that all the time, they will do everything so that his black friends will reject him. Then, if one day he gets into trouble, they will arrest him and not a single person will care about him, and they will sell him [into slavery] for ever.

"And so, I can stop to give you a little time to say what is on your mind [lit.: heart]. But first I want us to have [lit.: clean the mouth with] a glass of beer to sooth our throats because conversation needs a little lubricant [lit.: cup]. Even just one will do."

Makalamba stands up. He goes to the cupboard. He takes a glass and exchanges it with another on the table. He takes the drink set out by Bolumbu. He pours it into the glass[es] and he says to his friend Makako that they should drink a glass to their first meeting. The glass[es] are drunk and they put them down.

Makáko ayókí malámu mpenzá. Akamátí mabɔ́kɔ atíí na líbenga. Abéndí mpé makáyá míbalé mpɔ̃ ya bobimisi mílinga mya lokúmu. Apésí mɔ̃kɔ́ na Mákalámbá. Atíí mɔ̃kɔ́ mpé o likoló ya mbebu ya yɛ̆. Mákalámbá abéndí aliméti ezalákí likoló lya mésa. Abétí mɔ̃kɔ́ epelí. Apelísí likáyá lya moníngá wa yɛ̆ Makáko mpé apelísí ɔ́yo ya yɛ̆ lokóla. Makáko abéndí likáyá. Abwákí mólinga o likoló poyi. Atálí míso o nsé na nsima *atómbólí* o likoló.

Atálí Mákalámbá na elɛngi nyɔ́nsɔ mpé alobí te, "Lɛlɔ́ ndeko wa ngáí Mákalámbá, nakokí koyébisa yɔ̃ esɛngɔ ngáí nazalí na yangó tê mpɔ̃ útá nayéí, nakútání naíno na moto akolobela ngáí makambo na nzelá ya yangó boye lokóla yɔ̃ olobɛ́lí ngáí tê.

"Bayíké *bakotúnaka* sé sɔ́kí nabálá mwǎsí ya mondélé. Basúsu bakotúnaka ngáí ndé sɔ́kí bakeí o Mpótó bakokí kobálana na bǎsí mindélé. Basúsu bakotúna sɔ́kí mwǎsí ya mɔndélé azalí lokóla mwǎsí ya bísó ya Kongó. Bato basúsu bakotúna ngáí sɔ́kí kúna na Mpótó bilɔ́kɔ ya kolíya sé mámpa. Basúsu mpé bazalí kokanisa sɔ́kí Mpótó ezalí mokili bakosálaka tê, nyɔ́nsɔ ekobima sé yangó mɔ̃kɔ́. Basúsu bakotúna sɔ́kí kúná na Mpótó ezalí na mabelé tê mpɔ̃ ya misálá, tɔ̆ mpé na Mpótó bakokúfaka tê. Basúsu bakotúna ngáí sɔ́kí kúná na Mpótó ezalí lokóla paladíso. Basúsu mpé bakotúna ngáí sɔ́kí bakokí komɔ́na Nzámbe na Mpótó.

"Omôní te ndéngé ya mitúná mya pámba bôngó ezalí atá kopésa ngáí esɛngɔ tê. Mpé nazalí komíkanisa sɔ́kí bato bánsɔ ba bísó bakokanisaka sé ndéngé wânâ.

"Ndé na lɛlɔ́ namɔ́ní te atá bato míngi bakokanisaka makambo ya pámbapámba, ndé mɔ̃kɔ́ akokí kokanisa makambo ya sɔ̂lɔ́. Na lɛlɔ́ nakútání na moto alingí áyébá makambo ma sɔ̂lɔ́, alingí áyóka mpé átála na káti ya maloba bakolobela yɛ̆ sɔ́kí ndéngé níni yɛ̆ akokí kokanisa mpɔ̃ ya bolámu ya Kongó.

"Sɔ̂lɔ́, Mpótó ezalí mbóka ya makambo ndéngé na ndéngé. Nakokí koloba te makambo mánsɔ mazalí sé malámu mpé nakokí koloba te sé mánsɔ mazalí mabé mpé tê. Wânâ nakokí tê. Ndé lokóla na lisoló ɔ́yo ngáí ná yɔ̃ tozalí koloba sika ɔ́yo ezalí lisoló lya bobɔngisi mbóka, ebɔngí sé náloba makambo matálí mbóka. Ebɔngí sé náyébisa yɔ̃ ndéngé bangó bazalí kobɔngisa mbóka ya bangó.

"Na bôngó ebɔngí ɔ́yóka malámu níni wânâ mwânâ mondélé káti ya mbóka ya yɛ̆.

"Ntángo nalongwáká na Kongó, nazaláká na mibú motóbá. Tatá na ngáí mpé mamá na ngáí bakamátá bangó na mosálá ya bóyi na libóta mɔ̃kɔ́ ya Bélɛsi mpé bakɛndéké na bangó kínô Mpótó. Ekómí bangó o Mpótó, mamá akokí malíli ya Mpótó tê. Mikɔlɔ mínsɔ bokoni na bokoni. Mosíká tê mamá ayéí kokúfa. Totíkálí wânâ sé ngáí ná tatá.

Makako listens really carefully. He reaches into his pocket [lit.: takes hands, puts in pocket]. And he withdraws two cigarettes for a smoke [lit.: push out smoke] of honor. He gives one to Makalamba. He puts one on his lip. Makalamba takes a match which was on the table. He strikes one [and it] lights. He lights his friend Makako's cigarette and he lights his own too. Makako draws on his cigarette. He blows the smoke out – ppphhh. He casts his eyes downward and then he raises [them] up.

He looks at Makalamba with great joy and he says, "Today, my friend Makalamba, I cannot tell you the joy which I feel [lit.: have it] because, until I came, I have not met anyone who tells me things in the way that you tell [them] to me.

"Many ask whether I have married a white woman. Others ask me, if they went to Europe, whether they could marry white women. Others ask whether a white woman is like our Congolese women. Other people ask me whether over there in Europe the only food [lit.: things to eat] is bread. Others ask whether Europe is a country [where] they don't work, [and] everything grows by itself. Others ask whether over there in Europe there is no land for farming or [whether] in Europe they don't die. Others ask me whether over there in Europe it is like in paradise. Others ask me whether they can see God in Europe.

"You see that this kind of useless question doesn't give me any joy at all [lit.: is not even to give me joy]. And I wonder whether all of our people are thinking this way.

"But today I see that, even if many people think nonsense [lit.: useless things], [there is] one person who can think clearly [lit.: true things]. Today I met a man who wants to know the truth, who wants to listen and see inside of the words spoken to him how he might think for the good of Congo.

"Indeed, Europe is a place of all kinds of issues. I cannot say that all the issues are good or that all the issues are bad. That I cannot [say]. But as in this conversation that you and I are having [lit.: speaking] right now, it is a conversation for the development of the country [and] I must speak only about issues which concern the country. I must tell you how they develop their country.

"Thus you must listen carefully about what a white citizen [lit.: child] [does] in his country.

"When I left Congo, I was six years old. My father and my mother were taken to work as servants with a Belgian family and they went with them to Europe. When they arrived in Europe, Mama couldn't stand the cold. Everyday, [she was] sick. Shortly thereafter, Mama died. We stayed there, my father and I.

"Libóta lya Vandenvelde liye linátáká bísó mpé liyókí bísó mawa míngi mpenzá mpɔ̂ ya liwá ya mamá. Lokóla mpé libóta lĩná lilingáká tatá míngi, balongólí ngáí o mabɔ́kɔ ma yĕ mpé bapésí ngáí o mabɔ́kɔ ma basángó mpɔ̂ ya bobɔkɔli ngáí. Nafándí káti ya mabɔ́kɔ ma basángó mpé nalandí boyékoli bwa ngáí sé káti ya mabɔ́kɔ ma bangó.

"Sɔ́kí kelási ekangémí, nazalí ntángo ínsɔ kokɛndɛ kopéma epái ya tatá. Mbúla zómi elekí nasálí sé ndéngé wâná.

"Ngáí mpé nayéí kokóma na mbúla zómi na motóbá. Nayébí botángí malámu. Mosíká mpé tê, tatá ayéí kowá. Natíkálí sé ngáí mɔ̌kɔ́, kási libóta lya Vandenvelde litíkí ngáí sɔ́kɔ́ moké tê. Bakólísí ngáí malámu sé káti ya mabɔ́kɔ ma bangó mpé nasílísí kelási ya ngáí ya yambo sé káti ya mabɔ́kɔ ma bangó.

"Nakokí koloba te atá tatá ná mamá basálá ngáí bolámu, kási libóta lĩná lisálísá ngáí bolámu míngi koleka. Namɔ́ná káti ya mabɔ́kɔ ma bangó bolámu bwa sɔ̂lɔ́ mpé nayébákí níni wâná moyíndo tɔ̌ mɔndélé káti ya mabɔ́kɔ ma bangó tê. Nayébákí sé te bato basúsu bazalí na mposo eyíndí lokóla ngáí nazalí na yangó, mpé basúsu bazalí na mposo motáné lokóla bangó ba Vandenvelde bazalákí na yangó.

"Lokóla mpé tatá ná mamá bakúfá, mayélɛ ma ngáí kokɛndɛ o kelási ya súka monénɛ ebéngámí Université ezalí tê. Libóta mpé lĩná lya Vandenvelde lilingákí sɔ̂lɔ́ mpenzá básála mánsɔ mpɔ̂ nákɔ́ta o kelási ya súka mpenzá. Ndé ngáí mɔ̌kɔ́ namɔ́ní te nakokí násala naíno mosálá atá mbúla míbalé tɔ̌ mísáto tɔ̌ mpé mítáno, mpɔ̂ názwa ngáí mɔ̌kɔ́ falánga mpé náluka mayélɛ ya kokɔ́ta na kelási monénɛ.

"Na bôngó na mobú mwa 1945 (nkótó yɔ́kɔ́ na kámá libwá na ntúkú mínei na mítáno) nabandí mosálá o mbóka Bulusélɛ. Mosálá mwangó nakɔ́tákí sé na momekano. Nabandí mpé mosálá. Nalongwí o mabɔ́kɔ ma libóta lya Vandenvelde. Nalukí ndáko ya ngáí mɔ̌kɔ́ mpɔ̂ náfánda. Ndé natíkí kotála libóta lya Vandenvelde tê mpɔ̂ yangó ezaláká lokóla libóta lya ngáí mpenzá. Bangó ndé bakamátákí *esíká* ya tatá ná mamá na ngáí lokóla bakúfá.

"Na nsima na libóta lya Vandenvelde, nayébáká sé basángó. Bato óyo basángó, bazalí sɔ̂lɔ́ bato ya Nzámbe. Ndé bazalí na bolámu ya bangó mpé na bobé bwa bangó. Nalobí boye pámba tê moto nyɔ́nsɔ ya mokili azalí na bobé mpé na bolámu bwa yĕ.

"Sɔ̂lɔ́ eútá ngáí na mabɔ́kɔ ma bato bâná, nayéba elɔ́kɔ mɔ̌kɔ́ tê káti ya makambo masúsu ma mokili. Moto mɔ̌kɔ́ alobélá ngáí tê ndéngé ya makambo ma mokili. Awa ngáí nayéí kosála mosálá, ndé nayéí komɔ́na makambo ndéngé na ndéngé.

"The Vandenvelde family, which had taken us [to Europe], listened to our suffering upon the death of Mama. And as that family liked Tata very much, they took me away from his care [lit.: his hands] and put me in the care of priests to raise me. I was in the hands of the priests and I pursued my studies under their supervision.

"When classes stopped, I always went to spend vacation [lit.: to rest] with my father. Ten years passed in that way [lit.: I worked like that].

"I became sixteen years old. I knew how to read very well. Not long after that, Tata died. I was [lit.: remained] alone, but the Vandenvelde family did not abandon me. They raised me well in their care [lit.: hands] and I finished my first school [through Junior High School] in their care.

"I can say that, even though father and mother treated me well, that family helped me the most [lit.: very much to exceed]. I felt comfortable with them [lit.: saw real goodness in their hands] and I knew no black or white with them. I simply knew that there were some people who have a skin dark like what I have and there were others who have a skin pink like what the Vandenveldes have.

"As father and mother had died, I no longer had the intention to go to the university [lit.: the intention to go to the last big school called 'university' was not]. But that family, the Vandenveldes, were able to do everything so that I could really go to the university. Nevertheless, I saw myself that I could work for two or three or five years to earn the money by myself to go to the university [lit.: big school].

"Therefore in 1945 I started a job in the city of Brussels. I got [lit.: entered] that job only after an examination. Then I started the job. I left the care [lit.: hands] of the family Vandenvelde. I looked for a place of my own to live in. But I did not stop seeing the Vandenvelde family because that was really like my own family. Indeed they took the place of my mother and father as they were deceased.

"In addition to the Vandenvelde family I only knew the priests. Those people, the priests, were truly people of God; yet, they had [both] good and bad in them. I say that because everybody on earth has [both] bad and good in him [or her].

"Indeed when I departed from their care, I did not know anything about the affairs of the world. Nobody told me how things [were] in the world. When I began [lit.: came] to do the job, I began to see all kinds of things.

"Oyébí na bolámu te na mabɔ́kɔ ma bamúpɛ nazaláká kobima tê mpé nazaláká na mayélɛ ya komɔ́nana na bato ndéngé na ndéngé na Mpótó tê. Ndé áwa nayéí kofánda ngáí mɔ̃kɔ́, nayéí komɔ́na ndéngé ya makambo míngi. Utá wâná míso ma ngáí mayéí kofungwana.

"Na mobú wâná mwa 1945, namɔ́ní bato míngi ya moyíndo na Bulusélɛ. Nakanísákí te bazalí bato ya epaí mɔ̃kɔ́ na ngáí. Kási namɔ́ní te bazalákí bato ba mbóka isúsu. Sɔ́kí nakɛndélí bangó mpɔ́ ya botúni bangó mbóka ya bangó, bazaláká koyébisa ngáí te bazalí bato ya Amelíka tŏ mpé moyíndo ya mbóka mosúsu ya Afilíka. Oyo ya moyíndo ya Kongó lokóla ngáí, ɔ́yo ayébí botángi mpé akosála na Bulusélɛ mosálá monénɛ azalákí na ntángo wâná tê. Sé bamóyíndo ya mwá motáné baye bakobéngaka molátolo ndé batóndákí kúna na Belezíki.

"Bamolátolo ya Kongó baye bazaláká na Bulusélɛ ntángo wâná, balingí kútu komɔ́nana na ngáí tŏ mpé komíyébisa na ngáí te bazalí bǎna mbóka ya Kongó tê. Lofúndo mpenzá ebébísákí bangó. Ngáí mpé natálí nyɔ́nsɔ wâná sé pámba, mpɔ́ molátele azalí lokóla moto azángá mbóka. Sɔ́kí amɔ́ní mabé epáí ya batatá ba yĕ, akozɔ́ngela sé ngáí. Atá abóyí ngáí mpɔ́ ya mposo moyíndo wâná etálí bangó.

"Utá wâná nazalákí na Mpótó na bandeko basúsu ya mindélé. Tofándáká na bangó sé na bobóto. Yóká mpé malámu áwa nazalí koyébisa yɔ̌ makambo maye masálémá na nsima ntángo nazwánáká na bato basúsu kúná na Mpótó lokóla bondeko.

"Baníngá ba ngáí wâná bazalí bato ya múpɛ lokóla. Tozaláká mpé na bangó kelási mɔ̃kɔ́. Tofándáká sé malámu. Likambo mɔ̃kɔ́ lizaláká tê. Míngi nalekáká bangó na mayélɛ mpé basúsu balekáká ngáí na makambo masúsu. Oyo wâná ezalí lokóla te áwa na mokili, ekólo mɔ̃kɔ́ tê ekokí koloba elekí bikólo bisúsu na makambo mansɔ́.

"Na nsima ya baníngá ba ngáí ba kelási mɔ̃kɔ́, nazwáká baníngá ya mosálá lokóla. Na nsima ya ɔ́yo ya mosálá, baníngá basúsu ba ndéngé na ndéngé mpé na baye bazalákí kolinga ngáí mpɔ́ náyébisaka bangó loléngé Kongó ezalí. Ngáí mpé nayébákí Kongó malámu tê mpɔ́ nalongwáká áwa na bomwǎna. Ndé atá bomwǎna yangó nayébáká masoló ya bankɔi tŏ mpé ya mbólókó. Lokóla mpé mwǎna mɔndélé alingí ndéngé ya masoló *mánsɔ*, bazaláká sé kolinga masoló mangó ma ngáí.

"Lokóla mpé tozalí koloba makambo ya bobɔngisi mbóka, yóká nálobela yɔ̌ makambo nayébí epáí ya baníngá baye nazwákí na Mpótó ya lisanga ndéngé na ndéngé ya ngáí na bato nyɔ́nsɔ kúna na mokili wâná.

"You know very well that in the care of the priests I did not go out and I didn't have the opportunity to meet different kinds of people in Europe. But when I began to live by myself, I saw many kinds of things. Since then my eyes began to open.

"In the year 1945, I saw many black people in Brussels. I thought that they were people from my country [lit.: place]. But I saw that they were people from other countries. If I approached them to ask where they were from [lit.: their country], they told me that they were people of America or blacks from another country in Africa. There was no black Congolese like me who knew how to read and do an important job in Brussels at that time. Only light-skinned [lit.: pink] blacks called mulattos were numerous [lit.: filled] there in Belgium.

"The mulattos from Congo who were in Brussels at that time didn't even want to meet me or to let me know that they were from the country of Congo. They are really filled with pride [lit.: pride really destroys them]. And I saw all of that as unimportant because a mulatto was like a person without [lit.: lacking] a country. If [a mulatto] saw evil on his father's side, he would reach out [lit.: return] to me. Even if he rejected me because of my black skin, that was his problem [lit.: concerned them].

"Since then I had other white friends in Europe. We lived together in harmony [lit.: goodness]. Listen carefully as I tell you about the things which happened later when I met other people there in Europe as friends.

"My friends there were also Catholic. We went to the same school. We were on good terms [lit.: sat or lived well]. There was not one problem. I was smarter than many of them and others were better than I in other things. This is the way it is on earth: one ethnic group cannot say that it is better than other ethnic groups in all matters.

"In addition to my friends from the same school, I also made friends at work. In addition to those at work, [there were] all kinds of other friends and [there were] those who liked me because I told them about how it was in Congo. But I didn't know Congo well because I had left there in my childhood. Even though [I left Congo in] childhood, I [still] knew the stories of the leopards and the hares. As the white child loves stories [lit.: the manner of all stories], they also loved my stories.

"As we were talking about the issues of developing [our] country, listen as I tell you things I learned from the friends I made in Europe at all kinds of meetings with all the people there in that country.

"Na mokɔlɔ mɔ̌kɔ́ ya eyenga ya mbótáma ya Yézu Kilísito, nakútání na nzelá na moto mɔ̌kɔ́ nkómbó Ernest T. Moto wâná azaláká moto ya lingómbá socialiste. Moto yangó asolólí na ngáí mwá moké. Namɔ́ní na maloba ma yĕ te alingí bolámu ya bato ya mokili.

"Utá wâná, tokangání na moto wâná libélá. Apésí ngáí búku ndéngé na ndéngé mpé alobélí ngáí makambo míngi. Ayébísí ngáí ndéngé níni makambo mazalí koleka na biténi mítáno ya mokili mpé ayébísí ngáí makambo ya lisanga ya bato ya Asia na Afilíka na Bandung. Ayébísí mpé lisúsu ngáí níni wâná Russia, níni wâná Amelíka ya Etats Unis, níni wâná Falansé, níni wâná Angɛlɛ́, níni wâná Bélɛsi. Alakísí ngáí níni wâná Alemá, níni wâná Italiá na mpé níni wâná Putulukési. Alakísí mpé ngáí búku níni nakokí kotánga mpɔ̂ nayéba na boyébi bwa sɔlɔ́ mpenzá ndéngé níni makambo makoleka o mbóka ya bato wâná atángí.

"Asúkísí mpé na bolobi te sé bato wâná ndé bakoluka makambo o mokili.

"*Ayébísí* ngáí ndéngé níni Bélɛsi azalí kosálá na mosɔlɔ́ nyɔ́nsɔ akokamata na bilɔ́kɔ bikoúta na Kongó mpé na ndéngé níni mwá mabótá sé moké pámba ndé bato basímbí mánsɔ ya bísó o Kongó. Ayébísí ngáí ndéngé tokómáká mómbo na moyíbi ya Bélɛsi mpé na bobúbi bísó ndéngé ínsɔ. Ayébísí lisúsu mpé ndéngé níni tokómáká na boúmbu ya Bélɛsi na mayɛlɛ mabé.

"Apésí ngáí matéya ya koyéba níni wâná falánga mpé na ônâ azalí kobéngama capitaliste. Apésí ngáí mpé matéya ya bato ya bondeko baye babéngámí socialiste. Ayébísí ngáí mpé matéya ya bofándi bôngó, útá efándeli ya liberalisme.

"Na ndéngé nyɔ́nsɔ wâná ya makambo nalobélí yɔ̌, nayébáká yangó na mbúla mɔ̌kɔ́ tê. Mbúla ya libosó, makɔ́télí ngáí atá moké tê. Moníngá wa ngáí wâná mpé Ernest T. atíkí ngáí bôngó tê. Asálí sé makási mpɔ̂ te náyéba makambo mánsɔ mâná.

"Bato bayíké bakanísí sɔ́kí osílísí kelási ya súka ya mɔnénɛ Université ndé oyébí mánsɔ ya mokili. Wâná sé lokutá. Kási alobélí ngáí te na Mpótó bosílísí kelási ezalí sé libandeli lya boyébi makambo mpé ebɔngí sé ózala lisúsu na makási ya komípésa míngi mpɔ̂ ya boyébi makambo ya mokili.

"Alobí lisúsu te boyébi makambo eséngí ózala lisúsu na makási ya boluki koyéba makambo ndéofungólí mayɛlɛ mpɔ̂ ya boyébi makambo ya sɔlɔ́. Awa nayéí kofándisa motó mwa ngáí nyɛ̂ ndé nayéí komɔ́na te mokili ezalí likambo monénɛ.

"Na mobú mwa 1950 (nkótó mɔ̌kɔ́ na kámá libwá na ntúkú mítáno), na nsima ya mbúla mítáno, nayéí komɔ́na nzelá ya bomɔ́ni makambo mwa malámu moké. Sé na mobú wâná nazóngí na kotála basángó baye balakísáká ngáí.

"One Christmas Sunday, I met on the street a man named Ernest T. That man was a member of the socialist party. That man talked to me a bit. I saw in his words that he wanted good for people in the world.

"Since then I have been close to him for ever. He gave me all kinds of books and he told about many things. He told me how things worked on the five continents [lit.: pieces] of the world and he told me about things from a meeting of people from Asia and Africa in Bandung [a city in Indonesia]. He also told me what Russia is, what the United States of America is, what France is, what England is, [and] what Belgium is. He taught me what Germany is, what Italy is and also what Portugal is. He showed me what books I could read to really know what was happening in the countries of those people he cited.

"And he finished by saying that those people are causing [lit.: looking for] trouble in the world.

"He told me what the Belgian does with all the money he takes from the things which come from Congo and how a very few families are the ones [lit.: people] who own everything of ours in Congo. He told me how we became slaves at the hands of the Belgian thief and through [their] deception of us in every way. He also told [me] how we got into Belgian slavery through deceit [lit.: bad intelligence].

"He taught me what money is [gave me teachings to know what money (is)] and what is called capitalist. He also taught me about friendly people called socialists. He also taught me about the ideology which grew out [lit.: from the tradition] of liberalism.

"All of these things I told you about, I didn't learn them in one year. In the first year, only a little bit got through to [lit.: entered] me. That friend of mine Ernest T. didn't leave me in that state. He worked hard so that I learned everything.

"Many people think that, if you have finished your higher education at the university, then you know everything on earth. That is a lie. But he told me that in Europe to finish one's education is only the beginning of learning [lit.: knowing things] and it is necessary that you still dedicate yourself [lit.: you have strength to give yourself much] to knowing about worldly matters.

"He also said that to know things requires that you are dedicated to trying to know things so that you open your mind to really know things. I came [home] to put my head down [i.e. to recuperate] but I saw that the world is [still] one big problem.

"In the year 1950, five years later, I began to see [lit.: came to see the way of seeing] things a little more clearly. It was in that year that I went back to visit the priests who had educated me.

"Nakútí baníngá bayíndo bazalí na mosálá ya bongángá epái ya bangó. Nabandí na bangó masoló ya mbóka. Nabámɔ́ní sé lokóla bato bayébí elɔ́kɔ mɔ̌kɔ́ mpɔ̌ ya bofándi ya bato ya falánga ná bato pámba tê. Nabámɔ́ní sɔ́mɔ mpé namílobélí káti ya motéma mwa ngáí te, 'Ndéngé níni mbóka ya bísó apésí basángó ya mayélɛ ndéngé boye?'

"Balingí sé matéyá ma Nzámbe? Na bôngó epái wápi Nzámbe akómá alobí te basúsu bámɔ́na mpási mpé basúsu báfánda na esɛngɔ? Tótíka nzelá wâná mpé tólanda óyo tolingí kolanda.

"Sika áwa nakanísí likambo monénɛ. Nakokí kolobela yɔ̌ sé ndéngé níni tokokí kosála mpɔ̌ mbóka ya Kongó ézala malámu útá mayélɛ ngáí nafándákí na Mpótó. Oyo ndé likambo yɔ̌ olingí *óyéba*. Makambo míngi masúsu mazalí na yɔ̌ na ntína tê. Na bôngó yóká níni ngáí nakokí kolobela yɔ̌.

"Elɔ́kɔ monénɛ ebɔngí sika óyo lokóla tozalí na mobú mwa 1956 (nkótó mɔ̌kɔ́ na kámá libwá na ntúkú mítáno na motóbá) sé koluka kosála parti tɔ̌ lingómba mpé na syndicat tɔ̌ lisanga lya basáli.

"Elɔ́kɔ ebéngámí nkómbó parti, ezalí ndé lisanga lya bato bayókáná mpɔ̌ ya bosáli likambo mɔ̌kɔ́ liye likokí kobɔngisa mbóka ya Kongó. Bôngó syndicat ezalí lokóla lisanga tɔ̌ lingómbá lya basáli ndéngé mɔ̌kɔ́ lokóla parti. Ndé lingómbá liye lya syndicat lilingí kobɔngisa míngi ezaleli ya bato epái ya mosálá. Bôngó káti ya mangómbá mâná mánsɔ, ebɔngí tózala na balakísi ba sɔ́lɔ́ mpɔ̌ ya mangómbá. Bangó ndé balakísí ndéngé ya komema etumba káti ya lingómbá ya syndicat tɔ̌ parti.

"Ekosála bísó parti, bokofungola míso mpɔ̌ ya boluki babébisi baye bakotíya mobúlú káti ya lingómbá lîná. Sɔ́kí wâná tê, ekomeka bínó kosála parti, bakokanga bínó mpé bakokɔ́tisa bínó o bolɔ́kɔ na Babélɛsi. Sɔ́kí mpé mayélɛ ya parti ebɔngí áwa sika tê, bólanda sé mangómbá maye mazalí áwa sika lokóla 'cercles d 'études,' lisangano ya kosálisana liye libéngámí 'Associations mutuelles' tɔ̌ mpé ya kobína, 'Associations de danseurs modernes ou folkloriques.'

"Na káti ya mangómbá *wâná*, bokokí sé kokɔ́tisa matéya ndéngé na ndéngé mpé mokɛ́ na mokɛ́ kínô bato bakoyéba te básála makási mpɔ̌ ya bolongwi o boúmbo.

"Nayébí malámu te Bélɛsi akosála mánsɔ mpɔ̌ tózala sé na boúmbo. Ndé nayébí na bolámu te mbóka mɔ̌kɔ́ tê ekokí kozala sé na boúmbo ya moto mbúla nyɔ́nsɔ.

"I met some black folks who were clergymen among them. I started up a conversation with them about home. I found [lit.: saw.] them like people who didn't know anything about the relationship between rich people and poor people. I found them strange and I said to myself, 'How did they [lit.: he, i.e. the Belgian] give our country [such] shrewd priests?'

"Do they only care about the teachings of God? If so, then how did God come to say that some should experience [lit.: see] suffering and others should live happily? Let us abandon that way and follow one which we want to follow.

"Now I had a big idea. I can tell you how we can act so that our country Congo should be better with the experience that I gained [lit.: the knowledge I lived] in Europe. This is what you want to know. Many other things won't make sense to you. So listen to what I can tell you.

"The one important thing, now that we are in the year 1956, is just to try to create a party or an association and a union or worker's group.

"The thing which is called by the name 'party' is a group of people who agree to focus on one issue which is to develop the country Congo. So a union is like a group or association of workers [which is] the same as a party. But this association of the union intends to improve a great deal the well-being of the people at work. So in all these associations, we need to have real teachers for the associations. So they teach how to lead the struggle in the union or party.

"After we have created the party, you will open your eyes to discover the destroyers who will create chaos in that party. Or else, after you have tried to create a party, they will arrest you and put you in the Belgians' jail. And if the conditions [for creating] the party are not yet right, then you should join the associations which exist here now like the 'cercles d'études' [= study circles], the group for helping each other, which is called 'Associations mutuelles,' or for dancing, 'Association de danseurs modernes ou folkloriques.'

"Within these associations, you can introduce all kinds of ideas gradually so that [lit.: until] people will know that they should work hard to escape slavery.

"I know very well that the Belgian will do everything so that we should remain in slavery. But I also know very well that not even one country can remain in someone's slavery for ever [lit.: all years].

"Likambo mosúsu ya makási óyo ngáí nalingí nábúnga ezalí óyo Mondélé ya Bέlεsi alingí mbóka nyɔ́nsɔ ézala na bomómbo mpé tómɔ́na mayέlε ya bísó tomíbimisa na kimómbo tê. Sɔ́kí bamɔ́ní te bato babandí koyébisa bandeko ba bangó makambo míngi mpɔ̂ ya *kolongwa* na kimómbo, balobí te wâná ezalí bolakisi ya bokɔ́tisi communisme na Kongó. Utá wáná, Bέlεsi akolakisa communisme ezalí lokóla bobomi bandeko, kobɔ́tɔla bato bilɔ́kɔ ya bangó, kokamata elɔ́kɔ ya moníngá kotúna tê mpé na makambo masúsu míngi likoló. Mpé lisúsu ezalí lokóla kokamata băsí ya baníngá mpé moto pámba akolíya ndéngé alingí, akosála atá mosálá tê. Bakolakisa communisme ndéngé nyɔ́nsɔ mpɔ̂ te bato ya Kongó bámɔna makambo ya kolongwa na kimómbo *mabέ*. Balingí sé bangó báyángela bato ya Kongó makambo mánsɔ.

"Sɔ́kí mpé moto ya Kongó alobí te moto na moto abɔngí áyángela makambo ma yĕmεi, bayókí yangó mabé. Bamópésí sé nkómbó ya communiste.

"Sɔ̂lɔ́ mpenzá, na makambo ya mbóka, ezalí makambo ya moké tê. Ezalí mpé mosálá ya mbúla mɔ̌kɔ́ tê. Ezalí sɔ̂lɔ́ mosálá mwa mbúla míngi. Atá mpé tozwí lipandá, ekozala sé mpási mpɔ̂ útá mbóka míngi ezwá lipandá ekomɔ́na sé makambo ndéngé na ndéngé, maye makoyébisa bísó te bozwí lipandá ezalí malámu, kási ezalí sé ebandeli ya etumba monέnε. Bozwí lipandá elingí koloba te bato básála ndéngé nyɔ́nsɔ mpɔ̂ ya bolongwi na mpási. Sɔ́kí botíkélí lipandá nzóto, bomɔ́ní mpási. Wâná ndé colonialiste azóngélí bínó. Ntembe ezalí wâná atá moké tê. Colonialiste akobimaka na ntángo ya lipandá na monɔkɔ ya ndóngó ndé na bozóngi akoluka sé nzelá ínsɔ ekokí yĕ ázónga. Nzelá wâná ikomɔ́nanaka malámu tê mpɔ̂ ezalí ba nzelá ya molílí ekoluka mwínda mpɔ̂ émɔ́nana na bato bánsɔ.

"Yébá ntína bísó na bakolonialiste tozalí kobuna.

"Eyéí yĕ áwa na Kongó, akútí mánsɔ mpɔ̂ ya bozwi mbɔ́ngɔ. Bísó mpé toyébákí níni mayέlε yangó wáná tê. Akamátí bilɔ́kɔ bínsɔ ya Kongó mpɔ̂ ya botéki mbala na mbala bipái na bipái. Bísó mpé tokoyébaka tê. Abómbí makambo mánsɔ lokóla sεkεlé mpɔ̂ moto ya Kongó mɔ̌kɔ́ áyéba tê. Esíká bato ya Kongó bayéí kofungola míso na botúni bilɔ́kɔ óyo nyɔ́nsɔ akotíndaka na Mpótó, bikεndεkε kosála níni kúna? Abandí kovímba na nkándá káti ya motéma.

"Another important thing which I almost forgot [lit.: wanted I should forget] is this – the Belgian white man wants every country to remain in slavery and us not to find our way to get ourselves out of slavery. If they see that people are beginning to tell their friends about many things in order to escape slavery, they say that that is teaching in order to introduce communism into Congo. From that point on, the Belgian teaches that communism is like killing one's friends, taking their things from people, taking something from a friend without asking, and other things in addition. And also it is like taking your friends' wives and [it is like] any person whatever eating whatever he wants without even doing any work. They are explaining communism in all kinds of ways so that the Congolese people view the issue of escaping from slavery negatively. They just want to control Congolese people in all matters.

"If a Conoglese person says that every person should control his own matters, they take [lit.: hear] it badly. They give him the name 'communist.'

"Really, with regard to this country's problems, these are not small problems. And it is not just one year's work. It is truly the work of many years. Even if we get independence, it will be painful because, since the time that many countries have gotten independence, they see all kinds of problems, which tells us that getting independence is good but it is really the beginning of a great struggle. Getting independence means that people have to do all kinds of things to avoid troubles [lit.: escape suffering]. If you count on independence to take care of everything [lit.: abandon (your) body to independence], you will suffer. Then the colonist will come back to you. There is no doubt about it. The colonist will exit at the time of independence by the door of problems but as for returning he will seek every way so that he can return. That way [of independence] is not very visible because there are ways of darkness [each of which] seek[s] light so that it will become visible to everybody.

"[Now I want you to]know the reason we are fighting with the colonists.

"When he [the colonialist] came to Congo, he found everything for the acquisition of money. We didn't understand about that [lit.: know what that knowledge (was)]. He took all Congolese resources for the purpose of selling continuously everywhere. We don't know what is going on. He hid everything like a secret so that a Congolese person didn't understand. When the Congolese people began [lit.: came] to open their eyes in order to ask about all these things which he was sending to Europe: 'what is going to be done with them there [what are they going to do there]?' He [the colonist] began to swell up with anger in his heart.

"Bilɔ́kɔ bisúsu mpé bikómí o Mpótó, biye atíndaka. Bitɛ́kámí mpé bakabɔ́lí misɔlɔ malámu na káti ya bangó mɔ̌kɔ́ tɛ̂. Lokóla basúsu balingí sé bázwa elekí baníngá, ntembe ekwéí káti ya bangó na bangó. Basúsu mpé balingí wâná tɛ̂. Etumba ekɔ́tí káti ya bangó mɔ̌kɔ́. Basúsu bayókí mabé. Bayébísí nsango te bazalí kobúba bato ya Kongó na bilɔ́kɔ ya bangó óyo míngimíngi bikolongwaka na Kongó mpé bikotékamaka o Mpótó.

"Toyébí malámu Bɛ́lɛsi akolobaka te yě ndé akopésaka Kongó mbɔ́ngɔ mpɔ̂ ya bosáli ba lopitálo ná nzelá káti ya Kongó. Sɔ́kí mpé ofungólí míso okomólobela sé te wâná ezalí lokutá mpɔ̂ mbɔ́ngɔ ya Bɛ́lɛsi ekoútaka sé káti ya Kongó. Lobá na yě naíno ákɛndɛ, *átíka* Kongó, okomɔ́na ndéngé akolela. Sɔ́kí lokutá, ntína níni *akobóyisaka* bínó bósála parti? Ntína ezalí te nɔkí parti wâná ekobimisa óyo ebómbámákí na nsé mpɔ̂ óyo wâná ezalí mosálá mwa yě parti mpɔ̂ ya bobimisi mánsɔ. Yangó wâná okokí sé ósála na makási mánsɔ mpɔ̂ parti ékɔ́ta káti ya Kongó.

"Na mpɔ̂ ya parti, nakokí koloba ezalí mpɔ̂ te ósála parti ndéngé mɔ̌kɔ́ ya parti ya Bɛ́lɛsi tɛ̂, mpɔ̂ makambo ma bísó ya Kongó mazalí ndéngé mɔ̌kɔ́ na maye ma Bɛlɛzíki tɛ̂. Mpɔ̂ ya bobɔngisi parti áwa na Kongó, ekokí ézala ndéngé mɔ̌kɔ́ na bangó tǒ mpé lokóla baparti misúsu ya mbóka misúsu ya Mpótó tɛ̂. Awa na bísó ebɔngí sé tólanda nzelá óyo tokokí koyóka te ezalí malámu mpɔ̂ ya bísó na Kongó."

Maloba ma Makáko masílí atá kosíla tɛ̂, Mokenge ayéí kokɔ́ta sé bôngó na bôngó káti ya ndáko ya Mákalámbá. Abɛ́tí atá ndáko tɛ̂. Apésí sé bangó mbɔ́tɛ. Mpé nsima ya bopési bangó mbɔ́tɛ, afándí na kíti.

Mákalámbá atúní Mokenge yě yě te, "Oyébí Makáko?"

Mokenge alobí te ayébí yě tɛ̂.

Mákalámbá amólobélí te óyo mwǎna ya bísó ya Kongó, akólá o Mpótó.

Mokenge yě yě te, "Nayókí esɛngɔ míngi mpɔ̂ ya bomɔ́ni yɔ̌, mpé mabé mɔ̌kɔ́ sé lelɔ́ nazalí na nsai mpenzá ya bosololi na yɔ̌ tɛ̂ mpɔ̂ nazalí na mwá makambo na nzóto ya ngáí."

Mokenge asílísí atá koloba tɛ̂, mwǎsí mɔ̌kɔ́ akɔ́tí. Motó sé pámba. Kitambála ekɔ́tí na libumu. Elongi nyɔ́nsɔ sé kokanga. Akamátí sé Mokenge na bitumba na káti ya Mákalámbá na Makáko.

190

"Other things also arrived in Europe, which he was sending. They were sold and they didn't even share the money equitably amongst themselves. As some wanted to get more than [lit.: exceeds] their partners, distrust arose [lit.: doubt fell] among them. Others didn't want that. War broke out [lit.: arrived] among themselves. Some were unhappy. The news spread [lit.: they told the news] that they were cheating the Congolese people of many, many of their things which were being exported [lit.: leaving] from Congo and sold in Europe.

"We know very well that the Belgian is saying that he is giving Congo money to build hospitals and roads in Congo. And if you open your eyes, you will tell him that that is a lie because the Belgian money comes only from inside the Congo. Tell him to go, to leave Congo, and you will see how he will cry. If not [if a lie], why would he refuse [to let] you create a [political] party? The reason is that right away that party would reveal that which was hidden underneath because that is the role [lit.: work] of it, the party, to reveal everything. That is the reason that you must [lit.: can] work hard on everything so that a party emerges in Congo.

"Concerning a party, I can say that you don't create a party in the same way as a Belgian party, because our issues in Congo are not the same as those of the Belgians. In order to organize a party here in Congo, it should not be the same way as theirs or as other parties in other European countries. Here with us we should follow the way which we can feel is good for us in Congo."

Before Makako finishes speaking [lit.: the words of Makako have not even finished], Mokenge enters Makalamba's house unexpectedly. He doesn't even knock at the door. He says hello to them. And after saying hello to them, he sits down in a chair.

Makalamba asks Mokenge, "Do you know Makako?"

Mokenge says that he does not know him.

Makalamba says to him that this Congolese citizen [lit.: our child] grew up in Europe.

Mokenge says, "I am very pleased to meet you [lit.: feel great joy to see you], [but] the bad thing is I don't really have the peace of mind to chat with you today because I have a little personal [lit.: in my body] problem."

Mokenge had not even finished speaking [when] a woman came in. Her head is uncovered. Her scarf is wrapped around her waist [lit.: enters to her stomach]. Her whole face scowls. She attacks [lit.: takes in struggles] Mokenge in the presence of Makalamba and Makako.

Mokenge mpé atélémí lokóla nyáu. Amósímbí. Etumba monéne ekómí káti ya ndáko. Ndáko nyónsɔ eyéí molungé mpenzá. Mwăsí óyo akɔtákí, azalí mwăsí ya Mokenge.

Mbala mɔ̌kɔ́, toyókí sé na káti ya etumba, "Mamá eee, mamá eee, mamá eee. Bomá káka ngáí. Kotíka ngáí lɛlɔ́ na etumba tê. Tówá sé kowá eee."

Maloba maye mazalákí kobima na monɔkɔ mwa mwăsí wa Mokenge wa nkómbó te Monéne.

Mosíká tê, Makáko na Mákalámbá bakɔtí na etumba wâná, kási elɔ́kɔ tê. Mamá Bolúmbú ayéí mpé kokɔ́ta na bato basúsu ba lopángo baye bazalákí pɛnɛpɛnɛ. Etumba mpé eyéí kosúka. Bafándísí bangó.

Mamá Bolúmbú yě yě te, "Monéne óyo yɔ̌ na mobáli wa yɔ̌ bosálí níni? Mikɔlɔ mínsɔ sé bitumba! Ná bobótá băna sé ndéngé mɔ̌kɔ́? Bokanísí te bozalí lisúsu băna baké? Ndéngé níni *basálá* bínó? Bozalí bato tɔ̌ banyama? *Bokoluka* atá esíká ya kobuna mosúsu tê káka áwa na ngáí? Bipáí bínsɔ sé kobuna? Esíká ya kobánga ezalí tê? Bínó bato ya Kongó basálá bínó bóní?"

Esílí yě bôngó apémí mwá moké, kási motéma mabɔngí tê. Molingí sé áloba. Nkándá ekangí mamá Bolúmbú makási mpenzá. Mosíká mpé tê alobí lisúsu te, "Monéne yáká naíno tóbima, óyóka óyo ezalí na ngáí. Tíkéla naíno mibáli nzelá báfánda bangó mɔ̌kɔ́ na ndáko."

Mamá Bolúmbú akamátí Monéne na lobɔ́kɔ mpé atélémísí yě mpé babimí libánda. Mákalámbá atálí ntángo ya yě, amɔ́ní ekómí ngonga ya mwambi.

Mokenge mpé abálobélí te lɛlɔ́ baNgúma bakolongola mpíli na Kongó Bar. Ekozala likambo monéne. Atúní mpé Mákalámbá sɔ̌kí babéngákí yě epái ya mpíli *wâná*.

Mákalámbá amózóngísélí te babéngákí yě.

Mosíká tê, Mokenge alɔ́mbí bangó nzelá na boyébisi bangó te akɛí naíno kosukola elongi mpé abimí mwá moké mpɔ̂ ásílisa nkándá.

Mákalámbá ná Makáko batíkálí na loténa ezalákí etumba. Mosíká tê Mákalámbá atélémí mpé akɛí komísukola mwá elongi mpé na mabɔ́kɔ mpɔ̂ ya bobimi. Makáko atíkálí yě mɔ̌kɔ́. Abéndí sé likáya na líbenga mpé apelísí. Abwákí mólinga o likoló. Afándi mpé sé nyê.

Esílísí Mákalámbá kosukola mabɔ́kɔ na motó, azóngélí Makáko. Mayɛlɛ mpé ya bosololi lisúsu makambo babandákí ezalí tê. Motó nyónsɔ ya bangó ekómí sé na makambo ya etumba ya Mokenge na mwăsí wa yě.

Mokenge stands up like a cat. He holds her. A big fight breaks out in the house. The whole house gets really hot. The woman who arrived is Mokenge's wife.

All of a sudden, we [the readers] hear in the midst of the fight "Mama, oh, mama, oh, mama, oh. Just kill me. Don't stop fighting with me. Let us die together! Ohhh."

These words are coming from the mouth of Mokenge's wife by the name of Monene.

Shortly afterwards, Makako and Makalamba get involved in the fight, but to no avail. Mama Bolumbu arrives along with other people from the property who were nearby. Then the fight stops. They make them sit down.

Mama Bolumbu says, "Monene, what have you and your husband done? Every day a fight! And [when] you make love [lit.: give birth to children], is it the same way? Do you think that you are still little children? How did you get this way [lit.: how did they create you]? Are you people or animals? Can't you find another place to fight except in my house? Are you fighting everywhere? There is no room for respect [lit.: to fear]? What is going on with you Congolese people?"

When she finished, she took a little rest, but her heart was not ready. It wanted her to speak. Mama Bolumbu was really filled with anger [lit.: anger stopped Bolumbu really hard]. A little later she says again, "Monene, come, let's go out. Listen to what I have [to say]. Let the men sit by themselves at home."

Mama Bolumbu takes Monene by the hand and pulls her up and they go outside. Makalamba looks at his watch and sees that it is eight o'clock.

Mokenge says to them that today the Nguma [association] are coming out of mourning at the Kongo Bar. It is a big affair. He asks Makalamba if he was invited to that mourning [ceremony].

Makalamba replies to him that he was invited.

A little later, Mokenge requests permission [lit.: way of informing them] to go wash his face and he goes out for a little while to calm down [lit.: finish anger].

Makalamba and Makako stay in the room where the fight took place. A little later Makalamba stands up and also goes to wash his face and hands in order to get out. Makako remains by himself. He takes a cigarette out of his pocket and lights it. He blows [lit.: throws] the smoke upwards. And then he sits quietly.

After Makalamba finished washing his hands and face [lit.: head], he returns to Makako. Their interest in conversing again about the issues which they had begun was gone [lit.: was not]. Both their minds [lit.: head] focus [lit.: arrive] on the matter of the fight between Mokenge and his wife.

Makáko amólobélí te, "Lɛlɔ́ mayélɛ ya bosololi lisúsu ezalí tê mpé nakosála mánsɔ mpɔ̂ bísó na yɔ̌ tósálá mánsɔ mpɔ̂ tólanda lisoló ya bísó ya bobɔngisi makambo ma mbóka ya bísó ya Kongó."

Makáko apésí Mákalámbá mbɔ́tɛ mpé alobí sé te tokomɔ́nana tŏ lóbí tŏ mokɔlɔ ekoyá. Makáko abimí na ndáko mpé akɛí.

Mamá Bolúmbú asílísí na bopési malóngi na mamá Monénɛ. Na nsúka ya malóngi mâná, *amólobélí* te ákɛndɛ na ndáko na bangó, ábénga mobáli wa yĕ mpé ámóyébisa te ásála lisúsu makelélɛ tê.

Monénɛ ayébákí tê te Mokenge, mobáli wa yĕ, asílí abimákí. Akɔ́ta na loténa mpɔ̂ ya bosololi mpɔ̂ ákamata mobáli bákɛndɛ, akútí Mákalámbá azalí koláta mpé azalí komílɛngɛlɛ mpɔ̂ ya boláti kalaváti na epái ya talatála. Abwákí míso boye amɔ́ní moto tê. Abimí sé bobimi mpé asímbí nzelá ya bozóngi o ndáko. Atíí mpé makanisi na nkándá nyɔ́nsɔ mosíká.

Obélé Monénɛ alingí ákɛndɛ boye, mamá Bolúmbú mpé amótúní lisúsu na bolobi te ozalí kokɛndɛ na matánga ya bolongoli mpíli ya baNgúma ná yɔ̌ tŏ tê?

Monénɛ mpé amózóngísélí te akokɛndɛ tê mpɔ̂ abóyí ákútana na bambanda. Mpé lokóla tosílí tobuní ndé lɛlɔ́, féti wâná ekobéba.

Tatá Mákalámbá ayókí motúná wâná tê. Akangí sé mosembe. Alátí kazáka. Amíbwákélí *mananási* malámu. Abimí na nzelá mpé abutí na fatíli eye ayébísáká te na mokɔlɔ môná áyá kokwa yĕ na ntángo wâná.

Fatíli etíí sé mɔ́tɔ mpé enátí Mákalámbá kúna na matánga mpé nakolaka atá mwăsí tê. Mamá Bolúmbú mpé afándi sé nyê mpé amílobélí na motéma te bóní mibáli ya bísó bakobimaka sé bôngó atá kolaka tê? Oyo ndé likambo ooo!

II. EVANDELI O KATI YA MINYƆKƆ

Matánga masílí *mabandákí* kala útá mpókwa, tóloba ngonga ya mwambi. Mákalámbá akómí ndé na ngonga ya libwá. Alakísí sé *lokásá* ya yĕ ya bobéngami. Bakaboli ya esíká bamókamátí, bamólukélí esíká ya malámu ya bofándi, kási bazwí tê. Ndé esíká basálákí mpɔ̂ ya yĕ, efándémí na bato basúsu baye bazalí atá káti ya mokandá tŏ ya nkómbó ya baye babéngámí tê. Elingí koloba te bato wâná, bakɔ́tí ya bangó sé ekɔ́télá ya bôngó, babéngákí bangó tê. Ekɔ́tí bato wâná, bafándí sé na esíká ya Mákalámbá. Lokóla bazalákí bato balandí bato basúsu káti ya matánga na nsima, bakaboli ya esíká balingí sé bálongola bangó. Mákalámbá abóyí bálongola bangó.

Mákalámbá alobí te bálukela yĕ esíká mosúsu.

Makako says to him, "Today, our interest in conversing any more is gone and I will do everything so that we [lit.: we and you] do everything to continue our conversation about planning matters for our country Congo."

Makako says good-bye to Makalamba and says, "We will see each other either tomorrow or the day after [lit.: which will come]. Makako leaves the house and goes off.

Mama Bolumbu has finished giving advice to Mama Monene. At the end of that advice, she [Bolumbu] tells her [Monene] to go to their [i.e. hers and Mokenge's] home, to call her husband and tell him that she won't cause trouble [lit.: noise] any more.

Monene did not know that her husband Mokenge had already left. When she entered the living room to take her husband and go [home], she finds Makalamba getting dressed and preparing to put on his tie in front of the mirror. She looks around and sees nobody. She goes out and takes the road to return home. She puts all her angry thoughts far away.

When Monene was about to leave, Mama Bolumbu asks her, "Are you planning to go to the ceremony to end the mourning of the Nguma or not?"

Monene replies that she is not going because she refuses to meet her rivals. And as we have already fought today, that festival would cause trouble [lit.: destroy].

Tata Makalamba doesn't hear that question. He fastens his belt. He puts on his coat. He sprays on some good cologne. He goes out on the road and gets into a car which was arranged for that day to come pick him up at that time.

The car starts [lit.: puts fire] and takes Makalamba there to the service without even informing his wife. Mama Bolumbu sits quietly but she wonders to herself, "Why do our husbands go out without even informing [us]? This is a problem!"

II. Living among the Suffering

The funeral service had already begun long ago in the evening, we can say at 8 o'clock. Makalamba had come at 9 o'clock. He shows his invitation [lit.: his paper for being invited]. The receptionists [lit.: distributors of places] take him and they look for a good place for him to sit down, but they don't find [one]. But the place that was reserved [lit.: made] for him was occupied by other people who were not even on the list or among the names that were invited. That means that these people, who entered by themselves this way, were not invited. When these people came, they sat in Makalamba's place. As they were people who followed behind other people [who were invited] into the service, the receptionists want to remove them. Makalamba refuses their being removed [lit.: that they remove them].

Makalamba says that they should find him another place.

Mosíká tê bazwélí yě esíká ya băna basúsu ya mibáli na băsí. Esíká mpé bazwélí Mákalámbá etóndí na băna mibáli mpé băsí ya lingómbá liye libéngámí 'La Joie' tŏ Esɛngɔ.

Ya sɔ́lɔ́ na mokɔlɔ ya matánga tŏ ya makwéla, féti ya Kinshásá ezalaka sé ndéngé mɔ̃kɔ́ na mobúlú ya yangó. Ná makambo ya kobína ná botámboli mobúlú esíká esálémí fétí, sé ndéngé mɔ̃kɔ́. Ná epái ya moláto mwa kitɔ́kɔ óyo mokolátemaka na ndéngé ya nsɔ́mɔ́, epái ya băsí na epái ya mibáli, ezalaka sé ndéngé mɔ̃kɔ́. Elɔ́kɔ mɔ̃kɔ́ sé makwéla makozalaka bato bábalé. Ndé matánga makozalaka tángo mosúsu atá bato bábalé tŏ básáto tŏ mpé atá bóní. Wâná ezalí sé útá basálí féti.

Na bôngó makambo mánsɔ ma libosó ya ebandeli ya féti ya matánga wânâ, masílákí koleka. Etíkálí sé kobína mpɔ̃ ya bopési falánga ya matánga. Bilengé băsí mpé baye bafándí na mésa mɔ̃kɔ́ na Mákalámbá bayókí *elɛngi* mpɔ̃ batíyéli bangó mwá moto monénɛ. Sɔ́kí babétí mondúle mpɔ̃ ya bobíni, batíka yě tê. Mɔ̃kɔ́ na * mɔ̃kɔ́ bakómí sé bakamataka yě.

Na mokɔlɔ môná mwa féti, bilengé bánsɔ ya Kinshásá bamíbɔngisaka ndéngé mɔ̃kɔ́ ya nsɔ́mɔ. Mwínda mongɛngísí mpenzá bangó ndéngé ya elɛngi. Bato bánsɔ bakómí sé kitɔ́kɔ lokóla băna babótámí elekí sánzá mɔ̃kɔ́ mpé babandí kokóla. Atá óyo alátákí elambá ya yě ya kala, emɔ́nání sé kitɔ́kɔ, atá mpé sapáto bóní bóní, endimí sé makolo.

Na mokɔlɔ ya féti ya matánga tŏ makwéla, tokokí koloba te bato ndéngé na ndéngé babóngolaka mitéma mya bangó. Atá bangúná ná bangúná bakómí kosakana, kobína mpé komɛlɛ esíká mɔ̃kɔ́. Mésa ndéngé na ndéngé mpé ekobomaka sé masoló ma elɛngi. Băsí ná mibáli, *bakolekaleka* mpɔ̃ ya bokɛi na mésa ya banínga mpé na bozóngi na mésa ya bangó. Mánsɔ na ntángo wânâ sé bondeko, bobóto mpé na limɛmisami.

Ntángo mpé epúsání mwá. Mwăsí mɔ̃kɔ́ awéí na bolingi tatá monénɛ Mákalámbá na mésa yě afándí. Ntángo na ntángo akomótála sé míso ma bolingo. Lokóla mpé elekélí yě, elɛngé mwăsí na bolingi Mákalámbá, abwákélí tatá Mákalámbá motúná. Mwăsí wâná amótúní mpé sɔ́kí azalí monzemba tŏ sɔ́kí asílí kobála.

Na motúná mwa ndéngé wâná, Mákalámbá amózóngísélí te, "Nakwélí naíno tê, kási ndé nakwélí sɔ́kí nalingí."

Elɛngé mwăsí yě yě mpé te, "Bóní ko yɔ̃ tatá monénɛ boye olingí óloba te ozángá mwăsí?"

Mákalámbá yě yě te, "Nazwí naíno mwăsí ngáí nakokí kobála tê."

Elɛngé mwăsi abakísí na botúní lisúsu te, "Obóyí kobála mpɔ̃ ya kitɔ́kɔ tŏ mpɔ̃ te ozwí naíno mwăsí óyo motéma mwa yɔ̃ molingí tê?"

Shortly thereafter, they get him a place with some young men and women [lit.: boys and girls]. The place they get for Makalamba is filled with young men and women of the association called 'La Joie' or Happiness.

Indeed, on the day of a funeral celebration or a marriage, a Kinshasa celebration is always the same with its excitement. With dances and strolling, the excitement, where the celebration is organized, is the same. And as for the beautiful clothes which are worn in a terrific manner by the women and by the men, it is the same. A marriage ceremony is a different matter [where] people come as a couple [lit.: there are two people]. But a funeral celebration is a time for two or three or any number of people. This is the custom of a funeral celebration [lit.: since they organize a celebration].

Thus all the early events of this funeral celebration are already over. There remains only the dancing for donating money for the celebration. The young women sitting at a table with Makalamba feel happy because an important man was given to them. When the music is played for dancing, they won't leave him. One after the other comes to take him [to dance].

On that day of celebration, all the young people of Kinshasa are dressed up in a terrific manner. The lights shine on them really gently. Everybody looks beautiful like children born one month ago and just beginning to grow up. Even one [person] who wore his old clothes looked beautiful, any old shoes fitting his feet.

On a day of celebration of a funeral or of a wedding, we can say that all kinds of people change their ideas [lit.: hearts]. Even enemies come to play, to dance, to drink together. All sorts of tables [full of people] are bursting [lit.: killing] with pleasant conversation. Women and men are going off to tables of friends and then returning to their own tables. All in that time is friendship, kindness and mutual respect.

The time is getting late [lit.: time advances a little]. One woman is dying of love for the big man Makalamba, at the table where he sits. She looks at him repeatedly with eyes of love. As it gets too much for her [lit.: exceeds her], the young woman in love with Makalamba asks a question of Tata Makalamba. That woman asks him if he is single or if he is already married.

To the question of that sort, Makalamba replies to her, "I am not yet married, but I will get married when I want to."

Then the young woman says, "Hey, big guy, you mean to tell me that you don't have a woman?"

Makalamba says, "I don't have a woman yet that I can marry."

The young woman adds another question, "Have you refused to marry because of your handsomeness or because you haven't yet found a woman whom your heart loves?"

Mákalámbá amɔ́ní lokóla te mwăna mwăsi wâná alingí ánáta yĕ mosíká na mitúná mya ndéngé wâná. Asálí lokóla moto ayókí motúná wâná ya nsúka.

Mbala mɔ̌kɔ́ sé Kekele, mwăna mɔ̌kɔ́ ya mwăsí óyo bafándí lopángo mɔ̌kɔ́ na Mákalámbá ayéí kobimela Mákalámbá na mésa.

Kekele yĕ yĕ te, "Otíkí lopángo sé nyê likambo mɔ̌kɔ́ tê? Mpé ntína níni oyákí na mamá Bolúmbú na matánga tê?

Mosíká tê, elɛngé mwăsí óyo azalákí kotúna Mákalámbá, afungólí míso mpé na matói. Afándákí ndéngé ya kolálela Mákalámbá, kási áwa ayókí te abálá, abóngólí efándeli ya yĕ, mpé atíí sé matói makási mpɔ̂ ayókí nkómbó ya mwăsí ya Mákalámbá. Mosíká tê, Kekele akɛí mésa mosúsu.

Elɛngé mwăsí wâná lisúsu atúní mpé Mákalámbá te, "Náni wâná Bolúmbú mpɔ̂ ngáí mpé Bolúmbú?"

Mákalámbá ayánóli na motúná wâná te, "Bolúmbú azalí ndé lɛ́ki ya ngáí ya mwăsí."

Elɛngé mwăsí mpé te, "Yɔ̌ ndé kulútu ya ngáí? Óyo ezalí malámu."

Etíkí mwăna mwăsí wâná kotúna Mákalámbá, elɛngé mosúsu ya mobáli mpé óyo afándákí na Mákalámbá pɛnɛpɛnɛ abóngwánélí yĕ mpé amólobélí nkómbó na yĕ Zuzi.

Amótúní te, "Kulútu, okomɔ́na efándeli ya bísó na mondélé bóni?"

Mákalámba yĕ yĕ te, "Bínó băna miké ndé bokokí kolobela bísó óyo bokomɔ́na.

Zuzi na masanga nyɔ́nsɔ na motó yĕ yĕ te, "Atá tosálí bóní kulútu wa ngáí, nyɔ́nsɔ sé pámba. Mondélé sé mondélé. Tálá lokóla tofándí sika óyo, sɔ́kí yĕ tê, ndé tozalí lokóla banyama ya zámba. Moto ya Kongó, atá asálí bóní, akosílisa bonyama bwa yĕ tê. Yangó wâná bísó tosálá lingómbá liye tozalí kolíbénga "La Joie" mpɔ̂ ya bosáli mánsɔ mpɔ̂ tózala sé na Babélɛsi, zambí tolingí tê bákɛndɛ, ndé tokozónga lokóla tozalákí libosó na bonyama bwa bísó. Bôngó tolingí tólanda sé mánsɔ mondélé wa Bélɛsi akosála na ndéngé ya efáteli ya yĕ."

Mákalámbá yĕ yĕ te, "Bozalí na mánsɔ na lingómbá ya bínó 'La Joie' mpɔ̂ te ezaleli ya bínó ézala ndéngé mɔ̌kɔ́ na Babélɛsi áwa na Kongó?"

Makalamba feels [lit.: sees] as if this young woman wants to carry him off [lit.: far away] with these kinds of questions. He acts like a person who hears this last question.

All of a sudden, it is Kekele, a young woman who lives [lit.: they live] on the same property with Makalamba who appears at Makalamba's table.

Kekele says, "How were things at home when you left? [lit.: you left the property quietly (with) no problem?] And why did you not take Mama Bolumbu to the funeral celebration?"

Shortly afterwards, the young woman who was asking Makalamba questions opens her eyes and her ears. She was leaning against [lit.: sat sleeping to] Makalamba, but when she hears that he is married, she changes her position and she listens hard to hear the name of the wife of Makalamba. A little later, Kekele goes to another table.

That young woman asks Makalamba another question, "Who is this Bolumbu because I am also Bolumbu?"

Makalamba answers to this question, "Bolumbu is my little sister."

The young woman says, "And so you are my older brother? That is nice."

When the young woman stops asking Makalamba questions, a young man who was sitting near Makalamba turns toward him and says to him that her [the young woman's] name is Zuzi.

He asks him, "Big brother, how do you see our relationship with the white man?"

Makalamba says, "You young people can tell us what you see."

Zuzi with a lot of wine in her head says, "Whatever we do, my big brother, it is all useless. The white man is simply the white man. Look how we live now; if he were not here, then we would live like the animals in the forest. The Congolese person, no matter what he does, he would not get rid of his animal character. That is why we have formed an association which we call 'La Joie' in order to do everything to be with the Belgians, because we don't want them to go or else we would return as we were before to our animal character. So we want to imitate everything the Belgian white man does in the manner of his clothing."

Makalamba says, "Do you have everything in your association 'La Joie' so that your living standard is the same as [that of] the Belgians here in Congo?"

Zuzi abakísí sé na bolobi te, "Ezalí mpɔ̂ na bôngó tê. Bísó tolingí mondélé ákamata falánga elekí ya bísó, mpé ápésa bísó óyo ekokí na bísó. Tokokí koyóka yĕ mabé tê óyo wâná ezalí lisúmu monénɛ sɔ́kí yĕ akamátí míngi elekí bísó tê. Nzámbe alingí wâná tê. Bangó bamɛsáná na bolámu wâná útá kala, kási bísó tozalí naíno sé bobandi. Omɔ́ná mboma éleká motó? Obúngí ekolongo wâná?"

"Allo. Allo. Allo," esɛkwémí na radio. "Bofándá nyê. Ntángo ekɛí. Baníngá bayákí na matánga balingí bápesa elɔ́kɔ bayákí na yangó, mpɔ̂ ya bobónzeli nkólό ya matánga."

Obélé wâná mwăsí mɔ̌kɔ́ abimí na nsima ya maloba ya radio yĕ yĕ te, "Bísó băna ba Mái-Ndɔ́mbɛ, toyéí esíká moníngá wa bísó abéngákí bísó. Tosepélí míngi mpenzá. Topésí yĕ nkóto mɔ̌kɔ́." Mabɔ́kɔ makwéí.

Mosúsu mpé ayéí kobima na bolobi te, "Bísó băna ya Ekwatélɛ, Mbóka Libendé, tondimí na bondimi bɔ́nsɔ esíká babéngí bísó mpé topésí nkóto mɔ̌kɔ́ na mpáta zómi." Mabɔ́kɔ mpé makwéí.

Ekómí epái ya băna ba lingómbá 'La Joie ' bakɔngɔ́lí falánga na bato zómi na sambo. Bazwí sé nkámá mínɛi ná mpáta mítáno pámba. Mákalámbá atíí mpé ya yĕ falánga mpáta mítáno lokóla bato ya 'La Joie ' batíí bangó bánsɔ.

Abóyí kotíya míngi ndé epésí ba 'La Joie ' motó makási. Ekómí epái ya lingómbá lya "La Joie" babimísí sé kama mínei wâná na mpáta mítáno na óyo Mákalámbá apésákí.

Nsima ya bopési mbɔ́ngɔ na ba 'La Joie,' Mákalámbá apésí bangó mbɔ́tɛ mpé abimí. Féti etíkálí na bokási téé na mwá ntɔ́ngɔ́.

Nsósó ya míbalé mpé *elelí* ntángo Mákalámbá azóngí o ndáko ya yĕ. Alongólí bilambá mpé amíbwákí likoló lya mbéto.

Nsósó ya mísáto, ntángo eyéí kolela pɛnɛpɛnɛ ya bomɔ́ni mói, ayókí sé bato bakɔ́tí o ntéi ya lopángo mpé babandí kobétɛ na minɔkɔ ya ndáko ya bato ba lopángo. Babétí mpé óyo ya Mákalámbá. Bato ya lopángo balongwí bánsɔ. Babimí mɔ̌kɔ́ na mɔ̌kɔ́. Mákalámbá mpé abimí na mwăsí wa yĕ lokóla. Bamɔ́ní sé bamindélé-mbóka na basodá. Balɔ́mbí búku ya lopángo. Balobí mpé na bato bánsɔ báyá na babúku ya bangó ya mbulamatáli.

Zuzi adds on by saying, "It's not like that. We want the white man to earn more money than we do [lit.: money exceeds us], and for him to give us what we deserve [lit.: fits us]. We cannot hate him [lit.: feel bad of him] [because] that would be a big sin if he did not earn much more than we do. God would not like that. They have been used to that well-being since the old days, but we are just at the beginning. Do you see the seed surpass the head? Do you forget the proverb?"

"Hello! Hello! Hello!" the loudspeaker [lit.: radio] startles [people]. "[Please] be quiet. Time is passing. The friends who came to the celebration want to give something which they brought to the organizer of the celebration."

Then one woman comes forward after the words on the loudspeaker and says, "We children from [the district] of Mai Ndombe have come to the place where our friends have invited us. We are very happy. We give him [the director of the celebration] one thousand." Hands clap [lit.: fall].

Another person emerges saying, "We people from Equateur, from the town of Libende, we all accepted the invitation with gratitude to the place where we were invited and we give one thousand ten [francs]." The hands clap again.

It comes to the members [lit.: children] of the association La Joie who collect money from seventeen people. They have only four hundred and five francs. Makalamba contributes five francs like all the people of 'La Joie also contributed.

He refuses to contribute much because that would give "la Joie" a big head. It is the turn of the association La Joie, which gives four hundred and five francs including what Makalamba gave.

After giving money to La Joie, Makalamba says good-bye to them and leaves. The celebration continues in full force until early morning

The second rooster is crowing [i.e. it is about 3:30 a.m.] when Makalamba returns to his home. He takes off his clothes and throws himself on top of the bed.

[At the time] the third rooster begins to crow [i.e. about 4:45 a.m.] near sunrise, he [Makalamba] hears people arriving inside the property and beginning to knock on the doors of the houses of the people of the property. They knock on that of Makalamba. The people of the property all wake up. They come out one after the other. Makalamba comes out with his wife likewise. They see municipal authorities with soldiers. They ask for the documents of the property. They tell everybody to come out with their identity books.

Babandí na Mákalámbá na mwǎsí wa yě, zambí nkómbó ya bangó ezalákí sé libosó ya bato bánsɔ ba lopángo. Bilɔkɔ ya bangó ya mbulamatáli bikokí bínsɔ. Atá mɔkɔ́ ezángí tê. Bakómí na óyo wa míbalé na ya mísáto, bínsɔ bizalí sé malámu. Oyo wa mínɛi ezalí na mwá libúnga. Bakangí búku ya yě. Oyo ya mítáno sé bôngó, bakangí mpé búku ya yě.

Utá wâná batálí bánsɔ mpé bazwí bato bátáno baye bazalí na mibúnga na mibéko mya Babélɛsi. Mpɔ́ ya mibúnga mya bangó, toyébí boye... Mɔkɔ́ Moloso afútí mpáko míngi tê. Mosúsu Tomoke akátí mángwelé ya mbúla wâná tê. Mosúsu Táno azalí na mosálá tê. Mosúsu Andala azángí kálati ya sɔmélɛ. Mosúsu Mondenge azángí fotó mpé mosúsu Ngabe bakɔ́tísí yě sé na káti ya molɔngɔ́ môná. Bakamátí bangó, babimísí bangó o lopángo mpé banátí bangó.

Ntɔ́ngɔ́ etání makási. Mosálá wâná ya mindélé-mbóka mpé moyéí kosíla. Wâná, balopángo nyɔ́nsɔ ya epái wâná esílí na botáli. Lopángo mɔkɔ́ elekámí tê.

Na ngonga ya zómi na mɔkɔ́, mindélé-mbóka na sodá batíkí mosálá wâná ya botáli mikandá ya mbulamatáli. Bakamátí sé bato bánsɔ baye bazwámákí na mibúnga na mikandá mya bangó. Banátí bangó na biló. Batálí likambo lya mɔkɔ́ na mɔkɔ́, mpé bakangí óyo bakokí kokanga, batíndí na mbóka ya basénzi baye bakokí kotíndama mpé batíkí mpé baye bamɔ́ní te mabé ya bangó mazalákí mpenzá monénɛ tê.

Mpókwa ekómí. Na káti ya bato bátáno bakangákí na lopángo efándí Mákalámbá, ná mɔkɔ azóngí tê. Mɔkɔ́ tê batíndí o mbóka basénzi. Bangó bánsɔ bakangémí sé o bolɔ́kɔ,

Lopángo mobimba sé lisoló lya bangó. Bato bánsɔ ya lopángo babimí o libándá. Babéndí bakíti ya bangó esíká mɔkɔ́. Batíí mwínda o ntéi ya bangó.

Mákalámba yě yě te, "Mondélé alingí níni na bíso?"

Bendele, tatá wa lopángo, azóngísí na bolobi te, "Mɔndélé alingí áboma sé bísó bánsɔ."

Mamá Efonde, mwǎsí wa mokóló ndáko yě yě te, "Mɔndélé alingí sé amílakisa te azalí mokonzi wa bísó."

202

They start with Makalamba and his wife, because their name was first of everybody in the property. Their identity papers are all in order. Not even one [thing] is missing. They come to the second and the third, both are in order. The fourth [book] has a small irregularity. They seize his book. The fifth one the same, they take his book also.

In the same way they check everybody and they take five people who have irregularities with respect to the Belgian laws. Concerning their irregularities, we know the following: The first Moloso hasn't paid enough taxes. The next Tomoke hasn't received his vaccination of this year. Another Tano is out of work. The next Andala is missing his unemployment card. The next Mondenge is missing his ID and the one after that Ngabe– they put him in that group too. They arrest them, they take them off the property and they take them [with them].

It is broad daylight [lit.: the morning dawns hard]. And the work of the municipal authorities is done. In the same way, all the properties of that area have been checked. No residence has been passed over.

At eleven o'clock, the municipal authorities and the soldiers finish the work of inspecting the administrative papers. They take all the people who were caught with errors in their documents. They take them to the office. They inspect [each] case one by one and they arrest those [lit.: this one] whom they can arrest, they send to the rural village those who should be sent and they release those whose [lit.: whom they see that their] wrongdoing was not really great.

The afternoon arrives. Among the five people they arrested on the property, [where] Makalamba is living, not one has returned. Not one was sent to the rural village. All of them were put in [lit.: arrested into] jail.

The whole property is [filled with] their conversation. Everybody on the property comes outside. They drag their chairs together. They put a lamp in their midst.

Makalamba says, "What does the white man want of us?"

Bendele, the landlord, replies with these words, "The white man just wants to kill all of us."

Mama Efonde, the landlord's wife, says, "The white man just wants to show that he is the boss [lit.: our master]."

Mákalámbá mpé abátíkí tê. Abakísí te, "Bolɔ́kɔ baníngá ba bísó bakɔ́tí ezalí bolɔ́kɔ ya ntína tê. Sɔ́kɔ́ lokutá, tótála likambo mɔ̌kɔ́ mɔ̌kɔ́ ya bangó. Moloso afútí sɔ̂lɔ́ mpáko mínɛi tê, kási Moloso azalákí na mbɔ́ngɔ mpɔ̂ ya bofúti mpáko míbalé. Mondélé-mbóka alingí wâná tê mpé amótíndí sé o bolɔ́kɔ. Sɔ́kí tomítúní mpɔ̂ níni yě Mbulamatále asálákí mánsɔ tê mpɔ̂ Moloso áfúta mpáko wâná na ntángo mɔ̌kɔ́ malámu? Yě alingí wâná tê. Amɔ́ní malámu sé kokɔ́tisa yě na bolɔ́kɔ, komɔ́longolisa masapáto, komɔ́látisa mpíli, komɔ́káta nsúki lokóla nyama, komɔ́lálisa na sima ya bolɔ́kɔ lokóla ngúlu.

"Mpɔ̂ ya Tomake, akɔ́tí bolɔ́kɔ mpɔ̂ ya mángwelé? Oyo wâná mpé likambo níni? Mondélé-mbóka ayébí malámu te mpitálo ya bísó ezalí moké míngi mpé bato balekí míngi. Utá babandí mángwelé na sika sánzá elekí mísáto ndé basálí káka ndámbo ya Kinshásá. Lopitálo lozalí na bokási ya bosílisi bato bánsɔ tê mpɔ̂ bato balekí míngi mpé bilɔ́kɔ ya bangó kosála mosálá ya mángwelé bilekí moké. Mpɔ̂ báloba te mabé ezalí útá bangó mɔ̌kɔ́ Mbulamatáli balingí *koyéba* wâná tê. Malámu sé bákanga bakongolé mpé bátíya bangó o bolɔ́kɔ.

"Na epái ya Andala, bakangí yě mpɔ̂ azalí na mosálá tê. Mondélé azalí sɔ̂lɔ́ mabé. Utá bankɔ́kɔ ba bísó, mobáli azángaka mosálá tê. Moto lokóla Andala, moto azalí na bokási bɔ́nsɔ ya mobáli ndé akoboma tɔ̌ mbísi tɔ̌ nyama na ntángo ya bankɔ́kɔ. Atúní misálá bipái na bipái tɔ̌ mpé na Mbulamatáli balingí kokwa yě na mosálá tê. Wâná mobúnga ya yě tɔ̌ ya náni? Mondélé amɔ́ni boye, atúní atá kotúna tê mpé amóbwákí sé o ntéi ya bolɔ́kɔ.

"Epái ya Mondenge, tokokí koloba te yě na Andala bazalí sé ndéngé mɔ̌kɔ́. Ndé Mondenge azángákí koyébisa na mondélé-mbóka te asílí atíkí mosálá mpɔ̂ batíyá yě na molɔngɔ́ ya somélɛ. Insɔ wâná níni? Oyo wâná ezalí motungisi mwa sɔ̂lɔ́ tê!

"Likambo mosúsu óyo ya Makayábo. Fotó ebúngákí. Sɔ́kí mondélé-mbóka azalákí na mosálá ya bomoto, ndé amólobélákí te áluka fotó mosúsu. Liloba wâná ezalí lokóla áluka falánga mpé ásómba fotó mosúsu. Mondélé-mbóka amɔ́ní wâná pámba mpé amólekísí sé o bolɔ́kɔ.

"Na makambo mánsɔ wâná tomɔ́ní te sɔ́kí sɔ̂lɔ́ tozalí sé komɔ́na yangó na míso boye, tosálí makási ya bǎna mibáli tê, ndé tokozala sékó o boúmbu. Malámu sé totíkela mɔndélé nzóto tê. Tósála sé moléndé mpɔ̂ ya boyébisi te mánsɔ makosála yě o káti ya Kinshásá tɔ̌ ya Kongó mobimba, mazalí sé mobúnga monénɛ káti ya makambo ma mokili mpé na efándeli ya bísó na bangó."

Makalamba takes his turn [lit.: doesn't leave them]. He adds, "There is no reason why our friends are in jail [lit.: the jail which our friends have entered is a jail for no reason]. Suppose there were a reason [lit.: if a lie], let's look at each one of their cases. Moloso didn't pay four taxes, but Moloso had [only enough] money to pay two taxes. The municipal authority doesn't like that and sends him to jail. Suppose we ask ourselves, 'Why doesn't the administration do what it can [lit.: everything] so that Moloso pays his tax in good time?' It doesn't want that. It sees fit to put him in jail, to take away his shoes, to dress him in the blue cloth [of mourning], to cut his hair like an animal, and to make him sleep in [lit.: behind] the jail like a pig.

"As for Tomake, is he in jail because of a vaccination? And why is that? The municipal authority knows well that our hospitals are very small and there are too many people [lit.: people exceed much]. Since they began new vaccinations three months ago, they have only done half of Kinshasa. The hospital doesn't have the capacity to finish everyone because there are too many people and their supplies for doing the work of vaccination are too limited. The administration doesn't want to admit that the problem is on their side [lit.: To say that the problem...]. It is better to arrest the Congolese and put them in prison.

"And with Andala, they have arrested him because he is out of work. The white man is really bad. In the time of our ancestors, a man did not lack work. A person like Andala, [such a] person had the full capacity of a man to kill either fish or animals in the time of our ancestors. He asked for work everywhere, even of the colonial administration which didn't want to give him work. Is that his mistake or whose? [When] the white man sees that, he doesn't even ask and he just throws him in jail.

"As for Mondenge, we can say that he and Andala are the same. Now Mondenge failed to inform the administrator that he had just left his job [presumably against his will] so they put him among [lit.: in the line of] the jobless. All of that for what? That is not a real outlaw.

"The next case is that of Makayabo. His ID is lost. If the administrator were humane [lit.: had humane work], he would tell him to look for another ID. That explanation is like looking for money and buying another ID. The administrator sees that as useless and puts him in jail.

"With regard to all these things, we see that, if we are truly to see them like this [lit.: with these eyes], then we are not making a manly effort and we will remain in slavery for ever. It is better that we should not succumb to the pressure of the white man [lit.: abandon the body to the white man]. Let's make an effort to tell [him] that everything he does in Kinshasa or in the whole of Congo is a major error in the affairs of the world and in the relationship of us with them."

Tatá Bendele, mokóló lopángo, mpé abwákí maloba na bolobi te, "Mákalámbá mwǎna wa ngáí, tíká lɛlɔ́ sé bôngó. Mbóka óyo tozalí ya mondélé ezalí mabé. Moto akolingana na yɔ́ áwa mpé bakolíyaka na yě esíká mɔ̌kɔ́, sé yě ndé moto akoboma yɔ́ mokɔlɔ mosúsu. Na masoló mâná mánsɔ olobí toyókí mánsɔ, ndé mpɔ̂ ya lɛlɔ́ tótíka sé wâná mpé tósolola naíno masapo masúsu má mbóka etíká bankɔ́kɔ. Lokóla sánzá ebimí lɛlɔ́ malámu, mpé lokóla tozwámí boye bísó bánsɔ bato ya lopángo, ebɔngí tósolola masoló ma ndéngé na ndéngé. Tótíka maye ma mondélé mpɔ̂ ndé mabótélí bísó mpási.

Bombúla, mɔ̌kɔ́ wa lingómba, alobí yě yě te, "Masapo mabɔngí o mbóka basénzi. Mpɔ̂ ya bísó bǎna Kinshásá, ebɔngí sé tóloba masoló makokí kobɔngisa mbóka mpé ná efándeli ya bísó na mindélé. Ndéngé níni bísó tomɔ́naka mpási na motéma mpé totíkaka mindélé báfándá ndéngé wâná. Bangó bazalí bato, bísó ndé banyama?"

Mokóló wa lopángo, tatá monɛ́nɛ Bendele, ayókí lokóla balingí bákitisa yě na maloba. Bombúla asilíkí mpé afándí sé nyê.

Mákalámbá azilí mobúlú éyá na bozóngiseli maloba na káti ya lingómba wâná tê, mpé akátí sé *káti* ya nzelá ya bakáti na bokúsé te, "Tótíka mánsɔ mpé tópanzana mpɔ̂ ya lóbí. Lɛlɔ́ masoló makokí boye. Lokóla mpé masoló mákosílaka mokɔlɔ mɔ̌kɔ́ tê, lóbí ezalí sé mokɔlɔ." *Bapanzámí*. Mɔ̌kɔ́ na mɔ̌kɔ́ mpe Mákalámbá akɔ́tí o ndáko ya yě.

Ntɔ́ngɔ́ wâná etání. Tatá monɛ́nɛ Mákalámbá akúfí.

III. MAKALAMBA AKEI, KASI ATIKI ELIKYA

Nsango ya liwá lya Mákalámbá etámbólí Kinshásá mobimba. Botámboli bwa yangó bosálémí lokóla mɔ́tɔ mwa nkáké. Mawa mpé ma liwá l̃iná, makɔ́télí bato bayíké o mitéma.

Bato batíí makanisi ndéngé na ndéngé mpɔ̂ ya liwá lya Mákalámbá. Basúsu balobí te, akúfí pámba tê. Mindélé nde basálí mánsɔ ákúfa. Basúsu mpé te mpɔ̂ baníngá ba yě bayókéláká yě zúwa na bozwi bwa yě. Basúsu mpé balobí te bayini ba yeyé ndé *bamóbomí* mpɔ̂ ábátíkela bisɛngɔ bya mokili.

Bamónganga ya mindélé batálí balobí te akúfí pámba tê, zambí azalákí na mpási ya motéma. Kási óyo wâná ezalí ndé kimondélé. Mpɔ̂ ya bato ya Kongó, liwá lya pámba lizalí tê. Bandimí sé te liwá Mákalámbá akúfí, lizalí sé mpɔ̂ ya bangúná.

Then Tata Bendele, the landlord, interjects with these words, saying, "Makalamba my son, stop there for today. This city we're in with the white man is dangerous. The one with whom you get along today [lit.: likes each other with you] and with whom you eat [lit.: they eat with him] in the same place is the one who will kill you the next day. Of all the words you have said, we have heard them all, but for today we can stop there and we can tell now other stories of the country which the ancestors have left us. As the moon appears clearly this evening [lit.: today], and as we are assembled like this all of us together from the residence, we should speak about all kinds of things. Let us forget about these [conversations] about the white man because they bring about [lit.: give birth to] suffering for us.

Bombula, one of the group, says, "[those] stories are suitable for the rural village. For us Kinshasans, we had better discuss matters which can develop [our] country and our relationship with whites. What suffering we experience in our hearts and how do we let the whites live the way they do?!! Are they people but we animals?"

The landlord, the elder Tata Bendele, understands that they want to change his mind with their words. Bombula frowns and stays quiet.

Makalamba does not wait for the confusion to come from the exchange of words in the group and he interrupts [lit.: cuts the way of cutting short], [saying] "Let's stop all of this and let us separate until tomorrow. That is enough conversation for today. As conversations do not get finished in one day, tomorrow is [another] day." They separate. One by one, [including] Makalamba, they go to their homes.

Morning breaks. The venerable Tata Makalamba is dead.

III. MAKALAMBA DEPARTS BUT HE LEAVES HOPE

The news of Makalamba's death spreads throughout all of Kinshasa. It spreads [lit.: its spread is done] like lightening. The sadness of that death strikes many people to the quick [lit.: hearts].

People put out all kinds of thoughts about Makalamba's death. Some say that he didn't die for no reason [understood, he died of sorcery]. White men did everything so that he would die. Others [thought] that [it was] because his friends felt jealous of his possessions. Still others said that his enemies killed him so that he would leave them the pleasures of life [i.e. they would gain happiness through his death].

The white doctors who examined [him] said that he didn't die for no reason, [understood, he died of physical problem] because he had a heart problem. But that is a western way of thinking. For the people of Congo, there is no natural death. They would agree that the death that Makalamba died was due to his enemies.

Liwá lya Mákalámbá lipésákí sɔ̂lɔ́ bato bayíké mawa míngi o motéma. Elɔ́kɔ bato bazalákí kolela míngi sé mpɔ̂ ya makambo mánsɔ ya malámu maye Mákalámbá azalákí koloba, makundámí o nsé ya bowéi bwa yě esíká mɔ̌kɔ́.

Na káti ya makambo mánsɔ toyébí na motó ya Mákalámbá, tólanda naíno maye azaláká komáloba ntángo na ntángo te bato bánsɔ ba Kongó, bazalí sé moto mɔ̌kɔ́, ntína ya botandoli ezalí tê. Sɔ́kí litando lizalí wâná ndé mondélé moto azalí kotíya yangó mpɔ̂ ázala sékó na bonyati bato ya Kongó!

Mákalámbá azaláká koloba te, "Sɔ́kí mokili mwa Kongó mozwí lipandá lokóla mbóka ínsɔ íye izalákí o boúmbu ya mindélé, elɔ́kɔ ya libosó ezalí bato ya mayɛ́lɛ mpé na bato basúsu baye balandí baye ba mayɛ́lɛ, bakozala o bosó ya mbóka mpɔ̂ ya bonáti mbóka, ebɔngí sé báyébisa na bato bánsɔ níni wâná moto wa Kongó. Batíya nkómbó ya Kongó libosó mpé bálongola nkómbó ya mokɔ́ngɔ́, mongála, molúba, mutetéla, moswahíli, mɔ́ngɔ, ngombe, na bikólo bisúsu míngi o mitú ya bangó. Sɔ́kí babwákí makambo ya tɔ̌ mwa *bikólo* ya moké moké óyo ezalí na Kongó mpé batíí motéma sé na ezaleli ya bato bánsɔ o Kongó, ndé bakozala na bonsɔ́mí bwa bangó.

"Bato ya Kongó bayébaka te útá mondélé azalí konyata bangó, azalí na ntángo áyébisa bangó ekólo na ekólo ezalí na Kongó tê mpɔ̂ ányata bangó. Azalí sé na ntángo ya botíki bangó bôngó mpé na bokamati bangó bánsɔ ndéngé mɔ̌kɔ́, mpɔ̂ bámɔ́na na míso ya bangó te mondélé azalí na moto alingí tɔ̌ ekólo alingí tê, mpé mpɔ̂ báyéba te akosála bangó bánsɔ sé ndéngé mɔ̌kɔ́.

"Ya sɔ̂lɔ́ mpenzá, mpɔ̂ ya botíí mobúlú na efándeli ya bangó mpɔ̂ bázala sékó mokonzi wa Kongó, mondélé akosála sé koluka kobúlungusana bangó mpɔ̂ bábomana. Na bôngó akomílakisa te sɔ́kí eyéí mabé bábéngaka sé yě mpɔ̂ ákátelaka bangó makambo bazwání. Kási nyɔ́nsɔ wâná mondélé akosála sé sɔ́kí amɔ́ní te mánsɔ makosála yě o káti ya bangó mazalí na bopikami bwa yě o Kongó.

Makalamba's death truly caused many people great sadness in their hearts. The thing which they cried most about was that all the good ideas which Makalamba was saying would be buried together with him [lit.: with his death].

Of all the ideas that we know from the mind of Makalamba, let's first follow those he was saying repeatedly, [namely] that all Congolese are equal [lit.: one person] [and] there is no reason for discrimination. If there is discrimination, then it is the white man who is creating it so that he [can] oppress the Congolese people for ever!

Makalamba used to say, "If the country of Congo gets independence like all the countries enslaved by the white man, the first thing is that educated people and other people who follow the educated should lead [lit.: be in front of] the country to carry the country forward [and] it is necessary that they explain to everyone what it means to be Congolese. They should place the name of Congo first and remove the names of Kongo, Ngala, Luba, Tetela, Swahili, Mongo, Ngombe and [those] of other ethnic groups from their heads. If they reject those things such as the little ethnic groups which are in Congo and they put their hearts into the relationships among all the people of Congo, then they will have their freedom.

"The people of Congo should know that, since the white man has been oppressing them, he does not want [lit.: have the time] to explain [things] to each ethnic group in Congo so that he oppresses them [i.e., keeping people divided and ignorant is a means of controlling or oppressing them]. He likes [lit.: has time] to leave them that way and to treat them all the same way so they can see with their own eyes that the white man doesn't favor one person or one ethnic group [lit.: has the person he likes or the ethnic group he doesn't like], and also that they should know that he will treat them all the same.

"Truly, in order to stir up confusion in their relationships with each other so that they [white men] remain ruler[s] of Congo, the white man will act [lit.: do to try to] to confuse them so that they kill each other. Thus he shows himself [in a way] that, if trouble occurs, they can only call on him to settle for them the issues they have among themselves. But everything that the white man does is [done] only if he sees that everything he is doing among them [the Congolese] is so that he maintains himself in Congo.

"Mpɔ̂ ya boyókani bolámu káti ya bangó, mondélé asálí mánsɔ makokí yĕ mpɔ̂ bázala na monɔkɔ mɔ̌kɔ́ ya monénɛ óyo bakokí koyókana bangó bánsɔ tê. Ayébí na bolámu te sɔ́kí azwí monɔkɔ mɔ̌kɔ́, *ekokí* koyébana bipái bínsɔ ya Kongó, ndé mosíká tê mokɔlɔ mɔ̌kɔ́ bakotónga lingómbá mɔ̌kɔ́ ya makási mpɔ̂ ya bobéngisi mondélé o mbóka ya Kongó. Na bôngó mondélé asálí mánsɔ mpɔ̂ ekólo na ekólo élinga sé mwá monɔkɔ mwa moké ya ekólo mɔ̌kɔ́ mɔ̌kɔ́ ya Kongó ya bobomi bobóto bwa bato ba Kongó mpé mpɔ̂ ya bobúngusani bangó. Mpɔ̂ átíya bangó na mpási lisúsu, abomí makambo ma bangó mpé amálongólí o káti ya efándeli ya ngɛlé. Mpɔ̂ amíléndisa na efándeli abálobélí lisúsu te babéta líkembe ya bankɔ́kɔ ya bangó tê mpɔ̂ ezalí mabé mpé makambo ma *basénzi*. Alobí na bangó bátíka kobína na lingwánda, ezalí mabé sɔ́kí bazalí kobína bangó na bangó. Kási andimí básála mánsɔ ya bonkɔ́kɔ sé na ntángo bakosana mpɔ̂ te átála.

"Na bonkɔ́kɔ bwa bato ya Kongó, mwăna moké akokákí kolobela mpaka makambo ma lofúndo tê. Mwăna moké azalákí sɔ́kí akómí libosó ya mpaka, álakisa limɛmyá. Mpɔ̂ ya yangó ezalákí, sɔ́kí akómí libosó ya mpaka, akofukama. Mondélé alingí wâná tê. Alobí wâná ndé bosénzi, mpé alobí te, sɔ́kí mwăna moké azalí mayɛ́lɛ, yĕ ndé mpaka mpé mokonzi. Bompaka ya mandéfu ezalí pámba.

"Mondélé abóyí bálíya ndéngé ya bankɔ́kɔ ba bangó. Alobí bálíya ndéngé ya bangó mondélé, mpé apímí bangó mosɔlɔ ya kosála lokóla bangó. Wâná elingí koloba níni? Elingí koloba te balingí bátámbwisa bato moyíndo sé moto pámba mpɔ̂ bayébí malámu te mpɔ̂ ózala na efándeli malámu na mbóka lokóla mondélé ekoluka falánga. Kási moyíndo ya Kongó azángí yangó.

"Bamayɛ́lɛ nyɔ́nsɔ ya mabé ezalí na mondélé, sé mpɔ̂ ya bofándisi bato ya Kongó káti ya boúmbu. Na bôngó ebɔngí sé bato ya mayɛ́lɛ báyébisa bato bánsɔ ndéngé ya mayɛ́lɛ mabé ma mondélé mpɔ̂ bábwáka yangó mosíká. Mpɔ̂ sɔ́ki mayɛ́lɛ wâná mafándí sé nyê na nzóto ya Kongó, atá basálí bóní, bakozala ndé na etumba monénɛ libosó te málongwa na nzóto ya bangó.

"Ya sɔ́lɔ́ mondélé azalí moto ayélá bato ya Kongó makambo ya bilɔ́kɔ bínsɔ bizalí na mbóka ya bangó. Asálí mabé tê, ndé ebɔngí te bálálisa míso sɔ́kí bayébí te na káti ya bosangani bwa bato bánsɔ ba Kongó, mondélé azalí na * nkita monénɛ tê. Ekokí malámu báyébaka na bolámu mpé bobé bokokí kosála mondélé na káti ya kosangana ya bato ya Kongó. Yangó wâná bokósi bɔ́nsɔ bwa mondélé bokeí sé na *bokabwani* bwa bato ya Kongó.

"As for good mutual understanding among them, the white man does everything he can so that they do not have one major language with which to understand each other. He knows very well that if he [the Congolese person] has one language, which could be understood everywhere in Congo, then in a short time one day they would create a strong [political] party in order to chase out the white man from the country of Congo. Thus the white man does everything so that each ethnic group only likes its own ethnic language, [with the result] of killing the goodwill of the people of Congo and causing confusion among them. In order to hurt them even more, he destroys their traditions and removes them from their daily life in Kinshasa [lit.: downriver]. To reinforce this manner of behavior, he tells them also that they cannot play their ancestral guitars because it is bad and uncivilized. He says to them to stop dancing in their short outfits, it is bad when they dance among themselves. But it is fine with him [lit.: he agrees] for them to perform all the ancestral [traditions] when they are performing so that he can watch.

"According to the ancestors of the people of Congo, a young person could not say arrogant things to an elder. The young person, when he came before an elder, used to show respect. It used to be in this regard that, when he came before an elder, he would kneel. The white man does not like that. He says that is uncivilized and he says that, if a young person is smart, then he is indeed [like] the elder and the boss. Bearded old age is useless.

"The white man prevents them from eating in the manner of their ancestors. He says they should eat in the manner of the white man but he refuses them the money to act like them. What does this mean? It means that they [the white men] want to drive the black men crazy because they know very well that, in order to have a good standard of living in the city like the white man, it requires money. But the black man of Congo lacks that.

"All the evil strategies belong to the white man, and they are only to maintain the people of Congo in slavery. Therefore, it is necessary that intelligent people inform everybody about the evil strategies of the white man so that they cast them [the strategies] far away. Because, if these strategies remain quietly embodied in Congo, then no matter what they [the Congolese] do, they will have a major battle before they can rid themselves of them [lit.: before they (the strategies) abandon their bodies].

"Indeed the white man is a person who brings to the people of Congo the habit of [having] all the things which are in his [lit.: their] country. This is not bad [lit.: He hasn't done bad], but they [the Congolese] would not act [so] obsequiously [lit.: put eyes to sleep] if they understood that, compared to all the Congolese people, the white man does not have such great wealth. It would be good for them to know both the bad and the good that the white man can do for the unity of the Congolese people. That's why all the deception of the white man brings about the division of the Congolese people.

"Ekokí mpé báyeba te na lisangano lya bangó, mondélé akoluka sé mánsɔ makotála epái ya yĕ bolámu. Sɔ́kí bôngó tê, akosála sé mánsɔ mpɔ̂ makambo ma yĕ málongwa na nzelá ya bofándisi bwa yĕ na Kongó tê.

"Na bôngó, mondélé akokí kosála elɔ́kɔ pámbapámba sé mpɔ ya bolámu bwa bato ya Kongó tê. Wâná akósí. Sɔ́kí amɔ́ní te mosálá wâná mokopésa yĕ nkita tê, akosála tê. Sɔ́kí bôngó tê, akotíka yangó. Yangó wâná sé mpɔ̂ te bábɔnga, wâná ezalí lokutá. Mondélé, sɔ́kí apésí yɔ̆ elɔ́kɔ mɔ̆kɔ́, yébá na bolámu yĕ akozwa zómi. Sɔ́kí mpé apési yɔ̆ elɔ́kɔ na lobɔ́kɔ ya mwăsí, akobɔ́tɔlɔ sé elɔ́kɔ yangó na lobɔ́kɔ ya mobáli. Wâná ezalí mondélé.

"Mpɔ̂ te yĕ ábúngisa mánsɔ azalí kokwa na mbóka ya bangó, akolobela bangó te mbúla nyɔ́nsɔ akozwa lifúta tê. Akolobela bangó sé te mbúla nyɔ́nsɔ yĕ ndé azalí kobébisa mbɔ́ngɔ ya yĕ mpɔ̂ ya bobɔngisi mokili mwa Kongó. Wâná ezalí ndé na mayélɛ ma yĕ ya bobómbi makambo mánsɔ ya bilɔ́kɔ bikoúta na mbóka ya Kongó. Wâná mpé ezalí ndé mpɔ̂ ya bobángi te bato bafungólí míso na bangó akolobela bangó sé azalí na nkita tê mbúla nyɔ́nsɔ na misálá akosála o Kongó.

"Mondélé ya Bélɛsi akamátá bilɔ́kɔ ndéngé na ndéngé na Kongó, akolobaka yangó tê. Elɔ́kɔ yĕ ayébí sé koloba makambo ya falánga ya banzelá na balopitálo óyo yĕ azalí kosálela bangó. Wâná ezalí mondélé.

"Ntángo nyɔ́nsɔ akoyébisa bangó sé falánga adéfísí mokili mwa Kongó mpɔ̂ ya bobɔngisi mbóka, kási mondélé akoloba óyo yĕ azwá na mabɔ́kɔ mpé na mokili ya bamómbo ya yĕ ya Kongó tê. Wâná ezalí elɔ́kɔ ya kobómba. Sɔ́kí otúní yĕ, *olobí* wápi falánga okozwaka na bilɔ́kɔ óyo ekoútaka na Kongó, akozóngisela yɔ̆ te wâná ezalí likambo ya kotúna tê, mpɔ̂ ezalí ya mondélé óyo atíí mbɔ́ngɔ. Akolanda lisúsu te wâná ezalí likambo ya bato batíyáká falánga ya bangó na Kongó mpɔ̂ ya misálá ya bozwi nkita.

"They should know that through their common efforts, the white man is only looking for everything which will result in his profit. If not, he will do everything so that his affairs stay [lit.: do not get off the road of staying] in Congo.

"Thus, the white man cannot work for nothing just for the sake of the people of Congo. Thus he is deceptive. If he sees that the work will yield no profit, then he will not work. If not, he will quit. That is why [to think] that they will change is false. The white man, if he gives you one thing, knows well that he will take back ten. If he gives you something with his left hand [lit.: hand of the woman], he will seize that thing with his right hand [lit.: hand of the man]. That is the white man.

"So that he can be deceptive about everything he is taking to his [lit.: their] country, he will tell them that every year he is getting no salary. He will tell them that every year he is wasting his money to develop the country of Congo. That is his strategy for hiding everything about that which comes from the country of Congo. It is out of fear that people might open their eyes that he tells them that he gets no profit every year from the work he is doing in Congo.

"The white man of Belgium takes all kinds of things from Congo, [and] he says nothing [about] that. What he knows is to talk about matters of the money for roads and hospitals which he is building for them. That is the white man.

"All the time he is telling them that it is the money he is lending to the country of Congo for the development of the country, but the white man doesn't speak of the profit [lit.: what he gets in his hands] from the country of his Congolese slaves. That is something to be hidden. If you ask him, 'Where do you say the money is you got for the things which were exported from Congo?', he will reply to you that is not something to ask about because it is [a matter] for the white man who is investing the money. He will further add that that is a matter for the people who are investing their money in Congo to make a profit [lit.: for works of getting profit].

"Atá Mondélé-Mbóka akosála mánsɔ mpɔ̂ ayébisa na bato bánsɔ tê, mpé mosálá mwa mondélé-mbóka epái ya bato ya Kongó sé ya kobúngusanaka bato ya Kongó. Sɔ́kí mpé otíí ntembe míngi na ntína ya boyébi esíká mosɔlɔ mwa bilɔ́kɔ bikoútaka na Kongó ekokɛndɛkɛ, bakamátí yɔ̌ moto mabé, mpé batíí nkómbó na yɔ̌ na káti ya mokandá ya bato mabé. Utá wâná, baluka koyéba efándeli ya yɔ̌ mpé mpɔ̂ ya bokangi yɔ̌. Bakoloba bipái ná bipái te yɔ̌ Koministe. Bakopésa mpé ntingo te yɔ̌ olingí óbébisa bato. Yɔ̌ ozalí na motéma mwa kobɔ́tɔla mondélé óyo batíyá mbɔ́ngɔ na Kongó falánga ya bangó óyo bazwáki na mpási, mpé basálí misálá ya kobɔngisa mokili ya Kongó na mpási. Bakoloba te olingí ndé Koministe ékɔ́ta na mbóka, mpé olingí moto ázala na mwǎsí wa yě mɔ̌kɔ́ tê. Olingí ndé mwǎsí ákóma mpɔ̂ ya bato bánsɔ, mwǎna wa bato bánsɔ, mótuka mwa bato bánsɔ, ndáko ya bato bánsɔ. Olingí atá moto akosálaka tê, ákóma sé na esíká ya bolámu mpé ákamata nyɔ́nsɔ elingí yě sé bôngó, kotúna tê, lokóla bakoministe na mbóka ya bangó.

"Na Kongó bato bakoluka koyéba mánsɔ mondélé ya Bélɛsi akosála na Kongó, bazalí bakoministe zambí babóyá Nzámbe. Balingí makambo ya bozábulu. Balingí mikonzi tê. Balingí sé bonyama, mpé bobébisi makambo."

Nyɔ́nsɔ wâná, ezalí maloba ma bangúná ya Kongó. Mpɔ̂ sɔ́kí Mákalámbá abazɔ́ngísí te sɔ́kí maloba wâná mazalí sɔ̂lɔ́, mabé mánsɔ mazalí ya bakoministe, bóní ekokí kozala te bato wâná bazalí na ndéngé ya makambo wâná mpé bázala na efándeli ya mobúlu lokóla banyama bôngó mpé bázala na mayélɛ mɔ̌kɔ́ tê ya kibomoto, mpɔ̂ níni bazalí kobíka? Mpɔ̂ níni mpé Mpótó misúsu óyo ezalí na mánsɔ ya kibomoto bakamata baníngá ba bangó wâná ya bonyama ya *kikoministe* balakisa bangó mánsɔ ya bolámu tê? Oyo wâná elingí koloba te mɔndélé azalí koloba sɔ̂lɔ́ tɔ̌ lokutá tɔ̌ mpé bóní?

Mondélé akanisa sé te mánsɔ makoloba yě mpé makosála yě na káti ya Kongó makokí koyébana tɔ̌ komɔ́nana na míso ya moto moyíndo tê, mpɔ̂ mayélɛ ma yě mazalí moké. Kási ndé asálí mobúnga mpɔ̂ *abóyí* koyéba te moto nkómbó na yě sé moto. Atá azalí moyíndo, atá azalí mposo ya ndéngé níni, motání, pémbé tɔ̌ ndéngé na ndéngé, atá mpé azalí ngóla, nyɔ́nsɔ wâná sé mposo. Ndé asálí na nkó mpɔ̂ ábósana te bomoto sé ndéngé mɔ̌kɔ́. Moto ya Kongó sé moto lokóla yě mɔndélé wa Bélɛsi.

Mondélé wa Bélɛsi abósání te sɔ́kí batíí bangó, moyíndo ná mɔndélé, esíká mɔ̌kɔ́, mpé bazwí efandeli mɔ̌kɔ́, kelási mɔ̌kɔ́, bakoyéba mánsɔ sé ndéngé mɔ̌kɔ́. Ekokabwana sé na nzóto káka! Sɔ́kí moyíndo *tɔ̌* mɔndélé azalí mayélé míngi, akokí koleka moníngá. Kási likambo lya mposo likozala wâná tê. Ekozala sé likambo lya moto na moto.

"Even the [lower ranking] municipal authorities do not do anything to inform the people and the work of the municipal authorities with the people of Congo is to deceive the people of Congo. If you insist [lit.: put doubt in] on knowing where the money for the things produced in Congo has gone, they will take you for a bad person and put your name on a black list [lit.: book of bad people]. For that reason, they seek to know about your behavior for the purpose of arresting you. They will say everywhere that you are a communist. They will give the answer that you want to corrupt people. You want [lit.: have heart] to take away from white men the money they have invested in Congo which they have earned with hard work and [with which] they have worked hard to develop the country of Congo. They will say that you want Communism to come to the country; you don't want a person to have his own wife. You want a woman to belong to everybody; children [to belong] to everybody; a car [to belong] to everybody; a house [to belong] to everybody. You want even for a person who does not work to come to a place of well-being and to take anything he wants without asking like the Communists in their country.

"In Congo, the people who are trying to know everything that the white Belgian does in Congo are [viewed as] Communists because they reject God. They prefer witchcraft. They don't like the [colonial] authorities [lit.: leaders]. They like savagery and the destruction of things."

Those are all words of the enemies of Congo – because, if Makalamba replies to them that, if these ideas are true [and] all the evil is due to Communists, how can it be that these people, who have these kinds of ideas and have confusing behavior like animals and don't have the intelligence of humankind, how do they survive? Why don't other Western countries, which are civilized [lit.: have everything of humankind], take their fellows, [who have] the savagery of Communism, and show them appropriate behavior? Does this mean then that the white man is telling the truth or a lie or just what?

The white man thinks that everything which he says and does in Congo cannot be known or seen by [lit.: by the eyes of] the black man because he isn't smart [lit.: his intelligence is small]. But he makes a mistake because he refuses to acknowledge that a man is a man [lit.: a man, his name is man]. Even if he is black, even if he is a skin of whatever kind – red, white, or whatever, even if he is a red [like a certain tree, called ngola], all that is just skin. He simply pretends not to know [lit.: acts on purpose so that he forgets] that human nature is the same. The man from Congo is a man like the Belgian white man.

The Belgian white man forgets that, if they were put, black and white, in the same place and they had the same bench [and] the same classroom, they would know everything in the same manner. It is only a difference in the skin [lit.: it divides only about the body]. If the black or the white man is very intelligent, he can surpass his fellow man. But it is not a matter of the skin. It is an individual matter [matter of person to person].

Selection Two: Mákalámbá

Utá wâná, mɔndɛ́lɛ́ na bokómi bwa yĕ o Kongó, *asálí* mánsɔ mpɔ̂ báyéba te mposo ya bangó ezalí moyíndo pámbá tê Nzámbe apésáká bangó etúmbu, mpé alobɛ́lá bangó te sɔ́kí atá basálí bóní, bakozala na mánsɔ ma bangó sé moyíndo, lokóla mposo ya bangó. Wâná ezalí kolakisa te sɔ́kí balingí makambo ya bangó mábɔnga, ekokí sé bázala na mindɛ́lɛ́ na libosó ya bangó na makambo ma bangó nyɔ́nsɔ mbúla na mbúla.

Mondɛ́lɛ́ ya Bɛ́lɛsi, atámbwísí nsango ya lokutá ndéngé na ndéngé, na mayɛ́lɛ́ mánsɔ mazalí na yĕ na Kongó. Ndé wâná ezalí mawa míngi mpɔ̂ bato bakozwaka nsango wâná, bakolukaka na sɔ̂lɔ́ mpenzá ntína ya bobé ya botámbwisi nsango wâná tê.

Na bozángi wa bakongolé bilɔ́kɔ, mondɛ́lɛ́ azwí makási mpɔ̂ ya kosála mánsɔ mpɔ̂ ya bolakisi *tŏ* mpé bosopeli bangó falánga mpɔ̂ bábébisa efándeli ya bangó. Na makási ma falánga ya yĕ mondɛ́lɛ́, bakómí kobúngusana, kobomana, komíbébisela efándeli elámu. Mosíká tê balingí bákóma na ndéngé ya efándeli ya bangó mindɛ́lɛ́ na mbóka ya bangó. Náni abúngí te bangó mindɛ́lɛ́ na mbóka ya bangó? Náni abúngí te bangó mindɛ́lɛ́ basálá mbóka ya bangó na likoló ya bibembe? Náni mpé abúngí te bamundɛ́lɛ́ balingí ndé Kongó élanda sé nzelá wâná bangó basáláká na mbóka ya bangó na ndéngé ya bobomi bato? Na bôngó, na ntángo ya lipandá, ezalí malámu sé báfungola míso.

Bátála na bolámu bwa bangó mpé bábɔngisa nzelá ya bolámu bôná bankɔ́kɔ batíkélá bangó. Bátála na bolámu efándeli ya bato bánsɔ ya Kongó mpé bábɔngisa mánsɔ na bolámu mpɔ̂ mbóka nyɔ́nsɔ ya bangó ébɔnga.

Mondɛ́lɛ́ ezalí mokósoli monénɛ. Ebɔngí sé bato ya Kongó báyéba kobátela bilɔ́kɔ ya bangó biye bizalí kozwama na mokili mwa bangó. Báyéba na bolámu te mondɛ́lɛ́ akolinga te básála mánsɔ mpɔ̂ ya mbóka ya bangó. Akosála mánsɔ mpɔ̂ bázala na mitéma mabé ya bobɔngisi mbóka ya bangó. Ndé sɔ̂lɔ́ sɔ́kí moto ya Kongó alingí mbóka ya yĕ, akokí kosála mánsɔ ekokí sɔ́kí alobí te akosálela bato ya Kongó mosálá o Kongó yĕ kosála, mpɔ̂ sɔ́kí akúfí, bato bakoyá o nsima ya yĕ báyéba malámu te sóngóló tŏ pakala asálákí elɔ́kɔ mpɔ̂ ya mokili ya yĕ moye bobéngámí Kongó.

Therefore, the white man upon his arrival in Congo, does everything so that they know that their skin is black because God is punishing them [lit.: gives... punishment] and He tells them that, no matter what they do, everything they have will be black, like their skin. That is to show that, if they want their matters to improve, they should hold the white man in front of them in all their matters year after year.

The Belgian white man spreads all kinds of false news, with all the strategies which he has in Congo. But that is very sad because the people who get this news won't really look for the reason behind the evil of spreading such news.

With the Congolese lack of material things, the white man is motivated [lit.: has a stimulus] to do everything [he can] to show them money or pour money [into circulation] so as to confuse their way of life. With the strength of the money of the white man, they [the Congolese] deceive each other, they kill each other, they destroy their own good way of life. Soon afterwards, they want to aspire to the standard of living of white men in their countries. Who [can] forget that they are white men in their countries? Who [can] forget that they the white men build their countries upon corpses? Who [can] forget that the white men want Congo to follow the example [lit.: way] they give [lit.: make] of this manner of killing people [i.e. they want the Congolese to fight each other as a matter of control]? Therefore, in the time of independence, it is good to open one's eyes.

They [the Congolese] should reflect with their good judgment and they should develop the path of that good judgment which the ancestors bequeathed to them. They should reflect with good judgement on all their Congolese traditions and they should develop all of them with good judgment so that their whole country develops.

The white man is a good guy [lit.: rescuer]. But it is necessary that the Congolese people know how to take charge of the products which are to be discovered in their country. They should know very well that the white man will want everything to be done for their [the Belgians'] country. He will do everything so that they don't care [lit.: have bad hearts] about developing their country. But truly if the Congolese person does love his own country, he can achieve what he wants to do [lit.: do everything possible] if he decides to do the job for the Congolese people so that, when he dies, they will come after him to know well that someone or other did something for his country which is called Congo.

Na mokili moto akokí koyéba bolámu ya moto sé moto bofándí mbóka mɔ̌kɔ́ na bato ya mbóka misúsu ya mitéma malámu. Ndé bamindélé ya Bɛ́lɛsi óyo balingí mosɔlɔ nyɔ́nsɔ ya Kongó ézala ya bangó, bakolingaka moto ya Kongó sé ntángo wâná bakomɔ́na te moto wâná akosála mánsɔ mpɔ̂ ya bolámu ya bangó. Sɔ́kí bamɔ́ní te osálí mánsɔ sé mpɔ̂ ya bato ya Kongó, bondeko wa yě na *mindélé* mpé bosílí.

Na bôngó ndéngé níni moto mobimba ábósana kobɔngisa efándeli ya bato ba yě mpɔ̂ ya bobɔngisi efándeli ya bangúná ya mbóka ya yě? Ebɔngí sé bázila lipandá ndébamɔ́ní óyo ekoyá. Bakúfi bakomɔ́na elɔ́kɔ tê, ndé baye *bakotíkala* bakotála mánsɔ mpé bakoloba makambo mánsɔ Mákalámbá asálákí, sɔ́kí abúngákí, tǒ mpé sɔ́kí abúngákí tê.

Mákalámbá akúfá mpé asálá mánsɔ mpɔ̂ mokili wa Kongó ézala mɔ̌kɔ́.

Etíkálí bato bakoyá bálakisa ya bangó makambo lokóla Mákalámbá, mwǎna wa nsɔ́mi wa Kongó mpenzá, asáláká.

On earth, a person can only know the goodness of another person if you [both] live in the same place with people of other places of good will [lit.: hearts]. However, the Belgian whites, who want Congo's money to be theirs, like a Congolese person only when they see him doing everything for their benefit. If they see that he is [lit.: you are] doing everything only for the Congolese people, then his relationship with the white man is finished.

Therefore how should one forget to improve his people's way of life in order to improve the way of life of his country's enemies? Let them wait for independence and they will see what will come. The dead will not see anything but the living [lit.: those who remain] will see everything and they will speak of everything that Makalamba did – whether he was mistaken or not.

Makalamba died and he did everything so that the country of Congo be united.

It remains only for the next generation [lit.: the people who will come] to demonstrate their 'stuff' as did Makalamba, Congo's real liberator [lit.: child of independence].

SELECTION THREE
EKOZALA BOYE TE

Selection Three: Ekozala Boye Te

Tableau 1: Maison Masumu: (AMISI, SUPER, PAPA MASUMU, MAMA LOYENGE et LIKOMBE)

AMISI: Yaya Super, boni yo na *classe*? Ozali kozua ba *points* ya malamu? Mpo ngai nazali na *décision* mbula oyo. Papa na mama bakosepela.

SUPER: Ngai nionso ezali kotambola malamu mpo mbula ekoya nazua *diplôme d'Etat*. Eloko ezali kotungisa ngai na *5ème* ezali kak *Anglais*.

MAMA LOYENGE: Bino bana na ngai, lisolo nionso lokola ba *camarade*. Ezali mabe te kasi bobosanaka *classe* te. *Avenir* na biso ezali na maboko na bino. Boyebi ndenge tata na bino MASUMU azali kosala nionso mpo na ba *Minerval* na bino *malgré vie* ekomi pasi. Bongo yo Super salaka *attention* na *soin* ya bilamba na yo. Ozali muana muasi. Makambo etali ba sani etali mpe yo.

PAPA MASUMU: (Awuti musala) Mbote na bino nionso. Boni awa na ndako bozali malamu? Muasi na ngai LOYENGE mbote. Boni ba *cours* ezali kotambola ndenge nini bino bana na ngai? Esengeli boyeba pasi oyo tozali komona mpo na ba *classes* na bino. Yo Super ngai nazali na *besoin* ya *Diplôme d'Etat* mbula ekoya. Sala makasi mpo ozua.

SUPER: Papa, ngai na *classes* ezali nde *cours* ya *Anglais* ezali kotungisa ngai.

PAPA MASUMU: Nakozuela yo *professeur* mpo na *cours supplémentaire*. Bongo yo muana na ngai AMISI, nalingi mbula oyo osepelisa ngai. Naboyi ba *échecs* mbula oyo.

AMISI: Papa, zala na *confiance* na ngai.

PAPA MASUMU: Nakoti na *chambre* mpo nayaki kaka kozua *document* moko.

MAMA LOYENGE: Bana boyoki ndenge papa na bino alobi. Bosala nionso mpo bosepelisa biso. AMISI tala moninga na yo LIKOMBE azali koya.

LIKOMBE: Mbote mama LOYENGE, mbote SUPER. Boni AMISI ozali malamu? Naye mpo na *retiré livre* oyo lobi na *classe*. Nalingi na kende koyekola.

MAMA LOYENGE: LIKOMBE nasengi yo ozala tango nionso na AMISI. Banda bokomi kotambola bino mibale, AMISI akomi kozua malamu na *classe*. Kaka SUPER mutu azali na *difficulté* na *Anglais*. Papa na bango azali na *chambre* ayebi mpe *probème* yango. Alingi azuela SUPER *professeur* na ndako.

LIKOMBE: Papa, nayebani na *professeur* moko atangisaka malamu. Nakoya na ye.

PAPA MASUMU: Muasi na ngai LOYENGE, na bimi mpo na ngonga moke.

Scene 1: The home of MASUMU (Amisi, Super, Papa Masumu, Mama Loyenge and Likombe)

AMISI: Big sister Super, how are you doing in school? Are you getting good grades? I am determined [to do well] this year. Dad and Mom will be pleased.

SUPER: [For] me, everything is going well because this year I am getting my high school degree [baccalauréat]. The only thing that is troubling me in junior year [lit. fifth] is English.

MAMA LOYENGE: My children [lit. you (pl.) children of me], all your talk is like [that of] friends. That is not bad, but don't forget your studies. Our future is in your hands. You know how your father MASUMU is doing everything [he can to pay] your tuition in spite of [the fact] that life has become difficult. Anyway, SUPER, pay attention to your clothes. You are a girl. Everything which concerns [lit. regards] dishes also concerns you.

PAPA MASUMU: (Returning from work) Hello, everybody! How is everybody here at home? My wife LOYENGE, hello! How are your classes going, my children? You should know the sacrifices we are making [lit. seeing] for your education. SUPER, I want [to see] a high school degree this coming year. Work hard so that you get [it].

SUPER: Dad, at school it is only my English class which is troubling me.

PAPA MASUMU: I will get you a tutor for some extra help. Now, AMISI my son [lit. child], I want you to please me this year. I refuse [to hear about] any failures this year.

AMISI: Dad, you can count on me [lit. have confidence in me].

PAPA MASUMU: I am going to my bedroom to get [lit. because I came only to get] a document.

MAMA LOYENGE: Children, you hear what your father is saying. Do everything [you can] to please us. AMISI, look! Your friend LIKOMBE is coming.

LIKOMBE: Hello, mama LOYENGE! Hello, SUPER. AMISI, how are you doing [lit. are you well]? I came by to get the book which you lent me [lit. had] yesterday in class. I need to go and study [it].

MAMA LOYENGE: LIKOMBE, I ask you to keep an eye on [lit. be all the time with] AMISI. Since you two became friends [lit. walk you two], AMISI has been getting good [grades] in school. It is only SUPER who [lit. person] is having difficulty with English. Their father, who is in his room, is aware [lit. knows] the problem. He wants to get SUPER a home tutor.

LIKOMBE: Mr. MASUMU [lit. dad], I am acquainted with a professor who teaches well. I will bring him [to you].

PAPA MASUMU: My wife LOYENGE, I am going out for a while.

MAMA LOYENGE: Bino nionso boyoki ndenge papa na bino awuti koloba. Botia makanisi na bino na *classe*. Mwana ngai KIKOMBE, ngai nazali na misala na sima ndako. Kamata mbongo oyo mpo ofuta *transport* soki olingi ozonga. Pesa papa na mama mbote na bongo.

LIKOMBE: SUPER, namoni ozali kokende libanda. Nalingi kaka na *garantir* yo *que* nakozuela yo *professeur* ya *bien*. *Dit mon frère* AMISI, oyebi na sepelaka mingi ndenge ya *climat* ezalaka awa epayi na bino. Okanisa bino na ba boti na bino bozali ba *camarades*. Ezali lokola ba *famille* mosusu te okanisa papa azalie *enemi* ya bana na ye. Bana bapesa papa na bango kombo. Soki aye na ndako, bana nionso babimi libanda.

TABLEAU 2: MAISON MASUMU (SUPER, MAMALOYENDE, YHANA)

YHANA: (Aye na mbangu mpe azali kolela.) SUPER! SUPER! Ah. Yaka koyoka sango ya mpasi, sango ya mawa.

SUPER: Moninga na ngai nini lisusu? Akufi kaka?

YHANA: Ezali yaya na ngai te oyo azali kobela mutu akufi. Ezali nde *professeur* NZODI.

SUPER: (Abandi koseka.) Ah! Moninga na ngai. Ngai pe *vitesse* eleka ngai. *Au lieu* na tuna nanu, nabandi kolela mbala moko. Ezali *professeur* NZODI te moto akufi kasi ezali *professeur* ya *école* ya sima na kombo ya DINZO mutu akufi.

YHANA: Ya solo wana? Ngai naleli na ngai mpamba.

MAMA LOYENGE: (Awuti wenze akuti YHANA.) Boni muana na ngai YHANA, *santé* nayo ezali malamu te? Namoni miso ezali mutane.

SUPER: Tika na sekisa yo mama. Tosalaki matanga awa. YHANA aye awa na kolela. Alobi *professeur* NZODI akufi.

MAMA LOYENGE: SUPER ozali koseka moninga na yo YHANA, bongo yo nanu. Yango sango ya *professeur* na bino oyo epanzani ndenge nini? Moto nionso azali kokanisa akufi nzokande ezali ye. Bakombo ezali kopesa *confusion* moko DINZO mosusu NZODI. (LOYENGE akeyi na *cuisine*.)

YHANA: Moninga na ngai SUPER, pesa ngai mayi ya moto na mela. Kopesa ngai ya malili te mpo nazali na *angine*.

SUPER: (Akeyi kozuela ye mayi, mpe azongi.) Zua mayi oyo osengi ya moto.

MAMA LOYENGE: You both [lit. all] heard what your father has just said. Concentrate [lit. keep your thoughts] on school. LIKOMBE [lit. my child, LIKOMBE], I have some work to do in the back yard [lit. behind the house]. Take this money to pay for the bus ride when you are ready to go home. Say hello to your father and mother.

LIKOMBE: SUPER, I see that you are leaving [lit. going outside]. I just want you to know that I will get you a good tutor. By the way, AMISI [lit. say, my brother AMISI], you know I really enjoy the atmosphere in your family [lit. with you]. It seems [lit. you think] as if you you and your parents are buddies. It is not like other families, you know [lit. think], [where] the father is the enemy of his children. The children call [lit. give] their father names. When he comes home, the children all go out.

Scene 2: The home of MASUMU (SUPER, MAMA LOYENGE, YHANA).

YHANA: (Rushing [lit. coming quickly] and crying) SUPER! SUPER! Oh! I've got [lit. Come listen to] bad news, sad news.

SUPER: My friend, what now [lit. next]? Has she (or he) died?

YHANA: It is not my older sister (or brother), who has been sick, who has died. It is Professor NZODI.

SUPER: (Beginning to laugh) Oh! My friend. I spoke before I really thought [lit. I and speed surpassed me]. Before I even asked, I began to cry all at once. It is not Professor NZODI who died; rather it is the school teacher by [lit. behind] the name of DINZO who died.

YHANA: Are you sure [lit. Of truth that]? I have been crying for nothing.

MAMA LOYENGE: (Returning [from] the market [and] meeting YHANA) How [are things], YHANA [lit. my child YHANA]? Are you in good health? I see that your eyes are red.

SUPER: Listen! I'll make you laugh, Mama. We had [lit. made] a wake here. YHANA came here crying. She said that Professor NZODI had died.

MAMA LOYENGE: SUPER, are you making fun of your friend YHANA. You should know better [lit. thus you still]. This rumor about your professor, how did it spread? Everyone thinks he is dead but he is not. [It must be] the names [which are] causing confusion – one is DINZO, the other NZODI. (LOYENGE goes into the kitchen.)

YHANA: SUPER, my friend, give me some warm water to drink. Don't give me cold [water] because I have a sore throat.

SUPER: (Goes to get her the water and returns) Here is [lit. Receive] the warm water you asked for.

MAMA LOYENGE: (Aye kokuta bango.) SUPER boni boye ko. Moninga na yo alingi akitisa motema moke. Esika opesa ye mayi ya malili yo opesi mayi ya moto. *Est-ce que* mayi ya malili ezangaka na ndako na biso?

SUPER: Mama, yo mpe lisusu. Bongo ezali *volonté* na ngai? YHANA alobi azali na *angine* alingi mayi ya malili te.

MAMA LOYENGE: Wana na sepeli. Mpo tango na moni ozui mayi ya moto nasepelaki te. Yango na ye noki noki. Na ndako na biso tozangaka mayi ya malili te.

YHANA: *Merci*, mama, ngai nazongi na ngai na ndako. Naleli na ngai pamba kaka.

MAMA LOYENGE: *Merci*, kende malamu. Pesa mbote na papa mpe mama. Ngai nalingi na bongisa ba *vestes* ya tata na bino MASUMU.

SUPER: Mama, nakeyi kotika YHANA na nzela.

MAMA LOYENGE: SUPER, bongo okende kozuela ngai elamba na ngai na *tailleur*. (Tango LOYENGE abandi ko *brossé veste* ya papa MASUMU amoni *papier* na kati ya *poche*.) Ah, ngai. Eloko nini nazali komona na *papier* oyo! Ah! *En tout cas*! Ekozala boye te. Nalobi yango. Ekozala boye te.

Tableau 3: MAISON MASUMU (AMISI, LIKOMBE et MAMA LOYENGE) (AMISI na moninga na ye LIKOMBE baye kokuta MAMA LOYENGE azali kopangosa ba sani.)

AMISI: Mbote mama, tozongi tobimi *classe*. (MAMA LOYENGE aboyi kozongisa, atali ye miso mabe.)

LIKOMBE: Mbote MAMA LOYENGE. (MAMA LOYENGE aboyi kozongisa mpe alongwe wana.) *Dit* AMISI, boni MAMA LOYENGE aboyi koyamba mbote na biso mpe atali yo na miso mabe. Ngai nayebeli ye boye te. Likambo nini?

AMISI: Moninga na ngai LIKOMBE, ata ngai na kamue mingi mpo mama na biso azalaka boye te. Namoni ezali *maladie* na ye ya *tension* oyo SUPER ayebisaka ngai.

LIKOMBE: AMISI, eza na [ya]ngo *rien* moyi na molunge esali ngai pasi mingi. Pesa ngai mayi ya malili makasi po nakitisa motema.

MAMA LOYENGE: (Joining them [lit. comes to meet them]) What do you think you're doing [lit. How thus then]?! Your friend needs to calm down a little. In stead of giving her cold water, you [should] give her some cold. [Since when] is cold water lacking in our home?

SUPER: Mother, what are you talking about [lit. you and again]? Was it my idea [lit. thus it was my will]? YHANA said that she has a sore throat [and] she didn't want cold water.

MAMA LOYENGE: Oh, I'm glad. When I saw you getting hot water, I was not pleased. That's why I rushed in so quickly [lit. came quickly quickly]. In our house, we don't [ever] lack cold water!

YHANA: Thanks, ma'am [lit. mother]. I am going home. I got all upset [lit. cried] for nothing.

MAMA LOYENGE: You're welcome [lit. thanks]. Good-bye [lit. go well]. Give [my] regards to your mother and father. [Now] I need to get your father MASUMU's jackets ready.

SUPER: Mother, I'm going to see YHANA off [lit. leave YHANA to the street].

MAMA LOYENGE: SUPER, in that case, you [can] pick up [lit. get me] my outfit from the tailor's. (While LOYENGE starts to brush father MASUMU's jacket, she sees a [piece of] paper in the pocket.) Oh, my! What do I see on this piece of paper?! Oh, no [lit. in any case]! It's not going to happen [lit. won't be] like that! I swear [lit. I say that]! It's not going to happen like that!

Scene 3: The home of MASUMU (AMISI, LIKOMBE and MAMA LOYENGE) (AMISI and his friend LIKOMBE enter [and] find MAMA LOYENGE washing the dishes)

AMISI: Hello, mother. We're just getting back [lit. return, go out] from school. (MAMA LOYENGE refuses to respond; she gives him an evil eye [lit. looks at him bad eyes].

LIKOMBE: Hello, ma'am. (MAMA LOYENGE refuses to respond and leaves.) Tell [me], AMISI, why did MAMA LOYENGE refuse to say hello [lit. welcome hello] to us and [why] did she give you the evil eye? That's not like her [lit. I don't know her like that]. What's the matter?

AMISI: LIKOMBE, my friend, even I am very surprised because our mother is never like that. I think [lit. see] it [might] be her high blood pressure, which SUPER has been telling me about.

LIKOMBE: AMISI, it's not a problem. The sun and heat have made me very uncomfortable. Give me some real cold water to calm me down [lit. I lower the heart].

227

AMISI: (AMISI ayeli ye mayi.) LIKOMBE nayeli yo mayi ya malili makasi, ezali na ba *glaçons*, ndenge olingaka.

LIKOMBE: (Tango LIKOMBE abandi komela, MAMA LOYENGE azali koya.) Moninga na ngai AMISI oyo ezali suka ya mayi ya malili.

MAMA LOYENGE: Yo AMISI! Olingi kolakisa nini na ndako oyo? Yo ozali nani awa. Keba na yo. Oyebi malamu papa na bino alingi komela mayi ya malili mingi, bongo obandi kosakana na [ya]ngo. Yo ozali kolakisa nini?

AMISI: Mama, *six bidons* ya mayi ezali na *congélateur*. Mayi ezali nanu mingi.

MAMA LOYENGE: Kanga monoko na yo. *Six bidons. Six bidons.* Oyebi te soki moyi ezali makasi, papa na bino amelaka mayi mingi. Keba na yo. Soki ozali kalakisa nini na ndako oyo, keba na yo. Yeba kaka ekozala boye te. (Tango asilisi koloba abimi.)

LIKOMBE: Moninga na ngai AMISI, ndenge ngai nayebeli MAMA LOYENGE, na moni likambo ezali awa. Kende kotika ngai na nzela. *Moyen* na wumela lisusu ezali te.

AMISI: Likambo ezali te. Ezali *tension* ezali kosala ye boye. Tokosolola malamu sima. Kende malamu. (Tango LIKOMBE abimi, AMISI abandi kokanisa oyo eyeli ye, mpe SUPER aye.

SUPER: Ndeko na ngai AMISI mpo na nini okomi mawa mawa boye?

AMISI: Ndeko na ngai SUPER na *comprendre* te. *Depuis un certain temps* MAMA LOYENGE azali lisusu ndenge azalaka na ngai te. Tozua ndakisa ya lelo mama atomboki na ngai mpo na pesi LIKOMBE mayi ya malili. Nayebisi ye *six bidons* ezali na *congélateur*, kasi asiliki mabe.

SUPER: Yango mama mpo na nini akomi boye? Ngai pe asilikaki na ngai lobi mpo na pesaki moninga na ngai YHANA mayi ya moto. Ye moko YHANA mutu asengaki yango mpo na *angine*, kasi mama asiliki na ngai. Alobi mpo na nini napesi ye mayi ya moto, mayi ya malili ezangaka te na ndako. *Finalement* alingi nini? (Bango mibale bakeyi libanda.)

AMISI: (AMISI brings him water.) LIKOMBE, I'm bringing you some real cold water; it has ice cubes [just] the way you like it.

LIKOMBE: (While LIKOMBE starts to drink, MAMA LOYENGE comes in.) AMISI, my friend, this is really [lit. the end of] cool water.

MAMA LOYENGE: You! AMISI! What do you think you're doing [lit. want to show] in this house? Who [do you think] you are? You [had better] watch out. You know [very] well that your father likes to drink lots of cold water, so you start to waste it [lit. play with it]. What are you [trying] to prove [lit. show, teach]?

AMISI: Mother, there are six containers of water in the freezer. There is still plenty of water.

MAMA LOYENGE: Shut your mouth! Six containers! Six containers! You know that when the sun is hot [lit. hard], your father drinks a lot of water. You [had better] watch out! Whatever you think you're doing [lit. showing] in this house, you [had better] watch out. Just know that it is not going to be like this! (As she finishes speaking, she exits.)

LIKOMBE: AMISI, my friend, from what I know of MAMA LOYENGE, I [can] see that there is a problem here. Show [lit. go leave] me out to the street. I can't stay any longer [lit. The means of staying more is not].

AMISI: There is no problem. She is suffering from high blood pressure [lit. It is high blood pressure which is working her thus]. We will talk about it later. Good bye. (As LIKOMBE goes out, AMISI starts to think over what [had just] happened to him, and then SUPER enters.)

SUPER: AMISI, my brother, why are you looking so sad [lit. arriving sad sad thus]?

AMISI: SUPER, my sister, I don't understand. For some time, MAMA LOYENGE hasn't been treating [lit. is with] me the way she used to. Take [for] example today mother got angry at me because I gave LIKOMBE cold water. I told her that six containers are in the freezer, but she [just] got [more] angry.

SUPER: What's gotten into Mama [lit. how has Mama become like this]? She also got angry at me yesterday because I gave my friend YHANA some warm water. It was YHANA herself who asked for that because of her sore throat, but mother got angry at me. She asked why I was giving her warm water, [when] cool water is not lacking [here] at home. Bottom line [lit. finally] what does she want? (The two of them go outside.)

TABLEAU 4: MAISON MASUMU

AMISI: (Akuti MAMA LOYENGE azali kopangusa ndako.) Mama nazali na lisolo ya koyebisa yo mpo na moni ozali lisusu ndenge ozalaka na ngai te. Yango wana soki omoni likambo moko nasalaki esepelisi yo te, olimibisa ngai mpo naza mwana na yo. Na fukami. Limbisa ngai.

MAMA LOYENGE: Telema, omoni ngai nazali Nzambe mpo ofukamela ngai? Kasi yeba nionso oyo ozali kosala ezali *sans effet*. Yeba ekozala boye te. (Tango LOYENGE asilisi koloba, abimi. AMISI atikali ye moko.)

AMISI: (Ye moko na *salon* abandi kolela.)

TABLEAU 5: MAISON MASUMU

PAPA MUSUMU: (Alingi akende mosala, abengi MAMA LOYENGE.) LOYENGE, muasi na ngai. Tovandi na yo bambula ebele na libala kasi mikolo oyo eloko moko ezali kokamuisa ngai. Ozali lisusu ndenge ozalaka te. Soki natuni yo, ozali koloba eloko te. Natindi yo epayi ya *camarade* na ngai okende koyebisa ye soki ozali na likambo na motema mpo to bongisa kasi oboyi. Yango nini? Kobosana te tozali ba *modèle* na *quartier* oyo.

MAMA LOYENGE: Nazali na ngai na likambo te. Otindi ngai nakende epayi ya moninga na yo mpo nakende kosala nini. Ata osali mabe ye akokotela yo kaka. Nalobi na yo nazali na ngai na likambo te.

PAPA MASUMU: Ngai nakeyi mosala kasi yebaka ozali kobebisa kimia na libota.

NOKO MANSAPATU: (PAPA MASUMU abimi, noko aye kokuta AMISI.) Boni yo mwana nkazi na ngai nalingaka mingi? Na ye kokuta yo lokola ozali na esengo te. Eloko nini? Wapi mama na yo LOYENGE?

AMISI: MAMA LOYENGE abimaki. Noko, osali kaka malamu lokola oye mpo na lingaki na ya kuna epayi na yo. Noko, nalingi nayebisa yo, mikolo oyo tozali koyokana na MAMA LOYENGE te. Nayebi tina [te???]azali koyina ngai.

SCENE 4: The home of MASUMU

AMISI: (Meets MAMA LOYENGE who is cleaning the house) Mother, I would like to talk to you about something [lit. I have a conversation to inform you], because I see that your behavior toward me has changed. That's why, if there is something I've done that doesn't please you, [I want] you to forgive me because I am your child. I kneel down. Forgive me.

MAMA LOYENGE: Get up. Do you think [lit. see] that I am God that you should kneel before me? But understand that everything you have been doing will amount to nothing [lit. is without effect]. Understand that it will not happen like that. (When LOYENGE finishes speaking, she exits. AMISI remains by himself [lit. he one].)

AMISI: (Alone in the living room, he begins to weep.)

SCENE 5: The home of MASUMU

PAPA MASUMU: (Is about to go to work; he calls MAMA LOYENGE.) LOYENGE, my wife, we have lived for many years in marriage but recently [lit. these days] something is astonishing me. You are not your usual self [lit. You are no longer the way you usually are]. When I ask you [what's wrong], you say [it is] nothing. I have sent you to my friend to tell him if you have something on your mind [lit. on heart] so that we fix it, but you have refused. What is it? Don't forget that we are role models in this community.

MAMA LOYENGE: I don't have a problem. You're sending me to your friend's to do what? Even if you had done something wrong [lit. do bad], he will just take your side anyway. I repeat [lit. tell you], I don't have a problem.

PAPA MASUMU: I am going to work, but you [need to] know that you are disturbing the peace of [our] family.

UNCLE MANSAPATU: (PAPA MASUMU has gone out; the uncle comes in [and]meets AMISI.) How is my favorite nephew [lit. nephew I love much] doing? I find you looking so sad [lit. as if you don't have any joy]. What's the matter? Where is your mother LOYENGE?

AMISI: My mother went out. Uncle, I am glad [lit. you just do well] you came because I wanted to come [to see] you. Uncle, I need to tell you, these days we are not getting along with MAMA LOYENGE. I don't understand the reason she hates me.

NOKO MANSAPATU: (Abandi kogangela AMISI mpe abandi kofina ye kingo.) Keba na yo AMISI zoba! Oyebi makambo ozali koloba, ekoki kopanza *famille*. Olingi ngai na ndeko na ngai LOYENGE toboyana mpo na songi songi na yo? Keba na yo. Yo ozali muana. Makanisi ya boye ewuti wapi? Keba na yo. Ozali na *chance* mpo nakuti ndeko na ngai LOYENGE te. Nalingaki nabeta yo na miso na ye. Ngai nakeyi. Nakoya mokolo mususu. (MANSAPATU akeyi atiki AMISI ye moko na *salon*.)

SUPER: AMISI natikaki yo malamu tango nabimi, boni okomi mawa boye?

AMISI: SUPER, ndeko na ngai. Nayebi eloko nini ezali koyela ngai te. Nasengaki MAMA LOYENGE *pardon* kasi azali kaka kokangela ngai kanda mpo na likambo nayebi tina te. Noko MANSAPATU awuti awa afini ngai kingo mpe agangeli ngai mpo na yebisi ye *climat* ezali koleka awa na ndako.

SUPER: AMISI ndeko na ngai, ozali kopesa ngai mawa. Tala mama azali koya. Kota na yo na ndako mpo nayebisa ye makambo azali kosala yo ezali malamu te.

MAMA LOYENGE: SUPER ndenge nini ovandi kaka yo moko boye.

SUPER: Mama makambo ozali kosala AMISI ezali malamu te. Azali muana na yo lokola ngai. *Pourquoi* ozali koniokola ye boye?

MAMA LOYENGE: Okanisi nazali zoba? Oyebi eloko nini AMISI azali kosala? Azali na kindoki na ye. Alingi asala yo mabe ozali koyeba te. Zela, mokolo okoyeba yango okopesa ngai *raison*. (Atiki SUPER.)

SUPER: Ngai na ndimi yango te. Tovandi bambula na mbula kaka sik'oyo AMISI akomi mabe?

TABLEAU 6: MAISON TATU

(AMISI aye kovanda epayi ya noko TATU ndeko ya MAMA LOYENGE)

MAMA BEYOU: (Muasi ya TATU) AMISI osali mikolo mibale banda oye kovanda awa mpo na kanda. Soki ovandi awa ezali mpo moko na yo azalaki na *grippe*. Soki lelo azongi na mosala akokende kozongisa yo epayi na bino. Biso tokoki kobimba yo awa te. Ezali mabe. Tala semeki LOYENGE azali koya.

(Koloba na MAMA LOYENGE) Semeki likambo nini? Tika mwana. TATU akoya kotika ye soki awuti mosala.

UNCLE MANSAPATU: (Starts to yell at AMISI and to pinch his neck) Watch out AMISI you idiot! You know the things you are saying could break up the family. Do you want me and my sister LOYENGE to have a falling out because of your lies? Beware! You are [just] a child. Where do you get such thoughts [lit. thoughts like that come from where]? Beware! You are lucky that I didn't meet LOYENGE. I would have disciplined [lit. hit] you in front of her [lit. in her eyes]. I am leaving. I'll come back another day. (MANSAPATU exits [and] leaves AMISI alone in the living room.)

SUPER: AMISI, I left you happy when I went out. Why are you sad now [lit. How have you become sad like this]?

AMISI: SUPER, my sister, I don't know what is happening to me. I asked MAMA LOYENGE for forgiveness but she is still angry at me because of something I don't understand [lit. I don't know the reason]. Uncle MANSAPATU was [just] here; he pinched my neck and yelled at me because I told him how bad things were [lit. the atmosphere is passing] here at home.

SUPER: AMISI, my brother, you're breaking my heart [lit. you are giving me sadness]. Look! Mother is coming. Go in the house so that I [can] tell her that what she is doing to you is not good.

MAMA LOYENGE: SUPER why are you just sitting [here] by yourself like that?

SUPER: Mother, what you are doing to AMISI is not good. He is your child [just] like me. Why are you persecuting him like this?

MAMA LOYENGE: You think I'm stupid? Do you know what AMISI is doing? He is practicing witchcraft. He wants to do you harm [but] you don't know it. [Just] wait! [One] day you will understand that [and] you will see that I'm right [lit. you will give me right]. (She leaves SUPER.)

SUPER: I don't believe [lit. agree with] that. We have lived together all these years; [and] all of a sudden AMISI becomes evil?

SCENE 6: The home of TATU

(AMISI has come to live with Uncle TATU, MAMA LOYENGE's brother,)

MAMA BEYOU (TATU's wife): AMISI, it's been [lit. you make] two days since you came to live here because of [your]anger. You [lit. If you] are still living here [only] because your uncle had the flu. When he comes back from work today, he will take you take you back to your house. We can't keep [lit. hide] you here. That is wrong. Look! Here comes [my] sister-in-law LOYENGE.

(Speaking to Loyenge) [My] sister-in-law, what's going on? Leave the child. TATU will bring him back [lit. will come to leave him] when he returns from work.

MAMA LOYENGE: Semeki ozali koloba mpo oyebi AMISI malamu te. Yo AMISI bima awa ndoki. (LOYENGE abimisi bilamba ya AMISI mpe abengani ye.)

AMISI: (Abandi kolela.) Mama eloko nini nasali yo mpo oyina ngai boye ti oye kobengana ngai awa. Likambo nini yango?

TABLEAU 7: MAISON MASUMU

NOKO MANSAPATU: (Aye koloba na LOYENGE.) Yo LOGENGE ozali kokanisa nini? Yo muasi ozalaki *salite*, okonda konda *avant* babala yo bongo oya kotungisa mwana nkazi na ngai? AMISI, amonana, soki te SUPER mpe akobunga. Ayaki na libala na muana na ye AMISI oyo ndeko na ngai ya mwasi abotaki na PAPA MASUMU.

MAMA LOYENGE: Soki osilisi koloba, ngai *avant* naloba na yo kende nanu kosukula mpo nazali koyoka yo solo.

NOKO MANSAPATU: Yo LOYENGE obosani *que* soki ngai te mbele babala yo te? Ata ko ndeko na ngai akimaki libala, semeki MASUMU ayaki nanu kotuna ngai soki akoki kobala yo. Bongo lelo oya koloba na ngai nazali solo. Nalongoli bilamba, yaka kosokola ngai. Soki osokolo ngai te nakolala awa. (Tango wana, MASUMU azali koya.)

PAPA MASUMU: Semeki MANSAPATU, makambo nini ezali awa? Olongoli na bilamba na nzoto!

NOKO MANSAPATU: Semeki MASUMU, muasi alobi nazali solo. Yango wana nalongoli bilamba asokola ngai. Soki asokoli ngai, bongo abimisela ngai muana nkazi na ngai AMISI. Na yo mpe semeki MASUMU? Nakamue mpo muana abungi kasi ozali kosala eloko te. Muasi a *domine* yo to nini?

PAPA MASUMU: Semeki, *est-ce que* liboso LOYENGE mutu asukolaka yo? *Et puis* AMISI azali muana na ngai. Epayi na yo azali *simple* muana nkazi. Ngai nde nazali na *soucis* mingi kasi yo te. Zonga epayi na yo. Nakotindela yo maloba mpo oyeba mokolo tokovandela makambo ya LOYENGE na ya AMISI. *Pardon* nasengi yo. Lata bilamba.

NOKO MANSAPATU: Nazali kozela otindela ngai maloba. Oyeba yo moko ata ko mwasi na yo ayebi bizaleli ya ekolo na biso te ndenge topesaka *importance* mingi na bana nkazi kasi na bana oyo oboti te.

MAMA LOYENGE: My sister-in-law, you are saying [that] because you don't know AMISI [very] well. You, AMISI, get out of here, evil spirit! (LOYENGE throws out AMISI's clothes and chases him away.)

AMISI: (Starts to cry) Mother, what have I done to you that you hate me so much that you come to chase me from here? What is the matter?!

SCENE 7: The home of MASUMU

UNCLE MANSAPATU: (Comes to speak to LOYENGE) LOYENGE, what do you think you are doing? You, a woman, who was [considered] unclean [and] skinny before you got married [lit. they married you off], now you come and annoy my nephew. You must find AMISI [lit. AMISI, find him!] If not, SUPER will disappear too. You brought into marriage your daughter SUPER and you found PAPA MASUMU with his son AMISI, who my sister gave birth to with PAPA MASUMU.

MAMA LOYENGE: If you have finished talking, before I talk to you, [you had better] go wash yourself because you smell bad [lit. I am smelling you odor].

UNCLE MANSAPATU: LOYENGE, are you fogetting that, if it weren't for me [lit. if me not], you wouldn't be married. Even though my sister ran away from [her] marriage, my brother-in-law MASUMU still came to ask me if he could marry you. Yet today you come to tell me I smell bad. I [am going to] take off [my] clothes; come wash me! If you don't wash me, I will sleep right here. ([During] this time, MASUMU approaches.)

PAPA MASUMU: MANSAPATU, my brother-in-law, what is going on here? You're undressed [lit. removed clothes from body]?!

UNCLE MANSAPATU: MASUMU, my brother-in-law, [your] wife said I smell bad. That's why I got undressed [so that] she [would] wash me. After [lit. if] she washes me, then she [should] bring back my nephew AMISI. And you too, MASUMU, my brother-in-law? I am surprised that your child is missing but you are not doing anything [about it]. Is your wife dominating you or what?

PAPA MASUMU: Brother-in-law, first is LOYENGE the one who bathes you? And secondAMISI is my child. To you, he is simply your nephew. I am the one who has the problem, not you. Go back to your place. I will bring you word so that you know the day we will sort out the problem of LOYENGE and AMISI. I ask for your forgiveness. Put on your clothes.

UNCLE MANSAPUTU: I will wait [lit. am waiting] for you to send me word. You know yourself, even if your wife does know the customs of our ethnic group, that we place a lot of importance on [our] nephews but not [so much] on the children we [lit. you] give birth to.

Selection Three: Ekozala Boye Te

TABLEAU 8: MAISON MASUMU: (réconciliation) (NOKO MANSAPATU, BEYOU, PAPA MASUMU, MAMA LOYENGE et PAPA ARMAND)

PAPA MASUMU: *Merci* papa ARMAND ndenge ondimi koya kovandisa biso mpo tobeya eloko nini esali lele ndako na biso po boyokani ezala lisusu te. Napesi yo maloba papa ARMAND.

PAPA ARMAND: *Merci* papa MASUMU mpo na *confiance* yo na muasi na yo bopesi ngai mpo totala ndenge nini tokoki kosilisa likambo ezali awa na ndako oyo. Bobosani *que* bozali *exemple* ya *quartier* mobimba. Napesi maloba na papa MASUMU.

PAPA MASUMU: Ngai nazali na makambo te. Malamu muasi na ngai moto akoki koloba. Soki nini esali *a change* bizaleli.

PAPA ARMAND: MAMA LOYENGE oyoki mobali na yo, azali na *problème* te. Napesi yo maloba yebisa biso nionso oyo olobaki na ngai tango nayambaki yo eapayi na ngai.

MAMA LOYENGE: Ngai nazuaka AMISI lokola muana oyo na nga oyo naboti SUPER. Kasi papa na bango MASUMU alingi kokabola. Na *testament* na ye nzokande biloko na ye nionso atia yango na kombo ya muana na ye AMISI. Banda kaka nayeba yango na baluka na ngai. Nazali na *preuve* ya makambo oyo nazli koloba. Botala *testament* oyo. *Est-ce que* wana ata bino moko ezali malamu?

PAPA ARMAND: Papa MASUMU tala *testament* oyo, oyebi yango?

PAPA MASUMU: Papa ARMAND nakamwe mingi. Na *se rappeler que papier* oyo nakangelaka yango ba *craie* na sombaka na zando. Ezali lokola *emballage* natiaka yango na *poche* ya *veste* na ngai. Nayebi likambo moko te. *D'ailleurs* tala kombo ezali awa ezali TSHIMBALANGA *et puis* muana na ye DIMUKAYI. Elakisi ete kozanga *dialogue* ememi biso ti na *niveau* oyo. Muasi na ngai azuili ngai ba *idée* ti abebisi *climat* na *foyer*. Ayini muana na biso AMISI pe akimi ndako.

[Editor's note: It is probable that Mama Loyenge is illiterate or at least reads poorly. And it should be noted that pieces of paper with writing on them are normally recirculated at the market as wrappers for objects bought.]

MAMA LOYENGE: Mobali na ngai alimbisi ngai mpo na *comportement* oyo nazalaki na[ya]ngo oyo ememi biso ti na *situation* oyo ebebisi *stabilité* ya *foyer* na biso. Mobali na ngai olimbisa ngai. Nakosala *tout* mpo naluka AMISI. Ngai nakanisaki *testament* wana ezali ya solo. Nayebi te eloko nini esalaki ngai, etindi ngai ti na *niveau* oyo.

236

SCENE 8: The home of MASUMU (reconciliation: UNCLE MANSAPATU, MAMA LOYENGE and PAPA ARMAND)

PAPA MASUMU: Thanks, PAPA ARMAND, for agreeing [lit. how you agreed] to convene us so that we might understand what has been happening to our home today so that there is no longer any mutual understanding. I yield the floor to you [lit. I give you words].

PAPA ARMAND: Thank you, PAPA MASUMU, for the trust that you and your wife have placed in me that we [might] see how we can end the problem that is in this house. You [seem] to be forgetting that you are a role model for the whole community. I turn the floor over to PAPA MASUMU.

PAPA MASUMU: I don't have a problem. Rather my wife is the one who should speak. [To tell us] what happened that changed her behavior .

PAPA ARMAND: MAMA LOYENGE, you've heard your husband; he doesn't have a problem. It is your turn [lit. I give you words]; tell us everything you told me when I welcomed you to my house.

MAMA LOYENGE: I have always treated AMISI like my own child that I brought into this world [lit. bore], SUPER. But their father MASUMU wants to divide [them]. In his will, he has nevertheless put everything in the name of his child AMISI. Since I have known this, I have changed [my attitude]. I have proof of what I am saying. Look at this will. Does this seem fair to you?

PAPA ARMAND: PAPA MASUMU, look at this will; do you recognize it?

PAPA MASUMU: PAPA ARMAND: I am very surprised. I recall that [this was] the [piece of] paper that I wrapped some chalk in that I bought at the market. It is like a wrapper that I put in my coat pocket. I don't understand a single thing [she is saying]. Besides look at the names which are there; they are TSHIMBALANGA and then his child DIMUKAYI. This shows that a failure to communicate [lit. to lack dialogue] leads us to this state of affairs [lit. level]. My wife has attributed [negative] ideas to me and [lit. until] she destroyed the harmony of our home. She has hated our child AMISI and he has run away from home.

MAMA LOYENGE: My husband, forgive me for my behavior [lit. I had it] which has led us to this situation which has upset the stability of our home. My husband, forgive me. I will do everything [I can] to find AMISI. I thought that that will was genuine [lit. true]. I don't know what got into [lit. worked] me [and] took me to such an extreme [lit. sent me to this level].

PAPA ARMAND: Kozanga *dialogue* nde esali boye. Bo zongisa bolingo ndenge ezalaka. Soki likambo ezali na ndako ezali mabe mingi ya kobomba yango na motema. Mpo likambo moke ekoki koboma libala soki *dialogue* ezangi *entre* tata na mama mpe baboti na bana na bango. Ngai mpe nasali bino *surprise.* (Abengi AMISI.)

(AMISI aye mpe *réconciliation* esalami.)

PAPA MASUMU: Muasi na ngai yaka toyambana. Kozongela lisusu te. Soki likambo ezali solola na ngai. Mpo na nionso soki lisolo na boyokani ezali, *solution* ezalaka kaka. Tokende na *veranda* mpo tomela masanga ya *réconciliation.*

PAPA ARMAND: Failure to communicate [lit. to lack dialogue] leads to this. Bring back the love as it was. If there is a problem at home, it is very bad to hide it in [your] heart. Because a little problem can kill a marriage if communication is lacking between father and mother and parents and their children. And I have [lit. make] a surprise for you. (He calls AMISI.)

(AMISI enters and the reconciliation is completed.)

PAPA MASUMU: My wife, come let's hug each other. Don't do that again. If there is a problem, speak to me. For everything, if there is discussion and good will, there is always a solution. Let's go to the veranda to toast our [lit. drink wine of] reconciliation.